Le commerce des produits maritimes et fluviaux au Sénégal de 1945 à nos jours

Études africaines

Collection dirigée par Denis Pryen et François Manga Akoa

Dernières parutions

Tiéman DIARRA, *Santé, maladie et recours aux soins à Bankoni, Niarela et Bozola (Mali). Les six esclaves du corps*, 2012.
Tiéman DIARRA, *Paludisme, cultures et communautés. Le cri du hibou*, 2012.
André SAURA, *1975, une année sans pareille à Madagascar*, 2012.
Coordonné par Céline LABRUNE-BADIANE, Marie-Albane de SUREMAIN et Pascal BIANCHINI, *L'école en situation postcoloniale*, 2012.
Jérôme TOUNG NZUE, *Elites et compromission en Afrique. Légitimation d'un système et sous-développement au Gabon*, 2012.
Joachim E. GOMA-THETHET, *Histoire des relations entre l'Afrique et sa diaspora*, 2012.
Amadou OUMAROU, *Dynamique du Pulaaku dans les sociétés peules du Dallol Bosso (Niger)*, 2012.
Marc-Laurent HAZOUMÊ, *Développement du Bénin. L'éducation au cœur de l' « Émergence »*, 2012.
Andoche BAVUINDISI MATONDO, *Le système scolaire au Congo-Kinshasa. De la centralisation bureaucratique à l'autonomie des services*, 2012.
Djibril DIOP, *Urbanisation et gestion du foncier urbain à Dakar. Défis et perspectives*, 2012.
Hygin Didace AMBOULOU, *Histoire des institutions judiciaires au Congo*, 2012.
Serge TCHAHA, *La francophonie économique. Horizons des possibles vus d'Afrique*, 2012.
Godwin TETE, *Histoire du Togo. Le coup de force permanent (2006-2011)*, 2012.
Ulrich Kévin KIANGUEBENI, *Le droit du patrimoine culturel congolais*, 2012.
Cyriaque Simon-Pierre AKOMO-ZOGHE, *Les esclaves Bantu de Colombie, Evangélisation et acculturation*, 2012.
Hygin Didace AMBOULOU, *Pratique et déontologie notariales en droit positif*, 2012.
Hopiel EBIATSA, *La monarchie de droit ancestral TEKE. Sacralité et autorité*, 2012.
Georges KIBONG A MIRA, *Régulation du marché des télécommunications en Afrique*, 2012.
Mahamadou DANDA, *Niger : le cas du Damagaram. Développement régional et identités locales*, 2012.

N'deye Maty Sene

Le commerce des produits maritimes et fluviaux au Sénégal de 1945 à nos jours

Préface d'Hélène d'Almeida-Topor

L'Harmattan

5-7, rue de l'Ecole-Polytechnique, 75005 Paris

http://www.librairieharmattan.com
diffusion.harmattan@wanadoo.fr
harmattan1@wanadoo.fr

ISBN : 978-2-336-00078-7
EAN : 9782336000787

Remerciements

Je dédie cet ouvrage à mes parents, Nogaye et Momar Sene, pour leur soutien et leur affection,

à mon enfant et mon compagnon bien-aimés, Momar Amadou Kamara et maître Moustapha Kamara,
à mes proches si chers, ma sœur Yaye-Fatou, mon frère Dame, mon neveu Muhammad Bachir N'gom, et mon beau-frère Ben Bachir N'gom,
à mes deux grands-mères chéries,
à toute ma précieuse famille, dont les M'baye, et mes fidèles amis,
à Mme Hélène d'Almeida-Topor, professeure émérite, qui m'a si bien initiée à la recherche en maîtrise, puis en DEA, à l'université Paris I Panthéon-Sorbonne et qui m'a fait l'honneur d'écrire ma préface,
à Mme Monique Lakroum, professeure des universités, qui a dirigé avec sérieux mes travaux de thèse à l'université de Reims,
aux membres de mon jury de thèse, Mme Colette Dubois, professeure d'histoire à l'université d'Aix-en-Provence et M. Nicolas Vaillant, professeur d'économie à l'université catholique de Lille,
à Mme Michèle Canet, conseillère municipale de Châtenay-Malabry, et son époux,
à Mme Marie-Alix Defrance, professeure agrégée de grammaire, qui a minutieusement relu mon manuscrit,
à M. Olivier Lafaye, cadre d'entreprise,
à Mme Claire Lemercier, chercheuse au Centre national de la recherche scientifique et enseignante à l'Institut d'études politiques de Paris, qui m'a conseillée pour le traitement de mes données,
à M. Bastien François, professeur et directeur du département de science politique de l'université Paris I Panthéon-Sorbonne,
à l'équipe pédagogique du lycée Michelet de Vanves, où j'ai travaillé pour financer ma thèse,
aux vendeuses et vendeurs de poisson qui ont répondu à mes questions avec gentillesse,
enfin aux fonctionnaires sénégalais qui m'ont renseignée, en particulier M. Mamadou Thiandoum, comptable du centre de mareyage de Rufisque et M. Babacar N'diaye des Archives du Sénégal.

Préface

Ce livre est le résultat de nombreuses années de recherches entreprises pour une maîtrise, puis pour un DEA et enfin pour une thèse. Il se situe au croisement de plusieurs domaines : l'histoire, l'économie, l'étude de genre. C'est dire sa richesse !

Les sources en sont multiformes : les archives, bien sûr, en France et au Sénégal où la candidate a fait plusieurs séjours pour accéder à des fonds encore peu exploités jusqu'à présent. Elle a largement utilisé les sources imprimées produites par l'Administration. L'originalité majeure de l'ouvrage réside toutefois dans les abondantes enquêtes de terrain que N'deye Maty Sene a menées auprès des vendeuses et vendeurs de poisson, des transformatrices, mais aussi des fonctionnaires concernés par les produits halieutiques. Au total, ce sont plus de 275 personnes qui ont été interrogées et ont contribué à faire de cette thèse d'histoire économique un travail dynamique dans lequel on voit vivre les gens.

De nombreux graphiques et tableaux visualisent les données économiques en appliquant de manière rigoureuse les règles de l'étude statistique et économique, tel cet effort louable pour transformer les valeurs courantes en valeurs constantes.

Les thèmes abordés, très nombreux, sont recentrés sur une problématique pertinente. Celle-ci, qui est d'abord suggérée par un ensemble de questions, se dégage progressivement au cours de l'ouvrage. Deux thèmes majeurs apparaissent :

- les rapports entre les producteurs et les intermédiaires aboutissent dans l'ouvrage à une prise de position claire allant à l'encontre des idées développées par nombre de chercheurs qui ont repris les affirmations de l'Administration disant que les intermédiaires abusent des producteurs. L'auteure conteste cette prise de position et s'efforce de montrer à la fois la perception des différents acteurs et les réalités évaluées du point de vue économique. Il s'agit là d'un apport novateur du travail, d'autant que dans l'analyse très fine est mis en relief le fait que les intermédiaires ne constituent pas un groupe homogène, pas plus que les producteurs ;
- l'évolution des conditions de vie et de travail où, là aussi, se fait jour un décalage entre le vécu réel et le ressenti. La plupart des informateurs et

informatrices font état d'une dégradation de ces conditions, « *c'était mieux avant* », et cela malgré les progrès techniques. Il est vrai que la raréfaction des poissons est à l'origine de la crise de la profession et que cette dernière bénéficie de peu de solutions en dépit de l'intervention étatique et de l'action des associations professionnelles, religieuses et/ou politiques qui sont bien étudiées, en particulier les tontines.

La division du travail entre hommes et femmes semble s'être pérennisée au cours du temps : l'homme à la mer, les femmes au marché. La femme est la représentante permanente du pêcheur. Pourtant on observe un déclin des privilégiés du marché, par la venue d'autres professionnels ; une certaine mobilité existe entre la pêche en mer et celle sur le fleuve (les cartes le montrent bien). La commercialisation des poissons qui entrent dans l'alimentation quotidienne des populations, ses filières et ses marchés, notamment les grands marchés urbains, ses crises depuis près d'un demi-siècle, ses mutations qui s'esquissent pour relancer et maintenir ce « vieux » secteur de l'économie sénégalaise. En tout état de cause, il ressort qu'à la fin du XXe siècle, le secteur est en crise, car l'exploitation trop active des ressources halieutiques et fluviales, en dépit d'une tentative de l'État pour contrôler la filière (bons développement sur la question) ou pour « repeupler » les rivières, a fortement perturbé l'équilibre écologique, fragilisant les producteurs comme les commerçants. La question de l'environnement et du développement est cruciale, au Sénégal comme ailleurs dans le monde.

Le plan est à la fois chronologique et problématisé grâce aux titres et aux intertitres. Dans le premier chapitre, quelques passages intéressants évoquent le déclin du troc dans plusieurs régions du Sénégal, en particulier dans la vallée du fleuve Sénégal. Celui-ci reste pourtant encore répandu vers 1990. Dans le second chapitre est soulignée la position des vendeuses de poisson sur le marché où l'on se trouve en présence d'une « espèce d'aristocratie », avec des privilèges et des profits particuliers. L'auteure insiste sur l'évolution vers un encadrement des pêcheurs à la fois public (État) et privé (coopératives). Une réglementation du commerce, *a priori* et *a posteriori*, s'est établie avec des sanctions dont le retrait de la carte professionnelle. Ce qui apparaît bien, ce sont les disparités d'une région productrice ou commerçante à l'autre avec leurs corollaires surtout sur les ventes de glace et leurs répercussions sur l'organisation des marchés. Les producteurs sont vulnérables, mais pas à cause des intermédiaires.

Ce travail, visiblement mené avec beaucoup de sérieux et d'implication personnelle, enrichit l'histoire économique et sociale du Sénégal contemporain. Ce n'était pas une mince affaire, pour cette jeune citadine, de gagner la confiance de ces femmes au métier rude. Elles lui ont répondu « *avec gentillesse* », écrit-elle en les remerciant de lui avoir consacré du temps. Pour notre part, lecteurs et chercheurs, nous remercions N'deye Maty Sene de nous avoir fait connaître ces femmes et ces hommes sur lesquels repose toute une partie de l'économie sénégalaise, et de nous les avoir rendus plus proches, avec leurs difficultés, leurs espoirs, et leurs succès.

Hélène d'Almeida-Topor,
professeure émérite,
université Paris I Panthéon-Sorbonne,
Centre d'études des mondes africains (CEMAf).

Introduction générale

La commercialisation des produits maritimes et fluviaux frais et séchés au Sénégal depuis 1945 est un sujet passionnant qui n'a été jusqu'alors que peu traité par les historiens. En effet, les études qui évoquent le devenir des prises des pêches maritime et fluviale sénégalaises, qui sont pour la plupart limitées dans le temps et l'espace, ont souvent été l'œuvre de géographes, économistes, biologistes et, plus rarement, de vétérinaires. La pêche est devenue, au début des années 80, le premier secteur de l'économie sénégalaise, devançant l'arachide et les phosphates. La part de l'économie maritime sénégalaise dans le PIB est actuellement d'environ 1,5%.

L'ouvrage d'Alain Gruvel[1] édité en 1908, qui traite de la pêche sur les côtes sénégalaises, est un des premiers à nous fournir des renseignements sur le commerce du poisson et les marchés du pays ouest-africain. Nous ne disposons pour les années 50 que du livre de Balandier et Mercier[2] sur les pêcheurs lébous et de quelques travaux de l'Institut fondamental d'Afrique noire. Ce n'est qu'à partir des années 60 que les études d'universitaires dakarois, notamment de vétérinaires[3], apparaissent sur le thème de la pêche artisanale et des problèmes liés à la conservation du poisson.

Aguessy[4], dans les années 60, et Colette Le Cour Grandmaison[5], en 1972, évoquent la thématique des activités féminines à Dakar pour montrer l'influence de la ville sur la femme africaine. Les études sur la pêche sénégalaise se développent dans les années 80, notamment sous l'impulsion

---

[1] Alain GRUVEL, *Les Pêcheries des côtes du Sénégal et des rivières du Sud*, Paris, Augustin Challamel, 1908, 245 pages.

[2] BALANDIER et MERCIER, *Particularismes et évolution. Les pêcheurs lébou du Sénégal*, Dakar, centre IFAN, 1952, 213 pages.

[3] Voir, par exemple, Ibrahima Malick DIA, *Le Rôle du poisson dans l'alimentation et l'économie sénégalaise*, Paris, thèse pour le doctorat vétérinaire, 1963, 91 pages.

[4] Dominique VAN DER VAEREN AGUESSY, *La Femme africaine et les marchés dakarois*, Dakar, Institut de sciences économiques appliquées, 1963, 131 pages et *Les Femmes commerçantes au détail sur les marchés dakarois*, Daryll, Forde, *The New elites of tropical Africa*, Oxford University Press, 1966, pages 244-255.

[5] Colette LE COUR GRANDMAISON, *Femmes dakaroises*, rôles traditionnels féminins et urbanisation, annales de l'université d'Abidjan, série F, ethnosociologie, 1972, 252 pages.

de l'ORSTOM[6]. Jacques Weber[7] dirige un groupe d'étude qui travaille au Centre de recherches océanographiques de Dakar-Thiaroye et à l'Institut sénégalais de recherche agronomique. Durant cette période, les études de l'université de Dakar, de l'École nationale d'économie appliquée ainsi que celles de l'École des agents techniques de l'océanographie et des pêches maritimes sont florissantes.

Nous avons trouvé particulièrement intéressant de comparer les commerces du poisson frais et séché d'une part et d'autre part la valorisation des produits de la mer ainsi que du fleuve. Nous évoquons les circuits commerciaux à l'intérieur du Sénégal des produits frais et secs issus de la pêche artisanale. Cette dernière n'alimente pas que le marché sénégalais, mais aussi les réseaux d'exportation. Nous avons choisi d'étudier les régions de Dakar et de Saint-Louis[8], la première, qui abrite la capitale, étant la principale zone de mareyage du Sénégal et la seconde subissant depuis plusieurs années une baisse de son commerce local en produits fluviaux.

Le lendemain de la seconde guerre mondiale a été marqué par des bouleversements dans le domaine de la pêche artisanale qui ont modifié progressivement le commerce du poisson, dont la filière est passée d'un pilotage par l'amont à un contrôle de l'aval. Nous avons cherché à connaître les facteurs - tels que l'impact du capital - ayant amené à ce retournement de situation en quelques décennies[9].

Nous avons souhaité évoquer la commercialisation du poisson sous différents angles. Nous traitons de la prise de contrôle de la filière du poisson frais par les mareyeurs qui ont su profiter du contexte de profondes mutations de la pêche artisanale pour ôter aux producteurs leur mainmise sur

---

[6] Office de la recherche scientifique et technique Outre-Mer, aujourd'hui remplacé par l'Institut de recherche pour le développement (IRD).

[7] Jacques WEBER, *Pour une approche globale des problèmes de pêche, l'exemple de la filière du poisson au Sénégal*, *Aspects de la recherche en socio-économie de la pêche artisanale maritime sénégalaise*, CRODT, ISRA, document scientifique n°84, 1982, pages 97-109 et *Socio-économie de la pêche artisanale en mer du Sénégal : hypothèses et voies de recherche*, *Aspects de la recherche en socio-économie de la pêche artisanale maritime sénégalaise*, *op. cit.*, 1982, pages 3-23.

[8] Les régions de Dakar et de Saint-Louis se nommaient respectivement Cap-Vert et Fleuve à l'Indépendance (en 1960). La région de Saint-Louis a été découpée en 2008 (elle comprend désormais la division administrative de Matam), mais ceci n'influe pas sur notre travail.

[9] Pour plus de détails sur la notion de filière, voir les travaux de Philippe HUGON, *Dépendance alimentaire et urbanisation en Afrique : un essai d'analyse méso-dynamique en termes de filières. Nourrir les villes en Afrique*, Paris, L'Harmattan, 1985, page 24. L'économiste fait une fine typologie des filières (à régulation domestique, marchande, étatique et capitaliste). Nous avons choisi une approche par filière qui permet de mieux saisir l'impact des mutations du secteur pêche sur la commercialisation des produits maritimes et fluviaux. Cette méthode nous a semblé adaptée à la résolution de nos questionnements. En effet, elle met en relief, combinée avec nos sources orales, les liens qui existent entre vendeurs ainsi que leur éventuelle emprise sur les divers segments de la filière du poisson.

les circuits de distribution des produits halieutiques et fluviaux. Le gouvernement colonial, puis l'État sénégalais indépendant ont fait des efforts considérables pour lutter contre les intermédiaires et avoir une emprise sur les réseaux de vente du poisson. Le secteur de la pêche artisanale est apparu aux yeux du pouvoir comme prometteur face à une économie basée sur la culture de l'arachide en crise. Les organisations non gouvernementales récemment engagées dans le secteur de la pêche artisanale apportent une aide financière et logistique considérable aux producteurs et vendeurs de poisson.

Les intermédiaires ont été accusés de s'enrichir, d'après nos sources écrites, au détriment des producteurs et des consommateurs. Nous avons tenté de savoir si ces reproches étaient entièrement fondés, d'autant plus que les vendeurs de poissons que nous avons rencontrés, pêcheurs, grossistes et détaillants ne sont majoritairement pas de cet avis. Nous montrerons que les mareyeurs n'exploitent pas les producteurs en partie parce qu'ils supportent des coûts de transaction[10] élevés, comme la recherche du poisson au meilleur prix sur les plages et marchés ou le marchandage avec les producteurs.

Nous avons mené des enquêtes de terrain auprès d'acteurs économiques locaux dans des centres de débarquement, marchés et sites de transformation des régions de Dakar et de Saint-Louis entre 2000 et 2005. Nous avons fait nos premiers pas sur le terrain en 2000 et 2001 dans le cadre de nos travaux de maîtrise et de DEA en histoire africaine. Nos sujets portaient alors sur les vendeuses et vendeurs de poisson de la région de Dakar de 1945 à nos jours. L'adoption d'une méthode d'enquête par questionnaire nous a permis de recueillir des informations sur l'état civil des vendeurs et l'évolution de leur activité commerciale depuis leurs débuts. Cette méthode s'est avérée plus pertinente que l'entretien pour des raisons de commodité, car nous avons interrogé les commerçants en wolof sur leur lieu de travail. Certains interviewés ont notamment accepté d'être photographiés et enregistrés. L'exploitation des enquêtes a pallié au mieux le manque de sources écrites, surtout pour la période allant de 1945 au début des années 80. Les séries 2G, 4R, 1Q des Archives du Sénégal et de l'Afrique Occidentale française constituent une précieuse source d'informations sur notre thème de recherche. Notre réflexion nous a menée à la constitution d'une base de données sur des transactions commerciales réalisées entre 1945 et 2005[11].

---

[10] Ronald COASE, *L'Entreprise, le marché et le droit*, Éditions d'Organisation, septembre 2005, 242 pages. Ce chercheur, prix Nobel d'économie, a fait naître la théorie des coûts de transaction dans son article « *The Nature of the firm* » publié en 1937.

[11] Voir notre analyse factorielle des correspondances (AFC), nos tableaux et nos commentaires dans notre thèse de doctorat en histoire économique : *La commercialisation des produits halieutiques et fluviaux frais et séchés au Sénégal de 1945 à 2005*, soutenue en mars 2008 à l'université de Reims sous la direction de Mme Monique Lakroum. Nos sources, bien

Notre première partie dresse le portrait des sociétés de pêcheurs, qui possédaient autrefois le monopole de l'écoulement du poisson. Elle débute en 1945, car le commerce des produits halieutiques s'est développé au Sénégal dès la fin de la seconde guerre mondiale. Nous y avons exploité des sources d'archives qui ont été confrontées à nos sources orales. Nous avons voulu, dans notre seconde partie, expliquer comment les mareyeurs étaient arrivés à contrôler les filières commerciales des poissons frais et séchés. De plus, l'État sénégalais, confronté à la multiplication des intermédiaires, a mis en application diverses lois, dont celle sur le mareyage en 1973. Enfin, notre troisième partie évoque une montée du mouvement associatif chez les commerçants qui rencontrent toujours des difficultés dans l'exercice de leur métier, alors qu'une partie des réseaux commerciaux des produits halieutiques passe par le Marché central au poisson de Dakar mis en service en 1992.

---

qu'hétérogènes, donnent un aperçu des modalités des échanges en poisson frais et sec. Nous avons donc relevé la date, le lieu d'origine et de vente du produit, les acteurs concernés, le système de vente utilisé et les distances par rapport au lieu de débarquement du poisson. Chaque transaction constituant notre base de données est bien entendu le résultat d'un échange réalisé dans une circonstance précise, car les prix du poisson varient fortement au Sénégal, même à l'échelle quotidienne. Notre base codifiée a été exploitée à l'aide des logiciels Trideux et Stata afin de trouver une réponse à notre interrogation d'un possible enrichissement des intermédiaires. Tout d'abord, une AFC a mis en relief différents types de transactions. Ensuite, une régression linéaire nous a démontré que le prix du poisson n'était pas toujours plus cher chez les mareyeurs.

PARTIE I

Un pilotage par l'amont remis en cause (1945-1972)

Introduction de la première partie

Les producteurs de poisson frais et séché contrôlaient encore les circuits commerciaux des produits marins et fluviaux au milieu du XXe siècle. Les familles de pêcheurs avaient un monopole sur la production et l'écoulement des produits issus de la mer et des fleuves sénégalais. Elles perdirent leur emprise sur la commercialisation des débarquements de la pêche artisanale avec le développement du mareyage, étroitement lié à celui de la production et du réseau de transports. L'État, colonial puis sénégalais, ne parvint pas, malgré ses efforts, à contrôler les vendeurs de poisson, notamment les intermédiaires qui se multiplièrent. Nous traiterons du contrôle des filières du poisson par les producteurs en exploitant essentiellement des sources d'archives, et imprimées, ainsi que nos sources orales.

CHAPITRE I

La mainmise des producteurs sur le commerce du poisson

Introduction

Les causes de l'essor du commerce des produits halieutiques frais et séchés étaient aussi bien conjoncturelles (multiplication de la demande, construction de routes) que structurelles (motorisation des pirogues). Les femmes des familles de pêcheurs sénégalaises vendaient traditionnellement les mises à terre des producteurs et avaient acquis, grâce à leur ancienneté, des places de vente peu accessibles aux nouvelles venues sur les divers lieux de commercialisation du poisson. Nous allons évoquer les origines du monopole des familles de pêcheurs lébous et subalbé, de même que ses applications. Ensuite, nous montrerons les avantages apportés par l'introduction de moteurs dans la pêche artisanale et ses conséquences sur le commerce du poisson frais et préparé artisanalement.

I. UN MARCHÉ EN PLEINE EXPANSION ET MIEUX DESSERVI

Le Sénégal était de plus en plus peuplé et son marché urbain connaissait une croissance soutenue. Cet essor démographique, combiné à celui des transports, permit aux véhicules des mareyeurs de mieux ravitailler en poisson frais les villes et villages du Sénégal.

1) L'accroissement de la population sénégalaise

La période qui suivit la seconde guerre mondiale fut marquée par un progrès de la croissance démographique du Sénégal. Ce marché de consommation constitua un cadre propice au développement du commerce des produits halieutiques et fluviaux. Le tableau ci-dessous nous montre que la population du Sénégal a plus que doublé en vingt-deux ans.

Tableau 1 : Evolution de la population du Sénégal de 1948 à 1970

Date	Population	Source
1948	1 992 000	*Annuaire statistique de l'Union française d'outre-mer*, 1939-1949
1954	2 222 000	*Annuaire statistique de l'AOF*, 1950-1954
1955	2 222 525	*Annuaire statistique de l'AOF*, 1950-1954
1956	2 223 861	*Annuaire statistique de l'AOF*, 1950-1954
1960	3 497 546	*Profil démographique et socio-économique du Sénégal*
1970	4 390 588	*Profil démographique et socio-économique du Sénégal*

La région ainsi que la ville de Dakar exercèrent une attraction particulièrement importante comparée à celle des autres zones géographiques du pays. En 1961, la région de Dakar rassemblait 14% de la population du Sénégal sur seulement 0,3% du territoire national. Elle restait tout de même loin derrière celle du Sine-Saloum et comptait moins d'habitants que les régions de Diourbel et de la Casamance. Dix années plus tard, Dakar était l'une des deux régions les plus peuplées du pays.

La région de Tambacounda, qui occupait 27% de la superficie totale du Sénégal, était sous-peuplée. Celles de Thiès et du Fleuve n'avaient perdu que peu d'habitants entre 1961 et 1971. Le taux de croissance annuel des régions sénégalaises entre 1960 et 1970 était plus élevé à Dakar (4,3%), à Tambacounda (4,8%) et à Thiès, qui approchait 2,9%, alors que celui du Fleuve avoisinait 1,2%[12]. La principale caractéristique de la population sénégalaise était sa jeunesse : elle comptait 42,6% de jeunes de moins de 16 ans en 1960. L'accroissement moyen annuel s'élevait à 2,3% sur l'ensemble du territoire entre 1960 et 1970[13]. La densité de population, estimée à 9,5 habitants par km² en 1948, approchait 20 habitants par km² en 1970.

Poumon économique, politique et culturel du pays, la ville de Dakar, fondée en 1857, connut une constante augmentation de sa population depuis la fin du XIXe siècle. Ses rôles successifs en tant que capitale de l'Afrique Occidentale française dès 1902 et du Sénégal à partir de 1957 jouèrent en sa faveur. Dakar, qui ne comptait pas 10 000 habitants en 1891, vit sa population triplée en moins de quinze ans. Dans les années 20 et 30, des Wolofs, Séréres et Toucouleurs de l'intérieur du pays, ainsi que des

[12] Gilles PISON, *Les Changements démographiques au Sénégal*, Institut national d'études démographiques, Paris, PUF, 1997, page 28.

[13] Ministère de l'Économie et des finances, direction de la Prévision et de la statistique, Institut du Sahel, *Profil démographique et socio-économique du Sénégal, 1960-2000*, Dakar, 2003, page 36.

étrangers rejoignirent les autochtones lébous, premiers habitants du territoire dakarois. Ce phénomène s'accrut à partir de 1945 et entraîna une extension spatiale de la ville ouest-africaine.

La ville de Dakar attira, après la seconde guerre mondiale, des ruraux confrontés aux problèmes agricoles, des Libanais ainsi que des Syriens fuyant l'instabilité politique de leur pays natal, et des cadres européens. La croissance de Dakar fut donc favorisée par des migrations internationales et intérieures.

Graphique 1 : Population des régions sénégalaises en 1961 et 1971

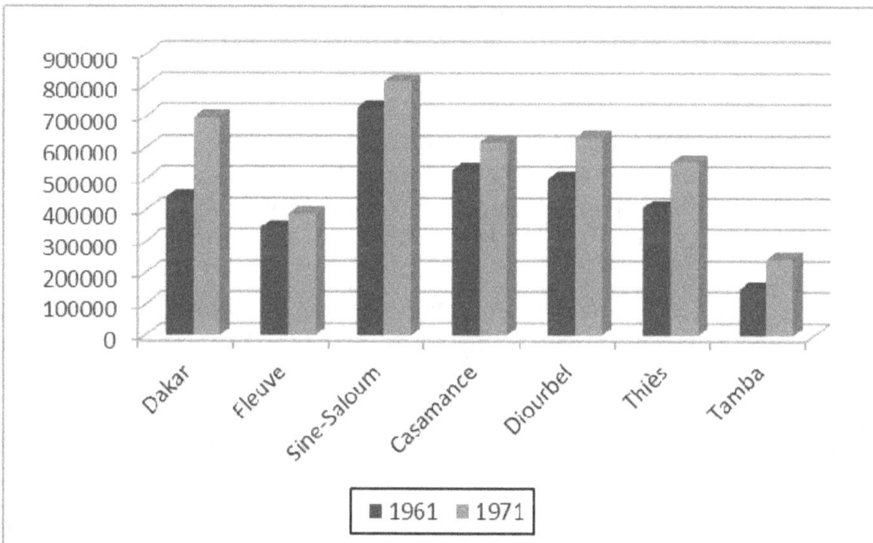

Source : d'après Oumar Diop, 1990, page 19.

Tableau 2 : Population de Dakar de 1878 à 1936

Dates	Population	Sources
1878	1 600	Coulibaly (93) citant N'diaye (84)
1891	8 700	Coulibaly (93) citant N'diaye (84)
1904	23 500	Coulibaly (93) citant N'diaye (84)
1911	26 000	*Annuaire statistique de l'Union française, 1949-1954*
1921	33 000	*Annuaire statistique de l'Union française, 1949-1954*
1923	34 400	COULIBALY (93) citant N'DIAYE (84)
1931	54 000	*Annuaire statistique de l'Union française, 1949-1954*
1936	92 000	*Annuaire statistique de l'Union française, 1949-1954*

La capitale comptait 50 000 migrants internationaux en 1955, chiffre qui avait plus que doublé en 1961. On dénombrait 4147 Libano-Syriens à Dakar en 1955 et 10 270 au Sénégal en 1962 dont 7000 dans le Cap-Vert. Les Européens étaient 27 539 dans le pays en 1948 et 42 861 en 1956. Ils se trouvaient surtout à Dakar, où ils représentaient 9,82% de la population en 1946 et 12,41% en 1955. Les Français étaient environ 14 500 domiciliés à Dakar en 1946 et 38 420 en 1963. Les Européens au pouvoir d'achat élevé constituaient une clientèle particulièrement intéressée par les crevettes, langoustes et autres espèces nobles proposées par les vendeurs de produits halieutiques. Les immigrés capverdiens venus dans l'espoir de trouver du travail auraient été 3546 en 1955 et 4592 en 1964. Avant 1960, les jeunes filles sénégalaises recherchaient un emploi de bonne dans la capitale, tandis que les jeunes hommes désiraient obtenir un poste dans l'Administration ou les industries[14].

Dakar rayonnait grâce à son port, ses industries et son activité commerciale florissante. La ville bénéficia d'investissements étatiques et privés afin de financer une politique de grands travaux. La population fut multipliée par deux entre 1945 et 1955, comme nous l'indique le graphique 2.

De 1955 à 1965, les naissances augmentèrent et les décès diminuèrent, ce qui accrut le mouvement naturel. Le solde migratoire resta positif, même si l'indépendance du pays fut à l'origine de départs massifs d'étrangers. Entre 1965 et 1971, la population augmenta de 27,84%, malgré une baisse des naissances qui débuta en 1969 et une diminution plus faible des décès à partir de 1967[15].

---

[14] *Annuaire statistique de l'Union française d'outre-mer, 1939-1949*, Paris, INSEE, pages 71, 72 et 79, *Annuaire statistique de l'AOF, 1950-1954*, pages 46, 52, 173 et Alexis CAMPAL, *Évolution de la population de Dakar, de 1955 à 1976*, mémoire de maîtrise de géographie, université de Dakar, 1981, pages 12, 26 et 60.

[15] Alexis CAMPAL, *op. cit.*, 1981, page 27.

Graphique 2 : Évolution de la population dakaroise de 1945 à 1972

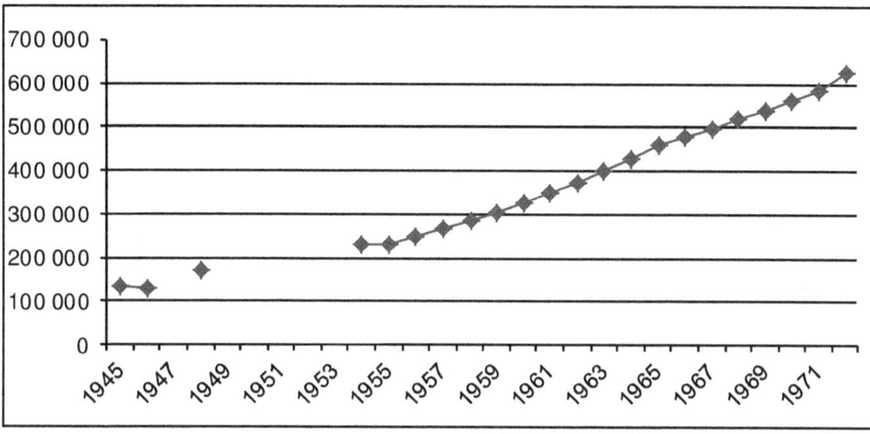

Sources : d'après l'*Annuaire statistique de l'AOF* et Alexis Campal.

Tableau 3 : Évolution de la population de Saint-Louis de 1876 à 1954

Dates	Population	Sources
1876	14 798	Les premiers recensements
1911	22 000	*Annuaire statistique de l'Union française, 1949-1954*
1921	18 000	*Annuaire statistique de l'Union française, 1949-1954*
1931	30 000	*Annuaire statistique de l'Union française, 1949-1954*
1936	33 000	*Annuaire statistique de l'Union française, 1949-1954*
1946	62 500	*Annuaire statistique de l'Union française d'outre-mer,* 1939-1949
	50 000	*Annuaire statistique de l'Union française, 1949-1954*
1954	39 099	*Annuaire statistique de l'AOF*, 1950-1954

La population de Saint-Louis, ancienne capitale sénégalaise située au nord-ouest du pays, augmenta entre 1876 et 1946, mais baissa tout au long de la décennie qui suivit la seconde guerre mondiale. On se rend compte, en comparant l'évolution des populations du Sénégal, de Dakar et de Saint-Louis, que le nombre d'habitants du pays et de la capitale de l'AOF a constamment augmenté entre 1948 et 1960, contrairement à celui de Saint-Louis. À la fin des années 40, on dénombrait 171 200 habitants à Dakar, ce qui représentait 8,59% de la population sénégalaise. À la même époque, environ 3,14% des Sénégalais résidaient à Saint-Louis. En 1960, près de 9,32% de la population était domiciliée à Dakar. La population saint-louisienne connut une chute importante entre 1946 et 1954. Moins de deux habitants sur cent vivaient à Saint-Louis du Sénégal au milieu des années 50.

2) Le développement des réseaux de communication

Un mareyage favorisé par la route

Le mareyage put connaître un important essor au Sénégal grâce à l'utilisation des routes et pistes du pays. L'État colonial, qui désirait accroître la circulation de produits miniers et agricoles dans ses possessions africaines, dota le territoire sénégalais d'un réseau de transport parmi les plus développés du continent. Avant 1960, le Sénégal était la première colonie ouest-africaine à pouvoir bénéficier d'un réseau routier. La route intercoloniale Dakar-Rufisque fut d'abord construite en 1924, avant que la capitale de l'AOF ne soit accessible à partir des grandes villes de l'intérieur. Dès 1945, un rapport du service de l'Élevage et des industries animales mentionnait l'existence de transporteurs qui se ravitaillaient en produits halieutiques sur la côte sénégalaise : « *Onze camionneurs furent [...] autorisés à transporter du poisson de M'bour, Joal, Kayar. Leurs apports atteignent 208 863 kg de janvier à juin. En janvier et février, ils effectuent leurs achats à M'bour et Joal. À partir de mars le déplacement des bancs oblige à remonter la Petite-Côte vers Kayar. Seul ce dernier point permet des achats d'un important volume à M'bour et Joal [...] la concurrence des acheteurs dakarois est [...] particulièrement précoce*[16]. » La commercialisation des produits marins allait continuer à se développer parallèlement au réseau routier.

Selon Yves Hazemann, les premières automobiles circulèrent au Sénégal en décembre 1898. La maison Michelin se montra favorable en 1912 à la mise en place d'un réseau routier en AOF afin d'accroître son marché. Jusqu'à la seconde guerre mondiale, les entreprises de transport européennes bénéficiaient d'un statut privilégié par rapport à leurs homologues sénégalaises. Les transporteurs sénégalais accrurent leur emprise sur le réseau routier dès 1945 grâce à la suppression d'un statut juridique favorable aux commerçants métropolitains[17]. Il est possible que ce contexte ait été bénéfique aux vendeurs en gros de poisson frais et séché.

L'ordonnance du 2 novembre 1945, qui octroya un financement provenant du FIDES, permit de construire les principales routes sénégalaises, d'autant plus que le relief plat du pays constituait un atout pour ce type de travaux. L'entretien du réseau, auparavant assuré par les

---

[16] Gouvernement général de l'AOF, Sénégal, service de l'Élevage et des industries animales, *Pêche maritime et fluviale, rapport annuel 1945*, Archives du Sénégal, rapport 2G45 (67), page 1.

[17] Yves HAZEMANN, *Routes et routiers du Sénégal au XXe siècle : les sources de l'histoire des transports*, Hélène d'ALMEIDA-TOPOR, Monique LAKROUM, Chantal CHANSON-JABEUR, « *Les transports en Afrique* », *Actes du colloque organisé les 16 et 17 février 1990 à Paris*, L'Harmattan, collection « Villes et entreprises », 1992, pages 212, 214 et 217.

commandants de cercle dans le cadre du travail forcé, entra après le second conflit mondial dans le budget général et local de chaque territoire[18]. Dès la création de routes en pierre dans les années 50, les déplacements de voitures, de taxis et de transporteurs augmentèrent considérablement. Les grossistes en poisson séché profitèrent, tout comme les vendeurs de produits frais, de l'amélioration du réseau de transports pour faire fructifier leur commerce. Les villages éloignés des côtes étaient ravitaillés au milieu des années 40 par ces vendeurs : « *un village de pêcheurs à Fas-M'boye. Le produit de la pêche, séché est dirigé sur les villages de l'intérieur. De nombreux véhicules en provenance de Thiès ou de Dakar viennent s'y approvisionner. M'bao ravitaille Tivavouane et Mékhé*[19]. » La carte suivante, réalisée d'après un mémoire de Rosemonde Merlin[20], représente le réseau routier en 1970.

[18] HAZEMANN, *op. cit.*, 1992, page 218.

[19] Rapport 2G45 (67), *op. cit.*, page 4.

[20] Rosemonde MERLIN, *Les Transports au Sénégal : statistique et géographie*, mémoire de maîtrise de géographie, université de Dakar, 1971, page 32.

Carte 1 : Localités et routes bitumées du Sénégal en 1970

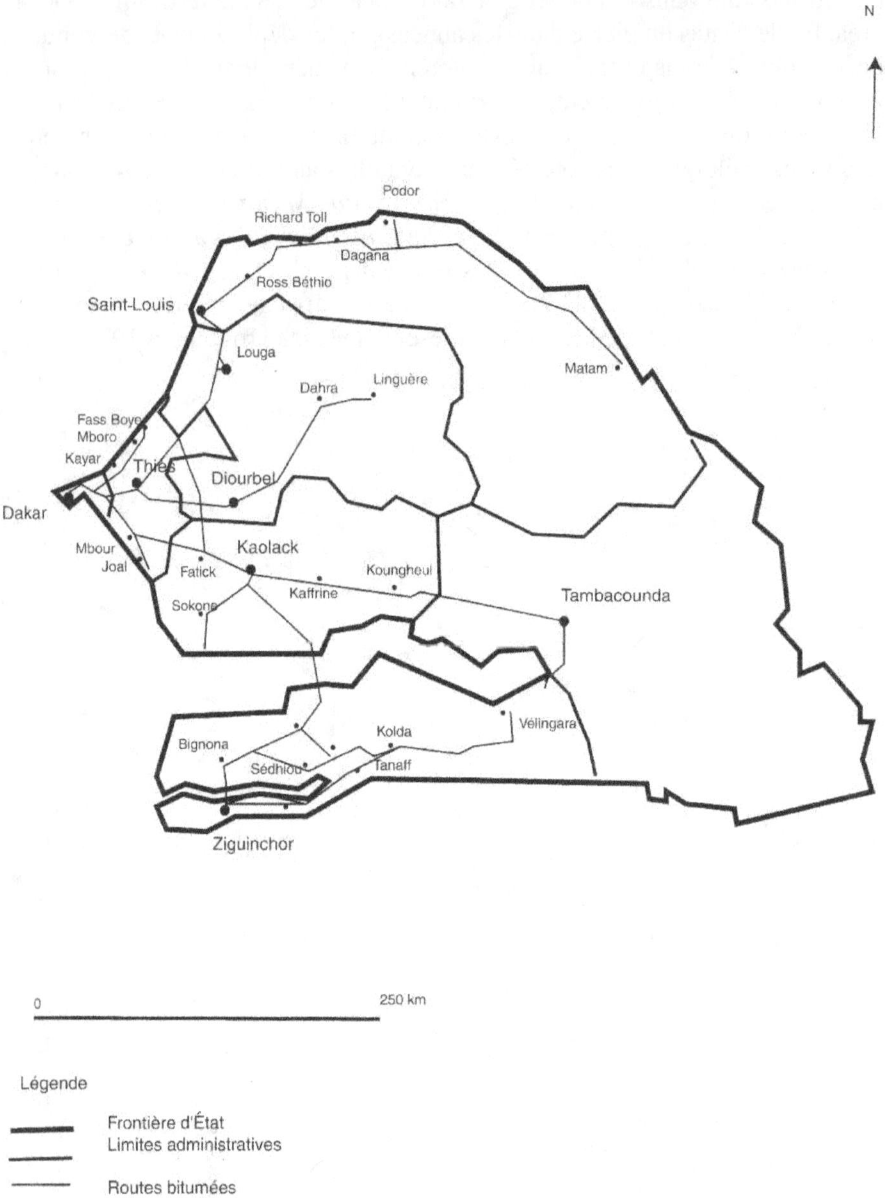

Source : d'après Rosemonde MERLIN, 1971, page 32.

Dans les années 20, le Sénégal avait 1200 km de routes permettant la circulation d'automobiles, 1000 km dans le Sine-Saloum, 200 km en Casamance, 40 km dans le cercle Thiès-Tivaouane et 20 km à Saint-Louis et sa banlieue[21]. On comptait 1373 camions circulant sur le réseau routier en 1932, 1516 en 1949 et 1489 en 1954[22]. Au début des années 70, le pays possédait 2000 km de routes bitumées, 1800 km en terre et 10 000 km de pistes saisonnières. Rosemonde Merlin affirmait d'ailleurs à l'époque : « *Ces axes convergent tous vers Dakar, pôle économique et point de contact du Sénégal avec l'extérieur*[23]. » Ainsi, les villes de Saint-Louis, Tambacounda et Ziguinchor étaient à la fois reliées à Dakar et isolées dans leurs régions respectives. La plupart des grandes routes étaient bitumées, comme les routes Dakar-Saint-Louis-Matam au nord, Dakar-Thiès-Diourbel-Dahra à l'est, Dakar-Kaolack-Ziguinchor qui traversait la Gambie au sud, de même que Dakar-Kaolack-Banjul. Les routes Dakar-Kaolack-Tambacounda et Ziguinchor-Kolda-Vélingara étaient en partie faites de terre[24].

Les routes étaient très difficiles à entretenir durant la saison des pluies entre les mois de juin et octobre, qu'elles soient en granit et basalte, tôle ondulée, ou encore fabriquées avec des coquillages[25]. Des trous et crevasses apparaissaient alors, tandis que les pistes devenaient inutilisables. Le nouvel État sénégalais ambitionna de donner une meilleure accessibilité aux régions du Fleuve et de Casamance. Ces travaux furent financés par des prêts européens majoritairement français et un budget destiné à l'équipement du pays. Un fonds fut créé spécialement pour couvrir les dépenses occasionnées par de nouvelles constructions de routes[26]. Les régions sénégalaises étaient inégalement desservies par le réseau routier, comme nous le montre le graphique 3 qui représente le nombre de km de routes praticables toute l'année dans chaque région du pays.

---

[21] HAZEMANN, *op. cit.*, 1992, page 219.

[22] Monique LAKROUM, *Chemins de fer et réseaux d'affaires en Afrique occidentale : le Dakar-Niger, 1883-1960*, thèse de doctorat d'État, université de Paris VII, 1987, page 375.

[23] Rosemonde MERLIN, *op. cit.*, 1971, pages 31 et 33.

[24] Moussa COULIBALY, *Les Transports urbains au Sénégal de 1945 à 1970 : le cas de Dakar*, maîtrise de géographie, université de Dakar, 1993, pages 15, 34, 39 et MERLIN, *op. cit.*, 1971, pages 31 et 33.

[25] On pouvait trouver ce dernier type de routes dans les régions du Fleuve, du Saloum et de la Casamance.

[26] COULIBALY, *op. cit.*, 1993, pages 35 et 37. Il s'agissait d'un fonds routier.

Graphique 3 : Nombre de km de routes pour 1000 km^2 dans les régions sénégalaises au début des années 70

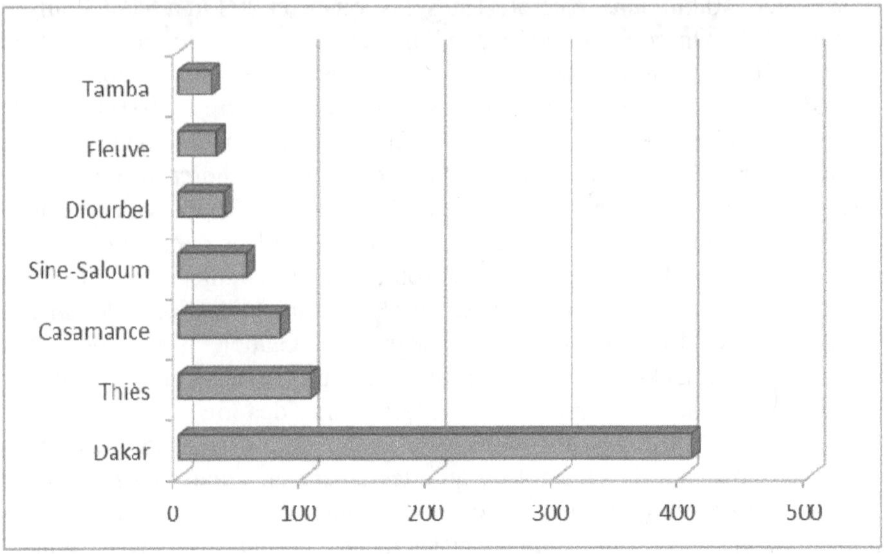

Source : d'après un tableau de Rosemonde Merlin, *op. cit.*, 1971, page 34.

Les régions de Dakar et de Thiès étaient les mieux loties, avec respectivement 406 km et 105 km de routes pour 1000 km². Ce déséquilibre était dû à la concentration des activités à l'est du Sénégal, particulièrement dans la presqu'île du Cap-Vert. Bien que privilégiée par rapport aux autres régions, Dakar connaissait des problèmes d'encombrements causés par le manque de routes onéreuses.

Un réseau ferré délaissé

Le train et les voies fluviales pouvaient être utilisés par les vendeurs de poisson pour transporter leurs marchandises. Selon Régine Bonnardel, la voie ferrée, qui connut son âge d'or à l'époque coloniale avec le commerce d'exportation de l'arachide sénégalais, avait été fortement concurrencée par la route, plus rapide et mieux adaptée au transport des produits halieutiques. Dans les années 60, l'utilisation de la route était plus pratique pour desservir les localités sénégalaises : « [...] *le parc marchandises de la régie des chemins de fer du Sénégal ne comporte que 5 wagons frigorifiques. Les primeurs, le poisson frais ne peuvent donc être transportés par fer dans les conditions de conservation requises, et le camion réfrigéré de façon artisanale au moyen de quelques barres de glace, qui vient chaque soir sur les lieux de pêche pour charger la marée, est beaucoup mieux adapté que le train pour ce genre de commerce*[27]. » D'après la géographe, la route joua un rôle majeur dans le développement économique du Sénégal dès la fin de la seconde guerre mondiale.

Le réseau ferré d'Afrique de l'Ouest avait intéressé, tout comme ses routes, des compagnies privées européennes[28]. Au début des années 70, le Sénégal comptait 1186 km de voie ferrée, dont 62 km à double voie de Dakar à Thiès et 1400 km de voies navigables. La moitié du chemin de fer sénégalais se situait dans les régions de Dakar, Saint-Louis, Thiès et Diourbel. Le Sénégal comptait près de 168 stations et gares, dont les plus importantes étaient Saint-Louis, Linguère, Kaolack, Diourbel et Tambacounda, d'où l'on se rendait à Bamako, terminus du Dakar-Niger.

Les fleuves pouvant servir au transport de personnes et de marchandises étaient au nombre de trois. Le Sénégal, situé à la frontière mauritanienne, navigable jusqu'à Bakel (910 km) durant la saison des pluies et jusqu'à Podor (270 km) le reste de l'année. Le Sine-Saloum était traversé par des pirogues sur 110 km, tandis que la Casamance était utilisable jusqu'à Sédhiou (400 km)[29].

II. LES USAGES COMMERCIAUX DES SOCIÉTÉS DE PÊCHEURS

Les pêcheurs sénégalais bénéficiaient de conditions naturelles favorables à la pratique et à l'extension de leurs activités maritimes et fluviales. Leurs familles, dont le rôle social était de produire et de vendre des produits halieutiques et fluviaux, respectaient une stricte division du travail entre hommes et femmes.

1) Un cadre naturel propice à la pêche

Des eaux maritimes poissonneuses

L'aridité du sol ainsi que la richesse des eaux sénégalaises ont favorisé le développement de la pêche artisanale maritime tout au long de la côte ouest

---

[27] Régine BONNARDEL, *Économie maritime et rurale de Kayar*, Paris, Larose, 1967, page 73.

[28] Monique LAKROUM, « *Les archives des entreprises ferroviaires de l'AOF* », Hélène d'ALMEIDA-TOPOR, Monique LAKROUM, Chantal CHANSON-JABEUR, *Les transports en Afrique, Actes du colloque organisé les 16 et 17 février 1990 à Paris*, L'Harmattan, collection « Villes et entreprises », 1992, pages 354-360.

[29] MERLIN, *op. cit.*, 1971, pages 3, 12 et 46.

du pays[30]. Le Sénégal bénéficie d'un plateau continental allongé sur plus de 600 km et recouvrant environ 30 000 km². Il est divisé au niveau de la fosse de Kayar en deux groupements bio-maritimes différents, séparant deux types de fond et de faune. Au nord, la Grande-Côte à brisants, située sur un plateau étroit à pente accusée, possède un fond de sable prédominant avec une flore et une faune invertébrée. Au sud, la Petite-Côte se trouve sur un plateau ayant une pente moins marquée, à fond sablo-vasard, de même qu'une flore et une faune fixées abondantes.

La faune tropicale sénégalaise est très variée, et deux catégories d'espèces composent principalement les apports de la production artisanale. Les espèces de fond, présentes essentiellement dans les mers tempérées, parmi lesquelles on trouve les mérous (nommés *thiof* en wolof) et des dorades roses (*kibaro*) sédentaires mais aussi des dentés (*diarègne*) se déplacent saisonnièrement. Les espèces de surface sont entre autre composées de clupéidés (les sardinelles portent le nom de *yaboï*), d'ethmaloses (*cobo*) et de tassergals. Cette dernière catégorie de produits halieutiques, qui vient du nord, est surtout pêchée à Saint-Louis et Kayar dès l'arrivée des eaux froides[31].

La pêche artisanale pratiquée en mer, qui dépend des saisons marines froide et chaude, est très productive de novembre à mars, et stationnaire jusqu'en mai. L'arrivée de vents frais en novembre dans la région de Dakar marque le début de la saison froide et de la remontée d'eaux profondes poissonneuses. Pendant la saison chaude qui s'étend de juillet à octobre, la population souffre du manque d'apports en poisson causé par la présence d'eaux tropicales salées[32]. Les zones de pêche situées au bord des fleuves du pays jouent alors un rôle capital dans l'approvisionnement des grands centres comme Saint-Louis et Kayar. La production est saisonnière sur la Grande-Côte, car les espèces marines de passage s'y trouvent en grande quantité. Sur la Petite-Côte au contraire, les sardinelles et ethmaloses sédentaires sont abondantes et représentent la majorité des prises en juillet et août[33].

---

[30] Babacar DIOP, *La Pêche maritime au Sénégal*, thèse de doctorat vétérinaire, Dakar, 1963, page 2.

[31] Archives du gouvernement général de l'AOF, rapport 2G53 (83), page 151 et rapport 4R 575, comité d'études économiques, sous-comité « milieu rural », groupe n°5 « pêche », 2e séance, 1958, pages 1 et 2.

[32] Archives du gouvernement général de l'AOF, politique et administration générale, rapport 2G47 (71), service de l'Elevage et des industries animales, *Résultats de la pêche maritime 1947*, page 1.

[33] *Colloque sur l'océanographie et les pêches maritimes*, participation du Sénégal, *Luanda, 20-27 novembre 1957*, pages 3 et 4.

La pêche sur le fleuve Sénégal

Le Sénégal possède des bassins fluviaux dont les apports en poisson sont non négligeables, particulièrement au nord du pays. Il s'agit du fleuve Sénégal ainsi que ses deux dépendances, du réservoir d'eau douce que forme le lac de Guiers, de la Falémé, et du Soungrougrou en Casamance[34]. Le fleuve Sénégal, qui connaît de fréquentes crues, est caractérisé par de nombreux affluents. D'après le rapport des Eaux et Forêts de 1998 : « *Avec une longueur d'environ 1800 km, le Sénégal est, par l'importance de ses écoulements, la septième artère fluviale de l'Afrique et la deuxième de la région ouest-africaine. Son bassin versant couvre une superficie de 340 000 km². Il est formé par la rencontre de deux rivières, le Bafing et le Bakoye, près de Bafoulabé au Mali*[35]. » La Falémé est un affluent du Sénégal se situant sur sa rive gauche. Il mesure 650 km de long et prend sa source dans le Fouta-Djallon à 800 m d'altitude. Le réseau hydrographique du fleuve Sénégal présente deux dépressions importantes dans son brief aval : le lac de Guiers sur la rive gauche (sénégalaise) et le lac R'Kiz sur la rive mauritanienne.

Le lac de Guiers, qui s'étend sur 25 000 hectares et dont la profondeur est de 2 m en moyenne, se trouve au sud de la Vallée morte du Ferlo, à 15 km du fleuve Sénégal. Il est relié à ce dernier par la Taouey, dont le cours traverse 50 km jusqu'à la ville de Richard-Toll[36]. Le niveau des eaux du lac de Guiers dépend des crues saisonnières du Sénégal. Durant la période des basses eaux, les produits fluviaux sont abondants dans les lieux profonds et le lac de Guiers. La période des crues est l'occasion pour les espèces fluviales de se reproduire, de grandir et de s'alimenter dans les espaces inondées. La pêche est peu rentable, car le stock de poisson est éparpillé dans une importante et profonde masse d'eau. Cependant, les pêcheurs professionnels les plus expérimentés réussissent à débarquer des prises non négligeables[37]. Les producteurs fluviaux pêchent une trentaine d'espèces. Les *Tilapias*, les *Ciclanopleura* et les *Citharinus citharus* représentent la moitié des captures, tandis que les *Synodontis*, les *Distichodus* et les *Hypéropisus* se retrouvent fréquemment dans les prises. Les pêcheurs débarquent aussi des poissons carnivores, tels que les *Lates niloticus*, les *Gymnarchus niloticus* et les *Hydrocyons*[38]. Les pêcheurs employaient dans

[34] Rapport 4R 575, *op. cit.*, « Séance sur la pêche fluviale », page 10.

[35] Ministère de l'Environnement, direction des Eaux, forêts, chasses et de la Conservation des sols, *Rapport annuel 1998*, Dakar, 1999, page 143.

[36] Nous avons mené des enquêtes à Richard-Toll en 2004.

[37] Ministère du Développement rural et de l'hydraulique, direction des Eaux, forêts, chasses et de la conservation des sols, *Rapport annuel 1991*, inspection régionale de Saint-Louis, 1992, page 76.

[38] Archives du Sénégal, service des Eaux et Forêts, rapport 2G60 (10), pages 1, 8 et 31.

les années 60 des filets traînants et des sennes de plage pour capturer leurs prises.

La pêche fluviale sénégalaise est pratiquée, comme nous venons de le voir, dans le bassin du fleuve Sénégal, mais aussi dans les bolons du Sine-Saloum, la moyenne et haute Casamance, le bassin de la Kayanga (et de son principal affluent l'Anambé) et la haute Gambie[39].

2) Un monopole de la production

Des peuples spécialisés

Plusieurs peuples de producteurs étaient installés sur les côtes et au bord des fleuves sénégalais. Ils pratiquaient cette activité depuis des siècles et jouaient un rôle social et économique considérable. Mercadier, agent du gouvernement de l'Afrique Occidentale française, souligne ce fait dans une lettre adressée en 1945 au secrétaire général du gouvernement général : « *Cette industrie appartient traditionnellement à la population autochtone et [...] elle intéresse une collectivité importante et particulièrement intéressante parce que laborieuse et d'une utilité sociale incontestable*[40]. »

Les Wolofs, présents sur la Grande-Côte, surtout à Saint-Louis, M'boro et Kayar, se rendaient régulièrement sur la Petite-Côte durant les campagnes de pêche. Le quartier saint-louisien des pêcheurs, appelé Guet N'dar, situé sur la Langue de Barbarie, entre l'océan Atlantique et le fleuve Sénégal, était particulièrement actif. Le village de Guet N'dar aurait été créé entre le XVIIIe et le XIXe siècle par des populations noires du Walo islamisées par les Maures. Ces peuples en provenance du fleuve Sénégal voulaient fuir la domination du souverain maure Trarza qui organisait des razzias à leur encontre. Les terres de Guet N'dar étant trop peu fertiles pour permettre une exploitation agricole, les Wolofs pratiquèrent la pêche fluviale et exercèrent une activité commerciale dans le delta du fleuve Sénégal, avant de se risquer en mer durant la seconde moitié du XIXe siècle[41]. On évaluait à 5000 environ le nombre de producteurs installés dans ce quartier en 1951. De novembre à février, les Guet N'dariens étaient présents à Dakar, Joal et en

---

[39] Ministère de l'Environnement, *op. cit.*, 1999, page 142.

[40] Archives du gouvernement général de l'AOF, Affaires économiques, rapport 1Q 408, lettre du 26 janvier 1945, « Réponse au secrétaire général du gouvernement général chargé de l'expédition des affaires courantes », page 3.

[41] Malick DIAGNE, *L'Éducation en milieux pêcheurs saint-louisiens. La scolarité à Guet N'dar : obstacles et stratégies palliatives*, mémoire de maîtrise en sociologie, université Gaston Berger de Saint-Louis, 1999, page 9 et Adama M'BAYE, *Analyse sociologique de la différenciation technique dans la pêche artisanale maritime sénégalaise et implications pour la gestion des ressources halieutiques*, thèse de sociologie, université de Dakar, 2002, pages 64 à 67, 84 et 85.

Casamance. Ils approvisionnaient les plages de Kayar et de Yoff, où ils débarquaient entre autre des dentes, des mérous blancs, des tassergals ainsi que des pagres, de février à mai. Demba Kaïré, pêcheur retraité de 76 ans domicilié à Guet N'dar, se souvient de ces déplacements à Joal : « *On vendait notre poisson sur place. On se levait à l'aube. On allait à Joal. Entre deux mois et demi et trois mois. Quand la campagne de pêche était terminée, on revenait ici.* » Sa femme N'deye Sene, préparatrice de 60 ans, nous a confirmé : « *Les pêcheurs de Saint-Louis allaient jusqu'à Joal et M'bour pour y montrer les techniques de pêche et de transformation artisanale du poisson*[42]. »

Les pêcheurs lébous se trouvaient dans le Cap-Vert, jusqu'à Joal, dans les villages de Dakar Yoff, Cambérène, N'gor, Thiaroye, Ouakam, Rufisque et Kayar. Ils s'adonnaient à leur activité toute l'année, tandis que leurs voisins wolofs pratiquaient l'agriculture simultanément à la pêche. Les producteurs de Yoff se déplaçaient annuellement vers Kayar, tandis que leurs homologues de Rufisque se rendaient en campagne à M'bour et Joal. La pêche n'était pas l'unique activité des Lébous et Séréres qui s'adonnaient aussi à l'agriculture, notamment du petit mil, à l'élevage et à la culture maraîchère. Les Lébous qui vivaient sur la Petite-Côte, à Joal, M'bour et Fadiouth, allaient en mer durant la saison sèche et cultivaient leurs terres pendant l'hivernage.

Les Sérères et Niominkas, présents dans le Sine-Saloum et en Casamance, étaient dans les années 50 aussi spécialisés dans les domaines de la pêche et de l'agriculture. Il semblerait que l'intérêt que portaient les Sérères pour la pêche artisanale se soit développé durant la première moitié du XXe siècle, car Gruvel nous affirmait en 1908 que ce peuple ne se rendait que très rarement en mer : « [*Ils*] *ne se livrent à cette industrie marine que d'une façon accidentelle, comme passe-temps ou pour assurer leur propre alimentation*[43]. » Tout comme la société de Guet N'dar, celle des Niominkas n'était pas castée, chacun de ses membres pouvant exercer le métier de son choix. Les Niominkas résidant dans les îles méridionales étaient des Mandingues, s'exprimant en socé, tandis que leurs homologues vivant au nord du fleuve Diomboss parlaient sérère. Cette différenciation était due à l'histoire des migrations connues dans la région : l'aristocratie mandingue des Guelewaar quitta la basse Gambie pour s'installer dans le Sud du Sine et

[42] Nous les avons interrogés à leur domicile, situé dans le quartier des pêcheurs de Saint-Louis, nommé Guet N'dar en wolof, le 27 juillet 2003.

[43] Archives du gouvernement général de l'AOF, Politique et administration générale, rapport 2G51 (31), pages 228 à 230, direction des Statistiques, *Situation économique du Sénégal*, Dakar, 1981, page 177 et Alain GRUVEL, *Les Pêcheries des côtes du Sénégal et des rivières du Sud*, Paris, Augustin Challamel, 1908, page 103.

du Saloum habité par les Séréres originaires du fleuve Sénégal[44]. Les Diolas de Casamance, plutôt agriculteurs, ne pêchaient que pour subvenir aux besoins de la consommation familiale, et n'étaient nullement des pêcheurs professionnels. Les Subalbé, pêcheurs toucouleurs, exerçaient leur métier sur les rives du fleuve Sénégal, à une moindre échelle que leurs confrères marins. Les producteurs sénégalais souffraient du manque d'infrastructures à terre. Ils débarquaient leurs prises sur des plages peu abritées après avoir affronté la barre, particulièrement forte au nord de la presqu'île du Cap-Vert[45].

Le tableau suivant nous donne un aperçu du nombre de pêcheurs ayant exercé leur activité en mer du milieu des années 50 au début des années 70.

---

[44] Adama M'BAYE, *op. cit.*, 2002, pages 80 à 82.

[45] Archives du gouvernement général de l'AOF, Elevage, industries animales, pêches maritimes, *Plan quadriennal d'équipement, 1953-1957*, dossier 1Q628 (150), page 35.

Tableau 4 : Évolution du nombre de pêcheurs au Sénégal de 1955 à 1972

Dates	Dakar	%	St-Louis	%	Sine-Saloum	%	Casamance	%	Thiès	%	Total
1955	5680	43,86	1884	14,55					5386	41,59	12950
1956	4400	36,36	1900	15,7	500	4,14	300	2,48	5000	41,32	12100
1957	4400	36,36	1900	15,7	500	4,14	300	2,48	5000	41,32	12100
1960											13600
1966	5763	22,95	3580	14,26	5848	23,3	3291	13,12	6622	26,37	25104
1967	6906	26,19	4386	16,58	4636	17,53	3890	14,7	6622	25	26440
1968	6530	24,9	4386	16,72	4780	18,21	3980	15,17	6560	25	26236
1969	6830	27,27	3160	12,62	4850	19,36	3760	15	6450	25,75	25050
1970	6850	25,25	5140	18,95	5226	19,26	3870	14,26	6045	22,28	27131
1971											27960
1972	6920	24,47	5145	18,2	4175	14,76	5450	19,27	6590	23,3	28280

Source : nos calculs, d'après les Résultats généraux de la pêche maritime sénégalaise, 1955-1972.

Même si ces évaluations étatiques sont à prendre avec réserve, il semblerait que le nombre de producteurs ait considérablement augmenté durant la première moitié des années 60. Les pêcheurs auraient été 13 600 en 1960 et 25 104 six ans plus tard, peut être à cause de la motorisation des engins de capture artisanaux[46]. D'après les statistiques fournies par le ministère de la Pêche, le nombre de pêcheurs se serait accru de 45,8%. Dans les années 50, la région de Thiès aurait compté le nombre le plus élevé de producteurs, suivie de près par la région de Dakar. Durant la décennie suivante, le Sine-Saloum serait devenu la troisième région la plus peuplée de pêcheurs à la place de Saint-Louis quelques années plus tôt, la Casamance occupant toujours la dernière place.

Des producteurs privilégiés

Les pêcheurs sénégalais profitaient du monopole de la pêche, ce qui leur permettait d'avoir une certaine mainmise sur les circuits de commercialisation du poisson frais et transformé artisanalement. Les producteurs lébous sont probablement ceux qui ont été le plus étudiés par les chercheurs, dès les années 40. Ils seraient originaires du Fouta-Toro et auraient migré dans la presqu'île en passant par Kayar et le Diander. Ils étaient, d'après Duchemin, issus du métissage entre les pêcheurs wolofs du Nord et les Sérères habitant la côte ouest du pays[47]. Adama M'baye confirme dans une étude récente que l'origine géographique des Lébous est identique à celle des pêcheurs Guet N'dariens. Certains d'entre eux se seraient mélangés aux Séréres dans le Diander et fondèrent, après avoir quitté cette région, les villages de Yenn et Bargny. D'autres Lébous créèrent le village de Corum puis s'installèrent ensuite à M'bao, Soumbadioune et Bègne. Les habitants de Soumbadioune construisirent Yoff, Ouakam et N'gor au nord et à l'ouest de la presqu'île. De leur côté, les Lébous de Bègne furent à l'origine des fondations de plusieurs villages s'étendant de Hann à Anse Bernard. Les populations Socé anciennement établies dans le Cap-Vert furent chassées par les Lébous qui instaurèrent une république démocratique à la fin du XVIIIe siècle, après avoir vaincu le Damel du Cayor Dial Diop[48].

Balandier et Mercier en 1952, ainsi que Bonnardel dans les années 60 nous décrivirent les Lébous comme un peuple fier, plutôt renfermé sur lui-même, mais sachant s'imprégner des innovations et changements touchant son environnement afin d'en tirer profit. Ainsi, le développement du rôle

---

[46] Il pourrait aussi s'agir d'une amélioration des méthodes d'évaluation de l'importance du parc piroguier.

[47] M.G.J. DUCHEMIN, *La République lébou, La presqu'île du Cap-Vert*, Études sénégalaises n°1, Dakar IFAN, 1949, page 290.

[48] Arona GUEYE, *Les Lébous et la pêche artisanale*, Dakar, 1979, pages 3 et 4, Adama M'BAYE, *op. cit.*, 2002, pages 73 à 75 et Régine BONNARDEL, *op. cit.*, 1967, page 94.

économique du Cap-Vert, dès le XIXe siècle, dû notamment à la mise en place de l'AOF, à l'extension du chemin de fer et au rôle notoire joué par le port de Dakar, lui fut bénéfique. Les Lébous surent cultiver un monopole acquis grâce à leur activité et leur antériorité sur les terres de la presqu'île[49]. Les légendes lébous racontaient que des créatures maritimes leur avaient donné des talents de pêcheurs. Ainsi, celle de la « femme poisson » affirmait que cette dernière, ramenée par un producteur auprès des Lébous, aurait enseigné aux hommes des techniques de pêche. D'autres récits évoquaient des liens entre les Lébous et des poissons ou sirènes. Un conte ancien mentionnait la création d'une pirogue dans un tronc de baobab par les Lébous, installés au bord du lac de Guiers[50]. Les Lébous auraient appris à pêcher au bord du fleuve Sénégal auprès des Subalbé : « *Les traditions parlent de leurs rapports avec les Tyubalo, pêcheurs du fleuve, et qui sont descendus eux aussi jusque dans le Djolof. Ils auraient été les maîtres des Lébous dans l'art de la pêche*[51]. »

Les pêcheurs du fleuve Sénégal ont été décrits comme appartenant à une caste par certains auteurs, alors que d'autres ne sont pas d'accord avec cette appellation[52]. Le mot « caste » fut à l'origine employé par les anthropologues pour désigner les diverses catégories de la société hindoue. Il viendrait du terme latin « *castus* », qui signifie pur[53]. Selon le Rig-Veda, texte fondateur de la religion hindoue, l'homme cosmique *Purusha* se serait sacrifié pour l'ordre du monde, d'où l'apparition de quatre grandes castes. Il s'agit des groupes *brahmanes* (le plus élevé, donc le plus pur), *kshatriya* (les guerriers et dirigeants), *vaïsha* (les marchands, artisans, paysans) et *sudra* (les serviteurs)[54]. Les travaux des ethnologues ont permis une vision plus détaillée de cette société : le *jati* est la caste réelle de chaque individu, car elle correspond à une profession. Les hindous pensent que tout mélange

---

[49] M.G.J. DUCHEMIN, *op. cit.*, pages 299 et 301.

[50] BALANDIER et MERCIER, *Particularismes et évolution. Les pêcheurs lébou du Sénégal*, Dakar, centre IFAN, 1952, pages 5 et 6. Les auteurs pensaient que ces légendes n'étaient pas cohérentes quant à une origine marine de l'art lébou en matière de pêche. Le mot « lébou » signifierait conter (« *lébé* » en wolof) ou défi, guerrier.

[51] BALANDIER et MERCIER, *op. cit.*, 1952, page 7.

[52] Salia CAMARA, par exemple, affirmait au début des années 90 que le groupe des Subalbé était une caste de pêcheurs. CAMARA, *Mutations économiques et sociales dans la moyenne vallée du fleuve Sénégal depuis 1960*, mémoire de maîtrise de géographie, université Paris I, 1991, page 19.

[53] François GRESLE, *Dictionnaire des sciences humaines, sociologie, psychologie sociale, anthropologie*, Paris, Éditions Nathan Université, 1990, pages 48 et 49.

[54] Jean-François DORTIER, *Le Dictionnaire des sciences humaines*, Éditions Sciences Humaines, Paris, PUF, 2004, page 71. Ces quatre grandes castes représentaient respectivement la bouche, les bras, les cuisses et les pieds de Purusha.

entre castes entraînerait la fin de l'ordre du monde[55]. Louis Dumont a opposé en 1966, dans son ouvrage *Homo Hierarchicus*, les sociétés hiérarchisées, comme en Inde, où les personnes sont absorbées par le groupe, aux sociétés occidentales égalitaires et plus individualistes[56]. Grosmaire, qui étudia la vallée du fleuve en 1957, considérait les pêcheurs comme une ancienne caste provenant d'une vieille couche de la population toucouleur[57]. D'après Mohamed El Fadel Dia, les pêcheurs subalbé du Fleuve Sénégal possédaient presque l'exclusivité de la pêche, mais, contrairement aux Lébous, elle avait pour origine leur appartenance à une caste d'hommes libres au sein de la société toucouleur, parfois méprisée et exclue des autres métiers[58]. Ces Toucouleurs, désignés sous le nom de *Al Pular*, seraient issus d'un métissage entre les Peulhs originaires d'Afrique de l'Est ayant migré dans le Sud de la vallée et les Sérères, plus anciennement installés sur les bords du fleuve Sénégal[59]. À la fin des années 50, plus de la moitié de la population du Fouta était toucouleur, ce qui représentait 187 000 habitants sur 340 000[60]. Leur caste était hiérarchisée et fermée, les mariages extérieurs inconcevables. Les producteurs vivaient dans des quartiers séparés au sein d'une société qui définissait les castes par des critères de profession ou de condition. La Mission d'aménagement du fleuve Sénégal fit la même observation au début des années 60, après avoir étudié l'organisation sociale du Fouta-Toro, fortement dépendante du système économique traditionnel : *« L'appartenance à une caste est liée traditionnellement à une certaine spécialisation professionnelle dont la caste a le quasi-monopole*[61]. » Les villages de

---

[55] Pierre BONTE et Michel IZARD, *Dictionnaire de l'ethnologie et de l'anthropologie*, Paris, PUF, mars 1991, pages 129 et 130.

[56] Louis DUMONT, *Homo Hierarchicus, le système des castes et ses implications*, Paris, Gallimard, 1966, 449 pages.

[57] GROSMAIRE, *Éléments de politique pastorale au Sahel sénégalais*, 2e partie : « les conditions du milieu ». Titre IV : « les hommes et leurs modes de vie » - Annexe : « la pêche au fleuve Sénégal », fascicule 14, Saint-Louis, mai 1957, 21 pages. Il est évoqué par J.C. DAUMAS, *Bilan des études socio-économiques dans la vallée du Sénégal*, Mission d'aménagement du fleuve Sénégal, division socio-économique, 1961, page 31.

[58] Mohamed EL FADEL DIA, *Paysans pêcheurs lébous de la Petite-Côte au sud de Dakar*, École nationale d'économie appliquée, Dakar, 1966, page 13. En 1961, 67,9% des pêcheurs du fleuve étaient Subalbé.

[59] Mission d'aménagement du fleuve Sénégal, division socio-économique, *Les Hommes du Fouta-Toro*, chapitre I, « Historique du Fouta-Toro », Bulletin n°121, Dakar, juin 1960, pages 1 et 2.

[60] Mission d'aménagement du fleuve Sénégal, Division socio-économique, *Les Hommes du Fouta-Toro*, chapitre II, « Démographie du Fouta-Toro », Bulletin n°121, Dakar, juin 1960, page 1.

[61] Mission d'aménagement du fleuve Sénégal, Division socio-économique, *Les Hommes du Fouta-Toro*, chapitre III, « L'organisation sociale du Fouta-Toro », juin 1960, pages 1 à 4. La société toucouleur était divisée en plusieurs castes : la caste noble des « Torobdé », constituée notamment de chefs religieux musulmans, celle des « Rimbé », hommes libres pêcheurs

pêcheurs avaient été construits au bord du fleuve Sénégal sur le bourrelet alluvial. Des coutumes séculaires régissaient l'organisation de la pêche, afin de gérer au mieux le potentiel piscicole. La production était organisée sous le commandement d'un maître de pêche. Les Somones étaient installés en amont de Bakel, tandis que les Subalbé se trouvaient en aval de ce village.

L'ethnologue Tamari Tal s'est dressé, à la fin des années 90, contre le fait d'assimiler le groupe des pêcheurs subalbé à une caste. Il expliquait à l'époque que le mot « caste » s'était substitué dès le XIXe siècle au terme « juif » dans les écrits des voyageurs. En fait, les Occidentaux ayant observé les sociétés africaines auraient pensé que les groupes qu'ils avaient rencontrés, vivant ensemble sans se mélanger, étaient des castes. Tamari Tal s'appuie sur Maurice Delafosse, qui trouva au début du XXème siècle une différence entre les groupes hindous et africains. Ainsi, les membres des castes africaines n'exerçaient pas nécessairement les métiers associés à leur groupe. Les castes d'Afrique de l'Ouest, développées au XIVe siècle à partir de foyers mandingue, soninké et wolof avaient cependant des traits en commun avec les *jati* hindoues, tout comme divers groupes d'Afrique de l'Est et d'Asie[62]. Tal employa le terme de « *quasi-caste* » pour désigner les Subalbé. Ces derniers exerçaient une activité qui, comme l'artisanat, pouvait s'opposer à l'agriculture. Ils auraient donc acquis un statut de caste auprès des Toucouleurs et des Wolofs. Tal évoquait un statut intermédiaire des Subalbé, qui se situaient entre les personnes libres et castées ou entre ces dernières et les esclaves[63].

Olivier Kyburz, dans sa thèse sur la structure sociale des Haalpulaar'en, donnait des hypothèses similaires à celles de Tal quant à l'origine des castes de la vallée du fleuve Sénégal. Les deux ethnologues pensaient que des groupes avaient été créés par le pouvoir politique de la vallée afin d'asseoir sa suprématie. Certaines castes, comme celles des griots (*awlube*) et des forgerons (*wayilbe*) existaient déjà lorsque les Peuls s'établirent au nord du pays. Elles étaient très liées aux Farba Mandingue, mais eurent moins d'importance quand les dirigeants peuls multiplièrent la mise en place de groupes qui leurs ôtèrent certaines de leurs attributions[64]. Les Subalbé furent

---

(Subalbé), courtisans de la noblesse (Diawanbé), guerriers ou paysans (Sebbé). Les castes artisanales regroupaient les griots (Aoulobié et Wanbabé), forgerons et bijoutiers (Wailubé), menuisiers (Laobé), tisserands et potiers (Mabubé), et travailleurs du cuir (Sakkebé). Les esclaves et serviteurs, désignés sous le terme de *Mathioubé*, se trouvaient au bas de la hiérarchie sociale. Chaque individu appartenait à la caste de son père.

[62] Tamari TAL, *Les Castes de l'Afrique occidentale, artisans et musiciens endogames*, Société d'ethnologie, Nanterre, 1997, pages 10 à 14.

[63] *Id.*, pages 106, 161 et 216.

[64] Olivier KYBURZ, *Les Hiérarchies sociales et leurs fondements idéologiques chez les Haalpulaar'en*, thèse d'ethnologie, université Paris X Nanterre, 1994, pages 415-416 et TAL, *op. cit.*, 1997, pages 110-130. Selon KYBURZ : « ( ) l*es forgerons ont été privés d'une partie*

créés à partir du fonds de population Sebbe Worgankoobé, anciens pêcheurs de la vallée. Une partie de ces Sebbe Worgankoobé n'ont pas accepté d'entrer dans la logique Peul et refusent encore, de nos jours, d'être assimilés aux Subalbé[65].

Les Subalbé avaient, tout comme nous l'avons vu plus haut pour les Lébous, pour particularité de communiquer avec les créatures des eaux, ce qui leur attribuait des pouvoirs surnaturels et donc le monopole de la pêche. Selon Kyburz : « *Le fleuve, point bas de la vallée, est le domaine des Subalbé qui en connaissent tous les mystères. Ce sont les Subalbé qui communiquent avec les génies du fleuve munuuji mayo* [...] *dont le représentant le plus éminent est appelé Jom maayo, le maître du fleuve* [...] *et qui livrent combat aux crocodiles baroode maayo. L'ensemble des connaissances détenues par le pêcheur est appelé ganndal maayo, le savoir du fleuve* [...]. *Les connaissances que détient le cuballo s'étendent bien au-delà de la maîtrise des techniques de pêche*[66].» Les pêcheurs du fleuve Sénégal avaient des pouvoirs surnaturels utiles à la société. Les villageois devaient faire des offrandes de lait et de sang au *Jom maayo* afin de s'assurer de sa protection, les conséquences de son mécontentement pouvant être catastrophiques. Ainsi, le doyen des pêcheurs, le *jaltaabé*, jouait un rôle crucial, car il était l'intermédiaire entre la population et le maître du fleuve. Dans chaque village, dcs personnes, souvent Subalbé, avaient la possibilité d'entrer en contact avec un génie des eaux, provenant d'une naissance gémellaire humaine, appellé *Caamaaba*. Elles lui offraient alors, comme les pêcheurs wolofs de l'embouchure du fleuve Sénégal, du *kodde*, plat à base de mil, de sucre et de lait. Le *Caamaaba* bienfaisant sécurisait les villageois en leur donnant richesse et connaissance[67]. Les Subalbé montraient leur bravoure en affrontant les crocodiles lors d'un rite nommé *fiifiire*[68].

Nous pensons que la vision de Tal est très pertinente. En effet, les castes se définissent par une appartenance à un groupe venant de la naissance, une spécialisation professionnelle héréditaire et une forte endogamie. D'après nous, la « *quasi-caste* » des Subalbé était moins cloisonnée que les groupes hindous, car il arrivait que les producteurs se marient avec d'autres groupes ou qu'ils exercent une activité en ville afin d'acquérir de substantiels revenus. Comme l'a souligné Kyburz, les Haalpulaar'en n'ont pas,

---

de leurs attributs et ainsi neutralisés. Dés lors que le bammbaado (joueur de luth*) existe, le griot gawlo cesse d'être le musicien par excellence.* » Il pensait que : « (...) *le système hiérarchique haalpulaar se développe sur une assez longue période, peut-être entre le début du XIVe et la fin du XVIIIe siècle.* »

[65] KYBURZ, *op. cit.*, 1994, page 417.

[66] *Id.*, page 20.

[67] *Id.*, pages 21 à 26. L'ethnologue comparait le *Caamaaba* au génie *tuur* wolof *Maam ngesu*, maître des eaux et de la terre, donc de la nature.

[68] *Id.*, page 32.

contrairement aux hindous, de mythe cosmogonique expliquant leur division sociale[69]. Cependant, ils avaient tendance à penser comme les hindous que chaque caste devait rester cantonnée à ses obligations. Par exemple, les Peuls, détenteurs du savoir du sol, ne devaient pas s'intéresser aux eaux du fleuve, car ils risquaient leur vie[70].

Les sources évaluant le nombre de pêcheurs au bord du Sénégal dans les années 60 ne sont pas totalement fiables, mais elles nous donnent tout de même un ordre de grandeur nous permettant d'affirmer que la pêche était un moyen de subsistance très important pour les habitants de la vallée du fleuve. En 1960, les Subalbé auraient représenté 16% de la population du Fouta-Toro, c'est-à-dire 40 000 personnes et, en 1965, 15 à 20 000 personnes auraient vécu de la pêche fluviale tout au long du fleuve Sénégal[71].

Les Lébous et Subalbé avaient le privilège de fournir la population en produits halieutiques, les premiers dans les marchés urbains, les seconds aux bords du fleuve Sénégal, à l'échelon local, essentiellement aux clients agriculteurs et éleveurs[72]. Cette exclusivité du droit de pêche permettait aux producteurs de recevoir des compensations de la part des personnes désirant pêcher dans leurs eaux, ou faire paître leurs troupeaux sur leurs territoires, usages qui étaient parfois à l'origine de tensions. Les Sérères jouissaient du privilège de percevoir des indemnités, selon leurs coutumes, ce qui déplaisait fort aux Nyominkas[73]. Les Subalbé, quant à eux, avaient instauré un péage pour la traversée des troupeaux de moutons ou de chèvres étrangers[74]. Cependant le privilège de s'approvisionner en poisson frais n'était exercé que partiellement par les producteurs toucouleurs, car il concernait uniquement certains types de pêche. Les pêcheurs du fleuve étaient les seuls à pratiquer la pêche au *saakit*, filet entre deux longs bras et au *goubol*, grand filet permettant de pêcher en groupe. Ainsi, la « caste » Thiouballo avait fourni environ les deux tiers des produits fluviaux péchés en 1959, ce qui représentait 10 000 tonnes de poisson frais. Le tiers restant provenait des lignes, des petits filets (*diaouloul*) employés par les autres Toucouleurs, souvent des femmes et des enfants, ainsi que par des Maures et des Peuls qui se fournissaient en poisson lors du retrait des eaux ou dans les mares. Tout habitant toucouleur du Fouta qui cultivait son champ était en théorie

---

[69] *Id.*, page 417.

[70] *Id.*, 1994, page 38.

[71] Rapport 2G60 (10), *op. cit.*, page 139, Massène NIANG, *Les Coopératives de pêche au Sénégal*, Dakar, ENEA, juin 1965, page 6 et Mission d'aménagement du fleuve Sénégal, *op. cit.*, chapitre III, 1960, page 4.

[72] Dossier 4R 575, *op. cit*, séance du 10 décembre 1958 sur la pêche fluviale, page 10.

[73] Archives du Sénégal, Section technique des pêches, dossier POII 4e 69, Bulletin d'information et de documentation, janvier-février-mars 1951, page 43.

[74] Rapport 2G60 (10), *op. cit.*, page 139 et rapport 4R 575, *op. cit.*, 1958, page 10.

propriétaire du poisson pêché au bord du fleuve longeant son domaine agricole[75].

L'édifice des producteurs fragilisé

La possibilité, pour des personnes parfois étrangères au monde de la pêche, de se procurer des engins de production afin d'en obtenir le contrôle, fut à l'origine de la disparition progressive du monopole des pêcheurs, aussi bien Lébous que Subalbé. Crémoux évoquait au début des années 60 l'apparition d'une économie marchande dans la vallée du fleuve Sénégal, parallèlement à l'accroissement des mises à terre et au développement des moyens de communication. Tandis que les éleveurs et cultivateurs s'intéressaient désormais à la pêche, les Subalbé se consacraient simultanément à l'agriculture et à l'élevage : « *Toutes les formes issues de la désagrégation de la caste des pêcheurs y sont visibles, ainsi que les formes consécutives à une tendance vers la polyvalence des activités rurales*[76].»

Les intermédiaires transporteurs menaçaient le privilège des producteurs en matière de pêche, en adoptant une intégration verticale, d'autant plus profitable aux mareyeurs que la valeur commerciale des produits marins augmentait. Ils acquirent des engins de production grâce à la rentabilité de leur activité ou à l'obtention de crédits[77]. Dans la vallée du fleuve Sénégal, deux secteurs économiques coexistaient, le premier étant basé sur une production principalement vouée à l'autoconsommation, et le second, plus dynamique, développé sous l'impulsion de transporteurs propriétaires d'embarcations. Ainsi, les Somonos de la région de Bakel conservèrent leur organisation coutumière, tandis que l'importance des transporteurs de poisson à la fois patrons et pêcheurs augmentait à l'ouest du fleuve Sénégal[78].

La structure politico-économique qui justifiait la coutume étant en cours de mutation, les règles traditionnelles étaient remises en cause. Ainsi, un conseil local de la pêche fut créé vers 1958 afin de réglementer la production fluviale ainsi que les campagnes de pêche organisées au bord du lac de Guiers jusqu'au début des années 70. Dans le même esprit, la nouvelle réglementation modernisait les habitudes des pêcheurs exerçant leur activité

---

[75] Mission d'aménagement du fleuve Sénégal, Division socio-économique, *Les Hommes du Fouta-Toro*, chapitre IV, « Les systèmes économiques traditionnels du Fouta-Toro », 1960, page 7. Le mot toucouleur *diaouloul* désigne un : « *engin de pêche, panier oblong en osier, en filet ou en treillage métallique.* »

[76] Rapport 2G60 (10), *op. cit.*, page 139. 60% des pêcheurs pratiquaient aussi l'agriculture.

[77] Colette LE COUR GRANDMAISON, *Femmes dakaroises*, annales de l'université d'Abidjan, 1972, page 169.

[78] Rapport 2G60 (10), *op. cit.*, page 140.

à l'est du cercle de Podor[79]. Dans la presqu'île du Cap-Vert, le salariat tendait à croître dans le monde des pêcheurs, au profit des propriétaires de moyens de production.

3) Les hommes à la mer et les femmes au marché

L'organisation collective et les modes de partage

L'activité maritime et fluviale était menée selon une division du travail qui donnait à la femme un rôle crucial dans l'écoulement des produits halieutiques. Une partie des prises était en priorité destinée à la consommation familiale tandis que l'autre était commercialisée au marché, comme nous le verrons plus loin. Le coût élevé des engins de pêche favorisait une organisation collective de l'activité de production. À Kayar par exemple, des associations de travail formées en fonction des classes d'âges, nommées au départ « sociétés de garçons », se transformaient au fil des années en sociétés de pêche destinées à renforcer les liens de solidarité entre producteurs. Une caisse appartenant à la société et gérée grâce aux revenus des pêcheurs, permettait de subvenir aux besoins des producteurs en cas de cérémonies ou d'accidents du travail[80]. Dès le débarquement du poisson sur la plage par les pêcheurs, les femmes s'occupaient de sa distribution. Cadenat décrivait ce rôle de la femme durant les années 40 : « *Le reste est un travail de femme. Le déchargement et la répartition sont effectués par les cousines, la vente et la préparation par les épouses des bénéficiaires de la répartition*[81].» Lors de la répartition, une partie de la production était réservée à l'entretien de l'embarcation et de l'engin de production utilisé durant la pêche. L'unité employée afin d'aboutir à un partage équitable pouvait être le tas de poisson, effectué en fonction de la valeur du produit marin, ou la monnaie, divisée entre les pêcheurs une fois la production commercialisée. Il semblerait que l'utilisation de la monnaie se soit accrue au cours du XXe siècle. À la fin des années 1900, dans les centres de débarquement situés à Saint-Louis et Dakar, les Lébous et Wolofs se regroupaient et cotisaient 300 francs CFA par personne afin d'acheter une senne de plage de 100 m de long. La première épouse du chef de l'embarcation était chargée de diviser le poisson en plusieurs tas, un remis à chaque femme de pêcheur et un au propriétaire de la pirogue. Le chef des

---

[79] Archives du gouvernement général de l'AOF, *Rapport sur l'activité générale du conseil de gouvernement et sur la marche des services publics territoriaux*, rapport 2G58 (33), juin 1957-juin 1958, page 115 et Archives du gouvernement général de l'AOF, rapport 2G58 (62), *Réglementation de la pêche fluviale*, page 59.

[80] Régine BONNARDEL, *Économie maritime et rurale de Kayar*, 1967, pages 95 et 96.

[81] M.J. CADENAT, *op. cit.*, 1947, page 200.

piroguiers avait donc droit à deux tas de poisson frais[82]. Au début des années 70 sur les plages dakaroises, les mesures employées lors du partage étaient la bassine pour les espèces courantes, tandis que le lot était utilisé pour les espèces rares et la pièce pour les gros poissons comme le mérou[83].

La répartition du produit pouvait s'effectuer en nature ou en espèce, voir même combiner les deux systèmes de partage. Sur la Petite-Côte au milieu des années 60, les engins de pêche appartenaient à la collectivité villageoise. Ainsi, le filet de plage de Yène Guedj, situé au sud de Bargny, avait été acquis grâce aux hommes et aux femmes du village qui avaient cotisé entre 500 et 1000 francs CFA. Les femmes jouaient donc un rôle économique non négligeable, puisqu'elles pouvaient être copropriétaires d'embarcations. La moitié du produit débarqué était réparti en nature entre les membres de l'association qui pouvaient en disposer à leur guise. L'autre partie était vendue et la recette obtenue divisée entre les pêcheurs et la caisse du village. Chaque producteur pouvait solliciter une aide financière afin de réparer son équipement en cas de besoin, payer des impôts ou encore organiser une cérémonie. Dans certains quartiers lébous, le partage en nature avait lieu après chaque sortie en mer ou à la fin de la saison de pêche. Un tiers du poisson était réservé à la caisse collective et les deux tiers restants aux pêcheurs. Mais la répartition n'était pas toujours égale, car le partage prenait en compte d'autres considérations, telles que l'âge des producteurs et leurs charges familiales, plus ou moins lourdes[84].

Il était fréquent de voir un pêcheur qui possédait tous les moyens de production. Balandier et Mercier rencontrèrent Glén Mpuy, propriétaire lébou qui recevait la moitié des recettes rapportées par le poisson commercialisé, l'autre étant répartie entre ses pêcheurs. Les invendus étaient divisés en autant de tas que de marins ayant participé à la sortie en mer[85]. À la même époque dans le cercle de Matam, le propriétaire des engins de pêche percevait aussi la moitié de l'argent provenant de la vente ambulante du poisson réalisée par le chef de l'équipe qui se déplaçait en pirogue. La pêche fluviale au bord du fleuve Sénégal se déroulait du mois d'octobre au début de l'hivernage. Les producteurs, qui croyaient en l'existence d'un génie des eaux, faisaient des prières avant la pêche tout en versant dans l'eau des poudres fabriquées à partir de feuilles et de racines d'arbres séchées. Les

---

[82] GRUVEL, *op. cit.*, 1908, pages 79 et 96. L'auteur évoquait ainsi la division du travail : « *Les pêcheurs abandonnent alors la pirogue, en emportant dans leurs cases la voilure et les pagaies, tandis que les femmes s'emparent du poisson qu'elles débarquent aussitôt sur le sable (...) et procèdent immédiatement au partage.* »
[83] LE COUR GRANDMAISON, *op. cit.*, 1972, page 168.
[84] EL FADEL DIA, *op. cit.*, 1966, page 37.
[85] BALANDIER et MERCIER, *op. cit.*, 1952, page 192.

pêcheurs travaillaient la nuit et tôt le matin aux alentours de la ville de Matam afin de pouvoir y écouler leurs apports[86].

Cadenat décrivait en 1949 un mode intéressant de répartition dans la presqu'île du Cap-Vert, car il pouvait inciter les pêcheurs à redoubler d'efforts dans leur travail. Lorsqu'un propriétaire partait en mer avec son fils et un aide, le poisson pêché par le propriétaire et l'aide appartenait au premier, tandis que la production du fils était remise à l'aide[87]. L'introduction du propulseur amovible permit aux propriétaires de l'embarcation, du filet et du moteur de pouvoir contrôler la production. Ils étaient favorisés lors de la répartition des prises, car ces dernières étaient divisées en parts aussi importantes pour les pêcheurs que pour les engins. Une part était réservée au propriétaire de la pirogue, une à celui du moteur, une au propriétaire du filet et une à chaque pêcheur. Le propriétaire pouvait donc recevoir jusqu'à quatre parts durant la répartition[88].

La femme, représentante permanente du pêcheur

La femme servait d'intermédiaire entre le producteur et le consommateur ou d'autres commerçants. Elle faisait office de « *courroie de transmission*[89] », comme nous l'étudierons plus en détail dans notre second chapitre. Les femmes de pêcheurs issues des villages lébous du Cap-Vert écoulaient quotidiennement les surplus des prises au marché de Dakar ou dans les escales de la ligne de chemin de fer Dakar-Saint-Louis, auprès des autochtones ou des traitants d'arachide. Le poisson frais était transporté par les femmes de Guet N'dar dans de grandes calebasses ou de larges cuvettes en fer émaillé jusqu'au marché de Saint-Louis, situé au bord du fleuve[90].

Duchemin soulignait dans les années 40 ce rôle d'intermédiaire tenu par les femmes de producteurs : « *Les femmes à qui revient le travail de la conservation ou du fumage, ou le soin de les vendre, de même que les légumes de potagers, sur les marchés de Dakar ou à des colporteurs qui les*

---

[86] Dossier POII 4e 69, *op. cit.*, TILLIEN, *La Pêche dans le cercle de Matam*, Bulletin d'information et de documentation, Section technique des pêches, août-septembre 1950. L'auteur de cet article est un inspecteur vétérinaire.

[87] CADENAT, *op. cit.*, 1949, page 200.

[88] LE COUR GRANDMAISON, *op. cit.*, 1972, pages 155 et 168, EL FADEL DIA, *op. cit.*, 1966, page 37. D'après Mme Le Cour Grandmaison, la pêche était, au début des années 70 : « (...) *une activité ancienne qui s'appuie sur des rapports de production partiellement attachés à l'ancienne organisation sociale mais en cours de transformation sous l'influence d'innovations techniques importantes.* »

[89] Maryse MOLL, *Filière céréalière et politique de commercialisation au Sénégal*, thèse d'économie, université de Nanterre, 2000, 696 pages. Nous lui avons emprunté cette expression.

[90] GRUVEL, *op. cit.*, 1908, pages 79 et 96, LE COUR GRANDMAISON, *op. cit.*, 1972, page 150.

négocient dans les villages de l'intérieur[91]. » Les vendeuses de poisson que nous avons rencontrées dans les régions de Dakar et de Saint-Louis nous ont décrit cette place tenue par les femmes à l'époque dans les circuits de distribution des produits marins. Les pêcheurs pouvaient donner ou vendre les prises aux femmes qui s'associaient pour acquérir le produit. Ainsi, Khady N'doye, vendeuse de produits halieutiques âgée de 70 ans, se souvient qu'en 1965 les poissons de la pirogue de son mari étaient vendus à cinq ou six femmes, elle y compris. Elle écoulait ensuite son produit sur les trottoirs situés aux abords du marché Sandaga[92]. D'après Marétou Fall, transformatrice de 80 ans sur le site de préparation artisanale *Sine* de Saint-Louis, le produit était si abondant dans les années 30 et 40 que certains pêcheurs ne vendaient pas le poisson aux femmes : « *Les hommes revenant de la mer nous donnaient du poisson ; on en vendait une partie, et ce qu'on ne pouvait pas vendre, on en faisait du Saly*[93]. »

Les producteurs pouvaient bien entendu écouler leur poisson eux-mêmes, sans nécessairement passer par l'intermédiaire de leur épouse. Seydou Diaw, mareyeur de 67 ans au Marché central au poisson de Dakar, était détaillant au marché de Kaolack dans les années 50 : « *Avant, le pêcheur vendait directement son poisson. Maintenant, il y a plus d'intermédiaires, hommes et femmes*[94]. » Selon les vendeurs, les femmes de pêcheurs détenaient le quasi-monopole du commerce. Ainsi, Adja Fatou Ba, mareyeuse de 65 ans environ sur la plage de Hann, ayant débuté son commerce entre la fin des années 50 et le début des années 60, et Astou Sow, transformatrice de 56 ans à Saint-Louis, nous ont confirmé ce fait. D'après la première vendeuse : « *Avant la motorisation, au début, il n'y avait pas beaucoup de vendeurs, seulement les femmes de pêcheurs* », tandis que la vendeuse de poisson sec a affirmé : « *En général, c'étaient les femmes de pêcheurs qui assuraient le commerce*[95]. »

Le déclin du troc

Le troc du poisson frais et séché, principalement contre des denrées alimentaires, était une activité anciennement pratiquée au Sénégal. Le produit sec était déjà troqué sur la côte sénégalaise contre du mil pendant la

[91] M.G.J DUCHEMIN, *op. cit.*, 1949, page 293.

[92] Nous l'avons interrogée au marché Sandaga le 27 mars 2000.

[93] Préparatrice que nous avons rencontrée le 29 juillet 2003 à Saint-Louis, sur le site de préparation artisanale *Sine*. Le *Saly* désigne le poisson salé séché.

[94] Mareyeur que nous avons questionné le 14 mai 2001 au Marché central de Dakar.

[95] Nous avons interrogé Fatou BA le 30 mai 2000 au siège du RASEF (voir notre troisième partie) et Astou Sow le 27 juillet 2003 au site de préparation artisanale *Sine* de Saint-Louis.

période protohistorique[96]. Durant les siècles suivants, le poisson transformé était toujours échangé contre des céréales, sur le littoral et en Casamance[97]. Les Maures jouaient un rôle crucial dans ces échanges. Ainsi, ils se rendaient sur la côte pour troquer leur mil contre du poisson sec qu'ils revendaient à l'intérieur du pays[98]. Au XVIe siècle, les coquillages séchés dans le Saloum et le poisson sec fabriqué à Rufisque et sur la Petite-Côte étaient échangés contre des denrées produites dans les villages sénégalais[99]. Au milieu du XVIIe siècle, les pêcheurs walo-walo de la vallée du fleuve Sénégal échangeaient le poisson préparé artisanalement contre du sel et des dattes fournis par les Maures[100]. À la même époque et durant le siècle suivant, le commerce triangulaire des esclaves fut à l'origine d'une raréfaction des ces échanges, désormais risqués[101]. Le troc était utilisé sur la Petite-Côte dans les années 1900 par les Sérères qui échangeaient du riz, du mil et du lait contre du poisson frais et sec, des huîtres séchées et du sel[102] . Les produits transformés étaient troqués contre les mêmes produits alimentaires dans le Saloum[103]. Au début des années 50, le poisson séché kayarois était employé comme instrument d'échange contre le riz, le mil et le maïs des cultivateurs de la région de Thiès[104]. Même si les denrées agricoles étaient les principaux objets d'échanges contre le poisson séché, d'autres produits pouvaient aussi être concernés par ces transactions commerciales. Ainsi, en 1853, le poisson sec de Rufisque était troqué contre des tissus, des pagnes et du coton[105].

Dans la vallée du fleuve Sénégal, l'échange s'opérait contre du mil et du lait avec les riverains dioulas et les éleveurs peuls[106]. La valeur du mil, du

---

[96] Bernard LLERES, *La Pêche piroguière maritime au Sénégal, son évolution, son introduction dans l'économie de marché*, thèse de doctorat de géographie, université de Bordeaux III, 1986, tome I, pages 67 et 68.

[97] Jean-Pierre CHAUVEAU, « Histoire de la pêche maritime et politiques de développement de la pêche au Sénégal », *Actes du colloque national, le littoral, milieux et sociétés*, anthropologie maritime, Société d'ethnologie française, 1984, pages 303 et 307.

[98] LLERES, *op. cit.*, 1986, tome I, page 76. Il cite BECKER et MARTIN, 1974, page 43.

[99] Jean-Pierre CHAUVEAU, *La Pêche piroguière sénégalaise : les leçons de l'histoire*, Équinoxe, 1985 (5), page 40.

[100] Régine BONNARDEL, *Vitalité de la petite pêche tropicale, pêcheurs de Saint-Louis du Sénégal, Mémoires et documents de géographie*, Éditions du CNRS, 1985, pages 20 et 21.

[101] LLERES, *op. cit.*, 1986, tome I, page 76. Il cite MORAES, 1973, page 250 et DUBOIS, *Les Voyages faits par le sieur Dubois*, Paris, 1674.

[102] GRUVEL, *op. cit.*, 1908, page 109. L'auteur évoquait la zone de M'bour, Nianing, Joal et Fadiouth.

[103] GRUVEL, *op. cit.*, 1908, page 118.

[104] Rokhaya TRAORE, *La Commercialisation des produits de la mer dans le village de Kayar, problèmes et perspectives*, mémoire de l'École nationale d'économie appliquée de Dakar (ENEA), 1984, page 23.

[105] LLERES, *op. cit.*, 1986, tome I, page 80.

[106] Archives du gouvernement général de l'AOF, Politique et administration générale, rapport 2G55 (21), Sénégal, Eaux et Forêts, *Rapport annuel 1955*, page 120.

béref et du lait était souvent surestimée lors de ces échanges entre voisins, qui se déroulaient à l'échelon des villages. Plus de 70% du poisson sec était consommé sur place ou était l'objet de troc[107]. En 1960, le troc avait diminué dans la région du fleuve Sénégal, où il ne concernait plus que 8,9% du poisson séché artisanalement[108]. Le troc se pratiquait aussi bien entre éleveurs et pêcheurs qu'entre transporteurs et producteurs aux alentours du lac de Guiers[109]. À la fin des années 60, les commerçants diolas qui quittaient le bassin arachidier pour s'approvisionner aux bords du lac troquaient du poisson sec contre des graines d'arachide[110]. Astou Fall, transformatrice de poisson sec du village de Thiago, situé au bord du fleuve Sénégal, se souvient que le troc était répandu lorsqu'elle a commencé son activité, il y a quarante ans : « *On pouvait fournir du poisson et on nous donnait en échange du sel ou du riz ou du mil* [...] *pour un tas de poisson qui coûtait 25 francs CFA, tu pouvais avoir environ 1 kg de mil, pour un tas de poisson au prix de 50 francs CFA, tu pouvais aussi avoir en retour un kg de mil. Tout cela n'existe plus de nos jours*[111]. »

III. L'IMPULSION DONNÉE PAR LA MOTORISATION DES PIROGUES

La motorisation des pirogues, mise en place par l'État colonial, entrait au départ dans un programme de modernisation de la pêche artisanale sénégalaise, qui avait pour but de faciliter le métier de pêcheur, d'accroître la disponibilité en protéines animales sur le territoire national, mais aussi et surtout de développer une industrie du poisson compétitive sur les marchés africains et mondiaux. Cette innovation eut pour conséquence une fulgurante augmentation des prises de la pêche traditionnelle, car les producteurs allaient désormais plus loin en mer, ce qui développa par la même occasion les campagnes de pêche. La multiplication des débarquements stimula la transformation artisanale qui connut un vif essor. Les diverses méthodes de préparation palliaient le manque de structures de conservation du poisson.

---

107 Archives du gouvernement général de l'AOF, Politique et administration générale, rapport 2G59 (27), *Rapport annuel 1959*, pages 33-34 et 69.

108 Archives du gouvernement général de l'AOF, Politique et administration générale, rapport 2G60 (10), *Rapport annuel 1960*, page 147.

109 Archives du Sénégal, Eaux et Forêts, rapport 2G64 (47), *Rapport annuel 1964*, page 112.

110 Archives du Sénégal, Eaux et Forêts, rapport 2G69 (15), *Rapport annuel 1969*, page 158.

111 Nous avons questionné Mme FALL le 10 août 2004 à Thiago. Elle a affirmé avoir 46 ans, mais elle doit probablement être plus âgée.

1) Les conséquences bénéfiques d'un projet ambitieux

Un projet adapté aux techniques artisanales de pêche

Les pirogues sénégalaises étaient à voile avant la motorisation. Jean Pierre Chauveau a pu retracer dans les années 80 l'histoire de la pêche au Sénégal à partir du XVe siècle en se basant sur les écrits des Européens et des sources orales. Jusqu'à la fin du XVIe siècle, les Portugais décrivaient des «*pirogues monoxyles, sans bordé et sans voile*». Ces embarcations transportaient 38 pêcheurs dans les régions du Cap-Vert et de la Petite-Côte et 3 ou 4 hommes sur le fleuve Sénégal. De la fin du XVIe à la fin du XVIIe siècle, les pirogues monoxyles comptaient une à quatre voiles, de forme triangulaire ou carrée, alignées ou superposées. La senne de plage commença à être couramment utilisée. À partir de la fin du XVIIe siècle, l'esclavage créa, comme nous l'avons déjà mentionné plus haut, un climat d'insécurité sur la côte ouest, ce qui se répercuta sur la commercialisation des produits halieutiques (par exemple, la vente de poisson séché de Rufisque déclina). L'économie maritime se développa essentiellement près des établissements français et des ports de traite. Au début du XVIIIe siècle, une voile unique de forme triangulaire ou carrée fut adoptée par les producteurs. L'esclavage fut aboli le siècle suivant, et la pêche se développa conjointement à une économie de traite basée sur l'exploitation de la gomme et de l'arachide[112]. Les pêcheurs utilisaient de courtes rames pour manœuvrer les pirogues fabriquées dans des troncs d'arbre qui mesuraient entre 6 et 8 mètres au début du XXe siècle. Dans les îles du Saloum, 3 à 5 pêcheurs pouvaient partir en mer sur ces pirogues qui étaient dotées de bancs transversaux[113]. Au milieu du siècle dernier, Balandier et Mercier nous ont décrit des pirogues lébous d'une dizaine de mètres environ construites dans des benténiers[114]. La pêche était pratiquée avec des pirogues montées par 3 à 6 hommes qui pouvaient parcourir une distance à partir de la côte supérieure à 30 miles. La pêche à la ligne était aussi très développée[115]. Les pirogues non motorisées ne pouvaient donc pas s'aventurer trop loin en mer, d'où une relative faiblesse des débarquements. Ainsi, la population de Dakar souffrait en 1945 de problèmes d'approvisionnement. D'après une lettre du 26 janvier 1945 adressée par Mercadier au gouverneur général de l'AOF : « *Il n'y a pas abondance sur les marchés de Dakar mais, au contraire, insuffisance marquée* [...] *des apports de poisson frais.* » L'auteur de cette lettre insistait

---

[112] CHAUVEAU, *op. cit.*, 1984, pages 302-303 et CHAUVEAU, *op. cit.*, 1985 (5), pages 40 à 42.

[113] GRUVEL, *op. cit.*, 1908, pages 74, 92 et 113.

[114] BALANDIER et MERCIER, *op. cit.*, 1952, page 161.

[115] Archives du Sénégal, gouvernement général de l'AOF, Programme quadriennal d'équipement, 1953-1957, dossier 1Q628 (150), page 3.

sur la nécessité d'équiper convenablement les producteurs sénégalais : « *L'intérêt qui s'attache à donner, dans un délai aussi bref que possible, aux pêcheurs indigènes du territoire, les outils de travail indispensables*[116]. » Les producteurs étaient obligés de revenir sur des bateaux à vapeur s'ils voulaient participer aux campagnes de pêche[117].

La motorisation des pirogues permit d'aboutir à des progrès fulgurants dans le domaine de la pêche artisanale, car les producteurs pouvaient désormais franchir aisément la barre. Les pêcheurs allaient plus loin et plus rapidement en mer, tout en améliorant le rendement des pirogues et la conservation du poisson[118]. Les coopératives artisanales de pêche devaient avoir le monopole de la commercialisation des produits marins et fournir aux producteurs l'équipement nécessaire à la pêche. Les adhérents étaient censés bénéficier d'un enseignement technique qui leur serait profitable[119]. L'État colonial ambitionnait de faire du Sénégal un grand producteur et exportateur de poisson qui pourrait aussi bien ravitailler ses voisins africains que les marchés d'Amérique du Sud. Mais le gouvernement souhaitait que cette motorisation soit une transition vers l'acquisition par les pêcheurs d'armements plus modernes et mieux construits[120]. Ces derniers, comme nous le verrons plus loin, n'eurent aucun succès auprès des Sénégalais, probablement à cause de leur coût trop élevé, mais aussi parce que les pêcheurs étaient attachés à leurs embarcations traditionnelles. Le simple ajout du moteur aux pirogues était beaucoup mieux adapté au budget et aux habitudes des producteurs.

Dès 1950, des essais de motorisation des pirogues eurent lieu dans les ateliers de construction des travaux publics de Saint-Louis. La pirogue quadriplace guet n'darienne, manœuvrée à l'aide de quatre pagaies et fabriquée dans un tronc de fromager creusé, faisait 10 m de long, 0,85 de large et 0,70 m de hauteur. On lui ajouta un propulseur amovible à godille, de type colonial 7 CV, de marque Goiot. Le prototype réalisé était plus

[116] Archives du gouvernement général de l'AOF, Affaires économiques, dossier 1Q408, janvier 1945, pages 1 et 2. Ces difficultés étaient aggravées par le manque de filets.
[117] GRUVEL, *op. cit.*, 1908, page 75.
[118] Archives du gouvernement général de l'AOF, direction générale des Services économiques, inspection générale de l'Élevage et des industries animales, *Programme quadriennal d'équipement 1953-1957*, pêches maritimes, dossiers 1Q631, page 20 et 1Q628 (150), pages 9, 32 et 37.
[119] Archives du gouvernement général de l'AOF, *Union des coopératives artisanales de pêche, statuts, rapports et notes*, 1959, R. MERICAM, *Programme de modernisation de l'armement artisanal du 14 mars 1957*, rapport du 31 juillet 1959, dossier 4R 777, page 1. D'après ce dernier rapport les coopératives ne fonctionnèrent que pour recevoir des moteurs et de l'équipement.
[120] *Colloque sur l'océanographie et les pêches maritimes*, participation du Sénégal, *Luanda, 20-27 novembre 1957*, page 2.

manœuvrable en mer et atteignait une vitesse de 17 km heure environ[121]. C'est en février 1952 que le premier atelier destiné à commercialiser des moteurs fut installé à Kayar par la section des pêches. Cette opération eut finalement un assez grand succès auprès des pêcheurs qui refusaient au départ d'aménager leur embarcation[122]. Les producteurs sénégalais étaient toujours réticents cinq années plus tard. Ainsi, l'agent administratif R. Mericam signalait en 1957 : « *une nette réserve manifestée par certains coopérateurs à notre égard*[123]. » Une Mutuelle des pêcheurs motorisés fut créée afin d'assurer l'acquisition et l'entretien des moteurs Goiot. Le Crédit agricole octroya un prêt de 20 millions de francs CFA à cet organisme, qui facilita l'extension du programme de motorisation au Sénégal[124]. Des centres de réparation virent le jour à Dakar Yoff, Saint-Louis et Kayar. Le budget local investit près de 40 millions de francs CFA dans ce projet en trois ans : 15 millions de francs CFA la première et la deuxième année, 10 millions de francs CFA la troisième[125].

À partir de 1957, une subvention représentant 30% du prix du propulseur était destinée aux pêcheurs désirant acheter un moteur. Le Fonds d'investissement pour le développement économique et social d'outre-mer (FIDES) accorda 5 millions de francs CFA aux coopératives de producteurs et 10 millions de francs CFA aux demandeurs individuels. Le pêcheur devait verser un acompte équivalant à 40% de la valeur du moteur dès l'enregistrement de sa commande, avant que l'Administration lui remette un bon de subvention de 30%. La somme restante était acquittée en deux ou trois mensualités. Du début de l'année 1958 à août 1959, 10 millions de francs CFA de subventions étaient déjà épuisés, et 260 moteurs livrés à leurs nouveaux propriétaires. Quatre marques se partageaient le marché : trois américaines qui détenaient 67% des ventes et une française. La majorité des propulseurs avaient une puissance de 10 chevaux, tandis que les moteurs de 18 chevaux étaient très fréquents. Archimède, West End et Motogodille étaient aussi des fabricants de propulseurs appréciés par les pêcheurs sénégalais[126].

---

[121] Archives du gouvernement général de l'AOF, service de l'Élevage et des industries animales, *Bulletin d'information et de documentation n°10*, section technique des pêches, dossier POII4e 69, Saint-Louis, décembre 1950. Ces essais furent réalisés sous la direction de J. ARNOUX, chef de la section technique des pêches de Guet N'dar dans le quartier des pêcheurs saint-louisiens.

[122] LLERES, *op. cit.*, 1986, page 135. Ce refus des producteurs était dû à une superstition. Malgré cet obstacle, 77 moteurs furent écoulés en 1952 et 135 en 1953.

[123] Dossier 4R 777, *op. cit.*, 1957, page 1.

[124] Dossier 1Q631, *op. cit.*, page 21.

[125] Dossier 1Q628 (150), *op. cit.*, pages 37 et 43 bis.

[126] LLERES, *op. cit.,* 1986, page 136.

Au début des années 70, les moteurs à essence de marque Evinrude et Johnson d'une valeur de 120 000 francs CFA étaient les plus populaires[127]. Les maisons de commerce qui distribuaient les propulseurs s'occupaient du service après-vente sur différents points de la côte (elles assuraient l'entretien des moteurs, leur réparation et fournissaient des pièces de rechange), tandis que la circulation de camions ateliers développait leurs recettes. Le Service de l'océanographie et des pêches maritimes mena une vive action auprès des distributeurs de carburant afin qu'ils assurent le ravitaillement des pêcheurs le plus efficacement possible. Le programme de motorisation fut étendu, avec le soutien des établissements commerciaux, aux régions du Saloum et de la Casamance[128].

L'introduction d'un armement moderne fut très difficile à réaliser dans les centres de débarquement de la pêche artisanale. Entre les mois de juillet 1956 et janvier 1957, six prototypes d'embarcations furent présentés à Joal grâce au financement du FIDES. Un côtier à fond plat de 9,5 mètres, destiné à la pêche sur le littoral ainsi qu'un sardinier de 10 mètres, mieux adapté à la pêche dans les grands fonds et en haute mer retinrent l'attention du gouvernement. Le but de l'État était dans un premier temps de commercialiser ces embarcations subventionnées à 40% auprès des pêcheurs, avant une libération progressive du marché. Les producteurs désirant se porter acquéreurs d'une de ces embarcations devaient verser 30% de son montant à la commande et régler le tiers restant en trois mensualités[129].

Au milieu des années 60, quatorze cordiers avaient été construits par des coopératives navales, alors que sept autres embarcations attendaient d'être mises à la mer[130]. Ces embarcations, qui coûtaient 3 500 000 francs CFA, pouvaient conserver efficacement le produit marin dans des cales à glace et étaient rapides en mer, grâce à leurs moteurs Diesel de 40 chevaux. Mais le coût de fonctionnement des cordiers, trop élevé comparé à celui des pirogues motorisées plus productives dans l'ensemble, entraîna la faillite de pêcheurs et un ralentissement de leur construction[131].

---

[127] Colette LE COUR GRANDMAISON, *op. cit.*, 1972, pages 164 et 165. Ces moteurs avaient une durée de vie de trois ans.

[128] Archives du gouvernement général de l'AOF, ministère de l'Économie rurale et de la coopération, *Bilan, juin 1958-décembre 1959*, dossier 2G59 (3), pages 118, 125 et 137.

[129] Archives du gouvernement général de l'AOF, ministère de l'Économie rurale, comité d'études économiques, sous-groupe « pêche », *Situation du secteur pêche en 1958*, dossier 4R 575, Dakar, 1958, pages 4-5 et dossier 2G59(3), *op. cit.*, page 120.

[130] Massène NIANG, *Les Coopératives de pêche au Sénégal*, mémoire de fin de stage, Dakar, ENEA, juin 1965, pages 24-25.

[131] Régine BONNARDEL, *op. cit.*, 1985, page 63.

Une nette réussite

Ce programme étatique fut une incontestable réussite, principalement sur les Grande et Petite-Côte sénégalaises, tandis que d'autres régions, comme celle située en amont de Saint-Louis, ne connurent pas de réel bouleversement dans le domaine technique de la pêche[132]. Entre 1953 et 1957, 250 pirogues sur un total de 2800 avaient été motorisées dans l'ensemble du pays, tandis qu'à la fin des années 50, 400 embarcations représentant 14% du parc piroguier utilisaient des propulseurs amovibles[133]. Vers 1959, 800 moteurs étaient en service au Sénégal, alors que les besoins annuels des pêcheurs avoisinaient 250 propulseurs, dont 150 destinés au renouvellement des moteurs trop usagés[134]. Au début des années 60, plus de 50% des pirogues étaient équipées, ce qui contribua à accroître la production de poisson frais[135]. Les mises à terre de la pêche artisanale sénégalaise, qui avoisinaient 25 000 tonnes en 1950, étaient égales à 45 000 tonnes en 1957 : elles avaient augmenté de 125%[136]. En 1965, on dénombrait 3450 pirogues motorisées et 2010 traditionnelles[137].

Le graphique ci-après nous donne un aperçu de l'importance de cette motorisation sur l'ensemble du territoire sénégalais. La proportion de pirogues motorisées aurait considérablement augmenté entre le milieu des années 50 et celui des années 60, passant de 8,53% à 63,19%. Il aurait ensuite baissé dès 1964 (33,05%), pour ne croître significativement qu'en 1968 (52,48%). Cette chute observée durant les années 60 pourrait être due aux difficultés de financements rencontrées par les producteurs désirant acquérir des propulseurs amovibles. De 1968 à 1972, près de la moitié du parc piroguier sénégalais était motorisé. Mais certaines régions du pays étaient plus favorisées que d'autres. Ainsi, les régions du Cap-Vert, du Fleuve et du Sine-Saloum avaient le pourcentage de motorisation le plus important dans les années 50. Du milieu des années 60 à 1972, les régions du Fleuve, du Cap-Vert et de Thiès se démarquèrent. En 1968, la région du Fleuve était la mieux équipée avec 73,6% de ses pirogues motorisées, proportion qui atteignit 88% quatre ans plus tard. Thiès aurait aussi connu un accroissement spectaculaire de son nombre de propulseurs amovibles, représentant 2,05% de son parc en 1955 et 50,76% en 1972. Il semblerait que l'achat de moteurs au comptant se soit développé dès 1956 dans le milieu des pêcheurs qui, grâce à l'amélioration de leur niveau de vie,

---

[132] Archives du Sénégal, ministère de l'Économie rurale et de la coopération, service des Eaux et Forêts, dossier 2G60 (10), *Rapport annuel 1960*, page 144.

[133] *Colloque sur l'océanographie et les pêches maritimes*, *op. cit.*, 1957, page 2 et dossier 4R 575, *op. cit.*, 1958, page 2.

[134] Dossier 2G59 (3), *op. cit.*, page 119.

[135] Archives du Sénégal, dossier 2G60 (45), page 2.

[136] Dossier 4R 575, *op. cit.*, 1958, page 2.

[137] NIANG, *op. cit.*, 1965, pages 24 et 25.

disposaient de moyens financiers plus élevés. Un secteur commercial du moteur marin vit le jour en quelques mois sur le littoral sénégalais. Entre 1957 et 1958, plus de 300 propulseurs avaient été écoulés au comptant dans le pays. À la fin des années 50, les producteurs sénégalais achetèrent près de 250 moteurs à Dakar en une dizaine de mois sans avoir recours au crédit. Les pêcheurs pouvaient construire des habitats en dur afin de vivre dans de meilleures conditions[138].

La proportion de pirogues motorisées par rapport à leurs homologues traditionnelles était dérisoire sur les rives du fleuve Sénégal. Nous avons quelques indications sur la motorisation des embarcations utilisées durant les campagnes de pêche organisées annuellement sur le lac de Guiers. Entre juillet et août 1965, trois équipes de producteurs y participèrent. Deux patrons pêcheurs venant de Saint-Louis possédaient respectivement trois et deux embarcations à propulseurs[139].

Graphique 4 : Évolution de la motorisation des pirogues au Sénégal de 1956 à 1972

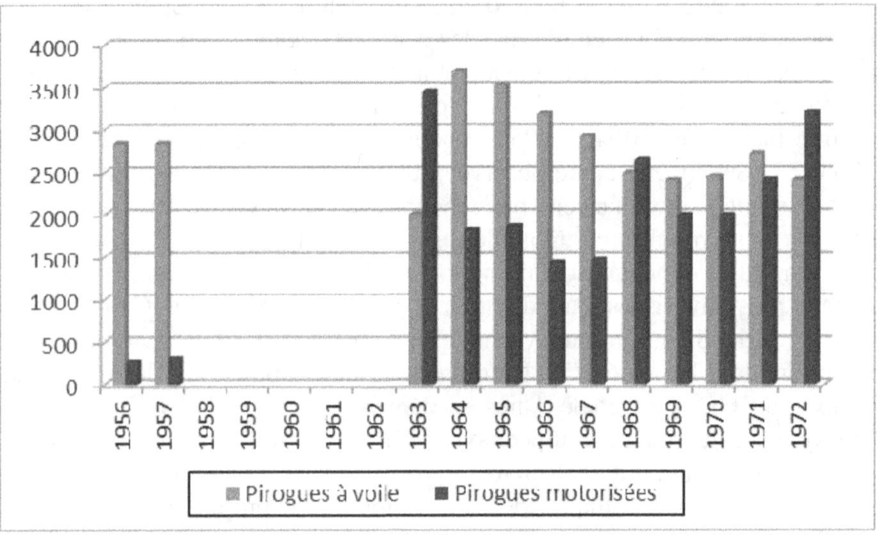

Sources : d'après les dossiers des Archives de l'AOF, du Sénégal et *Situation économique du Sénégal*, 1959-1979.

[138] Archives du gouvernement général de l'AOF, conseil de gouvernement du Sénégal, *Rapport sur l'activité générale du conseil de gouvernement et sur la marche des services publics territoriaux*, Dakar, juin 1957-juin 1958. Dossier 2G58(33), *op. cit.*, page 117. Dossier 4R 575, *op. cit.*, page 4 et Archives du gouvernement général de l'AOF, service de l'Élevage et des industries animales, pêches maritimes, *Rapport annuel 1956*, dossier 2G56 (36), pages 5 et 19.

[139] Archives du Sénégal, direction des Eaux et Forêts, *Rapport annuel 1964*, dossier 2G64 (47), pages 109 à 111. La date de cette campagne de pêche avait été fixée par le décret n°64-528 du 13 juillet 1964.

C'est à partir des années 70 que le nombre de pirogues motorisées augmenta sensiblement le long du fleuve Sénégal. En 1971, onze pirogues avaient été équipées de propulseurs, tandis que cinq étaient sur le point de l'être. Les dettes non payées des coopératives de pêche maritime semblaient représenter un frein au développement de la motorisation en amont de Saint-Louis, car les banques étaient réticentes à accorder des prêts aux coopératives de pêche fluviales. Pourtant, ces dernières avaient remboursé la quasi-totalité de leurs dus. En 1972, l'opération canadienne avait doté les pêcheurs continentaux de neuf pirogues motorisées. Le département de Dagana en comptait dix-sept, celui de Podor deux et Matam une seule[140].

Le succès de la première phase de motorisation encouragea le gouvernement sénégalais à rechercher des aides financières auprès de pays étrangers, l'entretien des moteurs étant trop coûteux[141]. Vers le milieu des années 60, les coopératives de pêcheurs n'avaient toujours pas remboursé en totalité la Banque de développement, qui était désormais réticente à débloquer des fonds[142]. Une convention accordant au Sénégal un prêt sans intérêts de 542 000 000 de francs CFA remboursables en cinquante ans avec un différé de dix ans fut signée le 12 juillet 1972 avec le Canada. Le projet nommé « motorisation des pirogues » avait pour but de fournir des propulseurs ainsi que leurs pièces détachées et de garantir un service après-vente répondant aux attentes des pêcheurs. De plus, l'accès au crédit devait être facilité aux coopératives de producteurs encadrées par un personnel appartenant au Centre d'assistance à la motorisation des pirogues[143].

Jean-Pierre Chauveau expliquait au milieu des années 80, d'une façon que nous jugeons très adaptée au contexte sénégalais, que l'État colonial s'était attribué le succès de la motorisation alors qu'il n'avait pas atteint ses objectifs, c'est-à-dire fixer les pêcheurs de Saint-Louis sur la Grande-Côte (les migrations s'intensifièrent) et alimenter les industries européennes. Selon lui, la logique des « *développeurs* » s'opposait à celle des « *développés* » - les pêcheurs - puisque les producteurs étaient parvenus à s'approprier une innovation en la détournant de ses buts initiaux[144].

---

[140] Archives du Sénégal, direction des Eaux et Forêts, *Rapport annuel 1971*, dossiers 2G71 (7), page 160 et Archives du Sénégal, direction des Eaux et Forêts, *Rapport annuel 1972*, dossier 2G72 (14), page 145.

[141] LLERES, *op. cit.*, 1986, pages 138 et 139.

[142] BONNARDEL, *op. cit.*, 1985, page 89.

[143] Ministère du Développement rural et de l'hydraulique, direction de l'Océanographie et des pêches maritimes, *La Pêche maritime sénégalaise*, pages 5 et 6. Nous pensons d'après la lecture de ce document non daté qu'il a été rédigé en 1975 ou 1976.

[144] Jean-Pierre CHAUVEAU, *Mise en valeur coloniale et développement. Perspective historique sur deux exemples ouest-africains*, Paris, Karthala, CIFACE, 1985, page 163.

Tableau 5 : Évolution du pourcentage de pirogues motorisées dans les régions sénégalaises, de 1955 à 1972

Dates	Cap-Vert			Fleuve			Thiès			Casamance			Sine-Saloum			Sénégal		
	Total	PM	%PM	Total	PM	%PM	Total	PM	%PM	Total	PM	%PM	Total	PM	%PM	Total	PM	%PM
1955	1168	141	12,1	486	46	9,5	1315	27	2									
1956	1055	155	14,7	440	40	9,1	1345	55	4,1	105	5	4,8	160	10	6,2	3105	265	8,5
1957	1075	175	16,3	450	50	11,1	1360	70	5,1	105	5	4,8	160	10	6,2	3150	310	9,8
1963																5460	3450	63,2
1964																5518	1824	33,1
1965																5395	1865	34,6
1966	1336	471	35,3	820	240	29,3	1145	449	39,2	620	108	17,4	697	163	23,4	4618	1431	31
1967																4393	1466	33,4
1968	1273	849	66,7	962	708	73,6	1291	858	66,5	475	68	14,3	1140	164	14,4	5140	2646	51,5
1969	1055	657	62,3	887	657	74,1	1065	488	45,8	504	52	10,3	888	144	16,2	4397	1996	45,4
1970	853	610	71,5	885	664	75	999	502	50,3	538	78	14,5	871	141	16,2	4446	1995	44,9
1971																5123	2408	47
1972	1184	764	64,5	1229	1081	88	1318	669	50,8	1090	374	34,3	796	321	40,3	5617	3209	57,1

Sources : nos calculs, d'après les *Résultats généraux de la pêche maritime* et *Situation économique du Sénégal*

2) Un accroissement considérable de la production

Une multiplication des débarquements en produits halieutiques

La période qui suivit la motorisation des pirogues connut une augmentation du tonnage de poisson de mer débarqué sur les côtes du Sénégal. Comme nous l'avons évoqué précédemment, l'extension du marché de consommation ainsi que le développement du réseau des transports encouragèrent cette tendance. Les quantités de produits pêchées furent en constante progression durant près de vingt-sept ans. Les estimations fournies en 1945 et 1947, qui sont respectivement de 612,774 et 230,509 tonnes sont certainement inférieures à la réalité. La production artisanale totale de produits halieutiques passa de 25 700 tonnes en 1948 à 196 134 tonnes en 1972. L'indice des débarquements de poisson frais fut donc multiplié par 7,63 en un quart de siècle.

Graphique 5 : Évolution de l'indice de production du poisson frais au Sénégal de 1948 à 1972[145]

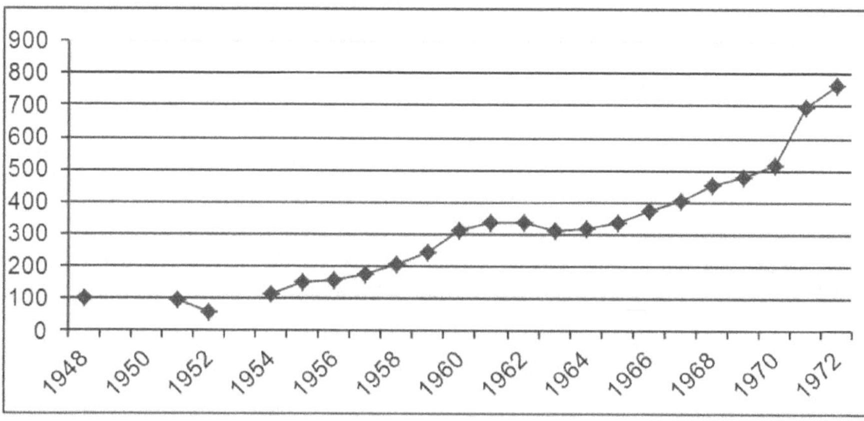

Sources : nos calculs, d'après les Archives du gouvernement général de l'AOF, dossiers 2G45 67, 2G47 71, 2G51 31, 2G52 31, 2G53 83, Archives du Sénégal, dossiers 2G62 23, 2G63 13, 2G64 15, 2G65 3, 2G66 16, 2G67 19, 2G68 57, 2G69 44, 2G70 44, 2G72 23, *Éléments de statistique de pêche maritime* et *Colloque sur l'océanographie et les pêches maritimes*, 1957. Base 100=1948.

Mais le nouveau contexte dans lequel évoluait la pêche artisanale favorisa aussi les centres de M'bour, Joal et de Casamance, qui attirèrent un nombre croissant de pêcheurs guet n'dariens accompagnés de leurs familles dans les

[145] Nous prendrons dans notre travail comme base 100 l'année de départ de la période étudiée afin d'analyser les fluctuations des tonnages au cours du temps.

années 60[146]. Les producteurs migrants participèrent activement à l'élan que connut la pêche artisanale sénégalaise. La région de Thiès mit à terre un tiers du poisson frais de mer en 1952 (8292 tonnes) et plus de la moitié des débarquements jusqu'en 1972, sauf en 1956 (45%), 1957(47,6%) et 1966 (48%). Durant la deuxième moitié des années 60, les captures de Thiès représentèrent au moins 60% des apports nationaux en poisson frais. La région du Fleuve vint en seconde position avec des quantités avoisinant 20% en 1954, 1965 et 1972. Les régions du Sine-Saloum et de la Casamance suivirent avec environ 10% des tonnages produits au Sénégal. Dakar était en dernière position : la presqu'île enregistrait 4,78 à 7,71% des prises dans les années 50, 3,68 à 11,2% dans les années 60, avec une exception en 1965, année durant laquelle ce pourcentage aurait atteint 24,29%. Au début des années 70, la région devançait la Casamance avec 11,8% des tonnages en 1971 contre 8,23%.

La préparation artisanale comme alternative aux problèmes du mareyage

Des techniques diverses de transformation artisanale

Les techniques de préparation, utilisées au Sénégal depuis le Paléolithique[147], variaient en fonction des ressources naturelles qui étaient à la disposition des transformatrices. Ainsi, sur la Grande-Côte, zone désertique, la méthode la plus couramment employée dans les années 50 était la fermentation du poisson frais[148]. Elle permettait de transformer les surplus du mareyage, défavorisé par l'éloignement des grands centres de consommation et l'état vétuste des routes du pays[149].

À Saint Louis et sur la Grande-Côte

Au début du XXe siècle, le sel était rarement utilisé. À Guet N'dar, lieu d'habitation des familles de pêcheurs, le *Guedj*, poisson fermenté séché, était d'abord décomposé dans un tissu laissé au soleil. Il était ensuite étêté, vidé et éventré avant qu'on lui retire sa colonne vertébrale. Le produit marin fermentait dans une calebasse remplie d'eau de mer, puis était séché sur le

[146] DIOP, *op. cit.*, 2006, pages 5 et 6.

[147] Aliou DIOP, *Transformation artisanale des produits halieutiques sur la Grande-Côte du Sénégal ; l'exemple du village de Kayar*, DEA de géographie, université de Dakar, 2000, page 31.

[148] Archives du gouvernement général de l'AOF, *Traitement des produits de la pêche et leur commercialisation*, affaires agricoles, pêche, rapport 4R 575, 3e séance, 1958, page 1.

[149] *Colloque sur l'océanographie et les pêches maritimes*, *op. cit.*, 1957, page 5.

sable, l'herbe, les palissades ou le toit des cases[150]. D'après Postel en 1947 et Blanc en 1955, le simple séchage du poisson au soleil, à même le sol, aux abords des cases ou sur des claies, sans utilisation de sel, était une technique très développée dans le pays[151]. Marétou Fall, transformatrice de Guet N'dar âgée de 80 ans, a débuté son activité entre 1933 et 1943[152]. Elle se rappelle que les poissons les plus couramment utilisés pour la fabrication du *Guedj* étaient à l'époque le *quibara*, le *thiof*, le *saqadi*, le *dianka-set*, le *diarègne* et le *diabak*[153], de couleur rougeâtre : « *Je laissais pourrir le poisson, sans le mettre au froid, durant près de vingt-quatre heures. Je lavais ensuite le produit, j'y mettais du sel, puis je le laissais sécher au soleil* [...] *sans sel, le Guedj en préparation risque d'être envahi par les vers.* » Il semblerait donc que l'utilisation du sel se soit développée, à Guet N'dar, dans le premier tiers du siècle dernier. Mme Fall faisait sécher son poisson sur des tables en bois très résistantes. N'deye Sene, préparatrice au début des années 40, ne possédait pas de table pour le séchage. Elle faisait sécher son poisson fermenté sur de la paille au début, puis ensuite sur des morceaux de cartons[154]. La paille était aussi employée au début des années 60. De grandes espèces de poissons, comme le mérou, les maquereaux ou les dorades, étaient débarquées par les pêcheurs à la ligne. Environ 10 kg de poisson frais étaient nécessaires pour l'élaboration de 3 kg de produit fini[155]. Le poisson frais, vendu à la pièce ou à la bassine, subissait une décomposition dans le sable, l'eau, ou sous des bâches[156].

Le *Yet*, mollusque gastéropode, était aussi au début séché au soleil, sans sel, après que son pied ait été ramolli[157]. En 1962, l'animal passait deux à quatre jours vivant sous le sable avant d'être enlevé de sa coquille, puis séché en tranches[158]. Le *Saly*, poisson salé et séché réservé à l'exportation, était la spécialité de la région. Le requin était découpé avant d'être recouvert de sel[159]. Mme Marétou Fall nous a affirmé que les poissons utilisés pour la préparation du *Saly* étaient surtout le *thiof*, le *n'got*[160], le *quibara* et le *diank-*

[150] GRUVEL, *op. cit.*, pages 72 et 73.

[151] Auteur cités par Oumar DIOP, *Économie de la transformation artisanale et de la distribution des produits de pêche dans la région de Dakar*, thèse de doctorat de géographie, université de Dakar, 1990, page 47.

[152] Nous l'avons rencontrée le 29 juillet 2003 sur le site de préparation *Sine* de Saint-Louis.

[153] Mots wolofs désignant le pagre, le mérou blanc ou bronzé, la carangue et le denté bassa.

[154] Nous l'avons interrogée à son domicile le 27 juillet 2003. Elle dirige le groupement d'intérêt économique (GIE) du site, appelé *Ndiambarou Sine.*

[155] EL FADEL DIA, *op. cit.*, 1966, pages 57 et 58.

[156] Marie-Laure PIERME, *Rapport sur les techniques de conservation et les conditions de commercialisation du poisson au Sénégal*, Dakar, ORSTOM, 1963, pages 9 et 10.

[157] GRUVEL, *op. cit.*, 1908, page 89.

[158] PIERME, *op. cit.*, 1963, page 10.

[159] PIERME, *op. cit.*, 1963, page 12.

[160] Le mot « *N'got* » signifie « tassergal » en wolof.

set. La production de *Saly* à Saint-Louis était d'environ 700 tonnes en 1956 et équivalait en 1957 à 9% des tonnages débarqués. Mme Astou Sow, une de ses collègues de travail, transformait en *Saly* une partie du poisson qu'elle n'avait pas pu écouler frais, à l'aide d'un matériel rudimentaire. Elle utilisait du *thiof*, du *doye*[161] et du *quibara* : « *Je mettais beaucoup de sel, et je le faisais sécher dans les petits villages. J'avais un grand couteau, un autre petit couteau, une planche en bois et un marteau*[162]. »

À Dakar et sur la Petite-Côte

Dans la zone arachidière de la Petite-Côte, la spécialité était le poisson braisé séché, nommé *Kéthiakh*. Cette combustion se faisait à l'aide d'herbes et de coques d'arachides[163]. Il semblerait que cette préparation se soit développée au cours des années 50, grâce aux populations lébous installées dans le Cap-Vert[164]. En 1908, les herbes sèches servant au braisage du *Kéthiakh* étaient transportées par des chevaux, des ânes ou des bœufs. Les sardines, plus couramment utilisées, étaient ensuite séchées au soleil. Le *Lakà* était un poisson éviscéré avant le braisage. Le *Dolon* était un produit marin découpé, cuit à l'eau de mer, séché au soleil une première fois, puis bouilli dans une huile de foie de poisson avant d'être laissé au soleil durant quelques jours. La méthode de préparation du *Guedj* était similaire à celle employée sur la Grande-Côte. Le *Tambadiang* était fabriqué avec de petits poissons simplement laissés au soleil sur des tables, des claies de séchage ou des nattes[165]. N'goné Diouf, transformatrice de 80 ans, se souvient que dans les années 30, la fermentation du *Guedj* avait lieu dans de l'eau de mer. Le poisson était ensuite séché sur le sable de la plage du village de Thiaroye-sur-Mer ou sur du bois[166]. Cette artisane ne nous a pas mentionné l'emploi de sel. Au début des années 60, la pêche à la senne permit une diversification des prises ; les sardinelles, chinchards, ethmaloses et soles servaient principalement à la transformation du poisson. Le *Kéthiakh* préparé sur la Petite-Côte était refroidi douze heures après son braisage, puis épluché avant d'être séché à même le sol pendant deux heures, et recouvert de sel. À Foundiougne, des hommes originaires de Guinée ou de Casamance

[161] Il s'agit du mérou de Gorée.
[162] Nous l'avons interviewée le 27 juillet 2003 à Saint-Louis, sur le site *Sine*.
[163] Rapport 4R 575, *op. cit.*, 1958, page 1.
[164] Marie-Hélène DURAND, *Aspects socio-économiques de la transformation artisanale du poisson de mer au Sénégal*, Centre de recherche océanographiques de Dakar-Thiaroye (CRODT), octobre 1981, page 26.
[165] GRUVEL, *op. cit.*, 1908, pages 96-97 et 110.
[166] Nous l'avons interrogée le 28 juin 2000 sur le site de préparation artisanale de Thiaroye-sur-Mer, dans la région de Dakar.

fabriquaient du poisson fumé dans un four, qu'ils épluchaient par la suite avant de le faire sécher sur l'herbe[167].

La préparation artisanale fluviale

Sur le fleuve Sénégal

Le simple séchage, sans sel ni fumage, conformément aux goûts de la population locale, était la technique de transformation la plus employée sur le fleuve Sénégal au milieu des années 50. Cette méthode était plus efficace pendant la saison sèche que durant l'hivernage, car la pluie ralentissait le processus du séchage et abîmait le poisson. Le produit péché sur la Taouey[168], principalement le *M'bète*, était séché sur des perches en plein air[169]. Ce procédé, très simple, ne nécessitait pas d'aménagements spéciaux. Les principaux poissons séchés sur le fleuve étaient, à la fin des années 50, le *M'bète*, le *Yess*, le *Wèkh*, le *Guer*, le *Gangue*, le *Ndiaguel*, et le *Célinthe*[170]. Au début des années 60, sur le fleuve Sénégal et dans les lacs du pays, le petit Yess et le N'dogg bopp étaient seulement séchés, tandis que la silure, préalablement ouverte, était laissée au soleil puis salée ou saupoudrée de DDT. L'emploi du sel tendait à diminuer dans ces régions du Sénégal[171]. Les espèces les plus transformées sur le lac de Guiers, qui s'étendait sur 25 000 hectares pour 2 mètres de profondeur, étaient les *Synodontis*. Le *Guedj* fermentait durant ving-quatre heures dans l'eau, avant d'être vidé, écaillé, et ouvert en deux. On le séchait ensuite trois ou quatre jours par terre, sur de la paille, ou sur du fil de fer. Lors de la campagne de pêche de 1960, près de 112 tonnes de produits marins secs, c'est-à-dire 14% des prises sur le lac de Guiers avaient été fabriquées[172]. Mme Woulimata Lô, 60 ans, vendeuse de poisson frais et sec dans la région du Fleuve depuis environ quarante ans, nous a décrit la technique de transformation qu'elle utilisait au milieu des années 60 : *« C'est mon mari qui pêchait le poisson que je*

---

[167] DIAGNE, *Création du groupement des artisans transformant artisanalement le poisson*, Dakar, ENEA, 1965, page 9 et PIERME, *op. cit.*, 1963, pages 5 et 6.

[168] Archives du gouvernement général de l'AOF, Politique et administration générale, rapport 2G60 (10), *op. cit.*. D'après ce document, il s'agissait du cours d'eau par lequel le lac de Guiers communiquait avec le fleuve Sénégal. Il s'étendait sur 50 km jusqu'à Richard-Toll.

[169] Archives du gouvernement général de l'AOF, Affaires économiques, dossier 1Q 631, *Commercialisation et conservation du poisson le long du Sénégal*, Saint-Louis, 16 juillet 1956, page 2.

[170] Archives du gouvernement général de l'AOF, Politique et administration générale, rapport 2G59 (27), R. CREMOUX, *Rapport de pêche fluviale sur le fleuve Sénégal*, service des Eaux et Forêts, région du Fleuve, 1959, pages 34 et 61.

[171] PIERME, *op. cit.*, 1963, page 11.

[172] Archives du gouvernement général de l'AOF, Politique et administration générale, rapport 2G60 (10), *op. cit.*.

revendais [...] *je lavais le poisson frais et je l'étendais sur ma claie durant trois ou quatre jours pour qu'il soit bien sec*[173]. »

Dans le Saloum et en Casamance

Le petit et moyen poisson frais destiné à produire du *Tambadiang* en 1908 se décomposait au soleil, puis était placé sur des nattes et écrasé, avant d'être de nouveau mis à sécher. Environ un demi-siècle plus tard, ce poisson était transformé par des femmes qui le laissaient sécher quatre ou cinq jours, après l'avoir lavé dans de l'eau de mer. En Casamance, le poisson était, au début du XXe siècle, laissé entier ou en morceaux au soleil et occasionnellement fumé sans être salé. Son séchage, dans une atmosphère humide et chaude, favorisait la putréfaction et lui donnait une forte odeur ainsi qu'une saveur particulière très appréciée de la population[174]. La principale préparation de la zone était le *Métora*, poisson fumé séché réservé à l'exportation, qui était fabriqué avec des requins, des raies et des silures découpés en morceaux, lavés et fumés à l'aide d'un four pendant un jour entier[175].

La préparation artisanale du poisson sénégalais pouvait avoir des similitudes avec les techniques utilisées dans d'autres pays africains. Hélène d'Almeida-Topor nous décrivait ainsi la transformation des produits au Dahomey à la fin du XIXe siècle : « *La plus grande partie était séchée ou, plus souvent encore, fumée par les femmes de pêcheurs qui découpaient les poissons en morceaux ou en lanières selon le temps de conservation désiré et traitaient les crevettes de semblable façon.* » Le commerce du poisson permettait aux familles de producteurs d'acheter des aliments et des objets. Les produits secs étaient revendus, tout comme au Sénégal, à l'intérieur du territoire et dans les pays voisins, comme le Togo et le Lagos[176].

Les problèmes du conditionnement

Les techniques de transformation défectueuses donnaient un poisson sec de mauvaise qualité, ne pouvant être stocké durant une longue période à cause des attaques d'insectes carnivores friands de denrées animales desséchées. Ces dermestes et *nécrobia rufipes* occasionnaient un effritement du produit sec et par conséquent des pertes lors de l'entreposage et du

---

[173] Nous avons interrogé cette transformatrice originaire de Gaya, village situé derrière Dagana, au marché de Richard-Toll, le 11 août 2004. Elle nous a dit avoir 60 ans.

[174] GRUVEL, *op. cit.*, 1908, page 126 et Archives du gouvernement général de l'AOF, Politique et administration générale, rapport 2G45 (67), page 6.

[175] PIERME, *op. cit.*, 1963, page 11.

[176] Hélène d'ALMEIDA-TOPOR, *Histoire économique du Dahomey (Bénin), 1890-1920*, Paris, L'Harmattan, collection « Racines du présent », volume I, 1995, page 79.

transport des denrées[177]. L'utilisation d'un insecticide sous forme de poudre, portant le nom de DDT, se généralisa sur les sites de préparation artisanale, afin de lutter contre ces difficultés. Cet emploi causait des problèmes importants de contamination, des dangers d'intoxication, en particulier si la teneur en matière grasse de la denrée était élevée[178]. Le sel était délaissé au profit du DDT, meilleur marché[179], par les femmes de pêcheurs du fleuve Sénégal et sur la côte, sauf sur la plage de M'bour où l'on fabriquait du *Kéthiakh* [180].

Sur le fleuve Sénégal, un cinquième du produit séché était abîmé par un mauvais séchage, un emballage rudimentaire et un entreposage non adapté, ce qui représentait une perte d'environ 12 millions de francs CFA[181]. Dans les années 60, le poisson transformé arrivé sur le marché était mis dans des sacs de 50 à 110 kg. Le *Guedj* pouvait être rangé à l'intérieur de paniers tressés dans des feuilles de rônier et recouverts de sacs de sisal. Il était aussi disposé dans des sacs de jute fermés à l'aide de cordes, afin d'être transporté par train, pirogues ou « cars-rapides. » Dans ce dernier cas, les produits voyageaient sur les toits des camionnettes. À Kayar, le poisson fermenté séché était enveloppé dans des tissus de sacs assemblés à l'aide de fibres végétales. Ces emballages de 40 kg pouvaient conserver le *Guedj* durant six mois environ. Les vendeurs de poisson utilisaient les mêmes procédés pour emballer le *Kéthiakh*. Le poisson sec de mer ou de fleuve était conditionné en ballots ou en paniers pour être exporté vers d'autres régions du Sénégal ou à l'étranger[182].

L'évolution des quantités de poisson séché produites au Sénégal

L'indice de production sénégalais préparé artisanalement aurait connu, contrairement à celui des produits halieutiques, une évolution irrégulière de 1954 à 1972. L'accession du pays à l'indépendance coïncida avec une baisse de la production (notamment de *Métora*) destinée aux marchés africains voisins, devenus, selon les sources d'archives que nous avons consultées,

---

177 A. MALLAMAIRE, *La Désinsectisation du poisson séché en Afrique occidentale française*, Dakar, août 1955, pages 1-3 et Archives du gouvernement général de l'AOF, Politique et administration générale, rapport 2G60 (10), *op. cit.*, pages 105 et 145.

178 BUTTERFIELD, PARKIN, GALE, *Le Transfert du DDT aux denrées alimentaires à partir de sacs d'emballage imprégnés*, *Journal of the society of chemical industry*, 1949, pages 1 et 6 (Archives du gouvernement général de l'AOF, Affaires économiques, rapport 1Q 631.

179 Régine BONNARDEL, *op. cit.*, 1967, page 178.

180 PIERME, *op. cit.*, 1963, pages 11 et 18.

181 Archives du gouvernement général de l'AOF, Politique et administration générale, rapport 2G59 (27), *op. cit.*, page 34.

182 PIERME, *op. cit.*, 1963, pages 5, 13-14, EL FADEL DIA, *op. cit.*, 1966, pages 57-58, DIAGNE, *op. cit.*, 1965, page 9 et BONNARDEL, *op. cit.*, 1967, page 178.

plus fermés. Lambotin et Verlot évaluaient la quantité de poisson frais séché au Sénégal à 22 130 tonnes en 1964, alors que les sources étatiques mentionnent moins de 6000 tonnes. Les deux auteurs affirmaient que la matière première utilisée pour fabriquer du *Guedj* et du *Késthiakh* était composée de surplus et d'invendus : « *Sont destinés à la transformation* [...] *lorsqu'elle est excédentaire avant la première commercialisation vers le frais, la production des sardinelles et ethmaloses pour la fabrication du Kéthiakh* [...] *après première commercialisation, l'excédent au marché de toutes les espèces fines invendues, pour fabriquer le Guedj, les espèces non commercialisables en frais pour des raisons de taille, de fraîcheur ou de débouchés (plages enclavées), qui sont transformées en Guedj*[183]. »

Graphique 6 : Évolution de l'indice de production du poisson séché au Sénégal de 1954 à 1972

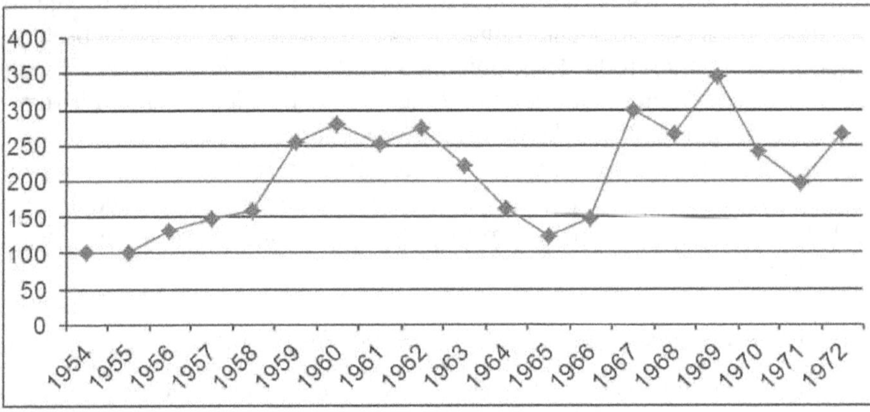

Sources : nos calculs, d'après les *Éléments de statistique de pêche maritime*, 1948-1961, *Résultats généraux de la pêche maritime sénégalaise* de 1962 à 1970 et le dossier 2G72 23 des Archives du Sénégal. Base 100=1954.

Le *Guedj* et le *Kéthiakh* étaient les principaux produits séchés artisanalement au Sénégal. Au minimum un tiers du poisson transformé était fermenté dans le pays entre 1954 et 1972 (sur un total de 148 701,37 tonnes), tandis qu'au moins le cinquième était braisé[184]. En 1966, le *Guedj* représenta

[183] LAMBOTIN J. et VERLOT J.B., *Étude de l'équipement frigorifique au Sénégal.1re partie, étude économique et technique des équipements nécessaires à la pêche et à la distribution du poisson*, Secrétariat d'État aux Affaires étrangères chargé de la coopération, bureau central d'études pour les équipements d'outre-mer, France, 1967, page 7.

[184] Mise à part en 1966, date à laquelle la production de braisé séché n'aurait représenté, selon nos calculs d'après les *Résultats généraux* de la pêche maritime, que 5,55% de la production totale de poisson sec, chiffre qui nous paraît peut vraisemblable.

plus de 77% du poisson sec fabriqué par les préparateurs, c'est-à-dire 4212,46 tonnes. Durant la seconde moitié des années 60, près de 55% du poisson frais était transformé en *Kéthiakh*. La production était soutenue par une demande croissante du marché intérieur. La fabrication du *Saly*, produit exclusivement réservé à l'exportation, fut délaissée dès la fin des années 50 à cause de son manque de rentabilité. En 1954, 30,31% (soit 1116 tonnes) du poisson sec sénégalais était salé séché contre seulement 5,14% (502,2 tonnes) en 1972. Les mulets, dorades et requins étaient particulièrement appréciés par les préparateurs de Saint-Louis fabriquant du *Saly*[185]. Le *Métora*, qui était aussi fabriqué avec du requin, connut un succès croissant en Afrique jusqu'au début des années 60 : sa production, évaluée à 3595 tonnes en 1960, n'était plus que de 1482 tonnes un an plus tard. Presque 35% du poisson séché dans le pays était du *Métora* en 1960, proportion qui baissa de moitié en 1961, pour n'atteindre que 16,03%. Il arrivait que les débarquements de la pêche artisanale alimentent le marché d'exportation vers l'Europe. Les sardinelles n'ayant pas pu être commercialisées sur les plages et marchés sénégalais étaient alors revendues, avec les prises de la pêche industrielle, notamment le thon, aux conserveries ou aux usines qui congelaient le poisson. Le traitement de ces espèces avait essentiellement lieu à Dakar[186]. Inversement, les surplus de la pêche industrielle dakaroise approvisionnaient le marché local en poisson frais. En 1964, par exemple, la pêche industrielle débarqua 5193 tonnes de poisson dont 49,5% de sardinelles. Seulement un tiers de ces sardinelles fut exporté et conditionné par les conserveries. Environ 70% furent écoulées sur le marché dakarois. Ces produits représentaient 9% de la consommation en poisson de la presqu'île et n'entraient pas dans les circuits de distribution du mareyage hors de la région de dakar[187].

L'étude des chiffres du Service des pêches nous montre qu'il existait une sorte de spécialisation régionale dans la fabrication des poissons séchés sénégalais. Le *Guedj*, condiment fermenté séché très apprécié par la population, était produit dans toutes les régions du pays. Dans la seconde moitié des années 50, la Casamance était la première région productrice de *Guedj*[188]. Entre 1954 et 1959, cette région fournit au moins un tiers du fermenté séché sénégalais, et jusqu'à 42,72% en 1958, ce qui représentait 840 tonnes sur un total de 1966 produites. En 1960, la région du Fleuve ravit

185 LAMBOTIN J. et VERLOT J.B., *op. cit.*, 1967, page 7.

186 *Id.*,page 7.

187 *Id.*,pages 21 et 22.

188 Cette affirmation est à nuancer, car les *Résultats généraux de la pêche maritime sénégalaise* nous donnent le même tonnage de poisson fermenté séché fabriqué en Casamance en 1954 et 1955 (500 tonnes) et de 1956 à 1959, c'est-à-dire 840 tonnes. Il pourrait s'agir d'une erreur d'approximation ou du simple report d'une évaluation faite une année donnée.

cette place de leader à la Casamance, avec 39% (1175 tonnes) du *Guedj* transformé au Sénégal. Durant les années 60, les régions de Thiès et du Sine-Saloum multiplièrent leur production de *Guedj*. Ainsi, le Sine-Saloum fut en tête des zones productrices en 1963 avec 29,61% (soit 995,6 tonnes) du produit fermenté transformé et la seconde derrière Thiès à la fin de la décennie. A partir de 1964, le *Guedj* séché à Thiès représentait au moins un quart des quantités produites dans le pays. Ainsi, en 1964, la région de Thiès prépara 821,62 tonnes de *Guedj* sur un total de 3010,25 tonnes. La fabrication de *Guedj* dans le Cap-Vert, bien qu'ayant augmenté dans les années 60, restait marginale par rapport à celle des autres régions.

Graphique 7 : Production de Kéthiakh au Sénégal de 1954 à 1972 en tonnes

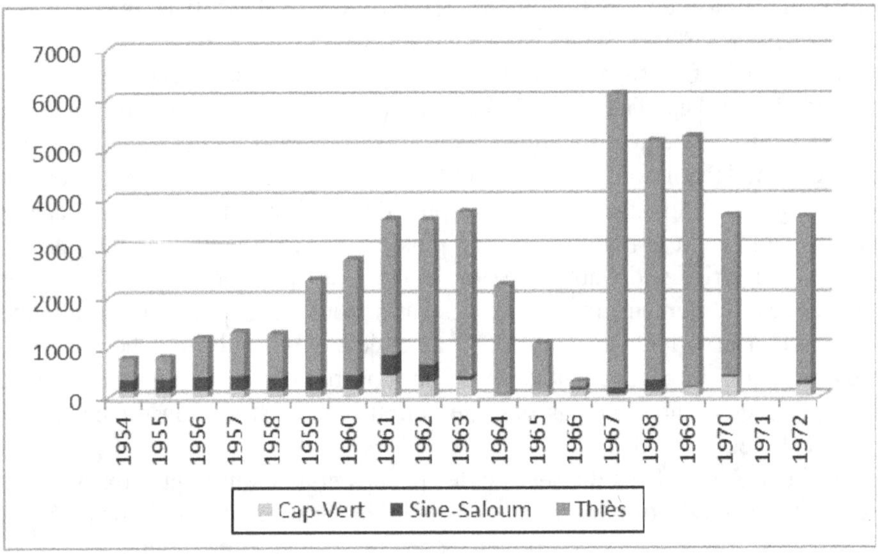

Sources : d'après les *Éléments de statistique de pêche maritime*, 1948-1961, les *Résultats généraux de la pêche maritime sénégalaise* de 1962 à 1970 et le dossier 2G72 23 des Archives du Sénégal.

Les transformateurs de *Kéthiakh* étaient plus nombreux dans la région de Thiès, où les débarquements en sardinelles s'étaient accrus, tandis que les quantités de braisé séché fabriquées en Casamance et dans le Fleuve étaient presque inexistantes. De 1954 à 1972, la production de braisé séché de la région de Thiès représenta au minimum 31,46% de la fabrication totale sénégalaise (en 1966), tandis qu'elle était de 96%, soit 5022 tonnes sur 5227,6 tonnes, en 1969. Le tonnage de poisson braisé produit dans la région du Sine-Saloum chuta à partir des années 60 : la fabrication, qui était évaluée à 235 tonnes en 1954, s'élevait seulement à 74,62 tonnes en 1972. La transformation de poisson braisé capverdien resta quasi stable jusqu'en 1969, avant de croître durant les deux années suivantes. Cette dernière avait progressé entre 1954 et 1972, puisqu'elle était passée de 130 à 387,67 tonnes. Le *Saly* était principalement produit dans la région du Fleuve. Il semblerait que le pourcentage de *Saly* transformé dans cette zone ait chuté durant la seconde moitié des années 60. En effet, le Fleuve fournissait au moins 90% du salé séché sénégalais de 1954 à 1960, et près de la moitié de 1965 à 1969. En 1954, par exemple, cette région fabriqua 1068 tonnes de *Saly* sur un total de 1116 tonnes produites dans le pays. D'une part, le tonnage préparé dans la région du Fleuve baissa et d'autre part, la région de Thiès devint une sérieuse concurrente, avec plus de 87% (c'est-à-dire 607,24 tonnes) du *Saly* séché sur le territoire national en 1969 (contre 4,34%, soit 30,26 tonnes, pour le Fleuve). Comme nous l'avons déjà dit, l'ouverture des frontières ayant suivi l'accession à l'Indépendance semble être la cause majeure du déclin de la transformation de produits halieutiques réservés à l'exportation. Le *Métora*, poisson séché essentiellement exporté, tout comme le *Saly*, vers d'autres pays africains, était principalement fabriqué dans le Sine-Saloum et en Casamance[189]. Mais les productions de ces deux régions s'effondrèrent dès le début des années 60. La Casamance, qui fournissait 82,55% (710 tonnes) du *Métora* sénégalais en 1956, ne préparait plus que 16,54% (131 tonnes) du poisson sec en 1970. La part produite par le Sine-Saloum augmenta à partir de 1957 (48,66%, soit 730 tonnes), pour ne plus représenter que 15,97% (81,15 tonnes) de la production nationale en 1967.

Conclusion

La motorisation des pirogues facilita le travail des producteurs et augmenta aussi bien les tonnages de poisson frais débarqués que les quantités de produits transformés au Sénégal. Mais elle fut aussi une des causes indirectes de la perte du monopole des familles de pêcheurs sur les filières commerciales des produits halieutiques et fluviaux. Les coûts de production se multiplièrent, favorisant l'arrivée dans le commerce du poisson des détenteurs de capitaux, et le recrutement de membres d'équipage en dehors du cadre familial se développa.

---

[189] Nous ne disposons que d'évaluations des tonnages de *Métora* produits en Casamance pour les années 1954 et 1955.

CHAPITRE II

Le déclin des privilégiés du marché

Introduction

Les femmes des familles de pêcheurs, plus anciennement installées sur les marchés de la capitale, étaient favorisées sur les lieux de vente du poisson. Cependant, les prémices d'un déclin se faisaient ressentir, alors que l'État tentait de contrôler des filières commerciales qui passaient entre les mains des intermédiaires.

I. UN DÉVELOPPEMENT DES ÉCHANGES EN POISSON

Les échanges en poisson frais et séché se développèrent sur le territoire sénégalais conjointement à l'accroissement des mises à terre de la pêche artisanale. Les régions proches du littoral étaient plus favorisées que les zones enclavées. Les courants commerciaux du poisson fluvial, qui étaient intégrés à l'économie locale du fleuve Sénégal, permettaient de ravitailler l'Ouest du pays en période de pénurie, notamment lors des campagnes de pêche organisées au bord du lac de Guiers. Ces dernières sont particulièrement bien décrites par nos sources d'archives.

1) Un commerce essentiellement local de produits fluviaux

Une consommation élevée de poisson

Une consommation inégale

La consommation de poisson frais et sec était très importante au Sénégal, les produits marins et fluviaux fournissant la majeure partie des apports protidiques. Cependant, la consommation en poisson, surtout frais, dans les différentes régions du pays était très disparate. D'après Babacar Diop, les Sénégalais consommaient 40 kg de poisson par an et par habitant au début des années 60, ce qui les plaçait en quatrième position derrière le Japon, la

Norvège et le Portugal[190]. Lambotin et Verlot évaluaient la quantité de produits halieutiques et de poisson d'eau douce consommée au Sénégal en 1964 à 105 610 tonnes, soit environ 31,4 kg par habitants. Le poisson de mer représentait 83,7% du tonnage consommé par les Sénégalais[191]. Les citadins s'alimentaient plus en poisson frais que les villageois : dans les années 50, les habitants des principales villes du pays (Dakar, Saint-Louis, Kaolack et Thiès) consommaient près de 12 000 tonnes de produit frais par an, alors que l'approvisionnement des cercles ruraux en poisson était de moitié inférieur[192]. Cette différence était principalement due aux difficultés, pour les mareyeurs et intermédiaires, d'atteindre les zones éloignées des côtes et mal desservies. En effet, la denrée périssable n'était pas aisée à acheminer sans moyens de transports frigorifiques.

Une presqu'île du Cap-Vert bien lotie

La presqu'île avait la consommation la plus importante en poisson de mer. Elle consommait plus du tiers de la production sénégalaise, alors qu'elle ne concentrait que 15% de la population totale du pays, soit 517 000 habitants. Ces derniers auraient utilisé 70 kg de poisson par personne (36 164 tonnes au total) pour leur alimentation en 1964, dont 92,28% de produits halieutiques[193]. Un Dakarois consommait en moyenne 50,8 kg de poisson frais par an. En analysant la répartition de la consommation par type de produits en 1964, on se rend compte que les apports en frais du mareyage arrivaient en tête, suivis de la production de la presqu'île. Ces deux sources de ravitaillement représentaient 85% de la consommation du Cap-Vert. Le poisson de mer transformé était importé de l'intérieur mais la région de Dakar en exportait très peu vers les autres zones du Sénégal. Le produit fluvial constituait une source d'approvisionnement importante durant l'hivernage, comme nous le verrons plus loin. Le poisson étranger importé sous forme de conserves était rarement consommé[194]. La majeure partie du poisson consommé dans la presqu'île, c'est-à-dire 67%, provenait des centres de débarquement de la pêche artisanale sénégalaise[195]. Près de 20% du produit acheté par les habitants dakarois avait été pêché dans la région et était commercialisé par les femmes de pêcheurs sur les marchés.

---

[190] Babacar DIOP, *La Pêche maritime au Sénégal*, Dakar, 1963, page 81.
[191] LAMBOTIN et VERLOT, *op. cit.*, 1967, page 10.
[192] Archives du gouvernement général de l'AOF, Affaires économiques, *Plan quadriennal 1953-1957, Pêche*, dossier 1Q 631, page 10.
[193] LAMBOTIN et VERLOT, *op. cit.*, 1967, pages 13 et 14.
[194] *Id.*, 1967, pages 11 à 14.
[195] *Id.*, page 14. La pêche industrielle fournissait à l'époque 10% du poisson, la pêche cordière 2,5% et le Port de Dakar 13%.

La consommation dans la vallée du fleuve Sénégal

Nous devons l'essentiel de nos informations sur ce sujet aux études menées par la Mission d'aménagement du fleuve Sénégal, née en 1960 de la signature d'une convention de financement entre la Mauritanie et la France. Elle avait pour but de mieux connaître les habitants de la vallée et de faire un bilan sur son économie depuis la construction du barrage de Dagana[196].

D'après une enquête de la Mission menée au bord du fleuve Sénégal en 1960 : « *La pêche tient dans la vallée une place essentielle. Le poisson est un des éléments de base de la ration alimentaire de ses habitants*[197].» Le poisson était la seconde ressource après le mil, avant la viande et le lait. Cette enquête affirmait que les habitants du Fleuve consommaient environ 94,2 grammes de poisson frais par jour et 20 grammes de poisson sec. Grosmaire pensait que la consommation de produit frais était plus élevée, puisqu'il l'évaluait à 250 grammes par jour en 1957 : « *Les eaux de la vallée sont le garde-manger de tout un peuple*[198]. » On consommait donc dans la vallée du fleuve Sénégal entre 34,38 et 91,25 kg de poisson frais par personne et par an, ce qui était supérieur à la moyenne nationale. Les communautés de la vallée consommaient peut-être aussi plus de poisson frais que les Dakarois. La population mangeait, en 1960, environ 6 fois plus de poisson frais que de mouton et 23 fois plus de produit frais que de bœuf. Par contre, elle s'alimentait presque autant en poisson sec qu'en mouton, mais la consommation de bœuf était 5 fois moins élevée que celle de produit transformé. La chèvre et le poulet étaient très peu utilisés dans les préparations locales : chaque personne en mangeait 1,5 gramme par jour en moyenne[199]. La Mission d'aménagement du fleuve Sénégal différenciait deux régions dans la vallée : l'aval, situé dans la zone du barrage de Dagana et l'amont qui se situait après Kaédi (voir la carte 2)[200]. Les eaux du fleuve étaient plus facilement exploitables par les pêcheurs en aval qu'en amont. La consommation journalière de poisson frais était plus élevée aux environs de Matam (130 grammes par personne) que vers Podor (60 grammes). Par contre, la consommation de poisson sec était quasi identique. En amont du

---

[196] J. C. DAUMAS, *op. cit.*, 1961, page 7. Le projet n°159/D/60/VI/D/Ia créa la Mission.

[197] Mission d'aménagement du fleuve Sénégal, *Les Hommes du Fouta-Toro*, chapitre IV, « Les systèmes économiques traditionnels du Fouta-Toro », Dakar, juin 1960, page 6. Un groupe d'enquêteurs questionna les chefs de ménage sur leurs dépenses et recettes durant 12 mois.

[198] GROSMAIRE, *Éléments de politique pastorale au Sahel sénégalais*, 2e partie : « les conditions du milieu ». Titre IV « Les hommes et leurs modes de vie ». Annexe : « La pêche au fleuve Sénégal », fascicule 14, Saint-Louis, mai 1957, 21 pages. Il est évoqué par J.C. DAUMAS, *op. cit.,* 1961, page 31.

[199] Mission d'aménagement du fleuve Sénégal, *Les hommes du Fouta-Toro,* chapitre IV, *op. cit.*, 1960, page 6.

[200] J.C. DAUMAS, *op. cit.*, 1961, page 7.

fleuve, le poisson était plus consommé durant l'hivernage, tandis qu'en aval, on s'alimentait d'avantage en poisson frais pendant la saison sèche et volontiers en produit séché lors de l'hivernage. Grosmaire affirmait en 1957 que la pêche était surtout importante en fin de saison sèche, car les pêcheurs attrapaient les poissons dans le plus petit volume d'eau. Le poisson fournissait 21,3 grammes de protides par jour à chaque habitant de la vallée, ce qui couvrait 21,8% de l'apport quotidien en protéines animales, alors que la viande n'en donnait que 12,9%. La population de la vallée consommait annuellement 7194 tonnes de produit fluvial frais et 1527,5 tonnes de poisson préparé artisanalement[201]. Le poisson était plus accessible que la viande, car il pouvait être jusqu'à dix fois moins cher que cette dernière. À la fin des années 50, la consommation locale de poisson frais, qui avoisinait 13 093 tonnes par an, équivalait à 60 000 têtes de bétail[202]. Si l'importance de la consommation de poisson variait géographiquement, elle était aussi différente selon la caste d'origine de chaque individu. Les Subalbé consommaient bien sûr plus de poisson frais et sec que les autres Toucouleurs[203]. Les espèces de *Lates*, *Hydrocyon* et *Clarias* étaient les plus consommées en frais dans la vallée du fleuve Sénégal. Elles représentaient 48,2% des poissons destinés à l'alimentation des habitants de la région[204]. La chair du *Lates niloticus* « capitaine » était très recherchée fraîche ou transformée, en raison de sa qualité[205].

---

[201] Pierre CANTRELLE, *Le Poisson de fleuve dans l'Ouest africain, étude d'économie alimentaire*, Paris, INSEE, ministère de la Coopération, octobre 1961, pages 33, 34 et 39. D'après une estimation de la population égale à 210 000 personnes sédentaires. La consommation de poisson sec équivalait à 4582,5 ou 6110 tonnes de poisson frais, ce qui donnait un total de 11 776 ou 13 301 tonnes de poisson consommées par an dans la vallée.

[202] Archives du gouvernement général de l'AOF, R. CREMOUX, *Rapport de pêche fluviale sur le fleuve Sénégal*, service des Eaux et Forêts du Sénégal, région du Fleuve, Richard-Toll, dossier 2G59 (27), 1959, page 36. Le chef de cantonnement forestier mena ses travaux de décembre 1959 à février 1960.

[203] P. CANTRELLE, *op. cit.*, 1961, page 35. D'après lui : « *La consommation de poisson sec varie moins selon les castes que celle du poisson frais.* » Il considérait donc le groupe des pêcheurs du fleuve Sénégal comme une caste.

[204] P. CANTRELLE, *op. cit.*, 1961, page 65. Les estimations fournies par ce chercheur sont en grammes. Ces chiffres ne sont donnés qu'à titre indicatif, car toutes les espèces, en particulier de poisson sec, n'ont pu être déterminées.

[205] Archives du gouvernement général de l'AOF, Politique et administration générale, dossier 2G55 (21), rapport des Eaux et Forêts 1955, page 119.

Carte 2 : Bassin du fleuve Sénégal au début des années 60

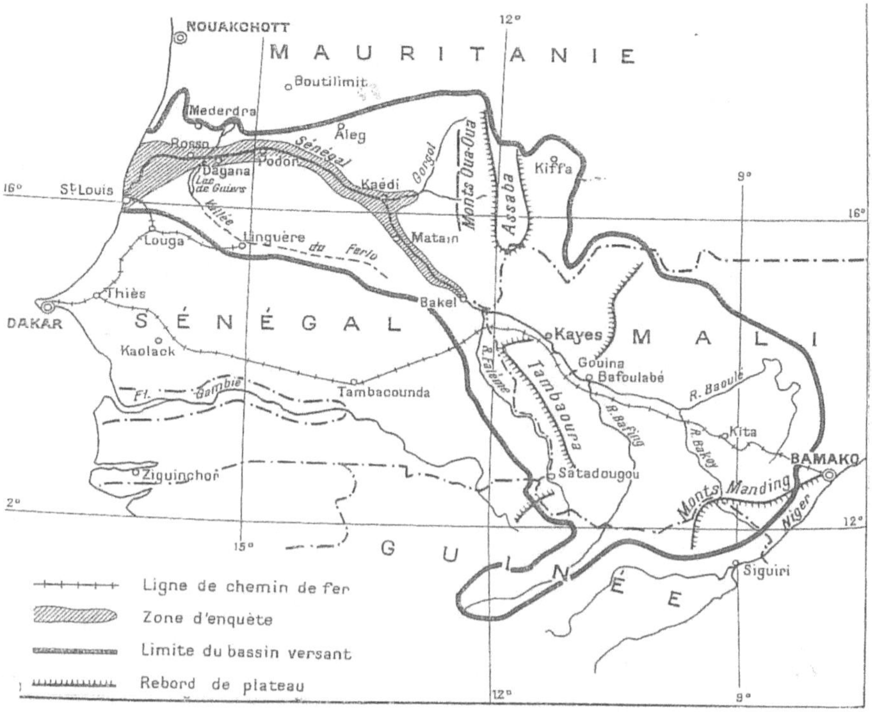

Source : d'après une carte de la Mission d'aménagement du fleuve Sénégal reproduite par P. Cantrelle, 1961. La zone hachurée représente le terrain d'enquête de cette Mission.

D'après la Mission d'aménagement du fleuve Sénégal, les habitants de la vallée avaient dans les années 60 un budget de 1264,36 francs CFA par personne et par an. Les pêcheurs, artisans et serviteurs gagnaient 842,91 francs par personne. Les Peuls, qui vendaient des produits animaux, avaient les revenus les plus élevés. La vente des produits de l'agriculture, de l'élevage et de la pêche représentait 35% du revenu monétaire moyen annuel. Un Toucouleur utilisait 26% de ses revenus pour acheter des denrées produites localement[206]. Les dépenses alimentaires furent presque trois fois plus élevées en 1960 pour la viande (65,13 francs CFA) et le poisson frais (63,21 francs CFA) que pour le poisson sec.

Selon Cantrelle, près de 23,5% de la dépense alimentaire servait à s'approvisionner en poisson. Les *Torodo* utilisaient un tiers de leur dépense alimentaire à l'achat de poisson frais ou sec et les *Thioubalo* un sixième,

[206] J.C. DAUMAS, *op. cit.*, 1961, pages 19 et 31. Nous avons converti les chiffres donnés par l'auteur en francs CFA constants 1945.

bien qu'ils soient des pêcheurs professionnels. D'après l'auteur, les producteurs gagnaient 478,93 francs CFA dans le commerce du poisson, tandis que les *Mathioudo* en tiraient 85,249 francs CFA et les *Tiédo* 57,47 francs CFA[207]. Les artisans dépensèrent plus pour acquérir des produits fluviaux, suivis des *Thiédo* et des *Torodo*. Les *Thioubalo*, bien entendu, avaient largement recours à l'autoconsommation de poisson. Les castes des *Mathioudo* et des artisans étaient les seules à consacrer une part plus importante de leur budget à l'achat de viande.

Graphique 8 : Dépenses alimentaires des habitants de la vallée en 1960 en francs CFA constants 1945 (par personne et par an)

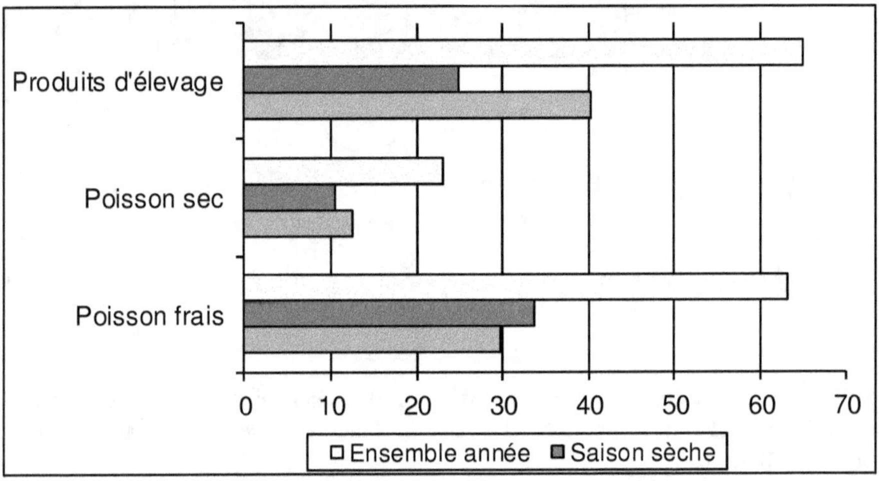

Source : nos calculs, d'après *Les Hommes du Fouta-Toro*, chapitre V, 1960, page 48.

Durant l'hivernage, les populations du Fleuve dépensèrent plus de 40 francs CFA par personne pour s'alimenter en viande, tandis que leur consommation de poisson frais leur revint plus cher pendant la saison sèche (33,52 francs CFA).

[207] P. CANTRELLE, *op. cit.*, 1961, page 42. Nous donnons ici une approximation des revenus tirés de la pêche en francs CFA constants 1945.

Graphique 9 : Dépenses alimentaires des différentes « castes » de la vallée en francs CFA constants 1945 (par personne et par an)

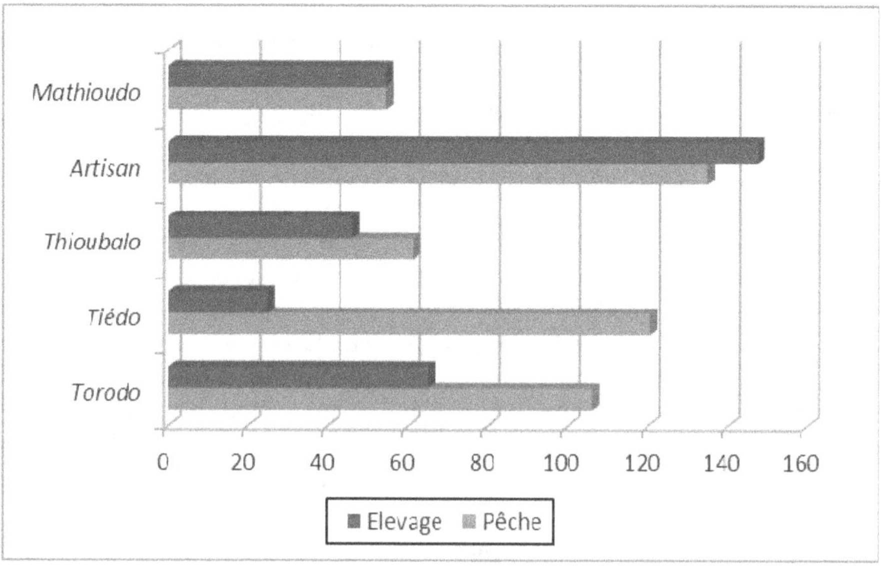

Source : nos calculs, d'après P. Cantrelle, 1961, page 42.

L'importance de l'autoconsommation et du troc

L'autoconsommation et le troc de poisson frais ou sec étaient très anciens dans la vallée du fleuve Sénégal. En 1960, plus du quart du produit fluvial péché fut autoconsommé, alors que 10% environ fut employé dans les opérations de troc entre les différents peuples de la région[208]. Mais cette autoconsommation était inégale en fonction du type de poisson : le poisson frais était moins commercialisé que le produit séché. Plus de 82% du poisson frais fut réservé à l'alimentation des riverains en 1959, ce qui ne concernait qu'un quart du produit fluvial transformé. La même proportion de produit frais et sec était réservée à la vente sur les marchés locaux, c'est-à-dire près de 11%. Par contre, 64,85% du poisson séché fut exporté, alors que 7% des apports fluviaux seulement se retrouvèrent commercialisés en dehors de la région[209]. En 1959, les habitants de la vallée autoconsommèrent 69 kg de poisson frais et 6 fois moins de poisson sec[210]. Un an plus tard, chaque

[208] Mission d'aménagement du fleuve Sénégal, chapitre IV, *op. cit.*, juin 1960, pages 6 et 8. La production totale de poisson frais était évaluée à 15 000 tonnes.

[209] R. CREMOUX, Dossier 2G59 (27), *op. cit.*, 1959, page 32. Nous avons effectué ces calculs d'après les chiffres fournis par l'auteur, c'est-à-dire 11 503 tonnes de poisson frais produits cette année-là et 6817 tonnes de poisson sec.

[210] R. CREMOUX, dossier 2G59 (27), *op. cit.*, 1959, page 32.

habitant du Fleuve consommait en moyenne 314,17 francs CFA de poisson par an, dont 204 francs CFA autoconsommés (65%), 86 achetés (27,5%) et 23,5 troqués (27,5%)[211].

La seconde caractéristique de l'économie piscicole de la vallée était la pratique répandue du troc de poisson frais et sec contre des denrées alimentaires, notamment des céréales et du lait. Les produits proposés lors de ces échanges variaient en fonction de la production agricole. Ainsi, le petit mil était troqué contre du poisson tout au début de la saison sèche, alors que la culture du sorgho se faisait plus facilement durant l'hivernage[212]. Il semblerait que la valeur du poisson était dans la majorité des cas sous-estimée. D'après R. Cremoux, le troc de poisson ne prenait pas en compte la valeur commerciale du produit et il le définissait comme « *un échange de bons procédés de voisinage plutôt qu'un échange commercial*[213].» En effet, l'échange d'aliments et de services était traditionnel entre les différentes « castes » de la société toucouleur. Le troc pouvait donc être considéré comme un geste ayant une portée sociale symbolique. À la fin des années 50,61% du poisson débarqué sur les rives du fleuve Sénégal était troqué.

Graphique 10 : Quantité de poisson acquise par troc dans la vallée du fleuve Sénégal en 1960 (en kg par personne)

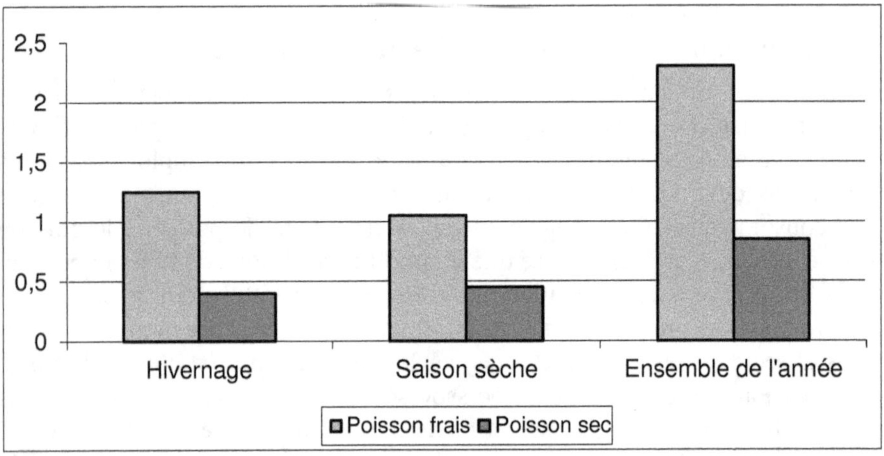

Source : d'après *Les Hommes du Fouta-Toro*, chapitre V, juin 1960, page 69.

[211] Mission d'aménagement du fleuve Sénégal, *Les Hommes du Fouta-Toro*, chapitre V, « Les niveaux de vie », Dakar, juin 1960, page 73. Il s'agit de francs CFA constants 1945.

[212] Mission d'aménagement du fleuve Sénégal, chapitre V, *op. cit.*, 1960, page 69. Des enquêteurs relevèrent durant deux semaines les dépenses, recettes et opérations de troc.

[213] R. CREMOUX, *op. cit.*, 1959, page 33.

Graphique 11 : Quantité de poisson cédée par troc dans la vallée du fleuve Sénégal en 1960 (en kg par personne)

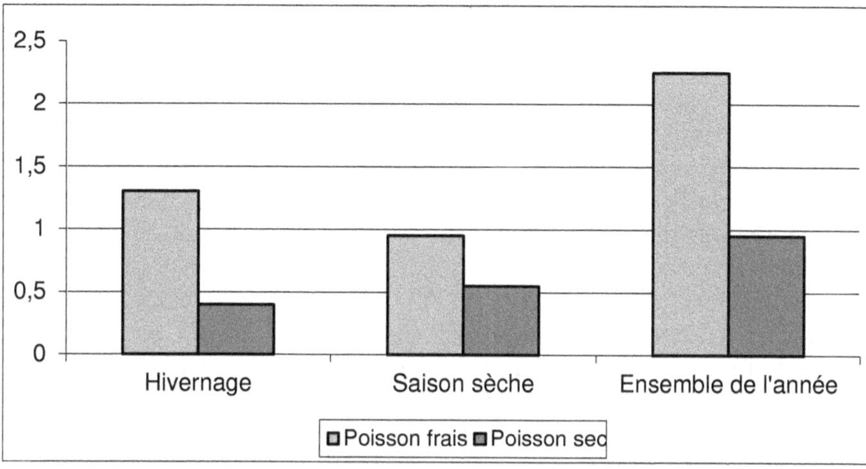

Source : d'après *Les Hommes du Fouta-Toro*, chapitre V, juin 1960, page 69.

2) L'extension du mareyage

Le mareyage de produits halieutiques et fluviaux se développa à travers le territoire sénégalais grâce à l'amélioration du réseau routier. Mais les différentes régions du pays n'étaient pas toutes logées à la même enseigne. Les zones côtières étaient particulièrement actives, alors que l'intérieur du pays, moins bien accessible, était délaissé par les transporteurs qui craignaient la perte d'une denrée périssable.

Les routes commerciales du poisson de mer

La région de Dakar, dont les débarquements en poisson frais ne pouvaient couvrir les besoins de la population, représentait un marché attractif pour les transporteurs. En 1964, environ 53% du mareyage de poisson frais du Sénégal avait pour but de ravitailler Dakar[214]. L'Est du pays, la haute Casamance et la zone sylvo-pastorale, difficilement accessibles par camion, se contentaient principalement de poisson sec. Au contraire, la Petite-Côte, notamment Joal et M'bour qui fournissaient la majorité des prises, ainsi que Saint-Louis et Kayar sur la Grande-Côte ravitaillaient tout le Sénégal en protéines animales. Les régions de Dakar, du Sine-Saloum et de Diourbel importaient plus de poisson frais qu'elles n'en exportaient vers les autres zones du pays. Cependant, Dakar et le Sine-Saloum avaient une

[214] J. LAMBOTIN et J.B. VERLOT, *op. cit.*, 1967, page 21.

autoconsommation élevée alors que Diourbel, qui produisait peu de poisson frais, l'importait principalement. Le produit frais échangé au sein de la région du Sine-Saloum représentait près de 20% des importations à la fin des années 50 et un tiers en 1970[215]. Les régions de Thiès et du Fleuve exportaient plus de poisson qu'elles n'en importaient. Ainsi, 94% du produit frais importé par la région de Dakar (sur un total de 16 952,7 tonnes) provenait de Thiès en 1960 contre 64% (sur 36 808 tonnes) en 1970, ce qui pourrait s'expliquer par des prises dakaroises plus élevées. Les espèces maritimes de la Petite-Côte et de Kayar représentaient près des trois quarts des importations du Sine-Saloum dans la première moitié des années 60 et au moins les deux tiers de 1965 à 1970[216]. La région de Diourbel était approvisionnée à 92% par Thiès en 1960 (sur un total de 1188,5 tonnes) et à 80% (sur 141,72 tonnes) environ dix ans plus tard. La région du Fleuve, principale fournisseuse de produit frais après Thiès, arrivait loin derrière la Petite-Côte. Plus de 6% de l'approvisionnement dakarois en poisson frais venait de la région du Fleuve en 1960, proportion qui atteignit les deux tiers en 1966 (sur 7935,58 tonnes) et 13% en 1970. La part du Fleuve dans le ravitaillement du Sine-Saloum fut rarement supérieure à 10% entre 1959 et 1970 : elle approchait 26% en 1966 (sur 5822,398 tonnes), année durant laquelle les prises de Thiès auraient chuté. Le Fleuve était le second partenaire commercial de Diourbel avec 38,75% de ses importations en 1966 (sur 229,6 tonnes) et un cinquième en 1970. La région du Cap-Vert, bien que faible exportatrice de produits marins à l'intérieur du Sénégal, en fournissait à Thiès, au Fleuve et à Diourbel. Durant la seconde moitié des années 60, 12,63% (sur 162,6 tonnes en 1965) à 93,54% (sur 406,2 tonnes en 1970) des exportations dakaroises furent dirigées vers la région de Thiès, alors que le ravitaillement de la région du Fleuve chutait simultanément. Il avoisinait 74% du marché extérieur de Dakar en 1965 (sur 953,6 tonnes) et seulement 2% (6,9 tonnes) en 1969. Environ le quart des apports de la région de Dakar était dirigé vers Diourbel en 1966 (3,22 tonnes) et 5% en 1970 (21,61 tonnes)[217]. Les exportations de produits halieutiques débarqués dans la région du Fleuve avaient pour principale destination le Cap-Vert. Elle reçut 60,5% du poisson saint-louisien, soit 1410 tonnes, en 1959 et 58,7%, c'est-à-dire 4572 tonnes, en 1970. La proportion de poisson frais du Fleuve commercialisée dans la région de Thiès passa de 10,3% en 1959 (sur un total de 3376,4 tonnes) à 23,38% en 1970 (sur 15 532,24 tonnes).

---

[215] Nos calculs, d'après les Archives du gouvernement général de l'AOF et du Sénégal, *Résultats généraux de la pêche maritime sénégalaise*, de 1959 à 1970.

[216] Le Sine-Saloum importa 3543,9 tonnes de poisson frais en 1960, 6470,79 en 1965 et 16 578,7 en 1970.

[217] Nos calculs, d'après les Archives du gouvernement général de l'AOF et du Sénégal, *Résultats généraux de la pêche maritime sénégalaise*, de 1959 à 1970.

Carte 3 : Exportation de poisson frais de la région du Fleuve en 1959 et 1970 (en tonnes)

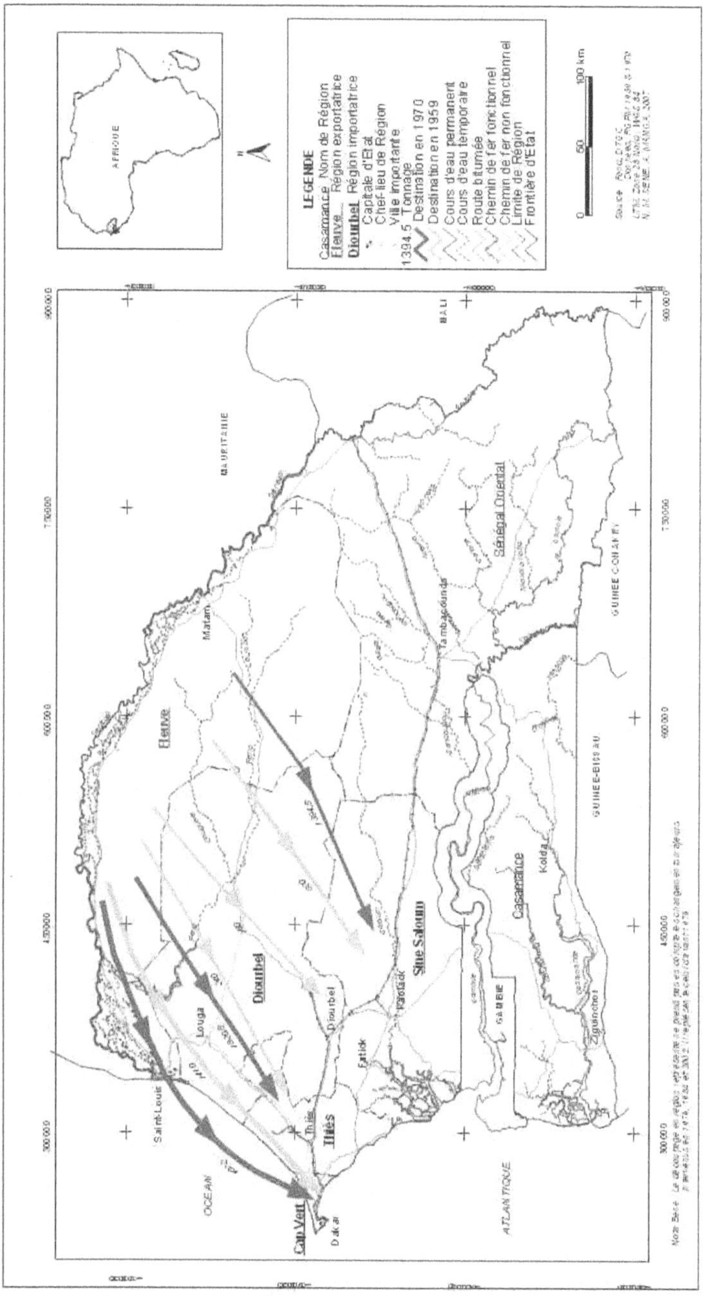

Sources : d'après les *Résultats généraux de la pêche maritime* sénégalaise de 1959 et 1970.

Les plages les plus actives de la région de Thiès étaient celles de Kayar, M'bour et Joal. Le centre de débarquement de Kayar, situé sur la Grande-Côte, approvisionnait principalement les villes de Dakar, Kaolack, Thiès, Rufisque et Diourbel.

Graphique 12 : Exportations de produits frais de la région de Thiès de 1959 à 1970 (en tonnes)

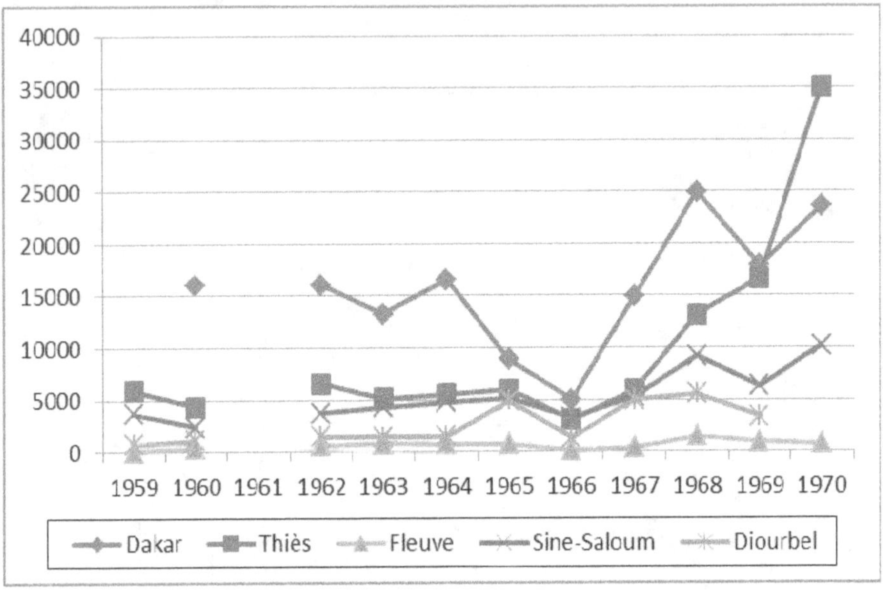

Sources : d'après les *Résultats généraux de la pêche maritime sénégalaise*, de 1959 à 1970.

Durant le premier semestre de l'année 1945, Kayar expédia 5 à 7 tonnes de poisson frais vers Thiès et 2 tonnes à Dakar, alors que la même quantité de produit marin était acheminée en direction de Kaolack et Rufisque[218]. En juin 1950, 70,8 tonnes de poisson de mer, c'est-à-dire la moitié des expéditions kayaroises en frais, furent revendues sur le marché dakarois.

Joal, dont les hauts fonds d'eaux chaudes regorgeaient de sardinelles, requins, mulets, mérou blanc et cobo, faisait partie des lieux de débarquements les plus actifs du pays. Malgré l'état peu favorable des routes reliant la plage à Dakar, Thiès et Kaolack, le centre de débarquement tirait parti de son positionnement équidistant par rapport aux grandes villes[219]. Le

[218] Archives du gouvernement général de l'AOF, Politique et administration générale, *Résultats généraux de la pêche maritime sénégalaise 1945*, dossier 2G45 (67), 1945, page 4.
[219] Dossier POII 4e 69 des Archives du gouvernement général de l'AOF, *op. cit.*, 1er trimestre 1951, page 53.

mareyage de produits halieutiques tenait une place importante dans l'économie de la Petite et Grande-Côte. En 1955, les trois quarts des expéditions au départ de Joal avaient pour destinations les villes de Dakar (2359 tonnes), Kaolack (397 tonnes) et Thiès (491 tonnes)[220]. Un an plus tard, 79% de la production de Joal et 74,1% des mises à terre de M'bour étaient maréyées, représentant respectivement 2878 et 3324 tonnes. Kayar expédiait en frais près de 78,4% de ses débarquements. En revanche, moins du quart du poisson saint-louisien était commercialisé par les mareyeurs, tandis que les préparateurs transformaient 38,9% du poisson en *Saly* et *Guedj*[221]. L'éloignement de Saint-Louis rendant le transport du produit périssable rébarbatif expliquait cette différence avec la plage kayaroise et celles de la Petite-Côte, plus accessibles par rapport aux grandes zones de consommation.

Cependant, le produit frais mis à terre sur la plage de Saint-Louis était tout de même commercialisé à grande échelle. D'après les *Résultats généraux de la pêche maritime sénégalaise* de 1947 : « *Le poisson est destiné à l'état frais à l'alimentation de Saint-Louis et de sa banlieue, ainsi que des localités desservies par le chemin de fer*[222]. » Les statistiques concernant ce trafic ferroviaire sont lacunaires et peu fiables, mais elles nous donnent tout de même quelques renseignements. Durant le premier trimestre de l'année 1951, Saint-Louis aurait exporté par train 292,322 tonnes de poisson frais dont 85% (c'est-à-dire 248,66 tonnes) vers Louga, Thiès, Méké, Tivaouane et M'pal[223].

---

[220] Archives du gouvernement général de l'AOF, Politique et administration générale, dossier 2G55 (13), page 186. Joal mit à terre 4612 tonnes de poisson frais et M'bour 4859 en 1955.

[221] Dossier 2G56 (36), *op. cit*, 1956, pages 9 à 12.

[222] Archives du gouvernement général de l'AOF, Politique et administration générale, *Résultats généraux de la pêche maritime sénégalaise*, dossier 2G47 (71), 1947, page 3.

[223] Les autres escales ferroviaires ravitaillées en produits halieutiques débarqués à Saint-Louis étaient Guéoul (9,86 tonnes), Kébémer (8,829 tonnes), Pire (8,338 tonnes), Sakal (7,470 tonnes), Pout (3,91 tonnes), Rao (2,015 tonnes), Kelle (1,840 tonnes), Khombole (1,060 tonnes) et Ndandé (0,34 tonnes).

Graphique 13 : Utilisation du tonnage de produit marin mis à terre à Saint-Louis, Kayar, Joal et M'Bour en 1956

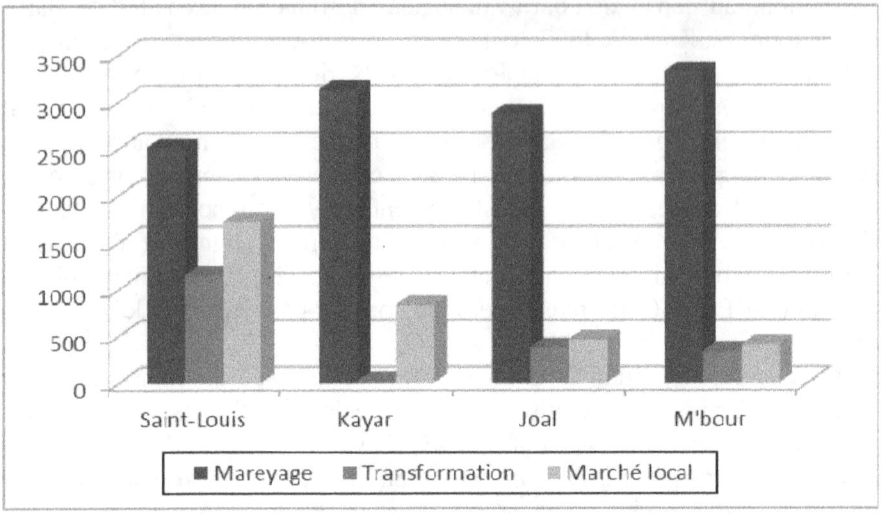

Source : d'après le dossier 2G56 (36) des Archives du gouvernement général de l'AOF, 1956, pages 9 à 12.

Au début des années 50, le poisson frais sénégalais était essentiellement écoulé sur de grands axes commerciaux par fer, route et même avion. Le produit de Saint-Louis était transporté en train jusqu'à M'pal, Guéoul et Tivaouane, tandis que la ville de Thiès était ravitaillée grâce à la route. Les prises kayaroises empruntaient les lignes de chemin de fer traversant Diourbel, Guinguinéo, Tambacounda ainsi que les voies aériennes se rendant jusqu'à Kayes et Bamako. Le centre de débarquement de Joal fournissait les villes de Dakar et Kaolack. Le poisson de Casamance était proposé au consommateur sur les marchés de Ziguinchor et de l'intérieur du pays[224]. En 1943, la ville de Saint-Louis expédia par la route 495 tonnes de poisson frais (420 de novembre à juin et 75 de juin à novembre). La consommation locale était évaluée à 4 tonnes de poisson frais par jour[225]. Au milieu des années 50, le poisson marin débarqué à Saint-Louis ravitaillait les villes de M'pal, Sakal et Kébemer par la voie ferrée, Kaolack, Tivaouane et Dakar par la route,

[224] Archives du gouvernement général de l'AOF, Politique et administration générale, rapport 2G51 (31), 1951, page 232.

[225] Archives du gouvernement général de l'AOF, Politique et administration générale, Pêche maritime et fluviale, rapport annuel 1945, dossier 2G45 (67), page 4. Le mouvement commercial de Saint-Louis était évalué à 9 576 445 francs CFA en 1943.

alors que les mareyeurs utilisaient aussi bien le train que le camion pour revendre leurs marchandises à Louga[226].

La majeure partie des apports saint-louisiens était destinée à la transformation artisanale, c'est-à-dire à la préparation de *Saly*, de *Guedj* et de farines destinées à l'exportation. Les artisans employèrent 78,84% des prises de poisson frais en 1954 et 66,62% en 1955, représentant environ 4500 tonnes. Les rapports commerciaux entre le Fleuve et Thiès étaient assez faibles, car ces deux régions pouvaient assurer leur autosuffisance en poisson frais. La région de Thiès importait très peu de produit de la région du Fleuve : 3,9% des espèces venaient de Saint-Louis en 1959 et 4,88% en 1970[227].

Le poisson de fleuve, « régulateur du marché ouest sénégalais[228] »

Une production non négligeable de poisson frais fluvial

Les débarquements en poisson frais sur les rives du fleuve Sénégal augmentèrent de 1963 à la fin des années 60, puis baissèrent par la suite. Cette chute des apports est sans doute liée à la raréfaction de la ressource entraînée par la surexploitation des eaux fluviales. Les campagnes de pêche organisées par l'État durant près d'une décennie furent clôturées dans le but de favoriser la reproduction des espèces fortement menacées.

Les tonnages péchés sur le fleuve variaient en fonction des villages et localités considérés. Les chiffres concernant les quantités de poisson débarquées à Richard-Toll, Dagana et Podor entre septembre 1958 et août 1959, même s'ils doivent être pris avec précaution, restent tout de même indicatifs[229]. En l'espace d'une année, les pêcheurs de Podor auraient capturé un tonnage de poisson quatre fois moins élevé que leurs homologues de Dagana (qui auraient débarqué 3858 tonnes) et trois fois moins important que les producteurs de Richard-Toll (dont les prises auraient avoisiné 2887 tonnes). La quantité de produit mise à terre à Podor aurait rarement dépassé 100 tonnes par mois (elle fut de 108 tonnes en mars 1959, 137 en mai et 102

---

[226] Archives du gouvernement général de l'AOF, Politique et administration générale, dossier 2G55 (13), 1955, page 186.

[227] Archives du gouvernement général de l'AOF, dossier 2G55 (13), *op. cit.*, page 186.

[228] Nous avons tiré cette expression du dossier 2G69 (15) des Archives du Sénégal, page 162.

[229] R. CREMOUX expliquait en 1959 que ces données devaient être prises avec précaution, car le personnel des Eaux et Forêts ne pouvait contrôler tous les débarquements : « *Ces chiffres ont une valeur très relative (...) Le poisson est fréquemment vendu en dehors de la zone de contrôle par camions entiers. Aussi ne puis-je assurer aucune certitude sérieuse pour les chiffres (...) qui ressortent tels qu'ils furent extraits des fiches statistiques tenues par notre personnel.* » Rapport 2G59 (27), *op. cit.*, p. 38.

en juin). Podor était plus éloignée des grandes villes et de l'agglomération dakaroise, ce qui pourrait expliquer l'attrait moins important qu'elle suscitait.

Graphique 14 : Évolution du tonnage de poisson frais débarqué sur les rives du fleuve Sénégal de 1959 à 1972

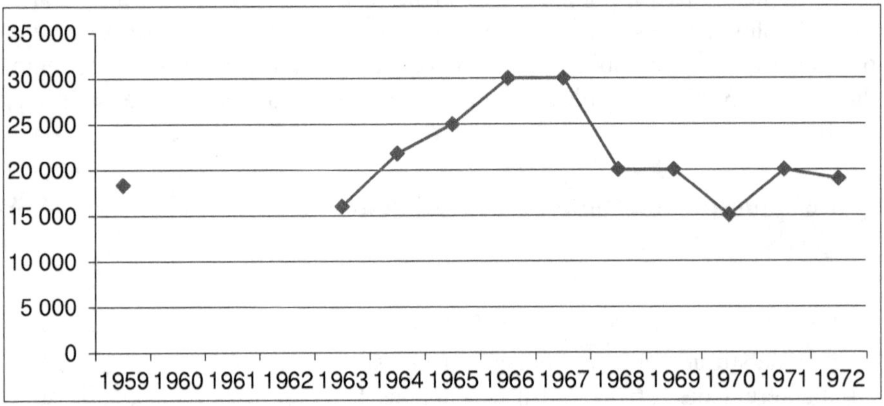

Sources : d'après les *Rapports annuels du service des Eaux et Forêts du Sénégal*, de 1959 à 1972.

Le ravitaillement des centres urbains

Le complexe fleuve Sénégal-Taouey-lac de Guiers jouait un rôle fondamental sur le marché intérieur, car il approvisionnait les centres urbains durant l'hivernage[230]. La zone comprise entre les villes de Richard-Toll et Dagana était très active grâce à la possibilité d'évacuer les tonnages destinés au commerce par la route reliant ces localités à Saint-Louis et Dakar. Une partie du produit pêché, c'est-à-dire 10,6% était revendu au consommateur dans les marchés locaux, sur une zone de 25 km de part et d'autre du fleuve. Oulimata Lô, 60 ans, était détaillante de poisson frais et séché au marché de Gaya, village situé près de Dagana en 1959. Elle se souvient, nostalgique du commerce de l'époque : « *Mes parents et grands-parents vendaient du poisson en plus de l'agriculture. Le poisson, c'était soit la vente du poisson frais, soit celle du poisson séché. Depuis que j'ai 15 ans je suis là-dedans* [...] *Avant, le commerce était plus florissant que maintenant. Autrefois, il n'y avait pas beaucoup d'argent mais il avait plus de valeur. On avait beaucoup plus d'espèces hier et les prix du poisson différaient selon l'espèce. C'est*

[230] De juillet à septembre. Les rapports annuels des Eaux et Forêts nous donnent des indications sur le commerce du poisson sur le fleuve Sénégal et la Taouey, mais ils évoquent surtout les campagnes de pêche organisées sur les rives du lac de Guiers durant les années 60.

mon mari qui m'approvisionnait de retour de la pêche [...] *On arrivait à avoir 10 000 francs CFA de bénéfice. On lavait le Guedj et on le séchait durant trois à quatre jours pour le revendre par tas de 35 ou 50 francs*[231]. » Selon Madame Lô, la disponibilité en produits combinée au nombre peu importants de vendeurs rendait le commerce du poisson lucratif. Fatou Seck, détaillante de poisson frais au marché Rouma de Richard-Toll est du même avis. Elle y vendait en 1965 de gros poissons, essentiellement des capitaines, par tas de 100, 200 ou 250 francs CFA. Les commerçantes le proposaient à des Toucouleurs qui l'écoulaient dans le Fouta. Elle nous a expliqué que le poisson pêché par les producteurs locaux n'était revendu que par les femmes : « *Avant, on ne nous vendait pas le poisson, on nous le donnait toujours*[232]. » Le surplus de capitaines servait essentiellement à la fabrication du *Guedj.*

Le camion était le moyen de transport le plus utilisé pour approvisionner les villes et villages avoisinants. L'âne et le chameau permettaient d'exercer une petite activité commerciale ravitaillant aussi la Mauritanie. Nous n'avons pas d'évaluation concernant cette vente. D'après R.Cremoux, il s'agissait d'un commerce « *diffus et irrégulier*[233].» Au début des années 60, la Taouey fournissait Richard-Toll, Dagana et Rosso en poisson frais, alimentant ainsi une activité interrégionale, alors que la commercialisation du poisson était surtout locale dans la vallée du fleuve. Les mises à terre de la Taouey étaient transportées de Richard-Toll, Thiago et N'dombo vers Saint-Louis, Dakar, Rufisque, Thiès et Diourbel[234]. Elles comblaient la faiblesse des apports du poisson de mer et du fleuve, dont les inondations réduisaient la productivité. Il semblerait que les transporteurs profitèrent du déclin de la coutume régissant l'utilisation des eaux du fleuve Sénégal pour accroître leur emprise sur les réseaux commerciaux[235]. Ils se réapproprièrent les anciens circuits destinés à satisfaire des besoins avant tout locaux[236]. Richard-Toll et Dagana représentaient un marché intéressant en raison de la présence de commerces, d'entreprises et d'administrations. Selon Cantrelle, un cinquième de la production de poisson frais de la vallée du fleuve avait été exportée hors de la région entre 1957 et 1958[237].

---

[231] Nous avons questionné Mme LÔ le 11 août 2004 au marché de Richard-Toll.
[232] Nous avons interviewé Mme SECK le 12 août 2004 au marché Rouma de Richard-Toll.
[233] Dossier 2G59 (27), *op. cit.*, page 33.
[234] Archives du gouvernement général de l'AOF, dossier 2G60 (10), *op. cit.*, pages 132.
[235] *Id.*, dossier 2G59 (27), *op. cit.*, page 84.
[236] *Id.*, Archives du gouvernement général de l'AOF, dossier 2G60 (10), *op. cit.*, page 140.
[237] P. CANTRELLE, *op. cit.*, 1961, pages 60 à 62. L'auteur nous faisait remarquer qu'il s'agissait uniquement d'une approximation, compte tenu des différences liées à la saison (sèche ou humide), mais aussi aux ethnies, « castes » et « spécialisations professionnelles » découlant de l'organisation sociale.

Les campagnes de pêche avaient pour but d'assurer un ravitaillement convenable à Dakar, Saint-Louis, Louga et Thiès. Les coopératives sous contrôle étatique bénéficiaient d'une fourniture en équipement et d'une assistance lors de l'évacuation des produits vers les grands centres urbains nationaux. Ainsi, en 1964, plus de 188 tonnes de poisson frais avaient été expédiées en juillet et août de Foss, principalement vers la capitale[238]. D'après un article du journal Dakar-Matin de 1966 : « *L'approvisionnement de la capitale laisse à désirer pendant l'hivernage* [...] *Nous recevons cependant déjà du poisson du lac de Guiers et de la région du Fleuve. Apports appréciables certes, mais insuffisants pour une capitale de plus de 300 000 habitants*[239]. »

Durant les années 60, les campagnes estivales du lac de Guiers (organisées entre les mois de juillet et septembre) permirent d'approvisionner Dakar en priorité. En 1961, 86,44% du poisson était dirigé vers la capitale, 100% en 1965 et 36,91% en 1967.

Graphique 15 : Tonnage de poisson frais débarqué sur les rives du lac de Guiers durant les années 60

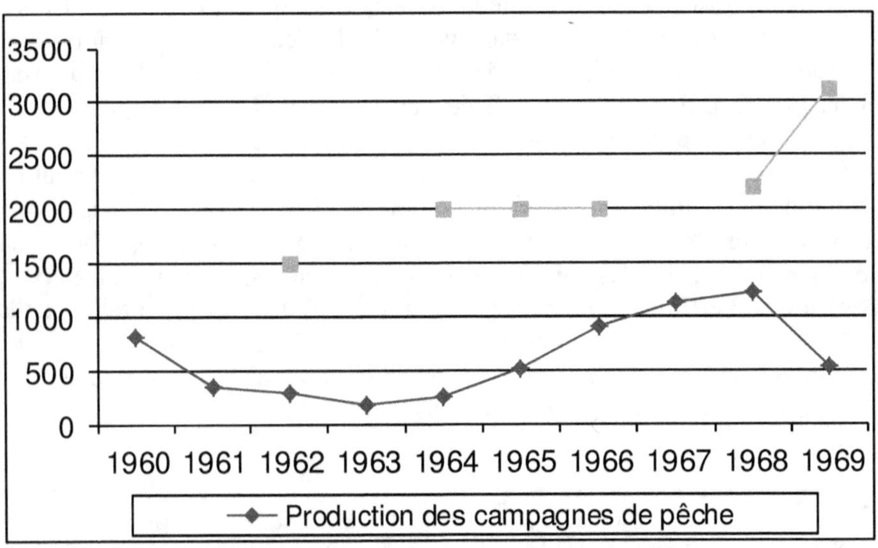

Sources : d'après les rapports du service des Eaux et Forêts du Sénégal, de 1960 à 1969.

[238] Archives du Sénégal, *Rapport du service des Eaux et Forêts 1964*, dossier 2G64 (47), pages 101 et 110.
[239] Journal Dakar-Matin du 27 juillet 1966, page 2, cité par le dossier 2G66 (32) des Archives du Sénégal, *Rapport du service des Eaux et Forêts 1966*, page 120.

À la fin des années 50, les villes de Dagana et Podor écoulèrent essentiellement leurs prises en poisson frais du fleuve Sénégal sur les marchés locaux (respectivement 83,06 et 95% du produit frais était destiné à ces lieux de vente), tandis que Richard-Toll expédia 84,29% de son produit fluvial. Cette ville était bien placée sur le réseau de transport et ses prises étaient plus importantes (elles s'élevaient à 668 tonnes contre 366 et 313 pour Dagana et Podor).

Graphique 16 : Tonnage de poisson frais commercialisé dans la vallée du fleuve Sénégal en 1959

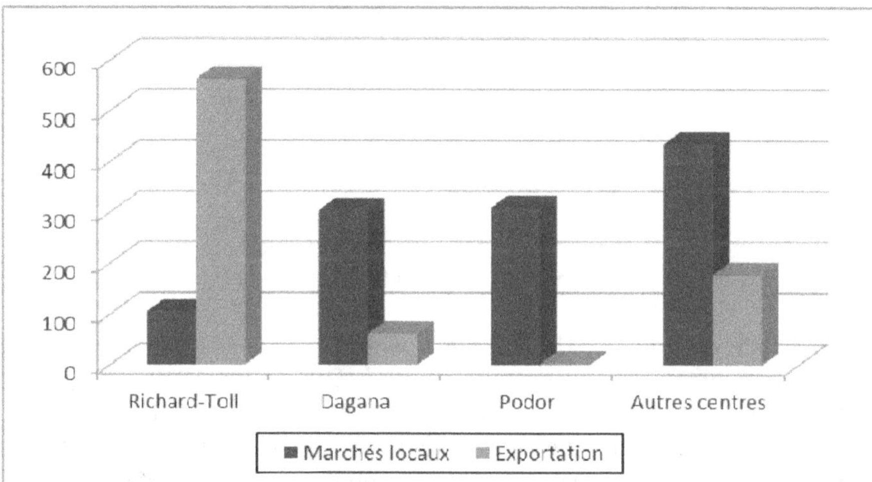

Source : d'après le rapport 2G59 (27) des Archives du gouvernement général de l'AOF, page 18.

Graphique 17 : Destinations du tonnage de poisson frais exporté de la vallée du fleuve Sénégal de septembre 1958 à août 1959

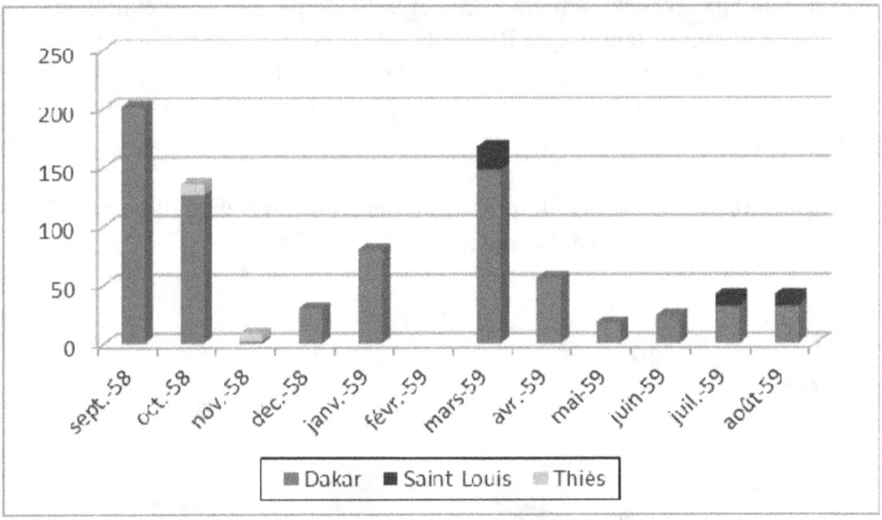

Source : d'après le rapport 2G59 (27), page 39.

Le principal débouché du poisson frais produit dans la vallée du fleuve Sénégal était bien dakarois. Entre septembre 1958 et août 1959, Dakar reçut 93,05% des expéditions de la vallée, Saint-Louis 4,96% et Thiès 1,98%. Le mareyage vers Dakar fut plus élevé durant l'hivernage (période de chute des apports en poisson de mer) que durant décembre 1958 à avril 1959.

3) Les circuits de distribution du poisson sec

Le poisson sec de mer

Tout comme nous l'avons déjà constaté pour le poisson frais, les régions du Cap-Vert, du Sine-Saloum et de Diourbel étaient plus demandeuses en *Guedj* que fournisseuses de ce produit fermenté séché. Cependant, la région du Cap-Vert ravitaillait celles de Thiès et du Sine-Saloum en plus d'assurer son autoconsommation, mais ces courants commerciaux s'estompèrent durant la seconde moitié des années 60 au profit de l'approvisionnement du marché dakarois. Ainsi, en 1960, 29,62% des exportations de la région du Cap-Vert (soit 41 tonnes) étaient dirigées vers le Sine-Saloum et 18,06% (25 tonnes) acheminées jusqu'à la région de Thiès. Dix ans plus tard, ces proportions ne représentaient plus respectivement que 2,47% (c'est-à-dire 4,2 tonnes) et 13,95% (23,6 tonnes) des expéditions de produit fermenté séché dakarois. Le produit transformé dans le Sine-Saloum se retrouvait commercialisé sur les marchés des régions de Diourbel, du Cap-Vert, du Fleuve et de Thiès. Mais les importations de ces régions en *Guedj* du Sine-Saloum chutèrent à la fin des années 60. Diourbel est un bon exemple de ce déclin, car 30,67% (soit 50 tonnes) du *Guedj* exporté du Saloum en 1959 étaient destinés à ravitailler cette région contre seulement 0,39% (1,6 tonne) en 1970. Les régions du Fleuve et de Thiès se distinguaient par les importantes quantités de *Guedj* qu'elles exportaient aux quatre coins du pays. Le Fleuve consommait très peu de fermenté séché produit hors de la région. Le *Guedj* préparé dans cette région, essentiellement à Saint-Louis, ravitaillait surtout les marchés régionaux dakarois et ceux de Thiès. La part de ces deux régions dans les exportations saint louisiennes baissa à la fin des années 60 au profit du Sine-Saloum et de Diourbel. En effet, 42,8% (soit 187 tonnes) des exportations du Fleuve avaient pour destination Dakar en 1959 et seulement 20,55% (162,9 tonnes) en 1969. En 1959, 11,46% du *Guedj* était exporté vers le Sine-Saloum, proportion qui doubla presque dix ans plus tard, pour représenter 167,2 tonnes. Les expéditions de la région du Fleuve à destination de Diourbel passèrent de 31 à 203 tonnes entre 1959 et 1970, représentant respectivement 7,11 et 32,9% des exportations. Le *Guedj* thiéssois était dans les années 60 principalement expédié vers les villes de la région de Dakar (près du tiers des exportations) et du Sine-Saloum (un quart à un tiers des expéditions), alors qu'une grande quantité de fermenté séché était destinée à alimenter le commerce interrégional (23,56% des exportations en 1959 et 54,48% en 1970).

Graphique 18 : Exportations de *Guedj* de la région de Thiès de 1959 à 1970 (en tonnes)

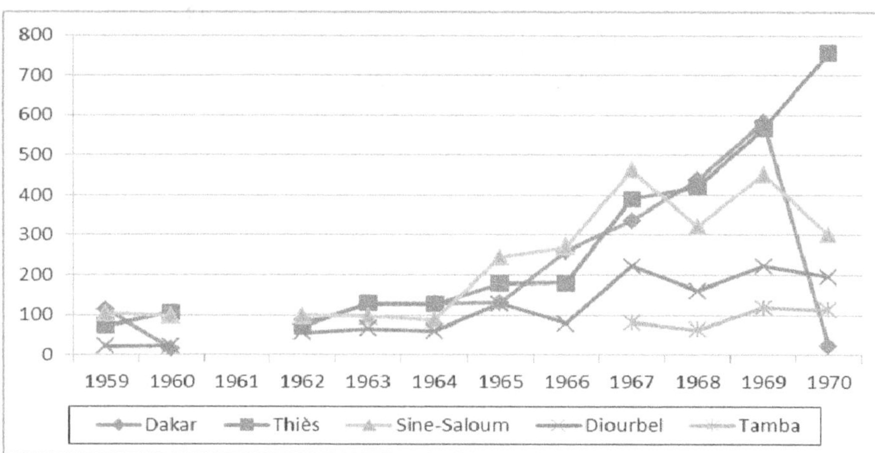

Sources : d'après les *Résultats généraux de la pêche maritime sénégalaise*, de 1959 à 1970.

Les statistiques concernant les relations commerciales entre la Casamance et les autres régions du pays à l'époque sont faibles. Cependant, elles nous permettent d'affirmer que des grossistes en fermenté séché se déplaçaient jusqu'à Dakar, Thiès, Diourbel et le Sine-Saloum pour y écouler leurs marchandises. Le *Guedj* casamançais approvisionnait moins Dakar et Thiès que le Sine-Saloum et Diourbel. En 1963, il représentait 6,37% (soit 25 tonnes) des importations dakaroises et 0,33% seulement en 1969. Près de 8,27% des expéditions du fermenté séché transformé en Casamance étaient destinées à satisfaire les besoins du marché thiéssois à la fin des années 60. Plus d'un quart des importations en *Guedj* de Diourbel était composé de produit casamançais en 1963. La même année, 51,53% (c'est-à-dire 156,4 tonnes) des expéditions de Casamance avaient pour destination le Sine-Saloum, devançant les apports du Fleuve et de Thiès. Il est à noter que le poisson sec de Casamance, tout comme son produit marin, tenait une place importante dans le ravitaillement de l'intérieur du pays. Dans les années 60, Dakar et Thiès étaient les deux grandes régions exportatrices de *Kéthiakh*, Thiès arrivant largement en tête des expéditions à travers les différentes zones du Sénégal. Les exportations totales de Thiès firent plus que quadrupler entre 1960 (705,1 tonnes) et 1970 (3092,35 tonnes).

Le trait caractéristique dans l'évolution des exportations du Cap-Vert est la progression continue de la part du commerce au sein de la région même (10,25% des exportations dakaroises en 1962, sur un total de 91,5 tonnes et 80,83% en 1970, sur 169,5 tonnes). Les rapports commerciaux avec le Saloum et Diourbel chutèrent en une dizaine d'années. Les expéditions vers la région du Sine-Saloum, qui représentaient plus de 60% du mareyage dakarois au début des années 60, étaient évaluées à 3,35% de ce dernier en 1970. Les apports de Thiès vers Dakar régressèrent durant la même période : ils passèrent de 430,7 tonnes en 1967 à 261,14 tonnes en 1970. L'approvisionnement de Diourbel et du Saloum en poisson frais débarqué dans la région de Thiès connut un relatif maintien.

Graphique 19 : Exportations de *Kéthiakh* de la région de Thiès de 1959 à 1970 (en tonnes)

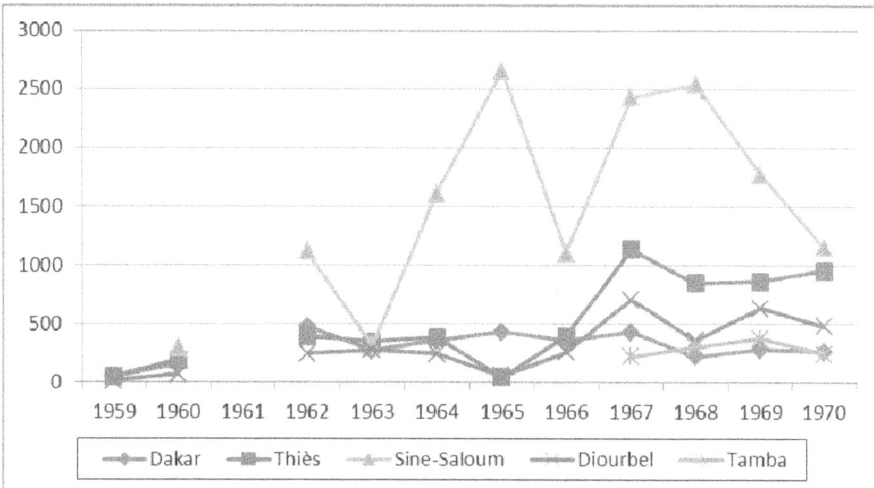

Sources : d'après les *Résultats généraux de la pêche maritime sénégalaise*, de 1959 à 1970.

En définitive, plus une région était spécialisée dans la production d'un poisson séché en grande quantité, plus son poids était important dans les échanges de ce poisson transformé à travers le Sénégal. Ainsi, le Fleuve et Thiès apparaissaient comme les deux régions du pays les plus dynamiques, car elles fournissaient respectivement le tonnage le plus élevé de *Guedj* et de *Kéthiakh*. Nous savons par ailleurs que Fas-M'boye, dans la région de Dakar, expédiait du poisson séché à Dakar et vers l'intérieur du pays, tandis que M'bao approvisionnait Tivaouane et Mékhé[240].

Le poisson transformé au bord du fleuve Sénégal

Le poisson de fleuve séché, dont la conservation et le conditionnement étaient plus aisés que le produit frais, était volontiers exporté vers les grands centres de consommation du pays. Les expéditions de Richard-Toll et Dagana à la fin des années 50 constituent un exemple significatif de cette tendance à exporter du poisson séché. Entre les mois de septembre 1957 et juin 1958, au moins 90% des quantités de poisson maréyées le furent sous forme transformée, ce qui représentait 3015,8 tonnes de poisson frais. Les expéditions en frais étaient, comme nous l'avons expliqué précédemment,

[240] Archives du gouvernement général de l'AOF, dossier 2G45 (67), *op. cit.*, 1945, page 4.

plus fréquentes durant l'été : en août 1958, plus du quart du produit expédié était frais.

Graphique 20 : Tonnage de poisson expédié de Richard-Toll et Dagana de septembre 1957 à août 1958, en pourcentage

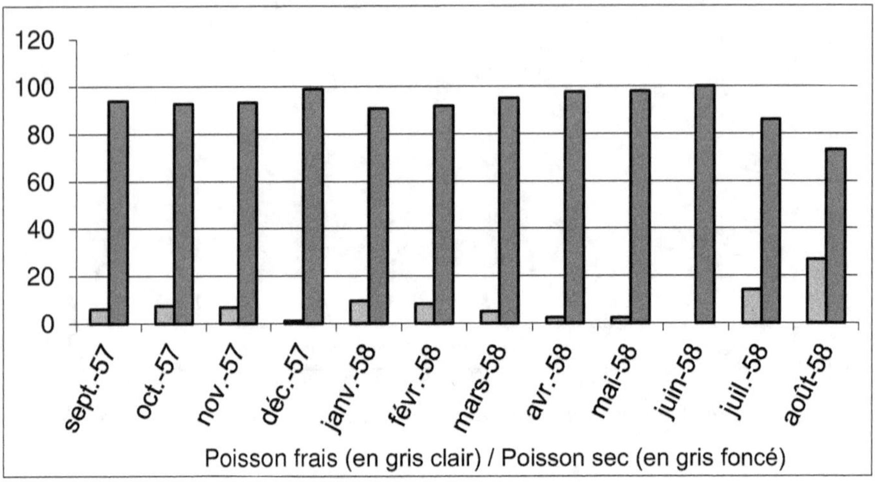

Source : nos calculs, d'après un tableau de P. Cantrelle, 1961, page 44.

Un an plus tard, le tonnage de poisson séché revendu dans la vallée du fleuve dépassa largement celui de poisson frais. Il fut de 1488 tonnes dans la ville de Richard-Toll (plus de deux fois supérieur au tonnage de poisson non transformé) et de 1550 tonnes à Dagana (près de quatre fois plus élevé que la quantité de poisson frais). Au contraire, la ville de Podor, moins accessible que Richard-Toll et Dagana par la route, commercialisa plus de poisson frais (313 tonnes) que de poisson sec (133 tonnes). Le produit préparé artisanalement était volontiers expédié des villes de Richard-Toll et Dagana (respectivement 93,15 et 86,91% du poisson séché fut revendu hors de la vallée du fleuve en 1959), alors que la moitié seulement du poisson de Podor était exporté en sec. Les quantités de poisson débarquées à Podor étaient nettement inférieures à celles de Richard-Toll ou Dagana.

L'examen plus détaillé des destinations prises par le poisson séché exporté de la vallée du fleuve de septembre 1958 à août 1959 nous montre que Thiès, Dakar et Kaolack furent des destinations privilégiées : 45% du poisson exporté leur était réservé[241]. La prépondérance de la destination dakaroise se retrouvait donc moins pour le poisson sec que pour le poisson

[241] 16% du poisson fut commercialisé à Thiès durant cette période, 15% à Dakar et 14% à Kaolack.

frais. Près de 11% du poisson transformé fut revendu sur les marchés de Diourbel, 9% sur ceux de Saint-Louis et 7% à Louga. Les villes de l'intérieur du pays, telles que Linguère (2% des exportations), Kayes (1%) ou Boghé (1%) étaient très peu ravitaillées en produit sec du Fleuve. Les quantités de poisson expédiées étaient plus élevées durant la saison sèche que pendant l'hivernage, à cause des pluies nuisant à la fabrication du produit et au transport des marchandises.

Graphique 21 : Tonnage de poisson sec commercialisé dans la vallée du fleuve Sénégal en 1959

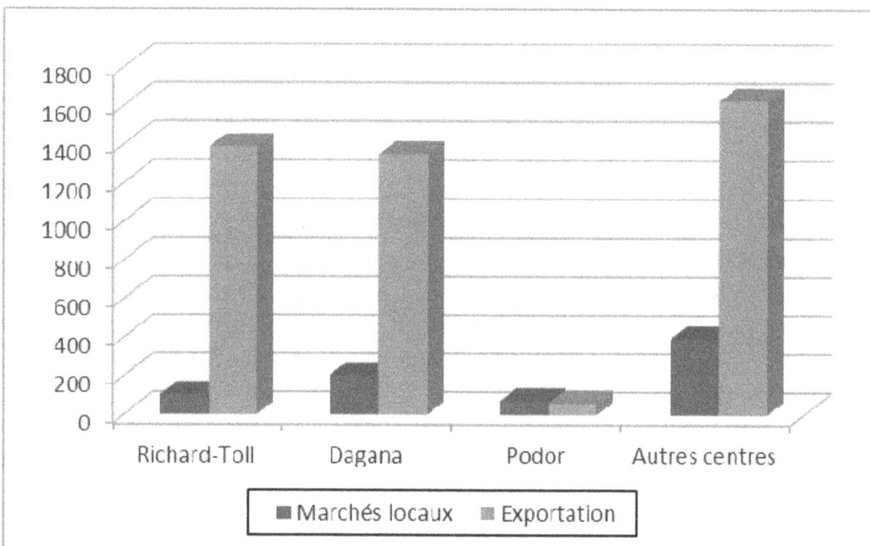

Source : d'après le rapport 2G59 (27) des Archives du gouvernement général de l'AOF, page 18.

Le poisson séché préparé à partir du produit de la Taouey était d'abord dirigé vers Richard-Toll, N'dombo et Thiago avant d'être commercialisé sur les marchés de Linguère, Louga et Kaolack[242]. Nous disposons de très peu d'informations sur les routes commerciales concernant les autres fleuves du pays. Durant la seconde moitié des années 40, la production en poisson frais et séché des pêcheurs débarquant leur produit au bord de la Falémé, à Tambacounda, était trop faible pour couvrir les besoins locaux. Les marchés de la région étaient donc tributaires des apports de Dakar, Kaolack et Saint-Louis[243].

[242] Archives du gouvernement général de l'AOF, dossier 2G59 (27), *op. cit.*, 1959, page 133.
[243] Archives du gouvernement général de l'AOF, Politique et administration générale, *Résultats généraux de la pêche maritime 1947*, dossier 2G47 (71), page 4.

Une baisse des exportations de produits séchés vers les pays africains

Le poisson séché sénégalais était apprécié dans les autres pays d'Afrique noire. Nous avons trouvé quelques informations sur ce commerce dans les Archives du gouvernement général de l'AOF. Cependant, nos sources ne nous ont fourni que quelques données chiffrées sur ces réseaux commerciaux. Le *Saly* et le *Métora* étaient essentiellement consommés à l'extérieur du Sénégal. Le premier produit, surtout fabriqué à Saint-Louis, connaissait un franc succès à la fin des années 50. D'après un rapport annuel sur la pêche maritime de 1957 : « *Le salé séché* [...] *demeure* [...] *la plus forte exportation de production artisanale africaine destinée à des comptoirs africains* [...] *son principal centre d'élaboration est, on le sait, Saint-Louis*[244]. » Saint-Louis expédia la même année 709,4 tonnes de *Saly*, soit une progression de 231 tonnes par rapport à 1956. Le tassergal (43,79%) et la dorade rose (36,95%) furent les espèces les plus utilisées, suivies de loin par l'ethmalose (4,22%) et le mulet (3,05%). Lors du premier semestre de l'année 1957, Saint-Louis expédia 530,9 tonnes de *Saly*, soit 74,83% de ses exportations en Afrique Équatoriale française, son principal client. Le Ghana reçut 16,39% du salé séché saint-louisien écoulé à l'étranger, l'AOF 7,41% et le Congo belge 1,35%[245]. Selon nos sources d'archives, Joal envoya 9 tonnes de *Saly* au Ghana en 1957, ce qui donna un total exporté de 718,4 tonnes pour une valeur de 30 millions de francs CFA[246]. Les sécheries en théorie industrielles basées à Saint-Louis jouaient souvent le rôle d'intermédiaires entre les transformateurs et les clients africains. Au début des années 50, les sécheries Peyrissac, Touzard, Iba Thiane et Assane N'diaye se contentaient de conditionner les produits finis préparés artisanalement. Une coopérative des pêcheurs de Guet N'dar vendait aussi du *Saly* à l'extérieur du territoire. En 1951, les sécheries et la coopérative de Saint-Louis commercialisèrent 676 tonnes de poisson salé séché[247].

Le poisson de fleuve transformé n'échappait pas aux circuits d'exportation dans les années 50. L'État colonial ambitionnait d'ailleurs d'accroître les volumes échangés : « *La pêche fluviale, outre son rôle dans l'alimentation de la population sénégalaise, donne lieu à une industrie*

---

244 Archives du gouvernement général de l'AOF, dossier 2G57 (78), *op. cit.*, 1957, page 19.

245 Nos calculs, d'après les Archives du gouvernement général de l'AOF, dossier 2G57 (78), *op. cit.*, 1957, page 20. Ses chiffres représentent des ordres de grandeur qui doivent être pris avec réserve. Ils sont issus d'estimations faites entre le 6/02 et le 28/06/1957 pour l'AEF, entre le 31/01 et le 15/06 pour le Ghana, entre le 20/01 et le 30/06 pour l'AOF, enfin entre le 23/04 et le 28/06 pour le Congo belge.

246 Nos calculs, d'après les Archives du gouvernement général de l'AOF, dossier 2G57 (78), *op. cit.*, 1957, page 20.

247 Archives du gouvernement général de l'AOF, dossier 2G52 (31), *op. cit.*, 1952, page 182.

familiale de poissons séchés ou fumés vendus dans les grands centres de consommation ou exportés sur les territoires voisins : Guinée portugaise et Guinée française. Il importe d'en connaître l'importance et d'étudier les conditions dans lesquelles cette industrie peut être améliorée et développée[248]. » Le poisson sec de mer était apparemment revendu dans des contrées africaines plus éloignées que le produit fluvial. Khady Dieye, 53 ans, préparatrice de Saint-Louis issue d'une famille de pêcheurs, nous a évoqué cette exportation de poisson sec vers le Ghana dans les années 60 : « *Le poisson séché va jusqu'au Ghana. Si c'est du Toumoula, du Gaïndé, ou bien du Saly. Les commerçants ghanéens vont le revendre dans leur pays*[249]. »

L'accession du Sénégal à l'indépendance eut pour conséquence l'instauration de barrières douanières. Le pays perdit son statut privilégié, ce qui modifia les circuits d'exportation. Le *Saly* et le *Métora* étaient désormais revendus en Côte-d'Ivoire et au Ghana. Le *Guedj* et le *Kéthiakh* étaient surtout commercialisés en Gambie.

II. DES MARCHÉS DOMINÉS

Les sources écrites sur ce thème sont lacunaires pour la période que nous traitons dans cette première partie, et il paraît tout aussi nécessaire qu'intéressant de se tourner vers les sources orales pour obtenir plus de renseignements. Si Gruvel nous a laissé au début du XXe siècle quelques descriptions de marchés situés sur la côte sénégalaise, Aguessy nous fournit dans les années 60 de précieux renseignements sur les vendeurs des marchés dakarois, bien que son étude ne soit pas exclusivement sur les vendeurs de poisson frais et sec. Les marchés souffraient d'un manque de structures adéquates à la conservation et à l'écoulement du poisson dans de bonnes conditions d'hygiène. Les intermédiaires tenaient une place dominante sur ces lieux de vente partiellement organisés. Ces marchés accueillaient des vendeurs, anciens et nouveaux venus, qui adhéraient parfois à des tontines ou des associations religieuses.

---

[248] Archives du gouvernement général de l'AOF, Sénégal, *Rapport annuel 1954*, service des Eaux et Forêts, 1955, page 81.

[249] Nous l'avons rencontrée le 27 juillet 2003 sur le site de préparation artisanale *Sine* de Saint-Louis.

1) L'organisation des marchés

Des marchés vétustes

Les marchés possédaient peu d'équipements adéquats pour préserver la fraîcheur des produits halieutiques et fluviaux très périssables. Seul le marché Kermel, le plus ancien de la capitale, bénéficiait de structures plus ou moins adaptées à la vente du poisson. Il fut édifié entre 1908 et 1910 et porte le nom de Quernel, ancien commandant de Gorée et gouverneur par intérim du Sénégal entre 1832 et 1834. Ce marché était d'ailleurs fréquenté par une couche aisée de la population composée d'Africains et d'Européens. Le marché Sandaga était un bâtiment soudano-sahélien construit dès août 1933 par la commune de Dakar qui avait acheté au Crédit foncier du Sénégal en février 1927 un terrain de 810 m²[250]. Nous avons pu accéder à des sources importantes concernant la description des marchés sénégalais. Le travail de Gruvel nous donne quelques informations sur leur mode de construction au début du XXe siècle. Les produits marins pouvaient être commercialisés dans une bâtisse spécifique. L'auteur évoquait ainsi le lieu d'écoulement de Saint-Louis : « *Le marché au poisson de Saint-Louis Guet N'dar est attenant au marché général, mais il forme un bâtiment à part, dont le sol, mal entretenu, présente des masses rectangulaires en maçonnerie et ciment, élevées d'environ 50 centimètres au-dessus du sol ou encore des sortes de travées séparées par des briques debout*[251].» Il en était de même à Rufisque : « [...] *le marché au poisson est séparé du marché général et situé sur la plage, au voisinage de l'endroit où les pirogues indigènes viennent accoster en rentrant de la pêche*[252]. » Le marché de Dakar et celui de Rufisque étaient comparés à des hangars où le système de travées saint-louisien se retrouvait : « *Le marché* [Kermel], *dans son ensemble, est placé au centre de la ville et formé simplement par une sorte de hangar, dont le sol, mal entretenu, est divisé en travées rectangulaires par des briques fixées debout dans la terre et dépassant la surface générale d'une dizaine de centimètres. La partie réservée aux poissons est formée par les travées nord et ouest*[253]. » Les produits frais et secs n'occupaient pas forcément le même espace, comme c'était le cas à Rufisque : « *La vente du poisson sec, entier ou en morceaux, est localisée à l'extrème nord, tandis que celle du poisson frais se fait à l'extrémité opposée*[254]. » Les constructions de la Petite-Côte avaient un

---

[250] Dossier *Marché* des Archives du Sénégal, « Note sur les marchés à Dakar », page 1. La commune de Dakar aurait déboursé 64 800 francs. Nous n'avons pas pu déterminer le type de franc dont il s'agissait.

[251] GRUVEL, *op. cit.*, 1908, page 84.

[252] *Id.*, page 100.

[253] *Id.*, page 99.

[254] *Id.*, page 100.

caractère plus rudimentaire. Le poisson était « *ou bien vendu sur la plage même ou apporté sur une place du village qui représente le marché le plus souvent en plein air ou sous un abri en branchages, feuilles de palmiers ou herbe de brousse*[255]. » Les articles du quotidien *Paris-Dakar* ayant attrait aux marchés se plaignaient de la vétusté de Kermel et Sandaga[256]. Ils signalaient des problèmes d'hygiène, tout comme Gruvel qui mentionnait le mélange d'espèces fraîchement débarquées avec le produit de la veille et « [...] *le sol qui n'est jamais soigneusement lavé*[257]. » Des plaintes avaient déjà été déposées dans les années 1900 auprès des services sanitaires. D'après des articles de mars et avril 1953 : « *Quant à Sandaga, il est inutile de rappeler qu'il continue de s'étaler dans les odeurs de pourriture et la pire saleté*[258] », « *une fois de plus, le marché Kermel ne se distingue pas par la propreté* »[259]. Ces difficultés étaient à l'origine d'une désaffection de la clientèle européenne, sauf le samedi : « *On peut peut-être aussi penser que leur saleté dégoute l'acheteuse*[260]. » S'agit-il de la stricte vérité ou d'une exagération des auteurs de ces articles, dont le nom n'est pas mentionné dans le journal ? Il nous est difficile de répondre à cette question, car aucun de nos enquêtés ne nous a évoqué l'existence de ce problème dans les années 50.

[255] *Id.*, page 109.
[256] Nous avons consulté aux Archives nationales du Sénégal des exemplaires de ce journal datant de janvier à avril 1953. Il était vendu 10 francs CFA à l'époque.
[257] GRUVEL, *op. cit.*, 1908, pages 84 et 100.
[258] *PARIS-DAKAR*, mercredi 29 avril 1953, n°5256, 21e année, page 3.
[259] *Id.*, mercredi 18 mars 1953, n°5221, page 2.
[260] *Id.*, 26 février 1953, n°5204, page 2.

Carte 4 : Principaux marchés quotidiens de la ville de Dakar en 1970

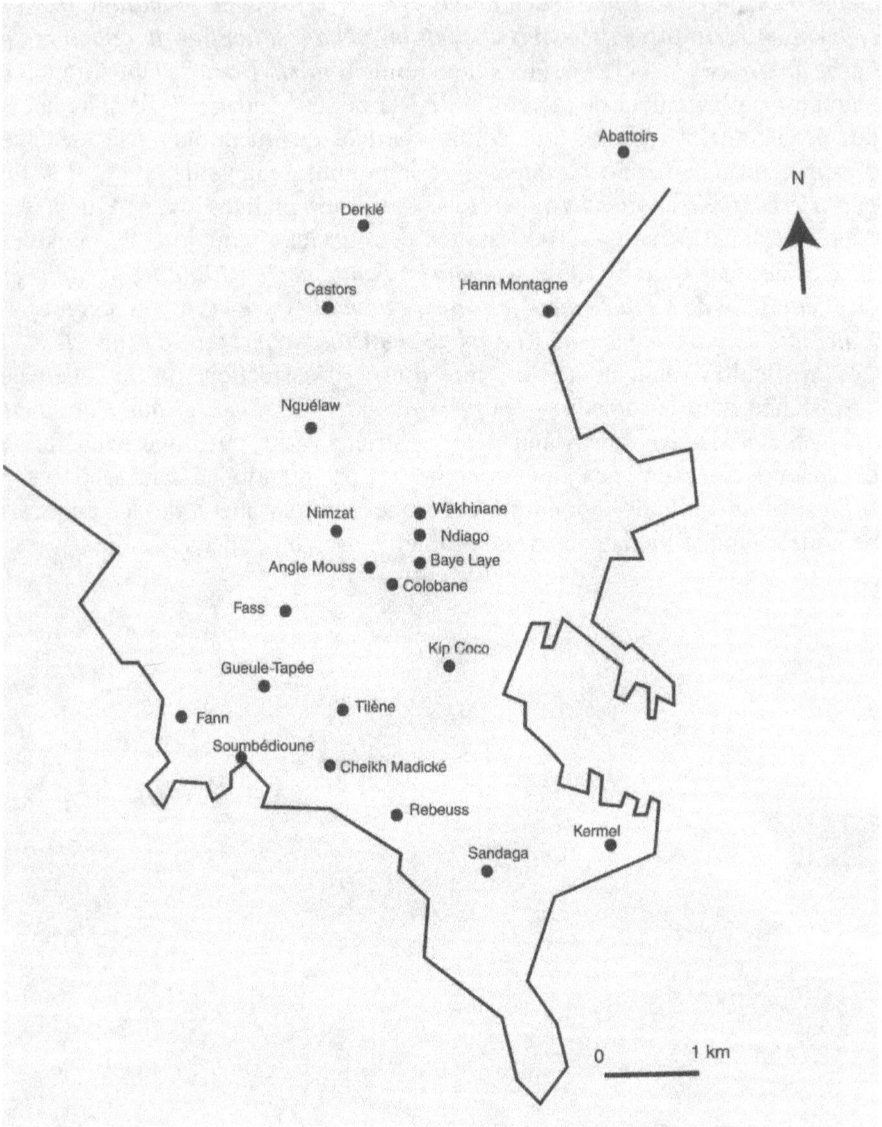

Sources : d'après nos enquêtes et Moustapha N'diaye, *Le Marché et son espace dans l'agglomération dakaroise*, thèse de géographie, université de Dakar, 1997.

Lambotin et Verlot, dans leur étude sur la distribution du poisson au Sénégal en 1967, affirmaient que le marché Kermel était le mieux équipé de Dakar. Les auteurs ne signalaient pas de problèmes d'hygiène particuliers au niveau des marchés de la capitale et évoquaient les structures frigorifiques destinées à une clientèle aisée : « *La plupart des points de vente ont conservé leur équipement traditionnel. Cependant, au marché Kermel, la vente du poisson s'effectue sur les étals de conception moderne* [...] *Enfin, certains grands magasins et self-services ont des rayons de vente du poisson congelé avec vitrines réfrigérées et chambres froides ou meubles frigorifiques*[261]. » Ces structures étaient rares dans le reste du pays.

Les problèmes de sécurité n'étaient pas étrangers aux marchés de la capitale sénégalaise au début des années 50 : « *Au marché au poisson, qui est très abondamment fourni, on marche dans la boue, on glisse. Combien de fois avons-nous demandé (et nous savons que le vétérinaire en fait autant) qu'on nous donne une grande vasque de ciment avec eau courante où le poisson pourra être lavé quand il arrive par pleins paniers, au lieu de l'être à grande eau sur les pieds de la clientèle?* [262]. » Un article du *Soleil* tirait en 1972 la sonnette d'alarme en affirmant à propos du marché Kermel : « *Sa vétusté présente un danger et sa belle voûte aux vitraux colorés et translucides n'est rien moins... qu'une épée de Damoclès suspendue par-dessus les étals des marchands et, par voie de conséquence, sur les têtes de ces derniers*[263]. » Paris-Dakar mentionnait sans les détailler les aménagements réalisés dans les espaces de vente, jugés trop étroits par endroits. Tel était le cas de Kermel : « *Le marché Kermel a fait lui aussi un effort de mise en ordre. On pouvait largement passer hier entre les étals du marché extérieur*[264] » Le journal affirmait : « *Par ailleurs, nos marchés continuent leurs petits et grands efforts d'aménagement. Kermel qui vient d'être recouvert aurait besoin d'un badigeon intérieur qui en changerait complètement l'aspect*[265] », « *de tous côtés, des efforts sont faits dans le domaine de la meilleure présentation*[266] ». Une vingtaine d'années plus tard, près de 10 000 000 de francs CFA furent débloqués par la commune de Dakar afin de restaurer la voûte du marché Kermel et remplacer les veilles tables en bois par des métalliques. Sandaga bénéficia du dallage de son sous-sol et de travaux d'adduction d'eau. Le marché de gros au poisson de la Gueule-Tapée ne fut pas oublié lors de cette politique communale : « [...] *des aires de débarquements ont été aménagées, des parkings et des voies d'accès ont été construits pour un coût global de plus de 4 000 000 de francs*[267]. »

---

[261] J. LAMBOTIN et J.B. VERLOT, *op. cit.*, 1967, page 25.
[262] *PARIS DAKAR*, 26 février 1953, n°5204, page 2.
[263] Nguevane NIANE, 10 millions pour rajeunir Kermel, *Le Soleil*, 25 octobre 1972, dossier *Marchés* des Archives du Sénégal.
[264] *PARIS-DAKAR*, mercredi 28 janvier 1953, n°5179, page 2.
[265] *Id.*, mercredi 11 février 1953, n°5191, page 4.
[266] *Id.*, mercredi 29 avril 1953, n°5256, page 3.
[267] NIANE, *op. cit.*, 1972.

Des lieux de vente partiellement organisés

La ville de Dakar comptait une quinzaine de marchés en 1963. Aguessy décrivait ainsi le marché Sandaga : « *Sur une place réservée à cet effet, au carrefour de certaines des plus veilles rues de Dakar* [...] *s'élèvent les murs rouge brique d'un vaste hangar, de style indéfinissable, qui abrite le marché de Sandaga.* » Ce lieu d'échanges économiques fut édifié juste avant la seconde guerre mondiale d'après le chercheur, alors que la date de sa construction est plus ancienne dans nos sources, comme nous l'avons expliqué précédemment. Les vendeurs de poisson s'approvisionnaient à Sandaga et revendaient leurs produits dans les autres marchés de moindre importance. Tilène permettait aux commerçants de se ravitailler en gros en poisson séché. Ces marchés couverts fournissaient des denrées diverses à une clientèle habituée. On trouvait aussi dans la ville de petits étals installés aux coins des rues ou devant les habitations, comme on en voit encore de nos jours. La majorité des marchés étaient nés spontanément, grâce à l'initiative de commerçants et avaient seulement ensuite reçu l'aval des autorités administratives. Au contraire, N'dokett et Tilène furent mis en place par le conseil municipal, tandis que des plans d'urbanisation furent à l'origine des créations de Kermel et Sandaga[268].

[268] D. VAN DER VAEREN AGUESSY, *La Femme africaine et les marchés dakarois*, Dakar, Institut de sciences économiques appliquées, 1963, pages 13 et 40 à 44. Il s'agissait de : Sandaga, Kermel, Tilène, N'dokett (nommé aussi Gueule-Tapée), Potou, Gendarmerie (à l'est de la médina), Fass (un marché aux puces), Colobane, Wakhinane, Mouss, M'baye Fall, Nimzat, M'bode, N'Guewel et d'un marché aux volailles. Les marchés qui dénombraient le plus de vendeurs (entre 200 et 1000) étaient ceux de Kermel, Sandaga, N'dokett, Tilène, Fass, Colobane et N'guewel.

Photo 1 : Entrée du marché Kermel

Source : nos photos, prises les 15 et 17 avril 2001.

Les marchés ouvraient entre 6 et 7 heures du matin. Les transactions commerciales pouvaient s'y dérouler jusqu'à 16 ou 17 heures, sauf au marché Kermel où la vente terminait à 14 heures. Des agents étatiques étaient chargés du bon fonctionnement du marché : le chef de marché, recruté et rémunéré par la mairie, fermait le lieu de vente en fin de journée, le contrôleur des prix venait du ministère des Finances et le percepteur collectait les taxes. Les vendeurs élisaient un responsable des commerçants auquel la femme présidant les vendeuses était subordonnée. Un chef de file représentait chacune des rangées que comptait le marché[269].

2) La vente des produits halieutiques

L'approvisionnement en poisson

Les quantités de produit commercialisées

Dans les années 60, près de 95% du poisson frais maréyé au Sénégal était écoulé sur les marchés des grandes villes. Il s'agissait de Dakar (56%), Thiès

[269] D. VAN DER VAEREN AGUESSY, *Les Femmes commerçantes au détail sur les marchés dakarois*, *The new elites of tropical Africa,* Oxford University Press, 1966, page 245.

(19,5%), Kaolack (17,3%), Diourbel (4,7%), Saint-Louis (2,1%) et Louga (0,4%). La région de Dakar, qui était la plus peuplée, possédait un marché de consommation particulièrement attractif, comme nous l'avons souligné dans le premier chapitre. Seulement 5% du poisson frais atteignait les marchés des routes Louga-Thiès, Kaolack-Tambacounda et Louga-Linguère. La côte était particulièrement avantagée par rapport à l'intérieur du pays et les villages excentrés moins bien approvisionnés que les villes. Selon Lambotin et Verlot : « *À partir de ces principaux centres s'effectuent la majorité des ventes, il existe une distribution rayonnant sur les villages voisins, soit par achat direct par les consommateurs, soit par l'intermédiaire de revendeuses, les quantités transportées par chacune d'elles étant très faibles*[270]. »

Les deux auteurs donnèrent une approximation de la quantité de poisson frais originaire de toutes les régions vendue sur les marchés de Dakar vers 1967. Ils estimaient qu'au moins 77 tonnes de poisson frais étaient écoulées quotidiennement dans l'agglomération dakaroise, dont 13 tonnes dans le centre ville, c'est-à-dire à Sandaga et Kermel. Sandaga et les deux marchés de Grand Dakar, situés en banlieue, semblaient être les lieux de vente les plus importants.

L'approvisionnement des intermédiaires

Au milieu des années 60, les pêcheurs de Dakar assuraient 20% du ravitaillement de la région et revendaient surtout leurs prises sur les plages de Soumbedioune, Rufisque, Yoff, N'gor et Ouakam. Le poisson frais était débarqué sur les plages dakaroises dès le retour des pirogues à la main ou dans des bassines contenant 35 à 40 kg de produit. Les femmes de pêcheurs achetaient de la glace au frigorifique du port de Dakar à 3 francs CFA le kg afin de conserver le produit[271]. D'après Aguessy, les producteurs subissaient la mainmise des intermédiaires sur le commerce du poisson frais, ces derniers étant en position de force lors des transactions opérées sur la plage. Les intermédiaires étaient avantagés par : « *un manque d'organisation des producteurs et leur isolement*[272] » et achetaient les produits halieutiques globalement, à un prix forfaitaire. Le pêcheur avait quant à lui hâte d'écouler sa marchandise difficilement conservable. Les mareyeurs et intermédiaires que nous avons questionnés se souviennent qu'ils s'approvisionnaient directement auprès des pêcheurs à des tarifs intéressants pour eux. Dans l'ensemble, les mareyeurs que nous avons rencontrés s'approvisionnaient à la pièce. Il est fort probable qu'Aguessy évoquait une généralité, puisqu'il étudiait aussi le cas du maraîchage. Les femmes issues de familles de

[270] J. LAMBOTIN et J.B. VERLOT, *op. cit.*, 1967, page 17.
[271] *Id.*, pages 17 et 18.
[272] AGUESSY, *op. cit.*, 1963, pages 24 et 26.

producteurs se ravitaillaient naturellement auprès des hommes de leur famille. N'deye Faye, 50 ans, est intermédiaire sur la plage de Hann. Elle commercialisait déjà du poisson frais en 1960 et pense que sa profession était plus lucrative autrefois. Elle se souvient : « *À l'époque, les mareyeurs trompaient les pêcheurs. Avec le développement des communications, les gens sont devenus plus éveillés*[273]. » Aladji Niang, 48 ans, est pêcheur depuis 1968. Il ravitaillait les mareyeurs qui payaient leur produit à la pièce : « *Tout le monde attrapait du poisson. Il y avait beaucoup de poisson, et il était vendu à un mauvais prix. Il n'y avait pas beaucoup de mareyeurs, surtout des hommes. Nous utilisions des petites pirogues avec des filets de 100 mètres. Les mareyeurs avaient de petits camions et mettaient le poisson dans des paniers avec de la glace. On triait les gros et les petits poissons, on les comptait un par un. Chaque poisson était à 50 francs CFA, le gros mérou. La sardinelle coûtait 50 centimes de francs CFA. Le poisson vendu aux usines était rare*[274]. » Adja Fatou Ba, 60 ans, mareyeuse à Hann et vendeuse depuis les années 60, nous a confirmé l'utilisation de ce système de vente à l'unité. Son époux pêcheur déposait des filets pour attraper son produit et le revendait de 50 à 125 francs CFA la pièce. Elle s'approvisionnait à crédit et remboursait son mari après la vente. Elle nous a assuré par ailleurs que les femmes de pêcheurs pouvaient aussi effectuer des transactions avec des producteurs qui n'étaient pas de leur famille[275].

Certains mareyeurs étaient propriétaires de leur moyen de transport. Lambotin et Verlot évaluaient le parc de camions et camionnettes du Sénégal à environ 14 000 unités. Il n'existait pas de statistiques sur le nombre de véhicules transportant du poisson. Une vingtaine de camionnettes appartenaient aux plus grands mareyeurs de Dakar[276]. Ibou Kandje, 52 ans, mareyeur depuis 1967, se souvient qu'il a débuté dans le commerce du poisson avec un capital de 150 000 francs CFA. Il trouve que la vente était meilleure dans les années 60. Il possédait un camion et se ravitaillait en mérou, tassergal et dorade auprès des pêcheurs de Saint-Louis, Kayar, Joal et M'bour. La pièce de mérou pouvait s'acheter à 1000 ou 1500 francs CFA. Il nous a cependant affirmé que le déroulement du transport s'avérait aléatoire : « *Il était moyen. On pouvait rencontrer des problèmes. Tu dépensais 500 ou 1000 francs CFA en frais de transports de Saint-Louis à Dakar*[277]. » Massamba M'bodje, 40 ans, et son collègue Khar Fall, 54 ans,

---

[273] Nous l'avons rencontrée sur la plage de Hann en 2000.

[274] Nous l'avons interrogé à Hann le 10 avril 2001. Ce pêcheur nous a donné les prix du mérou et de la sardinelle.

[275] Nous avons questionné cette vendeuse à Hann le 30 mai 2000.

[276] J. LAMBOTIN et J.B. VERLOT, *op. cit.*, 1967, pages 18 et 19.

[277] Nous avons rencontré ce mareyeur le 27 juillet 2003 à Saint-Louis. Il n'a pas souhaité nous donner de plus amples informations sur les coûts de déplacements induits par son commerce.

entraient dans la catégorie des *bana-bana*[278], car ils n'étaient pas propriétaires de leurs véhicules. Monsieur M'bodje avait un capital de départ qui avoisinait 500 000 francs CFA en 1966. Il se ravitaillait parfois à la pièce ; les gros poissons tels que le tassergal coûtaient 500 francs CFA et les sardinelles 1000 francs CFA maximum la caisse. Il lui arrivait d'acheter aux producteurs jusqu'à 7 tonnes de poissons pour les revendre. Massamba M'bodje et Khar Fall écoulaient durant la saison sèche le produit acheté à Saint-Louis dans les villes de Podor, Bakel et Matam. Khar Fall se souvient que les mareyeurs transporteurs étaient peu nombreux dans les années 60 : « *Avant, tu ne trouvais même pas 10 ou 20 mareyeurs* [...] *Seuls 2 ou 3 possédaient des camions*[279]. »

L'approvisionnement des transformateurs et grossistes en produit séché

Aguessy ne parlait pas des transformateurs dans son étude, bien que certains revendaient leur produit préparé artisanalement sur les marchés et qu'il mentionnait les détaillantes de poisson séché. Peut-être cette lacune était-elle due à la faiblesse du nombre d'étals réservés à la vente du poisson sec sur les lieux d'écoulement de la capitale. Nos sources orales nous permettent d'affirmer que les préparateurs se ravitaillaient auprès des pêcheurs.

Marétou Fall, 80 ans, a débuté très jeune dans la vente du poisson sec, puisqu'elle n'avait que 11 ans environ. Formée par sa mère au début des années 40, elle se rappelle les grossistes en produit séché qui se ravitaillaient sur le site de transformation artisanale du quartier de Guet N'dar, à Saint-Louis : « *Les commerçants qui venaient chez nous partaient écouler le poisson sec acheté à Dakar* [...] *Ils utilisaient des automobiles* [...] *C'était des commerçants sérieux qui payaient sur le champ. Ils étaient Wolofs en majorité*[280]. » Cette vendeuse est la seule qui nous ait évoqué un don de la matière première nécessaire à son activité de préparation. N'deye Sene, 72 ans, nous a décrit plus précisément le mode de vente utilisé pour les grossistes dans les années 40 à Saint-Louis : « *À mes débuts, je faisais des tas de poisson. Lorsque le grossiste arrivait, on discutait du prix. Je fixais un prix pour le poisson et, lorsqu'il me proposait un tarif supérieur à mon prix d'achat, je vendais mon produit tout de suite*[281]. » Astou Fall, 46 ans,

---

[278] Terme wolof qui désigne des commerçants, parfois grossistes.

[279] Nous avons interrogé ces mareyeurs le 27 juillet 2003 à Saint-Louis

[280] Transformatrice que nous avons rencontrée sur le site *Sine* de Saint-Louis le 29 juillet 2003.

[281] Nous avons interrogé N'deye SENE le 27 juillet 2003 à son domicile situé dans le quartier des pêcheurs de Saint-Louis, Guet N'dar, en présence de son mari pêcheur retraité. Elle dirige le Groupement d'intérêt économique (GIE) Diambaru Sine, que nous étudierons plus en détail dans notre troisième partie.

transformait déjà du poisson en 1964 dans le village de Thiago et elle le revendait aussi par tas au marché de Richard-Toll : « *Ce sont nos maris qui allaient pêcher pour venir nous donner. On vendait, alors, en des tas de 100 francs CFA ou 250 francs CFA notamment. Nous avions à payer 250, 500 ou 1000 francs CFA pour le transport d'un sac d'ici au marché de Richard-Toll*[282]. » D'après N'deye Sene, les transformatrices s'associaient parfois afin de pouvoir acquérir les prises d'un producteur : « *J'ai débuté avec 20 000 francs CFA* [...] *Quand les pêcheurs accostaient leurs pirogues, je me rendais à la plage. On se regroupait à plusieurs pour faire l'achat. On effectuait le partage ; chacune prenait sa part pour en disposer à sa guise.* »

L'approvisionnement des détaillants

Aguessy nous décrivait dans les années 60 un mode de ravitaillement des détaillants : celui s'effectuant sur le marché même auprès des intermédiaires. D'après lui, plus du tiers des détaillantes se ravitaillaient à Tilène et Sandaga pour revendre leur produit sur les autres marchés[283]. Les détaillants s'approvisionnaient auprès des revendeurs à crédit sur des lieux de déchargement nommés « packs » qui se situaient à proximité du marché (200 à 1500 mètres) ou à l'entrée de celui-ci. Les vendeuses devaient arriver très tôt sur ce lieu d'échange pour pouvoir prétendre à l'acquisition des meilleurs produits. Les commerçants utilisaient des « cars-rapides », taxis ou autres camionnettes pour se rendre au marché dès l'aube. Souvent les marchandises, transportées à part dans des paniers, des calebasses ou des sacs, se détérioraient. Les coûts de déplacements des poissonnières atteignaient 100 francs CFA ou plus, notamment pour se rendre de Sandaga au frigorifique à la fin du marché dans le but d'y faire conserver les invendus en payant 9 francs CFA le kg[284]. Le crédit constituait, d'après le chercheur « *la base des relations entre détaillants et fournisseurs*[285] ». Les délais de remboursement, qui dépassaient rarement un mois, étaient très courts à cause du caractère périssable du poisson. En général, ils oscillaient entre une demi-journée et une semaine.

Ouleye Absa Dia, 59 ans, détaillante de poisson frais au marché Sandaga depuis 1962, se souvient des intermédiaires qui proposaient leur produit à crédit : « *Avant, on vendait en haut avec les vendeurs de viande. Ici, c'était un garage de la mairie, un magasin. Avant, les voitures venant de Kayar, M'bour, de Saint Louis et de la région du Fleuve* [...] *se garaient à l'entrée*

[282] Préparatrice que nous avons interviewée le 10 août 2004 dans le village de Thiago, situé au bord du fleuve Sénégal.
[283] AGUESSY, *op. cit.*, 1963, page 48. Le calcul de son pourcentage porte sur toutes les détaillantes, vendeuses ou non de poisson.
[284] *Id.*, pages 13, 14, 35, 36, 91, 95 et 98.
[285] *Id.*, pages 95.

du marché. La vente était meilleure, on avait de bons poissons. Je le revendais et le remboursais vers midi[286] ». Nous pouvons remarquer que dans ce cas précis, le délai de remboursement était très court. Barry Woro, 51 ans, détaillant de poisson frais à Sandaga depuis 1968, se rappelle très bien du *pack* : « *Les voitures des mareyeurs se sont garées à l'entrée du marché Sandaga jusqu'en 1970. Les mérous et badèche étaient vendus par baignoires et paniers*[287] ». Le cas de Sokhna Niang, 60 ans, illustre la fonction de marché de gros occupée par Sandaga dans les années 60. Elle se ravitaillait sur ce lieu de transactions et revendait son poisson dans la banlieue de Guediawaye : « *Avant, c'était mieux. Je me réveillais à 5 heures du matin. Je m'approvisionnais à Sandaga pour 500 à 5000 francs CFA et je payais le poisson après l'avoir revendu. Je payais mon transport en car-rapide 15 ou 25 francs CFA. Le transport du poisson coûtait 200 francs CFA. Avant, on vendait du mérou et de la courbine*[288] ».

Les détaillants se ravitaillaient aussi directement auprès des pêcheurs, tout comme les intermédiaires et transformateurs. Les vendeurs faisaient volontiers des voyages assez lointains pour se rendre dans des centres de débarquements situés hors de leur région. Fatou Sarr, 75 ans, détaillante issue d'une famille de cultivateurs, vendait en 1947 des poissons et des langoustes au marché Kermel. Sa clientèle était surtout française. Elle achetait son produit à Kayar : « *Les 400 poissons coûtaient 5000 francs CFA : mérou, tassergal, denté bassa, courbine. Le transport me coûtait 400 francs CFA aller-retour*[289]. » Amadou Ba, 56 ans, détaillant de poisson frais à Sandaga depuis 1958, louait à l'époque un « car-rapide » avec d'autres négociants en produits halieutiques pour se rendre à Kayar et sur la Petite-Côte. Il espérait ainsi se fournir en produit de bonne qualité à un moindre coût : « *Nous cotisions 300 francs CFA pour nous rendre à M'bour, 500 francs CFA pour aller jusqu'à Joal ou Fatick. Le prix dépendait des bagages. Une baignoire de sardinelles coûtait 200 francs CFA auprès du pêcheur. Le transport de cinq baignoires était à 200 francs CFA par baignoire*[290] ».

Les plages de la région de Dakar fournissaient évidemment les vendeuses de poisson. Khady N'doye, 70 ans et Arame Niang Sene, 53 ans, détaillantes de poisson frais au marché Sandaga au début des années 60, s'approvisionnaient toutes les deux à Yoff. Khady N'doye revendait les mises à terre de son époux pêcheur sur les trottoirs situés aux abords du

[286] Vendeuse que nous avons questionnée au marché Sandaga le 25 juin 2000.
[287] Détaillant que nous avons rencontré à Sandaga le 5 avril 2001.
[288] Nous l'avons interrogée le 6 mai 2000 au marché N'diarème de Guediawaye.
[289] Nous l'avons interrogée le 31 mars 2000 au Marché central au poisson de Pikine.
[290] Nous avons rencontré ce détaillant la 4 avril 2001 au marché Sandaga.

marché Sandaga. Le transport lui revenait à 100 francs CFA maximum[291]. Les vendeuses se souviennent que le gros poisson était peu cher et abondant. De plus, les intermédiaires entre le pêcheur et le consommateur étaient moins nombreux. Selon Arame Niang Sene : « *C'était mieux avant, il y avait moins de vendeurs. Avant, seulement les pêcheurs vendaient du poisson. Je vendais mon poisson à Sandaga le matin entre 9 heures et 12 heures et l'après-midi de 14 heures à 16 heures 30. Je m'approvisionnais à Soumbédioune et Yoff. Les pirogues accostaient vers 15 heures.* » Les détaillantes s'associaient fréquemment pour acheter du poisson, tout comme nous l'avons mentionné précédemment pour les transformatrices. Khady N'doye devait se regrouper avec quatre ou cinq autres collègues dans le but d'acquérir les prises de son mari. Cqadji Khocaya, 81 ans, achetait son poisson sur la plage de M'bao à 100 francs CFA la caisse pour le revendre à Dakar. Son produit était transporté à part : « *Avant, il y avait beaucoup de personnes dans le marché. La voiture* [pour le poisson] *était payée 500 francs, 250 francs, 300 francs CFA. Je prenais un car-rapide aller-retour. Je vendais la journée à Sandaga. Chaque vendeur avait sa place*[292]. »

Les détaillants n'étaient pas contraints de choisir entre les deux modes de ravitaillement que nous venons d'évoquer, c'est-à-dire auprès des intermédiaires sur les marchés ou des pêcheurs. Certains combinaient très bien les deux. Mamadou Sall, 65 ans, est le doyen des détaillants de poisson frais du marché Kermel depuis 1961 ou 1963. Il nous a expliqué qu'à ses débuts, en 1956, il était vendeur ambulant de poisson frais : « *Je transportais 15 à 20 kg de poisson dans une caisse et je faisais le tour des bureaux de Dakar. Je m'approvisionnais au marché Kermel et à la plage de Kayar. Le transport de Kayar à Dakar me coûtait 100 francs CFA avec mon produit*[293]. » Aliou Sow, 57 ans, avait en 1971 un mode d'approvisionnement original puisqu'il se fournissait à la fois dans une usine (*Sofrigal*) et au marché de la Gueule-Tapée où se trouvait son étal de revente : « *Il n'y avait pas de pesée. Nous achetions le poisson entier par baignoires : mérou blanc, mérou gris, barracuda, courbine*[294]. »

La revente du produit marin

Aguessy évoquait ainsi le matériel de vente rudimentaire des détaillants : « *Chacun rejoint sa place, toujours la même, et s'installe non sans mal derrière son étal fait de vieilles caisses ou de boîtes de carton superposées.*

---

[291] Nous les avons questionnées séparément au marché Sandaga le 27 mars 2000.
[292] Nous l'avons interviewée le 25 juin 2000 à Sandaga.
[293] Nous l'avons interrogée au marché Kermel le 15 avril 2001.
[294] Nous l'avons interrogée au marché HLM le 22 avril 2001.

Quelques-uns disposent leurs produits sur des tables en bois qui tiennent malaisément[295]. »

Des prix fluctuants

Les vendeurs au détail dakarois utilisaient un système de vente qui leur était préjudiciable, car ils revendaient leur produit par tas. Le prix de vente, influencé par la numération wolof qui procédait par cinq, était obtenu en ajoutant 5 francs CFA ou un multiple de 5 francs CFA au prix d'achat considéré. Le prix du lot pouvait aussi être fixé en divisant la quantité acquise en gros ou demi-gros par le nombre de tas réalisés par le vendeur. D'après Aguessy : « *L'opération de division ou de morcellement se solde par une perte*[296]. » L'emploi de la balance était hélas peu répandu. Les détaillants réduisaient la quantité de leur ravitaillement lorsque les tarifs de leurs fournisseurs étaient élevés. Le prix de vente était aussi fortement influencé par la pratique du marchandage et la concurrence entre détaillants. Ainsi, certains vendeurs baissaient leurs tarifs en fonction de la quantité achetée par le consommateur ou lui donnait des produits en cadeaux[297]. La fluctuation des prix dépendait de divers facteurs. Ainsi, la production était plus importante durant la saison sèche, de novembre à juin, que pendant l'hivernage, ce qui entraînait une hausse des prix de vente de juin à fin octobre. Si l'on considère l'échelon mensuel, les ventes étaient plus fructueuses lors de la première quinzaine, car le pouvoir d'achat des consommateurs était plus élevé. Les prix variaient aussi quotidiennement, en fonction de l'heure et des apports sur le marché. Les produits étaient plus coûteux à l'ouverture du lieu de vente qu'en fin de matinée, parce que les détaillants, soucieux d'écouler leur produit périssable, effectuaient une remise sur leurs tarifs[298]. Le poisson fraîchement débarqué l'après-midi était commercialisé à un prix plus avantageux pour les vendeurs que celui pêché le matin. Le lieu de provenance du poisson, sa nature (les espèces nobles étaient plus chères) et les coûts de transports influençaient les commerçants lors de l'élaboration de leurs tarifs[299]. Enfin, on observait une forte disparité des prix entre les divers marchés de Dakar, mais pas au sein du même lieu de revente. Ainsi, Kermel proposait un poisson plus cher, mais de meilleure

---

[295] AGUESSY, *op. cit.*, 1963, page 13.
[296] *Id.*, 1963, pages 106 à 108.
[297] *Id.*, pages 20 et 24.
[298] *Id.*, pages 17, 21 et 110. Nous avons observé lors de nos enquêtes que les détaillants baissaient fortement leurs prix en fin de matinée, bradant quasiment leurs poissons, en particulier au Marché Central au Poisson de Dakar que nous évoquerons dans notre sixième chapitre.
[299] *Id.*, page 105.

qualité à sa clientèle. Il était en revanche plus intéressant pour un Dakarois aux revenus peu élevés de se ravitailler à Tilène[300].

La taxation

Les détaillants de poisson frais se remémorent très bien le montant de la taxe journalière perçue par les municipalités sur les marchés. La patente annuelle oscillait entre 3000 et 20 000 francs CFA. Fatou Sarr[301], 75 ans, détaillante de poisson frais, nous a affirmé qu'en 1947 la taxe journalière était de 10 francs CFA au marché Kermel et de 25 francs CFA dans les années 60. Aguessy évaluait à 25 francs CFA en 1963 le *duty*[302] versé par les femmes, alors que la taxe payée par les hommes était proportionnelle à la grandeur de leur étal. Cqadji Khocaya nous a mentionné le même montant pour le marché Sandaga à la même époque. En général, le *duty* était moins élevé pour les femmes que pour les hommes. Mamadou Sall, 65 ans, vendeur de poisson frais au marché Kermel, se souvient d'une taxe journalière à 30 francs CFA sur le plus ancien marché de la capitale entre 1961 et 1963. D'après Aliou Sow, 57 ans, la taxe était de 60 francs CFA à la Gueule-Tapée en 1971 et de 75 francs CFA au marché HLM en 1976. La conversion de ces montants en francs constants 1945 nous permet d'étudier l'évolution réelle de cette taxation. Son montant aurait baissé de 20,5% en 1963 (4,77 francs CFA constants) par rapport à 1947 (6 francs CFA constants). Au contraire, une nette augmentation de 34,38% environ serait perceptible entre 1963 et 1971 (date à laquelle le *duty* était de 7,27 francs CFA constants 1945). Les transporteurs et *bana-bana* payaient lors de leurs déplacements en 1963 une taxe de 200 francs CFA à Saint Louis et 600 francs CFA à M'bour[303]. Amadou Ba, 56 ans, détaillant de poisson frais à Sandaga, s'acquittait en 1958 d'une taxe de 300 francs CFA à M'bour et de 500 francs CFA à Joal et Fatick, bagages compris.

Une place de choix pour les intermédiaires

Aguessy affirmait que les intermédiaires occupaient une position dominante sur le marché, car ils bénéficiaient d'une meilleure information leur permettant d'imposer leurs prix tout en spéculant. Contrairement aux détaillants, ils avaient une vision plus large du marché et faisaient des prévisions à long terme. Mais l'auteur nous présente des détaillants peu informés, inorganisés et laissés à la merci des intermédiaires. Les vendeurs au détail auraient été incapables de faire des anticipations commerciales

[300] *Id.*, pages 47 et 50.
[301] Nous l'avons questionnée le 31 mars 2000 au Marché Central au poisson de Dakar.
[302] Mot wolof qui désigne la taxe payée par les commerçants
[303] AGUESSY, *op. cit.*, 1963, page 35.

parce qu'ils raisonnaient seulement à court terme, à l'échelle quotidienne[304]. Les rapports entre détaillants et fournisseurs étaient basés sur le crédit, alors que les vendeuses n'avaient pas encore assimilé la notion de taux d'intérêt. Le chercheur parlait alors d'un « *abus de confiance* » de la part des intermédiaires[305].

Les détaillants que nous avons questionnés ne pensent pas, dans l'ensemble, avoir été abusés par les intermédiaires. Cet état de fait viendrait-il de l'auteur qui aurait exagéré la situation ou des détaillants qui ne se rendaient pas compte qu'on les exploitait ? D'après nos enquêtes, nous pouvons affirmer d'une part que les intermédiaires ne constituaient pas un groupe homogène, dans le sens où certains (les propriétaires de pirogues et les transporteurs notamment) gagnaient plus que leurs collègues, et d'autre part que les détaillants regrettent actuellement leur passé commercial, étant donné que leurs recettes étaient selon eux à la fois plus élevées et plus faciles à obtenir.

Les pêcheurs que nous avons interrogés dans les villages de Gadalkhout et Thiago aux alentours de Richard-Toll trouvent que la vente ne leur rapportait pas grand-chose à l'époque comparée à aujourd'hui. Les espèces nobles ont pris plus de valeur, en particulier à cause de l'accroissement de la demande et de la concurrence faite par les usines exportant les produits. Ousmane Gueye, 56 ans, nous a expliqué : « *Dans les temps passés, tu pouvais avoir beaucoup de poissons de meilleure qualité, mais sans arriver à les vendre à un prix raisonnable. En revanche, aujourd'hui, nos poissons se vendent bien, à des prix qui nous conviennent* [306]. » M'baye Diop, pêcheur de 66 ans à Thiago écoulait son poisson auprès des commerçants revendant leur produit à Bakel et Matam. Il a constaté une nette amélioration dans la vente du poisson : « *Le prix a considérablement évolué. Le commerce s'en trouve maintenant plus intéressant pour nous ; la demande est plus forte aujourd'hui, et le transport plus facile.* » Amadou Diop, producteur de 75 ans, a confirmé ce fait : « *Certainement, le poisson rapporte à son vendeur. Autrefois, le produit était vendu à des prix dérisoires et nos grands-parents ne s'en tiraient qu'avec des bénéfices dérisoires.* » M'baye Fall, 63 ans, a renchéri : « *Nos parents et nos grands-parents n'avaient pas que la pêche comme occupation, ils cultivaient la terre et avaient du bétail. Malgré le*

[304] *Id.*, pages 19 à 28.
[305] *Id.*, pages 36 et 95.
[306] Nous l'avons questionné devant son domicile de Gadalkhout le 10 août 2004 avec deux de ses collègues ayant approximativement le même âge que lui : Alioune DIOP et Assane NIASSE.

cumul de ces activités, ils ne s'en sortaient pas mieux que nous aujourd'hui[307]. »

L'utilisation des revenus

Même s'il est difficile d'évaluer les recettes ou bénéfices des différents acteurs présents sur la filière commerciale du poisson, l'étude de l'utilisation des revenus à partir de nos sources orales permet une partielle comparaison de leurs niveaux de vie. Il est intéressant de voir que, quelle que soit la catégorie de commerçants en produits marins étudiée, l'utilisation des revenus était dans l'ensemble similaire : investissements dans l'immobilier, achats de bijoux et de vêtements, couverture des frais occasionnés par les cérémonies.

Les producteurs

Les producteurs rencontrés à Thiago, village situé au bord du fleuve Sénégal, nous ont expliqué que leur activité leur a permis de réaliser diverses acquisitions. Selon M'baye Fall, 63 ans : « *C'est grâce à ce commerce que nous sommes parvenus non seulement à trouver des toits, terrains, maisons, mais aussi à nous acheter du matériel de travail et à nous vêtir, à nous marier* [...] *Nous pouvons voyager, notamment aller en pèlerinage à La Mecque, comme nous sommes musulmans.* » Son collègue Amadou Diop a renchéri : « *C'est bien grâce à la pêche que nous avons tout ce que nous avons aujourd'hui : maisons, pirogues, voitures, bœufs, champs* [...] *on a pu épouser nos femmes* »[308].

Les intermédiaires

Comme nous l'avons évoqué dans la première partie de notre étude, les transporteurs bénéficièrent, selon Colette Le Cour Grandmaison, des modifications connues dans le secteur de la pêche artisanale. Ces dernières étaient dues au développement de Dakar et aux progrès techniques : « *Si l'exercice des activités de production, de transformation et de commercialisation demeure pour des raisons historiques l'apanage des Lébous, l'accès à ces activités* [...] *est plus fermé qu'autrefois étant donné l'importance croissante du capital requis pour la détention des moyens de production transformés par l'innovation technique*[309]. » La chercheuse

---

[307] Nous les avons rencontrés le 10 août 2004 à Thiago lors d'une cérémonie organisée dans la concession familiale.

[308] Nous les avons interrogés le 10 août 2004 dans leur village de Thiago.

[309] LE COUR GRANDMAISON, *Femmes dakaroises*, annales de l'université d'Abidjan, série F, tome 4, 1972, page 212.

affirmait par ailleurs que la place de la femme sénégalaise au sein du foyer (ses revenus lui appartenaient alors que l'époux avait pour obligation d'entretenir sa famille) était un atout pour son activité. Elle nous donnait l'exemple de vendeuses dont l'expansion commerciale fut impressionnante : « *propriétaires de pirogues motorisées, de véhicules de transport* [...] *enfin - cas limite - femmes employeurs de leur mari et de leurs associés*[310]. » Au début des années 60, le revenu net annuel d'une femme possédant une pirogue à moteur de 9,5 mètres avec un patron pêcheur et quatre hommes d'équipage était d'environ 270 000 francs CFA. La majorité des vendeuses que nous avons questionnées participaient aux frais du ménage, surtout parce que leur époux, souvent polygame, avait des moyens financiers limités. Les grossistes en poisson frais les mieux lotis avaient donc « *réalisé une véritable intégration verticale de leur activité*[311]. » Les mareyeurs que nous avons interrogés nous ont confirmé qu'il s'agissait dans ce cas d'une réussite pour les vendeurs, car ils bénéficiaient d'une plus grande autonomie dans leur commerce. Massamba M'bodje était déjà mareyeur à Saint-Louis en 1966 : « *Le mareyeur, s'il avait une pirogue et une voiture, il pouvait mieux travailler. Ce sont ça les deux points d'appui du mareyeur, la pirogue et le camion. Si tu en possèdes, tu peux bien travailler. Mais si tu n'as ni pirogue ni voiture, tu ne le peux pas correctement*[312]. » Adja Fatou Ba, 60 ans, mareyeuse dans les années 60, était approvisionnée par son mari propriétaire de moyens de production. Il était, selon elle, l'un des premiers à ravitailler les usines françaises exportatrices de poisson frais. Elle a pu acquérir une maison grâce aux revenus tirés de sa vente[313]. Les mareyeurs à la fois armateurs et transporteurs avaient bien sûr un niveau de vie plus élevé que leurs confrères *bana-bana*[314]. Ainsi, Massamba M'bodje, qui entrait dans la seconde catégorie, se souvient : « *Nous avons pu épouser des femmes, mais nous ne sommes pas allés à La Mecque. On a même pas pu acquérir de belles maisons ici* [...]. *Tu n'as même pas de voiture qui t'appartienne et tu es obligé d'en louer une. On n'a pas non plus les moyens d'avoir de pirogue. On achète seulement aux pêcheurs.* » Ibou Kandje, 52 ans, mareyeur à Saint Louis depuis 1967, était propriétaire d'un camion à l'époque. Il a pu offrir des bijoux ainsi que des boubous à sa femme[315].

---

[310] *Id.*, page 213.
[311] *Id.*, page 213.
[312] Nous l'avons questionné à Saint-Louis le 27 juillet 2003. Il nous a affirmé avoir 40 ans, ce qui nous semble peu probable.
[313] Nous l'avons interrogée à Hann le 30 mai 2000.
[314] Terme wolof signifiant « commerçants », désignant ici les grossistes ne possédant pas de modes de production et de moyens de transport.
[315] Nous l'avons rencontré à Saint-Louis le 27 juillet 2003. Ce vendeur n'a pas souhaité donner de plus amples renseignements sur l'utilisation de ses revenus de l'époque.

Les transformateurs de poisson séché

Les préparateurs de produit sec avaient des revenus tout aussi incertains que leurs collègues écoulant du poisson frais, car les cours de la matière première étaient, nous l'avons déjà dit, très fluctuants. Fatou Sene, transformatrice sur le site de Hann Rail, exerce son activité depuis 1949. Elle se rappelle qu'elle se ravitaillait sur la plage de Hann et qu'elle revendait son *Kéthiakh* au marché Castor de Dakar. Elle préparait deux caisses de sardinelles fraîches de 50 kg environ par semaine, ce qui lui permettait d'obtenir un bénéfice de 1000 à 2000 francs CFA[316]. Astou Sow, commerçante à Saint-Louis se souvient que dans les années 70 son commerce lui procurait peu de revenus : « *Nous, les femmes africaines, nous ne gardions pas notre argent à la banque. Nous gardions nos économies dans une petite boîte. Tout ce qu'on réalisait en un jour, on le mangeait le jour même*[317]. » Les vendeuses nous ont énuméré en détail l'utilisation qu'elles faisaient de leurs revenus. Marétou Fall, âgée d'environ 80 ans, est l'une des plus anciennes préparatrices de poisson sec de Saint Louis. Elle a été formée très jeune par sa mère aux alentours des années 30 et 40 : « *Je travaillais en étroite collaboration avec elle, et c'est à partir des revenus tirés du boulot qu'elle achetait... les courses nécessaires à la préparation des repas* [...] *et elle m'achetait des bijoux et des habits. Il était possible d'acheter des bijoux de valeur et des maisons avec les revenus du commerce* [...] *Il nous arrivait de réaliser des bénéfices de 50 000 francs CFA à la fin de certaines tâches* [...]. *J'ai pu m'offrir de beaux vêtements, ma jolie chaîne, des boucles d'oreilles et des bracelets, des nattes*[318]. » N'deye Sene nous a affirmé : « *J'arrivais à manger avec. Tu peux avoir de beaux boubous. J'arrivais à acheter des bracelets en or*[319]. » Parmi toutes les transformatrices que nous avons rencontrées, seule Astou Fall, vendeuse depuis 1964 provenant du village de Thiago, au bord du fleuve Sénégal, a pu acquérir une pirogue : « *J'ai pu avoir tout cela : une maison, des bijoux et des habits, et pour moi-même, et pour mes enfants* [...] *Nous avons pu, avec les bénéfices, nous acheter des pirogues, des pirogues même pour nous les femmes*[320]. » La commerçante nous a ainsi exprimé sa fierté.

[316] Nous avons questionné Mme SENE le 19 mai 2001 sur le site de préparation artisanale de Hann Rail dans la région de Dakar.

[317] Nous avons interrogé Astou SOW le 27 juillet 2003 sur le site de transformation artisanale de Saint-Louis nommé *Sine*.

[318] Nous l'avons interviewée sur le site *Sine* de Saint-Louis le 29 juillet 2003.

[319] Nous l'avons rencontrée le 27 juillet 2003 à son domicile de Saint-Louis, dans le quartier de Guet N'dar, en présence de son époux pêcheur.

[320] Nous avons interrogé cette commerçante le 10 août 2004 dans le village de Thiago. Elle nous a gentiment répondu lors d'une cérémonie.

Les détaillants

Les Lébous étaient perçus dans les années 60 et 70 par les chercheurs ayant étudié les femmes commerçantes de Dakar comme des privilégiés. Aguessy comparait la position des vendeuses de poisson lébous sur le marché à celle de la noblesse européenne : « *Cette catégorie de vendeuses représente une espèce d'aristocratie du marché, contre laquelle les uns et les autres protestent sans oser s'y attaquer*[321]. » Les femmes lébous et wolofs avaient des profits plus élevés qui leur permettaient d'accéder au crédit. Selon Colette Le Cour Grandmaison : « *Les privilèges des vendeuses lébous sont de trois ordres : l'accès aux emplacements de vente les mieux situés sur les marchés les plus anciens ; une demande excédant généralement l'offre, d'où un niveau soutenu des cours ; et enfin, la possibilité d'échapper aux intermédiaires*[322]. » Nous pensons que les privilèges détenus par les vendeuses n'étaient pas comparables à ceux de l'aristocratie européenne. En France par exemple, la société était divisée en trois ordres, c'est-à-dire la noblesse, le clergé et le tiers état. La société sénégalaise était répartie entre ethnies et castes. On devenait aristocrate par sa naissance, alors qu'il n'était pas du tout impossible pour une détaillante non lébou de négocier une place sur un marché, sans disposer d'une fortune ou d'un niveau d'instruction élevé. En fait, l'accession au statut d'aristocrate en Europe était beaucoup plus fermée que celle au statut de vendeuse au détail de poisson à Dakar. Mme Le Cour Grandmaison évaluait à 320 000 francs CFA en 1959 le revenu net annuel moyen d'une vendeuse de poisson frais[323]. Il est peu pertinent de faire une telle estimation, même si elle a le mérite de donner un ordre de grandeur. En effet, la chercheuse évaluait les marges commerciales procurées par la vente du poisson à 35%, alors que celles-ci variaient énormément en fonction de l'offre, la demande, mais aussi à cause du marchandage. Les détaillants que nous avons rencontrés nous ont évoqué les temps passés avec nostalgie. Mamadou Sall, 65 ans, investissait 2500 francs CFA par jour en 1956 pour son approvisionnement en poisson frais. Il revendait son poisson au marché Kermel et a pu acheter une maison avec un bénéfice quotidien de 500 francs CFA[324]. Amadou Ba, 56 ans, est détaillant de poisson frais au marché Sandaga depuis 1958. D'après lui, le niveau de vie des vendeurs était meilleur à l'époque : « *Un paquet de sucre coûtait 60 francs CFA et une boîte de lait 25 francs CFA. Je faisais des*

[321] AGUESSY, op. cit., 1963, page 61.

[322] Le COUR GRANDMAISON, *op. cit.*, 1972, page 173.

[323] La chercheuse a divisé les marges commerciales procurées par la valeur plage de la production des pêches maritimes (après en avoir soustrait les frais occasionnés par le commerce des produits halieutiques) par le nombre de 500 vendeuses à Dakar.

[324] Nous l'avons rencontré au marché Kermel le 17 avril 2001.

achats et je récupérais toujours mon investissement[325]. » Cqadji Khocaya était déjà détaillante de produit marins en 1933 : « *C'était bien. Pour un achat de poissons, tu pouvais avoir un bénéfice trois ou quatre fois plus élevé ou de 100%. J'assurais la dépense quotidienne et l'achat de vêtements. Je donnais tout à mes enfants*[326]. » Fatou Sarr, 75 ans, était détaillante de poisson frais au marché Kermel en 1947. Elle regrette cette époque de bénéfices abondants et faciles à obtenir : « *J'ai pu acheter une maison et aller à La Mecque. Avant, on avait tout. Maintenant, ça ne va plus. Avant, les maisons étaient peu chères*[327]. » Dibor Diouf, 72 ans, écoulait son produit au détail à Sandaga en 1950 : « *Je me suis acheté une maison à Thiaroye-sur-Mer, des bijoux et des vêtements*[328]. »

Aguessy décrivait ainsi l'emploi des revenus des détaillantes à Dakar en 1963 : « *Généralement, dès que la vendeuse dispose d'un peu d'argent, elle achète bijoux, vêtements, pour elle ou pour ses enfants, et songe à améliorer le revenu quotidien de la famille*[329]. » Les détaillants que nous avons interrogés qui écoulaient leur produit dans les années 60 et 70 sur les marchés dakarois employaient leurs revenus de la même manière. Arame Niang Sene, 53 ans, obtenait régulièrement un bénéfice de 5000 francs CFA par jour à ses débuts, en 1963 : « *J'avais des bénéfices élevés, pas de pertes. J'ai acheté une maison. La vie était peu chère. Un kg de riz coûtait 40 francs CFA et le sucre 85 francs CFA le paquet*[330]. » Aïta Gueye est une ancienne vendeuse lébou du marché Sandaga où elle commercialise son poisson depuis 1960. Elle nous a évoqué ses premiers pas dans son activité : « *Avant, c'était mieux, maintenant, on ne gagne plus rien. J'ai été à La Mecque, je me suis acheté une maison et des bijoux, j'ai été à des baptêmes*[331]. » Ouleye Absa Dia, 59 ans, détaillante de poisson frais à Sandaga depuis 1962, obtenait un bénéfice quotidien qui oscillait entre 2000 et 3000 francs CFA : « *J'ai acheté une chaîne et des boucles d'oreilles et une maison à 600 000 francs CFA*[332]. » Sa collègue Khady N'doye, 70 ans, se souvient qu'en 1965 elle avait un bénéfice allant de 2000 à 2500 francs CFA[333]. Barry Woro, détaillant de 51 ans, se rappelle qu'en 1968, il utilisait ses revenus pour vêtir et nourrir sa femme et ses enfants. Il a pu s'offrir une maison en Guinée[334]. Aliou Sow, 57 ans, est détaillant de produit marin frais au marché HLM. Il a

[325] Nous l'avons interrogé le 4 avril 2001 au marché Sandaga.
[326] Nous lui avons posé des questions le 25 juin 2000 au marché Sandaga.
[327] Nous l'avons rencontrée au Marché central au poisson le 31 mars 2000.
[328] Nous avons questionné cette détaillante le 27 mars 2000 au marché Sandaga.
[329] AGUESSY, *op. cit.*, 1963, page 113.
[330] Nous l'avons interviewée le 27 mars 2000 au marché Sandaga.
[331] Nous lui avons soumis notre questionnaire le 28 mars 2000 au marché Sandaga.
[332] Nous l'avons rencontrée le 25 juin 2000 au marché Sandaga.
[333] Nous l'avons interrogée le 27 mars 2000 au marché Sandaga.
[334] Nous avons interviewé ce détaillant le 5 avril 2001 au marché Sandaga.

commencé par vendre son poisson au marché de la Gueule-Tapée en 1971. Il achetait dix gros poissons par jour qu'il revendait avec un bénéfice conséquent, puisqu'il se situait entre 9000 et 13 000 francs CFA par jour : « *Avec les revenus tirés de mon commerce, j'ai épousé deux femmes et je me suis acheté une maison*[335]. »

Cependant, les vendeurs au détail de poisson n'avaient pas tous le même niveau de vie. Il nous semble que les vendeurs du marché Sandaga réussissaient à avoir des revenus plus conséquents que les détaillants des autres marchés. Ainsi, Cissé Diagne, détaillante de produits marins frais à Dakar en 1964 nous a affirmé : « *Je n'ai pas pu acheter de maisons, pas de terrain, pas d'investissement, mais avant c'était mieux*[336]. » Sokhna Niang commercialisait son produit au détail dans la capitale en 1960 : « *Parfois on gagnait, parfois on perdait de l'argent. Je pouvais juste acheter de la nourriture et des vêtements. Je loue toujours ma maison*[337]. »

3) Les associations de commerçants

Les vendeurs que nous avons rencontrés participaient essentiellement à des groupements économiques ou religieux, types d'associations très répandues au Sénégal.

Le succès des tontines

Les tontines (« naths » en wolof), particulièrement affectionnées par les femmes urbaines, étaient basées sur la collecte périodique d'une certaine somme d'argent auprès de plusieurs participantes. Chaque membre était tiré au sort régulièrement pour recevoir la totalité de l'argent ainsi perçu. Dés que chaque participante avait été désignée une fois par le hasard, le système de « *crédit rotatif*[338] » était remis en route. D'après Colette Le Cour Grandmaison, le tirage pouvait être réalisé quotidiennement ou mensuellement sur les marchés dakarois : « *Les vendeuses de marché groupées en naths tirent chaque jour. La catégorie de groupement auquel elles appartiennent est fonction de l'importance de leurs revenus quotidiens*[339]. » Les associations professionnelles récoltaient des sommes plus importantes que les groupements de quartiers, destinés à couvrir les frais occasionnés par

---

[335] Nous avons interrogé ce détaillant le 22 avril 2001 au marché HLM, situé dans la proche banlieue de Dakar.

[336] Nous l'avons questionnée le 26 avril 2000 au marché N'diarème de Guediawaye, dans la banlieue dakaroise.

[337] Nous l'avons rencontrée le 6 mai 2000 au marché N'diarème de Guediawaye.

[338] LE COUR GRANDMAISON, *op. cit.*, 1972, page 124, citant S.ARDENER, *The Comparative Study of Rotating Credit Associations, Journal of Royal Anthropology Institute*, 94-2.

[339] LE COUR GRANDMAISON, *op. cit.*, 1972, page 124.

diverses cérémonies (mariages, baptêmes…). Les poissonnières avaient pour but d'accroître leurs ventes et bénéfices. Ainsi, les marchandes de produits maritimes complétaient aisément leur approvisionnement auprès de divers fournisseurs[340]. Nous ne possédons hélas pas de statistiques précises concernant la proportion de vendeuses membres de tontines. Selon Aguessy, chaque tontine de marché à Dakar regroupait en 1963 de 5 à 60 commerçantes, qui pouvaient par exemple verser chacune de 50 à 100 francs CFA par jour : « *Généralement, le nath permet aux vendeuses de disposer en une fois de 500 à 1500 francs, moins fréquemment de 2000 à 3000 francs. Et plus rarement de 4000 à 6000 francs*[341]. » Les détaillantes des marchés dakarois élisaient une présidente de tontine choisie essentiellement pour ses qualités morales et les liens solides qu'elle entretenait avec les autres commerçantes. Les femmes, solidaires entre elles, acceptaient volontiers de verser deux fois de suite la somme collectée à l'une des participantes qui connaissait des difficultés financières majeures. Il s'agissait donc d'un emprunt que celle-ci devrait rembourser ultérieurement, dès qu'elle connaîtrait des jours meilleurs.

Les autres types de vendeuses de poisson étaient bien sûr tout aussi concernées par ce système associatif. Ousmane Gueye, 54 ans, pêcheur du fleuve Sénégal, se souvient que dans les années 60 : « *Les femmes de pêcheurs se regroupaient le week-end lors de tontines.* » Son collègue Assane Niasse, du même âge environ, se rappelle quant à lui : « *Ces tontines existaient bel et bien ici. Elles étaient d'un grand secours pour les participantes qui se servaient de l'argent tiré pour, par exemple, acheter du matériel neuf* […] *ou d'autres choses*[342]. » Les *naths* étaient aussi répandus sur les sites de préparation artisanale. Les revenus des transformatrices de Saint Louis étaient plus élevés durant la saison sèche, ce qui rendait les tontines plus attractives pour les commerçantes. Khady Dieye, transformatrice âgée de 53 ans, nous a expliqué que dans les années 60 : « *Durant la saison sèche, quand il y avait beaucoup de poisson, tu pouvais participer à des tontines et y gagner des sommes assez conséquentes pour y acheter des choses bien, comme des vêtements*[343]. »

Les *daïras*, associations religieuses musulmanes

Ces associations, loin d'être exclusivement professionnelles, avaient pour objectif l'entraide entre participants, le soutien aux nécessiteux et le

[340] *Id.*, pages 206 et 207.
[341] AGUESSY, *op. cit.*, 1966, page 250.
[342] Nous avons rencontré ces producteurs le 10 août 2004 dans le village de Gadalkhout situé au bord du fleuve Sénégal.
[343] Nous avons questionné cette préparatrice le 27 juillet 2003 à Saint-Louis.

financement de pèlerinages. Les mourides se rendaient à Touba, les tidjanes à Tivaouane, Les khadria à N'diassane et les lébous à Yoff. Khar Fall, 54 ans, mareyeur de Saint-Louis, faisait partie d'un *daïra* mouride en 1966 : « *Il comptait au moins... Pour 20 personnes avant, on en trouve 50 ou 90 maintenant. Avant, tu donnais 200 000 francs CFA pour aller à Touba et faire un don au marabout*[344]. » Marétou Fall, préparatrice de 80 ans environ, se remémore que dans les années 40 : « *Il y avait des daïras et les fidèles se rendaient souvent en pèlerinage. Aujourd'hui les fidèles apportent, comme hier, des présents au marabout*[345]. » Astou Sow, 56 ans, appartenait à une association khadije en 1970 : « *Lorsqu'on se réunissait, on versait 10 francs CFA par jour ou 150 francs CFA le mois dans notre daïra de Saint-Louis* »[346]. Khady Dieye se rappelle du coût des pèlerinages mouride et tidjane : « *Dans les années 60, c'était 3000 francs CFA le voyage à Touba pour le Magal et à Tivaouane pour le Gamou.* » Les poissonniers espéraient, comme tous les musulmans pratiquants, se rendre en pèlerinage à La Mecque, une minorité d'entre eux y parvenant.

Les groupements politiques et associatifs

Nous avons peu de renseignements concernant l'engagement des vendeurs de poisson dans la vie politique. Colette Le Cour Grandmaison évoque une participation politique des vendeuses dakaroises encouragée par la recherche d'avantages personnels. Les commerçantes souhaitaient développer leurs relations sociales. Le parti unique du pays était représenté par des groupements de l'Union progressiste sénégalaise dont les sections féminines se retrouvaient dans les divers quartiers de la capitale[347]. La sociologue ne nous fournit pas d'indications précises sur les commerçantes en produits marins. Ces femmes étaient conscientes que l'accès aux fonctions politiques les plus élevées leur était fermé : « *La vision de ce que représente la nation* [...] *le civisme en général est pour la majorité d'entre elles flou, vague, leurs moyens d'information étant limités par leur faible niveau d'instruction*[348]. » L'Association des petits commerçants et artisans du Sénégal, évoquée par Aguessy en 1963 et en 1966, ne nous a pas été mentionnée par les vendeurs que nous avons rencontrés à Dakar. Créée le 27 novembre 1961, elle était dirigée par un vendeur du marché Sandaga, élu président général du syndicat, assisté d'un adjoint. Chaque marché de la ville comportait une section de l'association et son responsable. Les buts de

---

344 Nous l'avons interviewé le 27 juillet 2003 à Saint-Louis. Il n'a pas souhaité préciser le nombre de participants au *daïra*.

345 Transformatrice que nous avons interrogée le 29 juillet 2003 à Saint-Louis.

346 Nous avons rencontré cette préparatrice le 27 juillet 2003 à Saint-Louis.

347 LE COUR GRANDMAISON, *op. cit.*, 1972, pages 125,128 et 132.

348 *Id.*, page 136.

l'APCAS étaient de raffermir les relations entre les commerçants des villes et des campagnes, d'améliorer le ravitaillement en produits des divers marchés du pays, mais aussi et surtout de représenter et défendre les intérêts de ses adhérents auprès des autorités. Ainsi, elle aspirait à s'étendre aux autres régions du Sénégal. L'APCAS, inspirée des syndicats ouvriers, comptait très peu de femmes. Les vendeurs au détail sur les marchés avaient ainsi adopté une organisation de type « moderne[349] ».

III. UNE INTERVENTION ÉTATIQUE AUPRÈS DU PRODUCTEUR

Les intermédiaires, beaucoup trop nombreux au regard du pouvoir, étaient désignés comme étant les principaux responsables de la flambée des prix du poisson frais et transformé, et ceci au détriment du niveau de vie des pêcheurs et des consommateurs. D'après le plan quadriennal de 1953-1957 : « *Nous voyons proliférer les intermédiaires* [...]. *Les prix de vente au détail sont disproportionnés par rapport aux prix sur les plages* [...]. *Pour améliorer dès maintenant l'approvisionnement des industries et des marchés, il importe d'éliminer ces intermédiaires, qui travaillent sans régularité, la plupart du temps sans patente, et de les remplacer par des coopératives*[350]. » L'organisation des producteurs sur le plan coopératif devait permettre une réappropriation des courants commerciaux par les pêcheurs. Il fallait donc réduire l'emprise des intermédiaires sur le marché. L'État prévoyait aussi de favoriser la diffusion du poisson à l'intérieur du pays en légiférant sur le mareyage et en réalisant une chaîne du froid. Le marché de consommation et de commercialisation des produits maritimes devait se développer pour fournir des débouchés à l'augmentation croissante des apports[351]. L'aménagement des centres de débarquements du poisson semblait aussi nécessaire pour améliorer les conditions de travail des producteurs ainsi que la conservation et la commercialisation des produits halieutiques : « *Le commerce intérieur du Sénégal est alimenté par la pêche artisanale. Il reste inorganisé, insuffisant, et les produits sont inaccessibles à une large couche de la population*[352] ».

Les mêmes objectifs furent poursuivis par l'Etat indépendant dans le complexe fleuve Sénégal-Taouey-lac de Guiers. Il désirait y développer la pêche, la pisciculture, la préparation artisanale et le commerce du produit

[349] AGUESSY, *op. cit.*, 1963, page 52 et *id.*, pages 251 et 252.
[350] Archives du gouvernement général de l'AOF, Affaires économiques, dossier 1Q 631, *op. cit.*, pages 10 et 24.
[351] *Id.*, Affaires agricoles, dossier 4R 575, *op. cit.*, pages 5 et 6.
[352] *Id.*, dossier 4R 575, *op. cit.*, page 21.

fluvial[353]. Au début des années 50, les eaux continentales de l'Afrique-Occidentale française n'avaient bénéficié d'aucune aide financière, contrairement au secteur de la pêche maritime. Le poisson de fleuve, moins cher que le produit halieutique, pouvait remédier à la sévère pénurie en protéines animales que connaissaient les régions éloignées de la mer[354]. D'après une étude réalisée en 1951, il manquait en AOF et en AEF 230 à 240 000 tonnes de produits animaux pour satisfaire les besoins protéiniques de la population. L'exploitation du poisson issu des eaux continentales devait être intensifiée pour combler ce déficit[355]. Le plan de développement de la pêche et de la pisciculture évaluait à 80 000 le tonnage annuel de produits halieutiques et fluviaux consommé par les habitants de l'AOF. Il fallait produire 150 à 200 000 tonnes de produits carnés en plus pour pallier le manque de protéines animales. Cet objectif semblait réalisable, d'autant plus que les ressources fluviales ne manquaient pas en AOF : « *Les zones de pêche de première importance sont en AOF : le moyen Niger, les lagunes du bas Dahomey, le fleuve Sénégal* [...] *Celles de moindre importance : les lagunes de Côte-d'Ivoire, le bief du Niger en amont du bourg de Markala*[356]. »

Les moyens employés par l'État colonial et sénégalais par la suite visèrent à favoriser la recherche, à mettre en place des infrastructures efficaces dans les domaines des pêches maritime et fluviale, mais aussi et surtout à développer l'esprit coopératif des producteurs. De plus, des lois furent adoptées afin de réglementer le commerce du poisson.

---

[353] *Id.*, *Exposé de M. LEMASSON sur les opérations à prévoir au titre du 3e plan FIDES*, réunion du 21 mars 1957 au Building fédéral, dossier 4R9 (26), Dakar, 1957, page 3.

[354] LEMASSON, *De l'intérêt d'organiser et de développer la production des eaux continentales de l'Afrique noire*, Archives du gouvernement général de l'AOF, dossier 4R21 (169), Dakar,16 novembre 1951, page 2.

[355] LEMASSON, *op. cit.*, 1951, dossier 4R21 (169), page 1. Selon ce raisonnement, une ration alimentaire convenable devait comprendre 1 gramme de protéine par kg et par jour, un tiers de ces protéines étant d'origine animale. Or, les 24 000 000 d'habitants des territoires français d'Afrique noire ne consommaient que 112 000 tonnes de viande d'élevage et approximativement 150 000 tonnes de poisson par an.

[356] Archives du gouvernement général de l'AOF, dossier 4R21 (169), *Plan de développement de la pêche et de la pisciculture* et dossier 4R21 (169), *op. cit.*, 7 septembre 1953, page 1. 400 000 tonnes de produits carnés étaient consommées chaque année en AOF. Les températures élevées des lacs tropicaux étaient à l'origine d'une « *activité biologique* » dix fois plus intense que dans les lacs tempérés.

1) Un appui à la recherche

Les centres d'étude des pêches

Le FIDES débloqua des fonds afin de financer la construction de centres d'études des pêches. Entre 1947 et 1952, près de 34 533 000 francs CFA furent investis pour rendre opérationnels les centres de Dakar, Saint Louis et Joal sur le territoire sénégalais[357]. À la fin de l'année 1951, le centre de Joal, qui avait coûté 5 533 000 francs CFA, était terminé. Celui de Saint Louis, qui avait bénéficié d'une dotation de 12 000 000 de francs CFA, était en cours d'achèvement[358]. Le centre de Saint Louis réalisa des études sur les techniques de salage du poisson frais et la conservation du salé séché. Les transformateurs du quartier de Guet N'dar profitèrent de la mise en place d'une sécherie groupée leur permettant de pratiquer leur activité dans de meilleures conditions. Saint Louis mena des recherches sur les mouvements côtiers de poissons, tandis que Joal s'intéressa à l'ostréiculture et à l'essai de divers filets de pêche tout au long de la Petite-Côte[359]. Une quinzaine de personnes étaient employées par chaque centre, dont un directeur européen, un moniteur de pêche européen, un assistant de laboratoire et un infirmier vétérinaire[360]. La Section technique des pêches, mise en place en mars 1957, s'occupait de coordonner les actions des divers centres et organisation de pêche et de promouvoir les activités du FIDES. Elle intervint dans plusieurs domaines : économique, avec l'étude de la préparation du poisson fumé en Casamance, administratif en réglementant le contrôle sanitaire du poisson, enfin technique à travers la mise en place de projets de sécheries à Kayar (salé séché), Goudomp (*Métora*) et Saint Louis. Son impact se ressentit aussi sur le plan scientifique, car elle représenta le Sénégal au congrès du Luanda en novembre 1957.

---

[357] *Id.*, Affaires économiques, dossier 1Q631, *op. cit.*, pages 2 et 3. Les centres de Port-Étienne et de Conakry devaient aussi bénéficier de cet investissement.

[358] *Id.*, Politique et administration générale, rapport annuel du service des Eaux et Forêts, *Plan équipement et modernisation FIDES, Situation des opérations Élevage au 31 décembre 1951,* dossier 2G51 (31), 1951, pages 261, 307 et 308.

[359] *Id.*, Politique et administration générale, service de l'Élevage et des industries animales du Sénégal, pêches maritimes, dossier 2G56 (36), *Rapport annuel 1956*, pages 3 et 4.

[360] *Id.*, Politique et administration générale, dossier 2G56 (36), *op. cit.*, pages 2 et 3. M. ARNOUX dirigea le centre de Saint-Louis en 1956 et M. Gousset en 1957. Le lieu d'étude disposait de deux pinasses, d'une pirogue motorisée de 11 mètres et de matériel permettant au laboratoire d'analyser le poisson sec, c'est-à-dire son dosage en graisse et en humidité. Celui de Joal travaillait entre autre avec une vedette Diesel de 12 mètres et deux doris.

L'amélioration du mode de préparation artisanal

La recherche fut favorisée dans le domaine des techniques de transformation artisanale, car le poisson séché était une source précieuse en protéines animales pour les populations de l'intérieur du Sénégal. Au début des années 50, on estimait que 25 000 à 30 000 tonnes de poisson frais ou préparé avaient pour destination les centres de consommation éloignés des côtes[361]. Une brigade itinérante créée sur le fleuve Sénégal au milieu des années 50 avait pour fonction de rassembler des informations sur la pêche[362]. Elle était constituée d'ingénieurs des Eaux et Forêts payés par l'État sénégalais. Ce dernier comptait ainsi obtenir une « *amélioration des techniques de pêche et de préparation du poisson en vue d'éviter les pertes d'environ 40% sur le tonnage produit*[363]. » En effet, ces techniques étaient rudimentaires : « *En général, le poisson est séché sur l'herbe, au bord même du fleuve, au centre d'un véritable élevage de dermestes*[364]. » Malgré l'effet positif de l'utilisation du saumurage, les producteurs restaient fidèles à leur ancien mode de transformation sans sel. D'après le rapport des Eaux et Forêts de 1971, ils considéraient qu'une dépense supplémentaire était injustifiée, car leur production pouvait être revendue sans difficulté aux Dioulas[365]. Une formation à ces nouvelles techniques suivie d'une période d'adaptation semblait nécessaire aux producteurs pour modifier leurs habitudes. Divers essais furent menés tout au long du fleuve, essentiellement dans les années 60. Les espèces les plus difficiles à conserver après salaison bénéficièrent d'un passage en saumure. Les résultats furent satisfaisants pour le *Tilapia* dont la conservation se trouvait améliorée après 3 heures passées dans une saumure à 20%. Le *Citharinus* devait rester quatre fois plus de temps dans la même saumure pour être plus ou moins protégé contre les dermestes. L'*Hyperopisus* et le *Synodontis* étaient beaucoup plus difficiles à préserver des attaques bactériennes. Cette méthode nécessitait de maintenir le magasin propre tout en surveillant le poisson durant son séchage, car ce dernier devait être souvent brossé. Le passage en saumure pouvait permettre d'écouler le produit séché lors de la saison des pluies, période durant

---

[361] *Id.*, Affaires économiques, dossier 1Q628 150, *Plan quadriennal d'équipement 1953-1957*, page 4.

[362] *Id.*, *Pêche et pisciculture en eaux continentales, plan quadriennal 1953-1957*, dossier 4R23 (169), pages 2, 3, 5 et 6. Les dotations du FIDES avaient permis la construction du laboratoire central d'hydrobiologie de Diafarabé, dont la vocation était la recherche en matière de pêche fluviale au sein du territoire de l'AOF.

[363] *Id.*, Affaires économiques, *Pêche fluviale et création d'une brigade itinérante du fleuve Sénégal*, lettre de U. FAURE, adjoint de l'inspecteur général des Forêts de l'AOF au directeur général des services économiques, dossier 1Q631, 22 octobre 1954.

[364] Archives du Sénégal, rapport des Eaux et Forêts 1961, dossier 2G61 (21), page 144.

[365] *Id.*, 1971, dossier 2G71 (7), page 163.

laquelle les prix étaient les plus élevés[366]. Mais la situation financière des producteurs les poussait à raisonner sur le court terme et à considérer plutôt leurs revenus immédiats. Un décalage existait entre la vision étatique de la production et celle des transformateurs.

Une expérience de séchage dans un abri en tôle ondulée fut réalisée avec succès en 1960. Des *Tilapias* et des *Citharinus* furent vidés, écaillés et laissés durant 1 heure dans une saumure à 10% avant d'être séchés sous cet abri en tôle. Les attaques de dermestes furent considérablement réduites, en particulier pour le *Tilapia*. Le poisson sec pouvait être conservé plusieurs mois si la saumure employée comportait 15 ou 20% de sel. La technique du salage profond consistait à laisser tremper le poisson de mer dans une saumure durant 24 ou 48 heures[367]. Le centre de M'bane, créé au bord du lac de Guiers en septembre 1962 pour favoriser l'encadrement des producteurs que nous évoquerons plus loin, mena des essais de saumurage après un début de décomposition du poisson. Le séchage, réalisé de manière traditionnelle sur une aire cimentée, constituait un attrait pour les transformateurs, mais les pertes de produit s'élevaient tout de même à 25%[368].

2) L'aménagement des centres de pêche

L'État pensait qu'une des causes de la stagnation de la production en poissons frais était la méconnaissance des fonds de pêche, des migrations effectuées par les espèces de surface et le manque d'installations adéquates sur les lieux de débarquement[369]. En effet, l'équipement des centres de pêche était insuffisant sur l'ensemble du territoire : « *Les aménagements de Dakar sont à peine achevés et il reste tout à faire ailleurs*[370]. » La mise en place de halles de marée devait permettre une meilleure conservation et distribution du produit frais. Quant à l'édification d'entrepôts frigorifiques qui étaient utilisés dans les villes par les producteurs et intermédiaires, elle avait pour but de régulariser les approvisionnements des marchés. Une amélioration des moyens de transport était aussi nécessaire pour faciliter le ravitaillement de l'intérieur du pays en poissons.

---

366 *Id.*, 1961, dossier 2G61 (21), pages 143 et 144.

367 *Id.*, 1960, dossier 2G60 (10), page 91. Ces salages et séchages étaient réalisés dans un hangar de séchage mesurant 8 mètres de longueur et 2,80 mètres de large, dont le toit et un côté étaient fabriqués en tôles galvanisées peintes en noir, alors que l'autre côté était en tôles translucides. Les deux extrémités de ce hangar étaient fermées par un grillage destiné à repousser les moustiques. Ces travaux furent dirigés par le Dr MESCHKAT.

368 *Id.*, 1964, dossier 2G64 (47), page 105.

369 Archives du gouvernement général de l'AOF, Affaires économiques, dossier 1Q628 (150), page 32 et 33.

370 *Id.*, dossier 1Q631, page 7.

Le port de Dakar fut équipé d'un frigorifique construit sur le budget local au début des années 50 afin de produire de la glace tout en stockant les produits marins[371]. Près de 1 284 000 francs CFA avaient été débloqués en 1951 pour la construction d'une halle de marée à Kayar terminée en 1952. Durant la même période, les fabriques de glaces de M'bour et Kayar en voie d'achèvement reçurent une subvention de 8 000 000 de francs CFA. Le Sénégal bénéficiait d'une place privilégiée dans les programmes de crédit grâce à la présence d'entreprises capables de réaliser rapidement les travaux prévus par l'État. Les autres pays de l'AOF étaient moins bien lotis, même si le Soudan et la Guinée commençaient à rattraper leur retard[372]. Des projets de création d'une halle de marée à Saint Louis (d'une valeur de 6 millions de francs CFA financés par le budget local), de construction d'une route reliant Joal à M'bour (programme arachide-mil) furent adoptés, de même que l'équipement téléphonique de Kayar et l'installation frigorifique des villes de Thiès et Kaolack[373].

Dans la région du fleuve Sénégal, un centre pilote de pêche fut créé à la fin des années 50 sur les rives du lac de Guiers à Guidick, village de la région de Fass. Jusqu'en 1958, la population avait quitté les bords du lac de Guiers à cause de la pullulation des moustiques et des mange mil. L'Etat brûla les typhas qui recouvraient les eaux du lac[374]. Le centre de pêche de Guidick avait pour but de gérer le plan d'eau et de développer la production de son secteur en rentabilisant les méthodes de pêche. Environ 9 000 000 de francs CFA devaient être investis dès sa création au titre du 3ᵉ plan FIDES et 12 000 000 de francs CFA en quatre ans pour garantir son bon fonctionnement. Ce centre était dirigé par le président du Syndicat des pêcheurs professionnels en rivières de France aussi membre du Conseil supérieur de la pêche. Les rives du lac connaissaient alors un déclin économique depuis près d'un siècle à cause de mauvaises conditions géographiques. La mise en place de pare-feux circulatoires s'avérait impérative pour garantir une meilleure accessibilité des rives du lac par camion. Des « *viviers de réserve* » devaient faire office de lieux de conservation du produit fluvial et de places de chargements pour les transporteurs[375].

[371] *Id.*, dossier 1Q631, page 23 et Archives du gouvernement général de l'AOF, Politique et administration générale, dossier 2G51 (31), *op. cit.*, page 248.

[372] Dossier 2G51 (31), *op. cit.*, pages 308 et 319.

[373] Archives du gouvernement général de l'AOF, Affaires économiques, dossier 1Q631, page 23.

[374] Archives du Sénégal, rapport des Eaux et Forêts 1964, dossier 2G64 (47), page 101.

[375] Archives du gouvernement général de l'AOF, Politique et administration générale, dossiers 2G58 (33), page 115, 2G58 (62), page 60 et 4R9 (26), *Exposé de M. LEMASSON sur les opérations à prévoir au titre du 3ᵉ plan FIDES*, réunion du 21 mars 1957 au Building fédéral, Dakar, page 3.

3) L'encadrement des pêcheurs

Les coopératives de pêche

Une fonction d'équipement des coopératives de pêche maritime

Le mouvement coopératif se développa au Sénégal pendant la seconde guerre mondiale. La production était organisée par l'État dans le cadre d'un strict rationnement. Le matériel de pêche (lignes, toiles…) était réparti entre les producteurs par l'Administration qui essayait de contrôler la vente des produits sur les marchés du territoire ainsi que l'emploi de véhicules pour le transport du poisson débarqué. Les coopératives pilotes, censées être de production, mais aussi de vente, étaient « *groupées au sein d'une Entente coopérative à laquelle incombent toutes les responsabilités financières et représentées par des mandataires compétents* ». En 1953, seules trois coopératives assuraient leurs fonctions : la Coopérative des natifs de Guet N'dar, celle des pêcheurs de Saint-Louis au nord du pays, enfin la Coopérative des pêcheurs de la presqu'île du Cap-Vert. Au milieu des années 50, 40 000 000 de francs CFA étaient prévus sur le budget local pour financer le mouvement coopératif[376]. Le projet de mise en place d'un secteur coopératif itinérant des pêches, dont la demande de crédit, évaluée à 15 000 000 de francs CFA, ne fut pas retenue faute de moyens financiers suffisants, nous renseigne sur les objectifs attendus par l'État. Il s'agissait de contrôler le marché à tous les stades, de la production au transport et à la vente au détail, c'est-à-dire d'être présent sur toute la filière commerciale du poisson. Les adhérents devaient être des pêcheurs wolofs en campagne de pêche et des producteurs sédentaires débarquant leur produit dans les différentes plages du Sénégal. Les pêcheurs étaient censés participer, en plus des subventions reçues, au financement de la coopérative en y détenant des actions valant 100 francs CFA chacune. Des délégués représentant les producteurs seraient divisés en collèges et ces derniers en sections. Ce système devait améliorer le commerce du poisson frais à l'échelon national, mais aussi permettre l'approvisionnement des usines et l'exportation du poisson sénégalais sur les marchés étrangers : « *Le produit de la pêche commune doit* […] *être acheminé vers les marchés par les camions appartenant au secteur, pour être réceptionné dans les chambres froides du secteur et vendu par des revendeurs adhérents eux-mêmes à l'organisme*[377]. » La métropole avait les mêmes aspirations pour la Mauritanie et la Guinée Conakry.

---

[376] Archives du gouvernement général de l'AOF, Affaires économiques, dossier 1Q631, pages 21 et 27.

[377] *Id.*, dossier 1Q631, page 22.

L'État indépendant instaura, sous l'impulsion du service de la coopération, un mouvement coopératif de pêche lors d'un décret adopté le 20 mai 1960[378]. La Banque nationale de développement du Sénégal (BNDS) faisait office de bailleur de fonds actif jusqu'en 1966. Mais cette aide fut de plus en plus jugée rébarbative par les coopérateurs à cause des contraintes bancaires qu'elle incluait. Les coopératives, qui avaient en théorie pour fonction d'intervenir dans le domaine de la vente des produits marins, se contentaient en pratique de fournir des moteurs aux producteurs. Celles désignées par le terme primaires d'avitaillement couvraient les secteurs géographiques du nord, de la Petite-Côte (notamment Kayar, M'bao et Fass Boye) et du Sine-Saloum avec ses îles.

Les coopératives agricoles avaient été mises en place avant les associations de pêcheurs au Sénégal. Durant les années 50, les coopératives de paysans se substituèrent aux Sociétés indigènes de prévoyance obligatoires qui existaient depuis 1907. L'Etat colonial veilla à maintenir son contrôle sur ces groupements[379]. D'après Hélène d'Almeida-Topor : « *Les coopératives en AOF* [...] *étaient surtout agricoles, ce qui répondait à la répartition d'une population composée pour 80% environ de ruraux*[380]. » Les coopératives, qui s'étaient développées au Sénégal entre 1957 et 1960, regroupaient moins du quart des paysans à la veille de l'indépendance. Les coopératives à vocation arachidière se multiplièrent au Sénégal entre 1960 et 1962[381]. Au milieu des années 60, 4200 pêcheurs étaient regroupés dans 48 groupements[382]. Bineta N'diaye Diop, distingua trois périodes, entre 1956 et 1980, dans la mise en place et le développement des coopératives de pêche sénégalaises. Selon la géographe, de 1956 à 1959, la création des premières coopératives fut encouragée par les sociétés de commerce qui fournissaient aux producteurs du matériel de pêche. Il s'agissait de la Compagnie française de l'Afrique occidentale (CFAO) et de la Nouvelle Société commerciale (NO.SO.CO) qui espéraient améliorer la solvabilité des pêcheurs. Dès que les pirogues des coopérateurs revenaient de mer, les

---

378 Arona GUEYE, *Les Lébous et la pêche artisanale*, 1979, page 61. Il s'agit du décret n°60.177/MER/COOP.

379 Hélène d'ALMEIDA-TOPOR, *L'Afrique au XXe siècle*, Armand Colin, collection U, 1999, pages 64, 65, 191 et 192. L'État colonial créa successivement une Entente coopérative (ENCOOP) et un Comité d'agrément des coopératives.

380 Hélène d'ALMEIDA-TOPOR, *op. cit.*, 1999, page 192.

381 Bineta N'DIAYE DIOP, *La pêche artisanale maritime et le mouvement coopératif au Sénégal. Étude géographique*, thèse de géographie, université Paris VII, 1984, page 95.

382 Jean-Luc N'DIAYE, *Une activité dynamique au sein d'un système complexe : rôle et place de la transformation artisanale dans le « système pêche maritime » au Sénégal, étude de géographie économique*, thèse de doctorat de géographie, université Montpellier III, 1997, page 346. Il cite Bernard LLERES, *op. cit.*, 1986, page 277. Les pêcheurs devaient d'abord être regroupés durant deux ans au sein d'Associations d'intérêt rural (AIR) avant d'obtenir leur agrément coopératif.

débarquements étaient divisés en trois. Une part était destinée au bailleur de fonds, le Crédit populaire (qui fusionna en 1964 avec la Banque sénégalaise de développement pour créer la BNDS, que nous avons évoquée plus haut). Les deuxième et troisième parts revenaient respectivement à la coopérative, qui amortissait l'équipement de production et aux pêcheurs. Entre 1962 et 1969, 31 coopératives furent agréées sur le territoire sénégalais. Elles contractèrent en sept ans un prêt de 53 405 812 francs CFA auprès de la BNDS. Environ 62% du montant accordé resta impayé en 1969. Bineta N'diaye Diop attribuait ces difficultés de remboursement aux taux d'intérêt élevés et au manque de professionnalisme des agents de la coopération chargés de collecter les montants dus. Les producteurs, qui restaient méfiants à l'égard de ce type d'associations, avaient aussi une part de responsabilité. La circulaire 37 du 10 septembre 1970 confia la gestion des coopératives de pêche à la direction de l'Océanographie et des pêches maritimes. En 1972 et 1977, deux conventions furent signées entre le Sénégal et le Canada afin de financer le Centre d'aide à la motorisation des pirogues (CAMP). Cette structure s'appuyait sur les coopératives primaires d'avitaillement (CPA). Les pêcheurs pouvaient obtenir un moteur à condition de verser un acompte représentant 20% de sa valeur. Les producteurs accédaient à un crédit attractif, dont le taux était de 0%, qu'ils remboursaient en 18 mois avec 6 mois de différé[383]. Même si les coopératives maritimes gardaient essentiellement une fonction de ravitaillement en engins de pêche, des tentatives de commercialisation par certaines associations eurent lieu dans les années 60. Ainsi, celle de Dienda, située dans le département de Foundiougne, bénéficia en 1965 de l'appui d'un organisme l'assistant techniquement. Le produit marin fraîchement débarqué était quotidiennement livré à l'organisme, qui fournissait le moyen de transport ainsi que la glace nécessaire à la bonne conservation du poisson. Les pêcheurs touchaient 10 francs CFA par kg d'ethmaloses et 25 francs CFA pour les autres espèces. L'assistant technique revendait les espèces au consommateur à 40 francs CFA le kg sur le marché de Kaolack. Mais ces transactions n'étaient possibles que durant la saison sèche, les routes devenant impraticables dès l'arrivée des pluies[384]. En fait, l'organisme se substituait aux intermédiaires habituellement présents sur les circuits commerciaux et réalisait des bénéfices considérables. Il aurait plutôt fallu que les pêcheurs possèdent leurs propres camions, mais la faiblesse de leurs moyens les en empêchait.

Les coopératives concernant la transformation artisanale apparurent beaucoup plus tardivement que les groupements de pêcheurs, essentiellement

---

[383] N'DIAYE DIOP, *op. cit.*, 1984, pages 94 à 98.

[384] Tidiane BA, *Projet de commercialisation du poisson de la coopérative de pêche de Dienda dans le département de Foundiougne (Sine-Saloum)*, École nationale d'économie appliquée, Dakar, 1965, pages 26 et 27.

dans les années 80. En 1983, on dénombrait 17 coopératives associant 3430 préparateurs[385]. Ces groupements, tout comme leurs homologues de pêche artisanale, avaient une pure fonction d'équipement en petit matériel[386]. Selon Jean-Luc N'diaye, l'échec du mouvement coopératif était dû à son aspect coercitif. L'État avait effectivement obligé les producteurs désirant obtenir un crédit à adhérer aux groupements[387].

Un essor des coopératives au bord du fleuve Sénégal

Les efforts étatiques concernant les coopératives de pêche fluviales furent surtout fournis sur les rives du fleuve Sénégal et du lac de Guiers. Elles touchaient, tout comme les groupements maritimes, peu au domaine de la commercialisation des produits : « *La plupart des coopératives de pêche n'existent que de nom : le matériel n'est pas commun ; la production n'est pas assurée pour le compte de l'organisme*[388]. » La mission du service forestier était de sensibiliser le milieu pêcheur à l'organisation coopérative et d'encadrer les organismes nouvellement mis en place[389]. Les producteurs consentaient à se regrouper afin d'obtenir des prêts leur permettant de renouveler leur matériel de pêche. Ils remboursaient chacun une part de la somme qui avait été attribuée à la coopérative fictive. Seule la coopérative de Guidick, dont le centre de pêche encadrait les organismes de production situés au sud du lac de Guiers, fonctionnait convenablement. Elle s'occupait de la fourniture de l'équipement nécessaire au travail des pêcheurs et de l'évacuation des produits piscicoles vers les grandes villes du pays, comme Dakar, Louga ou encore Linguère. En 1964, les coopératives de Richard-Toll, Ouallo et Gaé ne fonctionnaient pas parce que les producteurs adhéraient déjà à des groupements agricoles[390].

L'État créa 4 coopératives comptant 12 producteurs au bord du lac de Guiers en 1960. Plusieurs coopératives de pêche obtinrent, tout comme celle de Guidick, leur agrément durant les années 60. Par exemple, celles de Sier et de Malle étaient déjà agréées en 1964, tandis que celle de Diaménar obtint son agrément en 1967[391]. En 1971, 12 coopératives étaient en cours de création aux alentours de Dagana, Podor et Matam[392]. Le mode de répartition

---

[385] LLERES, *op. cit.*, 1986, pages 373 et 525.
[386] N'DIAYE, *op. cit.*, 1997, page 346.
[387] *Id.*, page 348.
[388] Archives du Sénégal, rapport annuel des Eaux et Forêts 1966, dossier 2G66 (32), page 113.
[389] *Id.*,1968, dossier 2G68 (6), page 133.
[390] *Id.*,1964, dossier 2G64 (47), pages 94, 95 et 101.
[391] Dossier 2G64 (47), *op. cit.*, page 101 et Archives du Sénégal, rapport annuel des Eaux et Forêts 1967, dossier 2G67 (47), page 133.
[392] Archives du Sénégal, rapport annuel des Eaux et Forêts 1971, dossier 2G71 (7), page 159.

employé après l'écoulement des produits s'inspirait des règles traditionnelles utilisées dans la région du Fleuve. L'ensemble des parts individuelles de travail constituait la part d'armement. Les 4/5 de celle-ci (la part de financement) servaient de garantie pour l'obtention de prêts d'équipement et le 1/5 (la part de coopération) couvrait les frais de gestion de la coopérative. Bien entendu, les outils de production ainsi que les installations à terre appartenaient aux coopérateurs. Ces organismes s'avérèrent productifs : ils fournirent le quart de la production du lac de Guiers en 1960, soit 266 tonnes. Un programme d'équipement des coopératives en engins, aires de séchages et magasins de stockage fut lancé au milieu des années 60 par l'inspection régionale du Génie rural. Guidick, M'bane, Gnith, Richard-Toll, Dagana et Gaé purent en profiter[393].

Mais les coopératives de pêche fluviales se heurtèrent à des problèmes de financement provoqués par l'insolvabilité des pêcheurs en mer. La BNDS était devenue réticente au débloquement de fonds nécessaires au développement de ces organismes. La direction des Eaux et Forêts critiquait vivement cet état de fait qu'elle assimilait à un amalgame non justifié[394]. Elle réclamait d'ailleurs la gestion des coopératives fluviales. En 1969, les caisses de la coopérative de Richard-Toll atteignaient un solde positif de 64 787 francs CFA, alors que bien d'autres organismes de la région du Fleuve avaient remboursé les prêts contractés à 90%. La coopérative de Gaé obtint en novembre 1969 un prêt d'équipement de 510 000 francs CFA remboursable au 31 août 1970. Les producteurs s'étaient déjà acquittés de la moitié de cette somme en mars 1970[395].

Les secteurs de pêche

La mise en place d'une réglementation applicable dans la zone du fleuve Sénégal était justifiée afin de calmer les tensions entre producteurs locaux et pêcheurs employant des méthodes plus modernes. Les pêcheurs du fleuve se plaignaient des collectivités étrangères venant s'approvisionner dans leur région. Ces conflits s'étaient surtout développés à l'est du cercle de Podor où les eaux continentales s'avéraient être plus poissonneuses : « *Nous avons*

---

[393] Dossier 2G64 (47), *op. cit.*, pages 95 et 110.

[394] Archives du Sénégal, dossier 2G68 (6), *op. cit.*, page 133 et Archives du Sénégal, rapport annuel des Eaux et Forêts 1971, dossier 2G71 (7), page 159. Cette direction affirmait en 1968, à propos des premières coopératives de pêche fluviale, qu'elles étaient « *en veilleuse depuis de nombreuses années* ». Cette affirmation pouvait aussi s'appliquer à la région du Sénégal oriental, où les coopératives de pêche de Bakel et Kidira ne commercialisèrent que 100 kg de poisson frais en 1972 à cause de la faiblesse des crues d'hivernage, d'après le dossier 2G72 (14) des Archives du Sénégal, rapport annuel des Eaux et Forêts 1972, page 144.

[395] Archives du Sénégal, rapport annuel des Eaux et Forêts 1969, dossier 2G69 (15), page 151.

obtenu ainsi une véritable rénovation moderne des règles traditionnelles et une adaptation des coutumes au cadre juridique actuel[396]. » Les délits de pêche étaient jugés par un tribunal répressif. L'État indépendant conserva et compléta ces dispositions afin de favoriser l'exploitation rationnelle du fleuve, car le renouvellement des espèces en quantité suffisante était menacé[397]. La loi n°63-40 du 10 juin 1963 stipulait que le droit de pêche n'était plus personnel ; il devenait celui de l'État. Ce dernier décidait de l'octroyer gratuitement ou non. Des « secteurs de pêche », assimilables à des unités de gestion, furent créés dans les eaux continentales de Podor et Matam[398]. Soumaré affirmait qu'ils étaient une dizaine à l'origine, dont 6 situés dans le département de Podor[399]. L'État créa les « conseils de pêche » par le décret d'application n°65-506 de la loi de 1963 votée le 19 juillet 1965. Des conseils de pêche correspondants aux secteurs furent mis en place à Richard-Toll et aux bords de la Taouey[400] ainsi que sur les rives du lac de Guiers[401]. Nous pouvons aussi évoquer les conseils de pêche de Matam, Diamel, Dolol et Djorbivol[402]. Ces conseils, qui étaient composés de chefs de village situés aux bords du fleuve Sénégal et de représentants de pêcheurs, aspiraient à rationnaliser l'exploitation des divers secteurs de pêche. Ils avaient pour but de gérer la pêche fluviale tout en la réglementant localement. Les conseils de pêche apparaissaient comme des outils étatiques qui encourageaient la création de coopératives de producteurs[403]. Ils tenaient par ailleurs le rôle d'intermédiaires entre l'État et les groupements de pêcheurs. Les arrêtés votés durant les années 60 permirent la multiplication des réserves de pêche. La loi de 1963 mit en place 13 réserves dont 7 dans le

---

[396] Archives du Sénégal, *Réglementation de la pêche fluviale*, dossier 2G58 (62), pages 58 et 59.
[397] Dossier 2G64 (47), *op. cit.*, page 94.
[398] Dossier 2G66 (32), *op. cit.*, page 112. Il s'agit du décret n°66-657 du 26 août 1966.
[399] Mame Arame SOUMARE, *Évolution des systèmes de production agropastoraux de la moyenne vallée du Sénégal (rive gauche), approche géographique*, thèse de géographie, université de Dakar, 1997, pages 268 et 269.
[400] Dossier 2G67 (47), *op. cit.*, page 133. Disposition prise par l'arrêté n°5716/MER du 28 avril 1967.
[401] Dossier 2G68 (6), *op. cit.*, page 133. L'arrêté n°000435/MDR du 9 janvier 1969 instaura le conseil de pêche du lac de Guiers.
[402] Dossier 2G69 (15), *op. cit.*, page 151. Les conseils de Matam, Diamel et Dolol furent créés par l'arrêté n°004692/MDR du 18 avril 1969, celui de Djorbivol par celui du 5 juillet 1969, portant le n°008558/MDR.
[403] SOUMARE, *op. cit.*, 1997, page 259.

département de Podor[404]. On dénombrait 13 réserves en 1970[405], alors que 15 conseils de pêche étaient en activité en 1971[406].

Le rôle du centre de M'bane

Ce centre pilote de pêche fut créé en 1961 au nord du lac de Guiers afin de former les producteurs aux nouvelles méthodes de séchage du poisson avec une saumure légère qui assurait une conservation sans grands dommages du produit durant 2 à 3 mois. Il fut inauguré le 2 septembre 1962 dans l'optique de continuer l'action d'encadrement des pêcheurs commencée à Guidick. M'bane étudiait aussi différentes espèces capturées ainsi que l'amélioration des méthodes de pêche. Le centre avait pour but la *« formation d'animateurs piscicoles pour préparer les producteurs à l'encadrement réglementaire et au quadrillage coopératif*[407]. » Les producteurs devaient, selon l'Etat, employer plus souvent les aires de séchage et magasins de stockage mis à leur disposition. En 1967, les pêcheurs, qui s'habituaient petit à petit à l'organisation coopérative, utilisaient volontiers ces installations. Un stage concernant 25 pêcheurs du fleuve Sénégal eut d'ailleurs lieu à Richard-Toll du 17 mai au 1er juin 1965. Plusieurs thématiques furent abordées, dont la fonctionnalité des aires de séchage et les magasins. Les animateurs Ba et Diop intervinrent sur les méthodes de séchage et de conservation du poisson, les moyens d'écoulement du produit et l'organisation des marchés[408]. La direction des Eaux et Forêts choisissait les stagiaires formés par l'enseignement technique et les suivait dès leur retour dans le milieu pêcheur. Au début des années 70, le centre de M'bane s'était écarté de ses objectifs initiaux, car les stagiaires sélectionnés étaient plus souvent des chômeurs des villes de la région (Matam, Richard-Toll...) que de véritables pêcheurs du fleuve. Ces jeunes profitaient de la perception d'une indemnité d'entretien pour financer une immigration vers Dakar ou Nouakchott[409]. La remise en activité de la brigade de pêche fluviale ne put avoir lieu, faute de moyens suffisants, malgré une note de service du 6 novembre 1964[410].

---

404 *Id.*, page 269.
405 Archives du Sénégal, rapport annuel des Eaux et Forêts 1970, dossier 2G70 (11), page 153.
406 Dossier 2G71 (7), *op. cit.*, page 158.
407 Dossier 2G64 (47), *op. cit*, pages 94, 102 et 105.
408 Archives du Sénégal, rapport annuel des Eaux et Forêts 1965, dossier 2G65 (2), 1965, page 108.
409 Archives du Sénégal, rapport annuel des Eaux et Forêts, dossier 2G72 (14), 1972, page 144.
410 Dossier 2G64 (47), *op. cit.*, page 104. Cette brigade devait surveiller les pêcheurs du fleuve Sénégal, appliquer les textes réglementaires et appuyer les actions menées à M'bane et Guidick.

4) Des lois réglementant le commerce du poisson

Le projet de décret du 13 juillet 1970 et le décret du 23 juin 1973 furent les premiers textes juridiques à avoir fixé le statut du mareyeur. Les décrets du 27 mars 1966 du ministre chargé du commerce relatif au contrôle des produits alimentaires et à la répression des fraudes et du 1er mars 1969 du ministre du Développement rural relatif au contrôle des produits de la pêche concernaient aussi les mareyeurs dans un cadre plus général. Ces textes visaient aussi bien à protéger l'activité de mareyage que le mareyeur lui-même. C'est ainsi qu'un certain nombre de conditions devaient être remplies au préalable par toute personne désirant exercer l'activité. À défaut, des sanctions étaient prévues contre tout manquement.

L'encadrement

Le législateur sénégalais fit voter le décret du 23 juin 1973 qui précisait : « *Le développement de la pêche a occasionné une importante activité commerciale orientée dans deux directions : le mareyage d'exportation qui s'occupe essentiellement du traitement et de l'exportation de divers produits maritimes vers les marchés européens, le mareyage local qui draine, à partir des centres de pêche répartis le long de la côte, les produits pêchés qui sont distribués ensuite dans les principales agglomérations. La première activité suppose, en raison des marchés qu'elle vise et des produits traités, des installations aménagées pour assurer une bonne qualité des produits. Compte tenu de l'importance de la concurrence dans ce secteur entre les entreprises, l'imposition de normes apparaît comme la meilleure façon d'établir une bonne harmonie. La deuxième activité concerne les nombreux petits commerçants qui se livrent à ces achats et ventes. Il s'agit d'un secteur pléthorique parce qu'inorganisé où chacun peut se faire mareyeur selon ses intérêts momentanés.* » L'État sénégalais avait ainsi pour objectif de codifier la profession de mareyeur en lui fixant un statut : « *Il s'agit, en fixant des critères qui sont accessibles à ceux qui veulent faire des efforts d'organisation, d'assainir la profession en la débarrassant de ses occasionnels dont l'action anarchique n'aboutit qu'aux spéculations et au désordre.* » Il fallait donc protéger ceux qui exerçaient de façon habituelle la profession de mareyeur. Le mareyeur était ainsi défini par l'article 2 du décret de 1973. En effet, ce décret précisait qu'il s'agissait de : « *Tout commerçant de nationalité sénégalaise ou tout groupement corporatif de statut sénégalais qui assure régulièrement, en vue de leur vente, l'achat en gros aux producteurs des produits de la pêche maritime* [...]. *Tout producteur sénégalais ou groupement de producteurs de statut sénégalais qui assure de façon habituelle, dans les mêmes conditions, l'expédition et la vente de ses propres captures ou celle de ses adhérents.* »

Après avoir défini l'activité de mareyage et la profession de mareyeur, le législateur sénégalais posa un contrôle *a priori* de l'Administration c'est-à-dire l'obtention de la carte professionnelle et l'autorisation préalable.

Le contrôle a priori de l'Administration

Le contrôle *a priori* est un contrôle en amont de l'administration dont l'objectif est de vérifier que l'administré remplit tous les critères pour obtenir la carte professionnelle. Lorsque toutes les conditions étaient réunies, le commerçant pouvait exercer légalement la profession de mareyeur.

La carte professionnelle

La carte professionnelle est une sorte de licence, c'est-à-dire un agrément qui ouvre droit, pour son bénéficiaire, à la pratique d'une activité moyennant affiliation à une organisation. Selon l'article 5 du titre 1er du décret de 1973 : « *La carte professionnelle de mareyeur est délivrée par le ministre du Développement rural. Il n'est délivré qu'une carte par mareyeur ou groupement ou société de mareyage.* » Le décret précisait en outre les différentes catégories de mareyeurs et les mentions devant figurer sur la carte professionnelle, notamment l'état civil. S'il s'agissait d'une personne physique, les prénom, nom du mareyeur et son domicile figuraient obligatoirement sur la carte professionnelle.

S'il s'agissait d'une personne morale, la raison sociale de la société ou de la coopérative de mareyage, son siège social ainsi que le ou les lieux d'implantation des structures où les produits étaient mareyés devaient être mentionnés.

L'autorisation administrative préalable

L'autorisation est un acte par lequel une autorité administrative permet à un bénéficiaire d'exercer une activité ou de jouir de droits dont l'exercice ou la jouissance sont subordonnés à son obtention[411]. Elle concernait aussi bien la fabrication et la transformation que la vente de produits issus du mareyage. La loi du 27 mai 1966 précisait à ce propos dans son article premier : « *La fabrication ou la transformation des produits destinés à l'alimentation des hommes ainsi que la mise en vente en gros, en demi-gros ou au détail des produits ainsi fabriqués ou transformés, est soumise à une autorisation de l'autorité administrative.* » Selon la doctrine juridique, lorsqu'une liberté publique est en cause (et la liberté d'entreprendre en est une) l'exercice de celle-ci ne devrait pas, en principe, être subordonnée à

[411] *Vocabulaire juridique*, V° *Autorisation*, association Henri-Capitant, Paris.

l'autorisation préalable administrative[412]. Toutefois, parce que la liberté n'est pas une liberté constitutionnelle de premier rang, la loi peut subordonner, sans le remettre en cause, l'exercice de cette liberté à la délivrance d'une autorisation administrative[413]. Par conséquent, dès lors qu'elle est prévue par la loi, l'absence d'une autorisation préalable interdit à la personne toute activité relative à la profession visée et frappe de nullité les actes qu'elle aura accomplis. En revanche, en l'absence de toute disposition législative l'y autorisant, l'autorité administrative ne saurait subordonner, sauf à commettre une illégalité, l'exercice d'une profession ou d'une activité industrielle et commerciale à l'obtention d'une autorisation ou d'une habilitation de sa part[414]. Ainsi, pour la doctrine juridique, ce pouvoir discrétionnaire connaît à vrai dire des limites. Outre la nécessité de la mesure et la prohibition des interdictions générales et absolues, les autorités de police ne peuvent édicter certains types de réglementations instaurant des régimes d'autorisation ou de déclaration préalable à l'exercice d'une activité que seule la loi peut établir[415]. Une fois que le contrôle était exercé en amont, qu'on accèdait à la profession de mareyeur et qu'on exercait l'activité, un contrôle *a posteriori* était prévu. Il visait les produits alimentaires et leur vente.

Le contrôle a posteriori : les produits alimentaires et leur vente

Le contrôle *a posteriori* concernait les produits alimentaires d'une part et leur vente d'autre part. Il s'agissait surtout de s'assurer que les produits alimentaires et leur commercialisation étaient conformes au cahier de charges notamment en ce qui concernait leur qualité. Le contrôle des produits alimentaires fut l'objet de textes législatifs de 1966 à 1988. Ces textes révélaient l'attention toute particulière que le législateur sénégalais porte aux consommateurs. Ainsi se succédèrent le décret du 27 mai 1966 du ministre du Commerce relatif au contrôle des produits alimentaires et à la répression des fraudes, le décret du 1er mars 1969 du ministre du Développement rural relatif au contrôle des produits de la pêche, la loi du 27 mai 1986 relative au contrôle des produits alimentaires et, enfin, le décret du 12 mars 1988 relatif au contrôle sanitaire des produits de la pêche. Ces contrôles veillaient à ce que les règles relatives à l'hygiène, à la qualité des produits et à leur salubrité soient respectées. Une fois que les produits étaient bien contrôlés, leur vente devait être encadrée. La vente, c'est-à-dire la commercialisation des produits alimentaires, était soumise à une réglemen-

412 Article 7 du Code de commerce issu de la loi du 2-17 mars 1791.

413 L. RAPP, Ph. TERNEYRE, *Les Modalités de la réglementation des activités économiques privées, Lamy droit public des affaires,* pages 358 à 374.

414 *Recueil*, arrêt du Conseil d'État, 15 février 1901, page 177.

415 Ph. FOILLARD, *Droit adminsitratif*, Édition Paradigme, 2003/2004, pages 265-278.

tation stricte. Le décret présidentiel du 19 juillet 1966 définissait les conditions de la vente sur la voie et les lieux publics. Le décret précisait, en outre, les renseignements que le vendeur devait fournir, notamment les données relatives à son état civil (article 2), les lieux de vente et les interdictions (article 5), les supports des produits (article 12). Cet arsenal juridique était par ailleurs assorti de sanctions.

Les sanctions

Les sanctions étaient variées : il pouvait s'agir de simples contraventions ou, plus grave, de la suspension de la carte professionnelle. Le retrait de cette carte était une sanction plus radicale puisqu'elle privait en théorie le détenteur de l'exercice de sa profession.

Les contraventions

Une contravention est une espèce d'infraction appartenant à une catégorie située au bas de l'échelle de gravité (Code pénal, article 111-1) et subdivisée en plusieurs classes, dont la détermination, la définition et le classement relèvent non de la loi mais du règlement (article 111-2, 111-3) ainsi que, dans certaines limites, la fixation de la peine encourue par les contrevenants[416]. Selon l'article 14 du décret du 9 juillet 1966 réglementant la vente sur la voie et les lieux publics, l'exercice sans autorisation de la vente de produits industriels locaux ou importés ainsi que de denrées alimentaires constituait un motif de contraventions. Le décret du 27 mai 1986 prévoyait, en outre, de renforcer ce contrôle en instaurant une autorité qui était la Commission de contrôle des produits alimentaires. Cet outil de contrôle pouvait par ailleurs procéder à des saisies ou à des destructions de certains produits. L'Administration avait aussi la possibilité de procéder à la suspension ou au retrait de la carte professionnelle.

La suspension

La suspension est une mesure temporaire qui fait provisoirement obstacle à l'exercice d'une fonction ou d'un droit, à l'exécution d'une convention ou d'une décision, soit à titre de sanction, soit par mesure d'attente[417]. Les articles 13 et 14 du décret de 1973 précisaient que « *la suspension de la carte professionnelle peut être prononcée par l'inspecteur chef de la région des pêches maritimes dont relève le mareyeur* ». Pour que la carte professionnelle soit suspendue, une fraude devait être constatée, c'est-à-dire un acte accompli dans le dessein de préjudicier à des droits que l'on doit

---

[416] Association Henri-Capitant, *Vocabulaire juridique*, V° *Contraventions,* Paris.
[417] *Id.*, V° *Suspension,* Paris.

respecter[418]. Dans certains cas, l'Administration allait plus loin en retirant la carte professionnelle.

Le retrait

Le retrait est une décision par laquelle une autorité administrative revient sur une de ses décisions antérieures[419]. L'article 13b du décret de 1973 précisait que le retrait de la carte professionnelle pouvait être prononcé. C'était une sanction sévère qui, par conséquent, était strictement encadrée. Le législateur énuméra les conditions pouvant entraîner le retrait de la carte professionnelle afin d'éviter toute dérive. Ainsi, une carte professionnelle pouvait être retirée dans quatre cas bien précis. Le mareyeur perdait définitivement sa carte s'il n'avait plus la capacité d'exercer sa profession. L'Administration lui ôtait sa carte à la suite d'une ou de plusieurs condamnations pour infractions aux dispositions du présent décret. Le grossiste n'avait plus le droit de vendre du poisson s'il cessait d'exercer de façon active, pour quelque cause que ce soit, en dehors du cas de force majeure son métier pendant plus de six mois consécutifs. Enfin, la carte était confisquée si, à l'expiration de la période de suspension, le titulaire n'avait pas encore rempli, sauf en cas de force majeure, les conditions dont la non-exécution avait motivé la suspension. Par ailleurs, le ministre du Développement rural était l'autorité chargée de prononcer le retrait.

L'étude de la réglementation relative à la profession de mareyeur et à son activité montre qu'il existe au Sénégal un arsenal juridique capable d'assainir et de moraliser le métier. Il faut dire qu'en dépit des règles en vigueur, les autorités administratives manquent de moyens pour mettre fin à certains problèmes (absence d'autorisation préalable, défaut de carte professionnelle, fraude, etc.). La solution viendrait certainement des ministères compétents dans le domaine du mareyage en rendant leur contrôle administratif plus strict. Les différents décrets depuis 1966 ont constaté une situation intolérable où les mareyeurs occasionnels concurrencent ceux qui exercent leur activité de façon habituelle. L'État a fait preuve d'une volonté de faire évoluer cette situation en assainissant la profession et l'activité. Il faut dire qu'aujourd'hui encore, même si des progrès ont eu lieu, force est de constater qu'il se pose le problème de l'effectivité du contrôle.

---

418 *Id.*, V° *Fraude,* Paris.

419 *Id.*, V° *Retrait,* Paris.

Conclusion

L'État ne parvint pas à ses fins, c'est-à-dire ôter aux intermédiaires leur pouvoir de plus en plus important sur l'exploitation des produits maritimes et fluviaux, essentiellement par manque de ressources suffisantes. Les producteurs ne purent pas non plus garder des réseaux commerciaux grandissants sous leur influence. Les grossistes avaient su profiter d'un contexte favorable pour poser les fondements de leur emprise sur les circuits commerciaux du poisson frais et séché.

Conclusion de la première partie

Les filières commerciales des produits halieutiques échappèrent progressivement aux producteurs qui en avaient la mainmise. Le développement de l'économie monétaire et du marché intérieur combiné aux progrès fulgurants du secteur artisanal instaurèrent une nouvelle donne. Désormais, la possession d'un capital devint une condition sine qua non à l'acquisition d'engins de pêche ou de moyens de transports qui faisaient l'assise des mareyeurs. Leur profession fut d'ailleurs réglementée en 1973, au moment où elle était en pleine expansion, sans succès manifeste.

PARTIE II

Une filière contrôlée de l'aval (1973-1991)

Introduction de la deuxième partie

Les problèmes économiques du Sénégal dans les années 80 se répercutèrent sur la filière pêche. L'économie sénégalaise bénéficia d'une conjoncture favorable jusqu'en 1977, grâce aux prix élevés à l'exportation de phosphate et d'arachide[420]. Mais les cours de ces produits chutèrent entre 1978 et 1980, alors qu'elle était confrontée à deux sécheresses[421]. Le Sénégal connut, tout comme l'ensemble des pays d'Afrique noire, une grave crise au début des années 80. D'après Issa Sacko : « [...] *les économies subsahariennes ont été frappées par une série de puissants chocs externes liés à la deuxième hausse des prix du pétrole et à la récession qui en a résulté dans les pays occidentaux*[422]. » Il est probable que les difficultés d'approvisionnement en carburant n'épargnèrent pas le domaine de la pêche artisanale. Les intermédiaires, dont les moyens financiers étaient plus élevés que ceux des producteurs, raffermirent leur emprise sur la filière commerciale du poisson. L'État vit dans le projet du Centre d'aide à la pêche artisanale sénégalaise (CAPAS) le moyen de lutter contre les mareyeurs et de soutenir les producteurs tout en assurant au consommateur un produit de qualité à un tarif raisonnable, même dans les zones intérieures du pays. Nous pensons

---

420 Hélène d'ALMEIDA-TOPOR et Monique LAKROUM, *op. cit.*, 1994, pages 172 et 173. MOLL, *op. cit.*, 2000, page 2 et MARCHAND, *op. cit.*, 2005, chapitre 3, page 5. Cependant, le surplus ne fut pas destiné à la restructuration de l'économie sénégalaise. Les prêts contractés servirent à investir dans des travaux et des emplois non productifs.

421 Hélène d'ALMEIDA-TOPOR et Monique LAKROUM, *op. cit.*, 1994, page 173.

422 Issa SACKO, *Impact des fluctuations des prix du pétrole sur les économies de l'Afrique subsaharienne importatrices de produits pétroliers*, thèse de doctorat en sciences économiques, université Paris X Nanterre, 1997, page 338. Le volume du commerce mondial stagna entre 1981 et 1983 tandis que la demande des partenaires commerciaux de l'Afrique subsaharienne en produits de base et pétroliers chuta. Les prix des matières premières s'effondrèrent pendant que ceux des produits manufacturés augmentaient, ce qui entraîna une dégradation des termes de l'échange. À partir de 1980, le Fonds monétaire international et la Banque mondiale imposèrent au Sénégal des ajustements structuraux visant à réduire le déficit budgétaire.

que les grossistes ne sont pas, contrairement à l'idée répandue, à proprement parler des exploiteurs, et nous tenterons de le démontrer à l'aide des résultats fournis par nos enquêtes et notre base de données.

CHAPITRE III

Les réseaux commerciaux des pêches maritime et fluviale

Introduction

Les mareyeurs réussirent à contourner la loi régissant leur activité. Ainsi, bon nombre d'entre eux exerçaient leur métier sans être officiellement déclarés. Les marchés, où les grossistes rencontraient les détaillants, restaient toujours confrontés à de sérieuses difficultés. Ainsi, certains lieux de vente du poisson, comme celui de la Gueule-Tapée, jouaient le rôle de marché de gros sans en posséder les infrastructures nécessaires. Les marchés de la vallée du fleuve étaient tout aussi vétustes et moins bien ravitaillés par des vendeurs de poisson et producteurs qui se heurtaient à une raréfaction de la ressource.

I. UNE DÉCADENCE DE LA PÊCHE FLUVIALE

La pêche fluviale vit le rôle de ses coopératives limité par une pénurie de la ressource consécutive à la sécheresse et la mise en place de barrages. L'État poursuivit tout de même ses efforts pour encadrer au mieux les producteurs.

1) Le problème de la ressource

Les conséquences néfastes des barrages sur la pêche fluviale

La création de barrages sur le fleuve Sénégal, destinés à réguler son débit, mit fin aux crues qui inondaient son lit majeur poissonneux. Mais ces infrastructures permirent aux populations de la vallée de bénéficier d'un meilleur accès en eau, notamment dans le cadre de leurs travaux agricoles[423].

[423] Mame Arame SOUMARE ; *Évolution des systèmes de production agropastoraux de la moyenne vallée du Sénégal (rive gauche), approche géographique*, thèse de géographie, université de Dakar, 1997, pages 42, 150 et 151. Les barrages de Diama et de Manantali,

Les pêcheurs furent fortement touchés par cette baisse de la disponibilité en ressources fluviales. Ils pouvaient autrefois établir des campements à côté des dépressions qui se trouvaient sur des lieux topographiquement élevés. Les Subalbé profitaient d'une reproduction des espèces particulièrement active lors de la crue dans les mares, cuvettes et rigoles, notamment entre les mois de juin et novembre. Les mises à terre étaient donc plus élevées entre décembre et mai. Après la décrue, la population s'adonnait à la pêche et à la culture des terres situées sur les berges. L'activité de production fluviale moins intense obligea les pêcheurs à se sédentariser dans des villages situés sur la rive du fleuve Sénégal où ils cultivaient les terres irriguées. La pêche tendait à devenir une activité secondaire[424]. D'après Soumaré : « *La décadence de l'activité de pêche fut un fait majeur de la fin de la décennie 1970. La production annuelle qui se situait autour de 15 000 tonnes (1962) chuta en deçà de 500 tonnes*[425]. » Ce déclin de la pêche fluviale était problématique, car le poisson fournissait la majeure partie des protéines animales constituant la ration alimentaire des habitants de la vallée. Les mareyeurs approvisionnaient les marchés locaux en sardinelles débarquées à Saint Louis et poissons séchés originaires de M'bour et Gandiol, ce qui palliait en partie le manque de produits fluviaux[426].

La production fluviale des pêcheurs

Les principales zones de pêche continentales au Sénégal étaient le fleuve Sénégal, la Casamance et ses affluents, la Gambie, la Falémé et le lac de Guiers. L'exploitation du fleuve Sénégal fournit des mises à terre moins élevées à partir des années 70. Les campagnes de pêche furent suspendues afin de favoriser la reproduction des espèces de poissons commercialisables. Cette raréfaction était due à l'emploi de méthodes de pêche augmentant les débarquements (filets, araignées...), à la faiblesse des crues en période de sécheresse et à l'exploitation intensive des ressources fluviales.

Les poissons de fleuve du département de Matam furent touchés par le manque de nourriture, ce qui eut pour conséquence une réduction de la taille des espèces capturées ou leur disparition (comme par exemple les *Gymnarchus* ou les *Lates*). Dans le département de Podor, les pêcheurs possédant de gros moyens de production se heurtèrent à l'hostilité des petits

construits sous l'impulsion de l'Organisation pour la mise en valeur du fleuve Sénégal (OMVS) furent les réalisations les plus importantes des années 80. Le premier barrage, édifié en 1986, se trouvait à 25 km de l'embouchure du fleuve, sur son cours aval. Il permettait entre autre d'améliorer le remplissage du lac de Guiers. La structure de Manantali, mise en service dés 1988, était située en amont du fleuve Sénégal sur le Bafing, son affluent principal.

[424] *Id.*, pages 41, 42, 281 et 282.

[425] *Id.*, page 282.

[426] *Id.*, page 313.

producteurs désirant pratiquer une activité de subsistance. Le département de Dagana, favorisé par la présence du lac de Guiers et de la Taouey, ne fut pas épargné par le dépeuplement de ses eaux[427]. Lorsque les points d'eau étaient sous-peuplés, les populations se tournaient tant bien que mal vers le poisson de mer. Ainsi, les marchés du département de Matam furent approvisionnés en produits halieutiques en 1977 et 1978[428]. Au début des années 80, les *Gymnarchus* étaient toujours menacés, tandis que les *Polypterus* et *Hétérotis* étaient en voie de disparition. Comme nous l'avons expliqué précédemment, la mise en route de barrages dans la région du Fleuve eut pour conséquence une baisse de la production occasionnée par l'abondance de l'eau[429].

La pêche continentale sénégalaise fournissait tout de même 35 000 tonnes de poisson frais par an à la fin des années 80. De plus, 15 000 emplois de pêcheurs, transformateurs et revendeurs dépendaient de cette activité[430]. En 1983, 34 150 tonnes de poissons fluviaux auraient été mises à terre, dont 15 000 en Casamance (43%) et 13 200 dans la vallée du fleuve Sénégal (39%). La production de la vallée du fleuve avait chuté car elle avoisinait 15 000 tonnes en 1977[431]. Le lac de Guiers et la Taouey fournirent plus de produits fluviaux en 1983 et 1985 qu'au début des années 80, car le poisson devint plus abondant. L'État devait cependant rester vigilant afin d'éviter la surexploitation de ces eaux.

Environ 36 villages et campements de pêcheurs étaient dénombrés autour du lac de Guiers en 1986. La puissance de pêche fut accrue entre 1984 et 1986 suite à l'amélioration de la situation hydrologique du lac de Guiers. Ainsi, le nombre de pêcheurs professionnels quadrupla, tandis que celui de semi-professionnels connut une augmentation de 61% en deux ans. Ces producteurs étaient majoritairement des Walo-walo, mais on pouvait en trouver d'ethnies toucouleur, maure ou gaé-gaé. Le nombre d'embarcations resta a peu près identique, car les nouveaux pêcheurs installés dans la zone du lac de Guiers avaient des difficultés à acquérir des moyens de

---

427 Archives du Sénégal, secrétariat d'État auprès du Premier ministre chargé de la protection de la nature, direction des Eaux et Forêts, *Rapport annuel 1973*, dossier 2G73 (18), pages 158-159 et Archives du Sénégal, ministère du Développement rural et de l'hydraulique, direction des Eaux, forêts et chasses, *Rapport annuel 1974*, dossier 2G74 (8), page 162.

428 Archives du Sénégal, ministère du Développement rural et de l'hydraulique, direction des Eaux, forêts et chasses, *Rapport annuel 1977*, dossier 2G77 (14), pages 187-188 et République du Sénégal, ministère du Développement rural et de l'hydraulique, direction des Eaux, forêts et chasses, *Rapport annuel 1978*, page 172.

429 Ministère de la Protection de la nature, direction des Eaux, forêts, chasses et de la conservation des sols, inspection régionale des Eaux et Forêts de Saint-Louis, *Rapport annuel 1989*, page 86.

430 Ministère de la Protection de la nature, direction des Eaux, forêts, chasses, *Rapport annuel 1988-1989*, page 179.

431 Dossier 2G77 (14), *op. cit.*, page 197 et ministère de la Protection de la nature, direction des Eaux, forêts et chasses, *Rapport annuel 1983-1984*, page 183.

production[432]. La pression de pêche (le rapport entre la puissance de pêche et l'aire de production) restait trop élevée pour garantir une conservation de la ressource fluviale. On dénombrait ainsi 4 pêcheurs, une embarcation active et environ 650 mètres de filets mouillés au km². Les *Dolinkés* étaient des instruments de pêche constitués d'hameçons montés tous les 10 centimètres sur des lignes de 100 mètres[433]. La pêche fluviale de subsistance pratiquée dans les eaux du Sénégal oriental était marquée par les conflits de propriété entre Sénégalais, Mauritaniens et Maliens. Les producteurs pêchaient dans les eaux continentales du fleuve Sénégal, le Gouloumbou et la Falémé. Mais les pêcheurs, qui n'étaient pas des producteurs professionnels comme ceux de la vallée du fleuve Sénégal, ne pouvaient exploiter correctement ces points d'eaux, car ils manquaient d'équipement. Les marchés de Bakel et de Kidira étaient régulièrement approvisionnés en Tilapias, *Synodontis*, *Alestes*, *Gymnarchus*, *Bagrus*, *Lates et Citharinus*[434].

Graphique 22 : Evolution de la puissance de pêche au bord du lac de Guiers entre 1984 et 1986

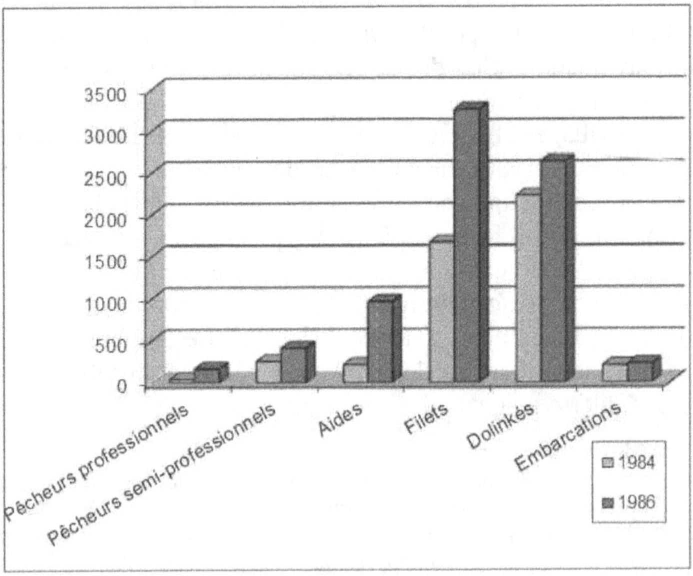

Source : d'après le service des Eaux et Forêts de Saint-Louis, *Rapport annuel 1987, op. cit.*, page 77.

[432] Ministère de la Protection de la nature, direction des Eaux, forêts et chasses, service régional des Eaux et Forêts de Saint-Louis, *Rapport annuel 1987*, pages 75 et 77.
[433] Service régional des Eaux et Forêts de Saint-Louis, *Rapport annuel 1987*, *op. cit.*, page 78.
[434] Archives du Sénégal, ministère du Développement rural et de l'hydraulique, direction des Eaux et Forêts, *Rapport annuel 1975*, dossier 2G75 (17), page 195 et ministère de la Protection de la nature, direction des Eaux, forêts et chasses, *Rapport annuel 1980*, page 180.

Les pêcheurs exerçant leur métier sur les fleuves du Sénégal étaient 13 500 en 1983. Ils étaient majoritaires dans la région du fleuve Sénégal où l'on en comptait 9000, soit 67%. Les producteurs casamançais, bien que moins nombreux (ils représentaient 22% des pêcheurs) débarquaient plus de poissons. Environ 11% des producteurs pêchaient du poisson dans le fleuve Gambie.

Les réseaux commerciaux

Les mêmes routes commerciales que celles des années 50 et 60 étaient utilisées pour revendre le poisson péché dans le fleuve Sénégal et le lac de Guiers malgré les conséquences de la sécheresse. Même si nous ne possédons pas de statistiques concernant les flux commerciaux des années 70 et 80, les rapports des Eaux et Forêts ainsi que nos sources orales nous donnent quelques indications à ce sujet. En 1976, les poissons du lac de Guiers étaient autoconsommés frais et expédiés vers les centres urbains de Richard-Toll et Dagana[435]. Les deux tiers de la production du lac de Guiers étaient débarqués dans le village de *Ngnith*, situé sur la rive ouest et relié à Louga par la route. Selon un rapport de 1977 : « *Les mareyeurs peuvent désormais atteindre facilement les grands centres urbains avec du poisson en bon état*[436]. » Nous avons peu d'informations sur les quantités de poisson frais ou séché de fleuve commercialisées dans les années 70 et 80 au Sénégal. Nous serions tentée d'affirmer, à la vue du graphique ci-dessous, que le poisson de fleuve était plus commercialisé en frais que sec à Richard-Toll et Dagana entre 1973 et 1979. En fait, si l'on étudie l'équivalent en frais du poisson séché, on se rend compte que 72% du poisson vendu sur les marchés était transformé artisanalement. Les quantités de poissons frais fabriquées par les préparateurs étaient d'environ 744 tonnes en 1973, 850 tonnes en 1974 et 1216 tonnes en 1975.

[435] Archives du Sénégal, ministère du Développement rural et de l'hydraulique, direction des Eaux, forêts et chasses, *Rapport annuel 1976*, dossier 2G76 (20), page 220.
[436] *Rapport annuel 1977*, dossier 2G77 (14), *op. cit.*, page 243.

Graphique 23 : Tonnage de produit fluvial commercialisé à Richard-Toll et Dagana dans les années 70

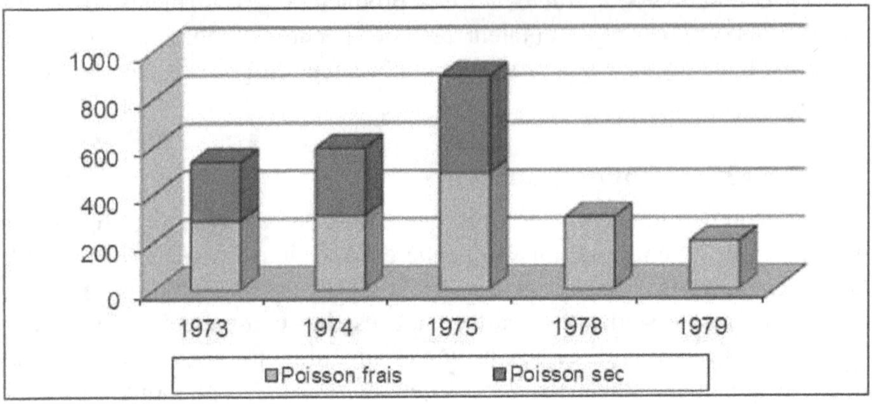

Sources : d'après les rapports de la direction des Eaux et Forêts de 1973 à 1979.

Djibril Niasse, 44 ans, et son grand frère Abdou Fall Niasse, sont issus d'une famille de pêcheurs et de vendeurs de poisson du village de Gaya. Djibril Niasse se présente comme l'un des plus grands mareyeurs de Richard-Toll et a débuté son commerce en 1974. Il nous a affirmé que les mareyeurs de la zone du fleuve Sénégal n'empruntaient pas seulement les routes commerciales de la région. Ils se ravitaillaient aussi en produits halieutiques sur les plages de la Petite-Côte :

« *Au début, j'avais un âne qui me permettait de cultiver de l'arachide. Ensuite, j'ai investi dans la vente. La vente était bonne, car il y avait peu de commerçants* [...]. *Tu pouvais revendre ton poisson jusqu'à Bakel* [...]. *Je revendais la sardinelle que j'achetais à M'bour, pour 600 000 francs CFA* [...] *Avant, j'avais un bénéfice de 250 000 francs CFA par voyage* [...] *je revendais le poisson pêché par la pirogue de mon père* [...]. *Je revendais le kg de capitaine à 600 francs CFA à Tambacounda* [...]. *J'avais une camionnette 704 Peugeot* »[437]. Abdou Fall a commencé à vendre du poisson en gros dix ans avant son frère. Il a débuté son activité avec un capital conséquent pour l'époque, puisqu'il avoisinait 800 000 francs CFA. Il approvisionnait les détaillants de la vallée du fleuve, mais aussi les vendeurs des marchés de M'bour, Hann et Kayar : « *Je vendais 1 à 3 tonnes de poisson frais dans la vallée et j'avais un bénéfice de 300 000 à 1 million de francs CFA.* » Ces deux témoignages montrent qu'il n'existe pas de division stricte entre le commerce des produits halieutiques et celui du poisson de fleuve. Ces deux types de produits sont écoulés par des mareyeurs qui savent

---

[437] Nous les avons interrogés le 12 août 2004 au marché Rouma de Richard-Toll. Abdou Fall Niasse n'a pas souhaité nous communiquer son âge.

saisir les opportunités se présentant lors de leur ravitaillement afin de faire fructifier leurs commerces.

En 1980, les pêcheurs du lac de Guiers débarquèrent environ 10 kg de produits par producteur et par jour, c'est-à-dire 608 tonnes. Le tiers de la production fut réservé à l'autoconsommation. Le produit fluvial fut aussi revendu séché sur les marchés locaux et dans les villes de Dagana, Podor, Saint Louis et Dakar[438]. Le poisson du fleuve Sénégal était revendu par les pêcheurs entre 100 et 900 francs CFA le kg. Celui du lac de Guiers était commercialisé à 200 francs CFA[439]. Le lac ravitaillait régulièrement les marchés de Louga[440]. Même si certaines années de fortes crues (1974 et 1975) étaient marquées par une bonne reproduction, elles ne suffisaient pas à reconstituer le peuplement piscicole du Sénégal. Fatou Bana Sarr, la plus ancienne vendeuse de poisson frais du marché de Richard-Toll, nous a expliqué que le commerce des espèces marines et fluviales se portait bien en 1974 aux bords du fleuve Sénégal : « *Nous n'avions pas besoin des sardinelles, déversées à la poubelle. Nous privilégions le mérou, que l'on ne pesait pas à l'époque. On l'achetait à 3500 ou 4000 francs CFA l'unité. On pouvait obtenir une pirogue de mérou à 15 000 francs CFA* [...]. *Quand il nous arrivait d'acheter des sardinelles, on achetait la charge à 100 000 francs CFA et tous les frais réunis, y compris la glace, ne dépassaient pas 150 000 francs CFA. Aujourd'hui, la charge seule coûte 1 000 000 de francs CFA* [...]. *Le poisson fluvial ne coûtait pas cher. C'est mon mari qui allait à la pêche. Au retour, je vendais son produit. Par exemple, je pouvais vendre un tas de 3 grands Gangue à 25 francs CFA, 1 M'bètte à 25 francs CFA, 1 Galakh à 500 ou 750 francs CFA. Aujourd'hui, le Galakh est très rare à trouver et coûte jusqu'à 15 ou 20 000 francs CFA*[441]. » Si l'on transforme les ordres de grandeur donnés par Mme Sarr en francs CFA constants 1974, on se rend compte que le prix de la charge de sardinelle n'a été multiplié que par 1,63, alors que la détaillante pense qu'il est 10 fois plus élevé. La pièce de Galakh, qui coûte 2825,45 francs CFA constants 1974 en 2004, est 4,2 fois plus chère qu'il y a trente ans. Les vendeurs que nous avons rencontrés entre 2000 et 2005 ont tous été unanimes quant à l'augmentation du prix des espèces, et ils ont raison sur ce point. Mais, les problèmes de raréfaction de la ressource liés à une baisse du pouvoir d'achat donnent aux commerçants une perception du phénomène d'accroissement des prix qui est biaisée.

---

[438] Direction des Eaux, forêts et chasses, *Rapport annuel 1980*, *op. cit.*, page 179 et ministère de la Protection de la nature, direction des Eaux, forêts et chasses, *Rapport annuel 1981-1982*, page 224.

[439] Direction des Eaux, forêts et chasses, *Rapport annuel 1983-1984*, *op. cit.*, page 184.

[440] Ministère de la Protection de la nature, direction des Eaux, forêts et chasses, *Rapport annuel 1986-1987*, page 174.

[441] Nous avons rencontré Mme SARR le 11 août 2004 au marché de Richard-Toll.

Selon Ousseynou Cissé, pêcheur sur le fleuve Sénégal depuis 1979, le poisson frais des producteurs était commercialisé par les mareyeurs à Dakar et dans les autres régions du pays. Il pêchait des mulets et des carpes qu'il revendait 1000 francs CFA l'assiette. Chaque assiette contenait 15 à 17 poissons de taille moyenne, ce qui équivalait à 3 ou 3,5 kg. Les mareyeurs pouvaient acheter un casier de poissons, c'est-à-dire 50 kg, à un tarif oscillant entre 5000 et 7000 francs CFA. De nos jours, il propose l'assiette à 1500 francs CFA et le casier à 14 ou 15 000 francs CFA[442]. Oumy Gueye, 35 ans, vit dans le village de Gadalkhout, situé près de Richard-Toll, au bord du fleuve Sénégal. Elle transformait en 1984 le poisson invendu de son mari pêcheur en *Guedj* et l'écoulait en gros, au tas ou à la pièce. Le poisson fermenté de fleuve était consommé dans les régions du Fleuve et de Tambacounda : « *Des commerçants ramassaient notre marchandise pour aller la revendre et ensuite revenir nous rembourser. Dans certains cas, c'est nous qui allions acheter le Guedj pour le revendre ou, si c'était invendu, on donnait le produit à des commerçantes qui le revendaient dans la vallée du fleuve Sénégal* [...]. *Il y en avait qui venaient du Fouta, de Bakel, de Kaédi* [...] *ainsi que des villages lointains. Nous aussi, il nous arrivait assez souvent de voyager en allant vendre chez des commerçantes. On pouvait rester du matin au soir*[443]. »

2) L'encadrement étatique

Le gouvernement pensait dans les années 70 qu'il fallait établir une réglementation adéquate pour préserver la ressource fluviale et obtenir les moyens financiers nécessaires pour la faire appliquer. Un rapport du service des Eaux et Forêts de 1976 résumait ainsi les buts étatiques : « *Pour que la pêche continentale continue à se développer correctement et à prendre la place qui lui revient dans le développement rural, il faudrait qu'un certain nombre d'objectifs soient atteints : le maintien du niveau de la production* [...] *l'équipement du service en moyens matériels et humains* [...] *une meilleure organisation des pêcheurs*[444]. »

Les coopératives de pêche fluviales

Les coopératives du secteur fluvial avaient pour objectifs, comme nous l'avons expliqué dans notre première partie, de faciliter aux pêcheurs l'accès à un équipement de production tout en rationalisant la commercialisation de leurs prises. On en dénombrait plusieurs dans les régions du Fleuve, de

[442] Nous avons questionné ce pêcheur le 13 août 2004 à Saint-Louis.
[443] Nous avons interrogé Mme GUEYE le 10 août 2004 à Gadalkhout.
[444] Archives du Sénégal, ministère du Développement rural et de l'hydraulique, *direction des Eaux, forêts et chasses, Rapport annuel 1976*, dossier 2G76 (20), page 177.

Louga et du Sénégal Oriental, mais toutes n'étaient pas agréées par le gouvernement. Tel était le cas des coopératives de M'bane et de Guidick aux bords du lac de Guiers. Les activités du centre de Guidick étaient d'ailleurs réduites par les effets néfastes de la sécheresse et le manque de ressources financières. La région du Fleuve comptait 14 coopératives dont 3 seules étaient agréées : Richard-Toll, Dagana et Gaé. Elles étaient habilitées à recevoir des prêts. Ainsi, la coopérative de Gaé reçut en 1973 une enveloppe financière de 510 000 francs CFA et les 3 regroupements de pêcheurs agréés une aide régionale de 447 000 francs CFA en 1974, 542 500 francs CFA en 1975 et 600 000 francs CFA en 1977 afin d'acquérir des bobines et des hameçons[445]. Les pêcheurs obtenaient des prêts d'un an pour le petit matériel de pêche et de deux ans remboursables en quatre semestres s'ils désiraient acheter des moteurs. Un groupe de travail fut mis en place par l'État pour recenser les besoins des coopératives fluviales et déterminer leur capacité d'endettement. Malheureusement, les crédits alloués étaient insuffisants pour répondre aux attentes des pêcheurs[446]. En 1980, la zone du lac de Guiers restait très active. Près de 224 producteurs y débarquaient leur produit dont 74 adhérents à des coopératives. Ils ne bénéficiaient cependant pas de crédits d'équipement[447].

Une faible motorisation des pirogues

Les Belges livrèrent dans la région du Fleuve 11 moteurs en 1973 et 22 de plus en 1975. Mais les retards de paiement de certains pêcheurs pénalisèrent les producteurs qui durent désormais se ravitailler au comptant. Les moteurs devinrent plus difficiles à obtenir : en 1975, 3 pêcheurs de la région du Fleuve seulement achetèrent des moteurs hors-bord 20 chevaux[448].

Au début des années 80, les pirogues fluviales motorisées restaient minoritaires : elles représentaient 5% du parc piroguier en Casamance, 3,3% dans le Saloum et 0,46% dans la région du Fleuve. L'effort d'équipement des pêcheurs fut suspendu à cause de la sécheresse et de la baisse de rendement des engins de pêche. Les producteurs avaient de plus en plus de mal à amortir leur investissement, car le poisson se faisait rare[449].

---

[445] Archives du Sénégal, dossier 2G73 (18), *op. cit.*, pages 161-164, dossier 2G74 (8), *op. cit.*, pages 161-162 et dossier 2G77 (14), *op. cit.*, page 189.
[446] Dossier 2G76 (20), *op. cit.*, pages 179 à 181.
[447] *Rapport annuel 1980*, *op. cit.*, page 180.
[448] Dossiers 2G73 (18), *op. cit.*, page 161 et 2G75 (17), *op. cit.*, page 189.
[449] *Rapport annuel 1983-1984*, *op. cit.*, page 186.

Graphique 24 : Nombre de pirogues fluviales au Sénégal en 1983

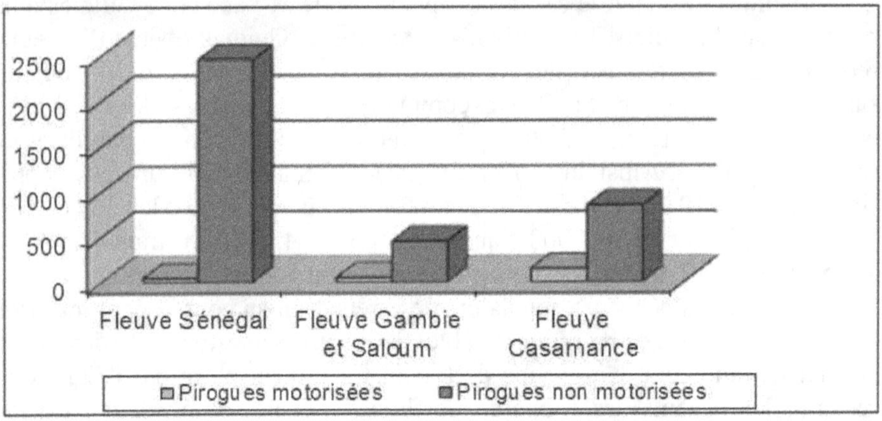

Source : d'après le *Rapport annuel 1983-1984*, *op. cit.*, page 186.

II. LA PÊCHE MARITIME

La pêche artisanale bénéficia de nouvelles innovations visant à améliorer la production et la conservation de ses mises à terre. L'adoption par les producteurs de ces nouvelles techniques de pêche modifia les systèmes de répartition du poisson ainsi que les filières commerciales des produits halieutiques frais et séchés.

1) Une production irrégulière de poissons frais et séchés

De nouveaux modes de partage

La motorisation des pirogues avait entraîné un changement dans le système de part utilisé par les producteurs au retour de la pêche. La part attribuée à chaque pêcheur fut réduite, car le capital était réinvesti dans le carburant, l'amortissement et l'entretien du matériel[450]. Ce mode de partage favorisait le détenteur du capital, c'est-à-dire le propriétaire des engins de pêche. De nouvelles techniques introduites par la suite, comme la senne tournante (filet de 250 à 300 mètres avec une chute de 40 mètres) à partir de 1972 et la pirogue glacière, confirmèrent cette mutation.[451]. Les caisses

---

[450] Marie-Christine CORMIER-SALEM, *Motorisation des pirogues et nouveaux espaces halieutiques en Afrique de l'Ouest*, Jean-Pierre CHAUVEAU, *Innovation et sociétés : quelles agricultures ? Quelles innovations ? : 2. Les diversités de l'innovation*, Montpellier, CIRAD, Séminaire international d'économie rurale, 1993, page 199.

[451] Francis LALOE et Alassane SAMBA, *La Pêche artisanale au Sénégal : ressources et stratégies de pêche*, ORSTOM, études et thèses, Paris, 1990, pages 35. Les auteurs reprennent

isothermes à glace, dont la fabrication débuta au milieu des années 70, permirent aux pêcheurs de rester plus longtemps en mer[452]. Des caisses en bois ou des réfrigérateurs garnis de glace en barre ou en paillettes étaient placés au centre des embarcations[453].

Les pêcheurs sénégalais adoptèrent aussi des matériaux plus résistants tels que du coton, des fibres synthétiques, du liège, du nylon et du plomb dans les pêches à la ligne ou au filet. Certains producteurs se servaient de compas et de sondeurs afin d'améliorer le volume de leurs prises[454]. Les pêcheurs pouvaient combiner l'utilisation de plusieurs outils de production.

Les lignes de fond (fil de 100 à 300 mètres lesté de plomb ou de fibres synthétiques) et filets maillants dormants (nappe montée de 90 mètres de long)[455], particulièrement affectionnés sur la Grande-Côte et au Cap-Vert, servaient à capturer des espèces démersales à haute valeur commerciales, telles que le tassergal, les pageots, les chinchards, les mérous, les soles, les capitaines, les pagres ou encore les langoustes. La pêche au casier, pratiquée sur la Petite-Côte, permettait d'attraper des seiches revendues au japonais. Lorsque ces engins étaient exploités par une famille, le partage n'avait pas lieu : c'est l'aîné qui gérait les revenus obtenus par les pêcheurs. Ce type d'exploitation collective et familiale, autrefois très répandue au Sénégal, tendait à être supplantée par une exploitation plus capitaliste. En effet, les innovations techniques avaient encouragé des personnes extérieures au monde de la pêche à acquérir des engins de production. Par exemple, les mareyeurs avaient investi dans l'achat de sennes tournantes et pouvaient s'offrir les services de gérants, capitaines de pêche et d'équipages. Le partage du produit de la pêche était de plus en plus effectué en numéraire au lieu de l'être en nature[456]. Certains commerçants que nous avons rencontrés regrettent cette évolution de la pêche artisanale qui a, d'après eux, provoqué une cherté du matériel de production néfaste aux pêcheurs. Ainsi, Marétou Fall, transformatrice de Saint Louis, nous a expliqué : « *À l'époque, ce sont nos pères et surtout nos maris qui allaient en mer. Le pêcheur n'était pas très fatigué et pouvait bien gagner sa vie. De nos jours, tous les revenus des pêcheurs vont à l'achat du matériel de pêche et du carburant. Il ne s'en sort que miraculeusement, grâce à l'aide de Dieu, le pêcheur parvient à*

---

sur ce point une idée avancée par Christian CHABOUD dans *Le mareyage au Sénégal*, Dakar, CRODT, 1983, 112 pages.

452 LALOE et SAMBA, *op. cit.*, 1990, page 212.

453 CORMIER-SALEM, *op. cit.*, 1993, page 198.

454 LALOE et SAMBA, *op. cit.*, 1990, page 28.

455 Cet engin possédait une maille étirée de 140 millimètres et sa hauteur avoisinait 1,5 mètre.

456 Marie-Hélène DURAND, *La Pêche artisanale au Sénégal : l'approche d'une enquête*, mémoire de DEA en économie du développement, université Paris I Panthéon-Sorbonne, novembre 1984, pages 22 et 23. Nous reprenons sur ce point les idées de Jean-Pierre CHAUVEAU et de Marie-Hélène DURAND, que nous trouvons tout à fait pertinentes.

entretenir sa famille... À cette époque, il y avait beaucoup de poisson en mer et ils étaient très accessibles aux hommes pêcheurs qui n'avaient pas à débourser autant d'argent pour le matériel de pêche[457]. » Les filets maillants encerclants[458], sennes de plage[459] et sennes tournantes coulissantes permettaient de débarquer des espèces pélagiques. Le filet maillant fut introduit au Sénégal à partir de 1965. Cet engin actif encerclait les bancs de sardinelles et ethmaloses. La vente des prises s'effectuait le plus souvent en fin de campagne par le capitaine ou le propriétaire du filet. La senne de plage serait, selon Bineta N'diaye Diop, la plus ancienne forme de pêche collective. Elle était utilisée toute l'année dans le Cap-Vert et durant l'hivernage (de juillet à octobre) sur la Grande Côte. La senne tournante fut d'abord introduite sur la Petite-Côte grâce à une collaboration entre un pêcheur, le CRODT et la FAO dès 1969. Elle fut un succès auprès des pêcheurs. En 1977, 120 sennes capturèrent 40 000 tonnes de pélagiques. Un seul engin pouvait débarquer 10 à 20 tonnes de sardinelles, soit 5 à 10 fois plus qu'un filet maillant encerclant[460].

Les modes de partage étaient très divers et dépendaient des relations du propriétaire avec son équipage. Avant que cette division n'ait lieu, une partie du poisson, nommée en wolof « *ndawal* », était réservée à l'autoconsommation familiale et une quantité de produit offerte à toute personne en faisant la demande sur la plage. Le *néran* était destiné aux vieux ainés. La part du simple pêcheur correspondait aussi bien à son revenu brut qu'à son revenu net, puisqu'il n'avait pas de coûts de fonctionnement à supporter. Par contre, l'armateur devait déduire ses frais d'amortissement de ses revenus bruts pour obtenir son revenu net[461].

Marie-Hélène Durand évaluait le revenu quotidien des pêcheurs à 1500 francs CFA maximum, c'est-à-dire environ 547 500 francs CFA par an, chiffre peut-être surestimé en raison des interruptions dues au climat ou aux fêtes religieuses et familiales. L'économiste affirmait, d'après le suivi d'un échantillon d'unités de pêche, que les producteurs étaient mieux rémunérés en travaillant avec des engins de pêche pélagiques. D'après Bineta N'diaye

---

457 Nous avons rencontré Marétou FALL sur le site *Sine* de Saint-Louis le 28 juillet 2003.

458 Le maillage du filet pour capturer les ethmaloses était de 80 millimètres et celui destiné aux sardinelles de 60 millimètres. Le filet avait une longueur de 250 à 450 mètres et une chute de 10 à 12 mètres.

459 Ce filet, qui s'étendait sur 300 à 1000 mètres, avait une chute de 10 à 20 mètres.

460 Jacques WEBER, *Socio-économie de la pêche artisanale en mer du Sénégal : hypothèses et voies de recherche. Aspects de la recherche en socio-économie de la pêche artisanale maritime sénégalaise*, document scientifique n°84, CRODT, ISRA, pages 8-9. WEBER, *Pour une approche globale des problèmes de pêche, l'exemple de la filière du poisson au Sénégal*, *op. cit.*, pages 102-103. Bineta N'DIAYE DIOP, *op. cit.*, 1984, pages 48-50 et DURAND, *op. cit.*, 1984, pages 10-11 et 29-40.

461 DURAND, *op. cit.*, 1984, pages 25 et 26.

Diop, un pêcheur gagnait plus s'il était membre de l'équipage d'une senne tournante (3 371 000 francs CFA par an) que s'il était employé par une unité de filet dormant (126 000 francs CFA). Par contre, il touchait plus en exerçant son activité avec une ligne de fond (221 000 francs CFA) qu'avec un filet encerclant (135 000 francs CFA). Le pêcheur propriétaire avait plutôt intérêt à utiliser une ligne de fond, qui pouvait lui procurer un revenu net annuel de 364 000 francs CFA, alors que celui espéré avec un filet encerclant avoisinait 100 000 francs CFA. La senne tournante s'avérait plus rémunératrice pour le propriétaire de la pirogue, du moteur et de l'engin de pêche, qui touchait annuellement 3 371 000 francs CFA net. Ces chiffres nous montrent que les revenus varient selon le statut du pêcheur et que ceux des propriétaires sont plus élevés, mais ils doivent supporter des coûts importants. Les propriétaires et armateurs d'une senne tournante restaient les mieux lotis : en 1984, ils gagnaient en moyenne 6 304 000 francs CFA par an, soit plus de 17 271 francs CFA par jour[462].

Une production discontinue de produits halieutiques frais

L'effectif des producteurs sénégalais progressa fortement entre 1973 et 1991, puisqu'il passa de 29 729 à 48 914 personnes. Dakar était la région la plus peuplée de pêcheurs, suivie de Thiès et du Fleuve. Le tonnage de poisson frais produit artisanalement fut moins élevé de la fin des années 70 au milieu des années 80.

Graphique 25 : Indice de production du poisson frais au Sénégal de 1973 à 1991

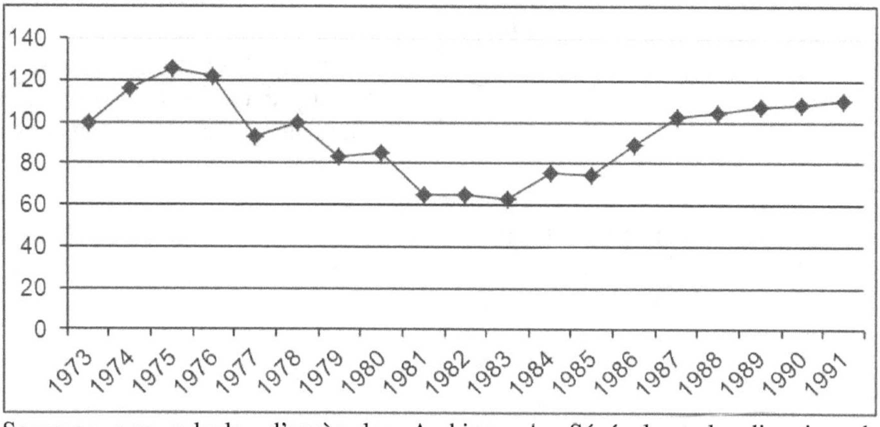

Sources : nos calculs, d'après les Archives du Sénégal et la direction de l'Océanographie et des pêches maritimes, *Résultats généraux de la pêche maritime* de 1973 à 1991. Base 100=1973.

[462] Bineta N'DIAYE DIOP, *op. cit.*, 1984, page 80 et DURAND, *op. cit.*, 1984, pages 48-49.

Le pays devait faire face, comme nous l'avons mentionné plus haut, à une crise énergétique. L'augmentation du coût du carburant pourrait en partie expliquer ce déclin des débarquements de la pêche artisanale. Le secteur de la pêche au Sénégal était un gros consommateur d'énergie et la production artisanale maritime très sensible aux variations de prix du pétrole depuis l'introduction de moteurs hors-bord[463]. Les charges d'exploitation supportées par les unités de pêche auraient été augmentées de 20% à la fin des années 70 alors que le prix du poisson aurait connu une variation de 12% seulement[464]. Les acteurs commerciaux possédant de plus grandes ressources financières ont pu être favorisés au sein des filières de vente du poisson.

Laurence Bobo proposa, dans les années 80, une analyse intéressante qui visait à étudier la répercussion d'une augmentation des prix de l'énergie sur les divers segments de la filière pêche, c'est-à-dire la production, la transformation et le transport du produit. Elle calcula le coût énergétique de ces différentes phases exprimé en kilocalories (kcal) par tonne de poisson frais. D'après ses résultats, la consommation d'énergie par tonne de poisson pêché variait, selon les engins de production, entre 500 000 et 1 900 000 kcal. Elle était plus élevée pour les sennes tournantes. La transformation artisanale, qui employait de la paille pour fabriquer les produits fumés et du bois dans les fours parpaings, utilisait entre 7000 et 9000 kcal par tonne de produits halieutiques. Le transport du poisson frais nécessitait plus d'énergie, car les camions devaient en théorie contenir un kg de glace pour un kg de produit. Les mareyeurs consommaient 390 000 kcal et les vendeurs en gros de poisson séché 230 000 kcal lors d'un déplacement. Ses chiffres, qui doivent bien entendu être pris avec réserve, nous permettent de nous faire une idée sur l'importance que revêt le domaine énergétique pour les vendeurs de poisson[465]. Nous pensons que l'impact de cette crise énergétique sur les filières commerciales du poisson a pu être réduit par la politique de détaxe du carburant menée par le gouvernement sénégalais. Moustapha Deme trouvait d'ailleurs, à la fin des années 80, que les pêcheurs étaient trop dépendants des subventions accordées par l'État et que l'objectif initial du pouvoir (augmenter le niveau de vie des pêcheurs et la consommation de la population) n'avait pas été atteint. En effet, les industries exportatrices, qui profitaient d'aides financières facilitant les circuits commerciaux extérieurs, apparaissaient comme favorisées par rapport au marché intérieur[466].

---

[463] Laurence BOBO, *Pêche et énergie au Sénégal*, Altersia/Gret, Massy, France, page 2, http://www.unu.edu/unupress/food/8F081e/8FO81E0d.htm (page consultée le 10/06/2007).
[464] BOBO, *op. cit.*, page 10.
[465] BOBO, *op. cit.*, pages 4 et 6 à 8.
[466] Moustapha DEME, « Les effets du soutien financier de l'Etat à la pêche artisanale : le cas du Sénégal », *La Recherche face à la pêche artisanale*, *Symp. Int. ORSTOM-IFREMER*,

Les débarquements de produits marins furent incontestablement plus élevés dans la région de Thiès[467]. Ils représentaient 45,2% des mises à terre totales en 1973 et 73,3% en 1991. Les pêcheurs guet n'dariens participaient aux campagnes de pêche dans la région de Thiès plusieurs mois par an, ce qui est l'une des raisons de la suprématie de cette division administrative. Les régions de Dakar, du Fleuve et du Sine-Saloum arrivaient loin derrière Thiès.

Selon le ministère de la Pêche, la partie Sud de la côte sénégalaise connut une baisse importante de ses captures de pélagiques, notamment dans les régions de Thiès et du Sine-Saloum. Il évoque « *les sardinelles, dont les débarquements diminuèrent considérablement dans cette zone*[468]. » La fermeture de l'usine Sopesine, située à Djiffère, entraîna la désertion des producteurs qui exploitaient les sardinelles à l'aide de sennes tournantes. L'effort de pêche fut reporté vers d'autres régions, notamment celle du Cap-Vert où les stocks de pélagiques étaient plus élevés[469].

La pêche artisanale était touchée par une chute de ses rendements provoquée par l'augmentation de l'effort de pêche. Au début des années 80, les quantités débarquées se stabilisèrent autour de 140 000 à 150 000 tonnes. La production se développa régulièrement ; elle augmenta ainsi de 2% entre 1982 et 1983[470]. Les débarquements explosèrent au milieu des années 80 ; ils connurent une hausse de 20% entre 1985 (168 751 tonnes) et 1986 (202 937 tonnes)[471] ainsi qu'un accroissement de 14% entre 1986 et 1987 (231 810 tonnes)[472]. Les tonnages de poisson frais exploités crurent ensuite de 1 à 2% par an jusqu'en 1991. Les pirogues furent de plus en plus nombreuses au Sénégal. En 1973, 60% d'entre elles (sur près de 6000) étaient motorisées contre 64% (sur environ 10 000) en 1991.

Montpellier France, 3-7 juillet 1989, J.R. DURAND, J. LEMOALLE et J. WEBER (eds.), Paris, ORSTOM, 1991, tome II, pages 846 et 849.

467 Nous rappelons que nous travaillons sur une approximation des quantités débarquées. Les Résultats généraux de la pêche maritime de 1985 affirment : « *Les mises à terre sont calculées avec prise en compte des données du Centre de recherche océanographiques de Dakar-Thiaroye (CRODT) pour les points de débarquements où ledit centre est représenté* ». Direction de l'Océanographie et des pêches maritimes, *Résultats généraux de la pêche maritime 1985*, Dakar, 1986, page 6.

468 *Id.*, *1982*, Dakar, 1983, page 9.

469 *Résultats généraux de la pêche maritime 1982*, *op. cit.*, 1983, page 9. Ce rapport soulignait que la région du Cap-Vert avait connu une augmentation de ses mises à terre de 42% entre 1981 et 1982. Elle avait multiplié ses débarquements de sardinelles, maquereaux, chinchards et thonines, tout en stimulant son industrie de transformation.

470 Direction de l'Océanographie et des pêches maritimes, *Résultats généraux de la pêche maritime 1983*, Dakar, 1984, page 2.

471 *Id.*, *1986*, Dakar, 1987, page 5.

472 *Id.*,*1987*, Dakar, 1988, page 5.

Une production de poisson sec touchée par de faibles prises

Le relatif déclin des mises à terre se répercuta sur la production de poisson séché qui cessa de croître à la fin des années 70. Elle redevint plus active dès le milieu des années 80.

Graphique 26 : Évolution de l'indice de production du poisson séché au Sénégal, de 1973 à 1991

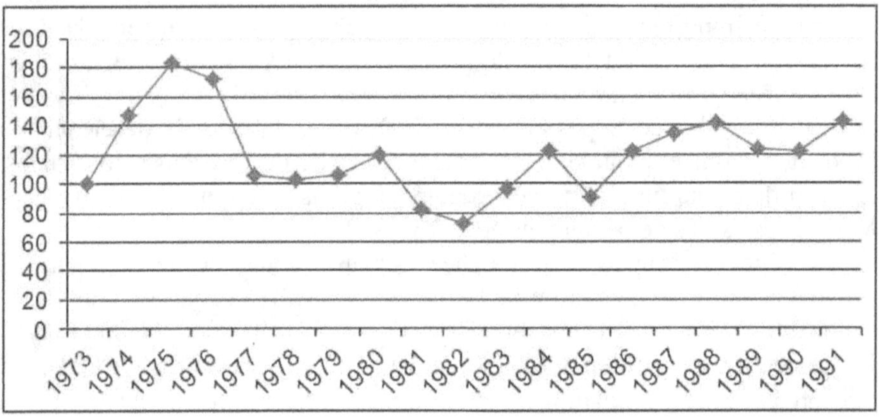

Sources : nos calculs, d'après les Archives du Sénégal et la direction de l'Océanographie et des pêches maritimes, *Résultats généraux de la pêche maritime* de 1973 à 1991. Base 100=1973.

Le *Kéthiakh* était la principale spécialité de poissons secs préparée artisanalement au Sénégal. L'importance de sa production dépendait étroitement des mises à terre de sardinelles. Le *Guedj* était le second type de produit séché le plus fabriqué depuis 1975. Durant cette année, 50% du produit transformé artisanalement dans le pays fut braisé séché et 30,82% fermenté séché.

La production de *Kéthiakh* chuta entre 1976 et 1982 parallèlement au déclin des débarquements de la pêche artisanale sénégalaise. Elle avoisinait 12 669 tonnes en 1976 et environ la moitié seulement (6458 tonnes) en 1982. Les tonnages de cymbium (*Yeet*) fabriqués furent supérieurs au séchage du *Tambadiang* entre 1978 (3580 tonnes contre 2894) et 1982 (1567 tonnes contre 620), mais baissèrent par la suite. La région de Thiès était la première productrice de poisson fermenté séché. En 1991, les deux tiers du *Guedj* provenaient de Thiès, 26% du Fleuve et de la Casamance et 9% de Dakar.

La majeure partie du poisson braisé séché était aussi fabriquée dans la région de Thiès. Il s'agissait de la première région productrice de sardinelles, espèces utilisées dans la préparation de *Kéthiakh*. En 1973, 91,97% du braisé séché sénégalais était d'origine thiéssoise et 94,67% en 1991. La production de 1986, qui s'élevait à 10 342 tonnes, fut deux fois plus élevée que celle de 1980. Elle oscilla entre 13 443 et 15 527 tonnes entre 1987 et 1991.

Une baisse de la valeur commerciale des produits halieutiques frais et séchés

La valeur commerciale des produits frais et secs aurait chuté entre 1978 et le début des années 80, parallèlement à la production de poissons au Sénégal. La conversion des francs CFA courants en francs CFA constants 1973 nous permet de mieux étudier les fluctuations de cette valeur commerciale à travers le temps. Thiès était logiquement la région dont la valeur commerciale des produits frais et séchés était la plus élevée. En 1978, 56,56% de la valeur des produits halieutiques avait été débarqué à Thiès (4 964 815 270 francs CFA constants 1973) et 42,78% en 1983 (soit 1 888 247 770 francs CFA 1973).

Graphique 27 : Évolution de la valeur commerciale du *Kéthiakh* et du *Guedj* fabriqués au Sénégal de 1983 à 1991 (en milliers de francs CFA constants 1973)

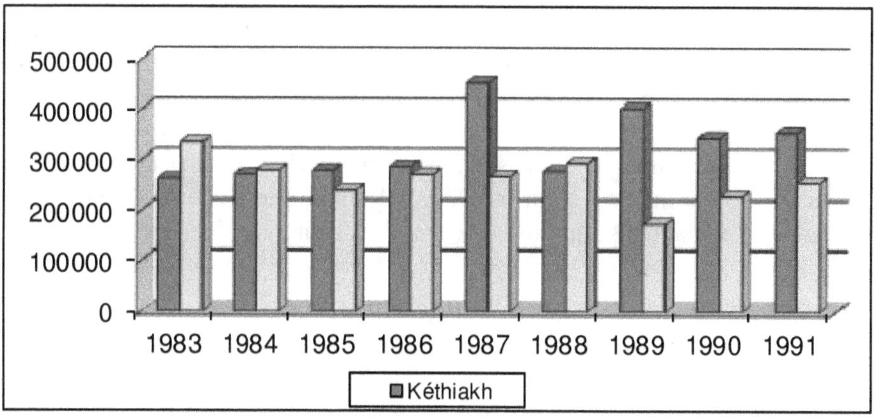

Sources : nos calculs, d'après les Archives du Sénégal et la direction de l'Océanographie et des pêches maritimes, *Résultats généraux de la pêche maritime* de 1973 à 1991.

La valeur commerciale du poisson séché était bien inférieure à celle du poisson frais. Les valeurs marchandes des régions de Thiès, Dakar et du Sine-Saloum étaient les plus importantes entre 1977 et 1990. En 1983, les produits préparés dans la région de Thiès représentaient 64,51% de la valeur commerciale totale du poisson transformé artisanalement au Sénégal (450 784 110 francs CFA constants 1973). La valeur commerciale du poisson fermenté séché (*Guedj*) ne fut supérieure à celle du braisé séché (*Kéthiakh*) qu'en 1983, 1984 et 1988. En 1984, elle avoisinait 278 664 480 francs CFA 1973 contre 270 478 610 francs CFA 1973 pour le *Kéthiakh*, tandis qu'en 1988, elle était de 293 732 840 francs CFA 1973, alors que la valeur marchande du braisé séché atteignait 277 128 120 francs CFA 1973. La valeur commerciale du *Kéthiakh* fut dans l'ensemble largement supérieure à celle du *Guedj*, atteignant même 452 640 850 francs CFA 1973 en 1987.

2) Les routes commerciales du poisson frais

Une étude comparative des régions de Dakar et du Fleuve s'avère intéressante pour mieux saisir la place qu'elles occupaient au sein des échanges de poisson au Sénégal entre 1973 et 1991. Ces deux régions entretenaient d'étroites relations entre elles, mais aussi avec la majeure partie des autres divisions administratives du pays, ce que nous montrerons à travers l'examen de leurs importations et exportations en produits halieutiques. Les sources d'archives et imprimées nous donnent essentiellement des évaluations chiffrées, alors que les sources orales nous permettent d'avoir des renseignements plus précis sur les diverses modalités des transactions commerciales opérées sur les plages, sites de préparations et marchés sénégalais. Nous avons remarqué que les volumes échangés étaient plus élevés dans la région de Dakar, ce qui est compréhensible compte tenu de son poids économique et démographique. La région de Thiès était le principal fournisseur en poissons frais de Dakar et du Fleuve. Ces deux régions s'approvisionnaient aussi en produits séchés fabriqués en Casamance et au Sine-Saloum. La région de Diourbel tenait une place non négligeable en tant que demandeuse en poissons secs de Dakar et du Fleuve.

Les importations de produits halieutiques

Le tonnage de poisson frais produit et commercialisé dans la région de Dakar était plus élevé que celui débarqué et revendu dans la région du Fleuve. Le commerce interrégional du Cap-Vert connut une baisse au début des années 80. En 1979, 22 625 tonnes de produits marins avaient été échangées dans la région de Dakar et seulement 14 832 un an plus tard. Le commerce dakarois redevint plus actif durant la seconde moitié des années 80 (39 106 tonnes furent revendues en 1987), puis déclina de nouveau à partir de 1988.

Graphique 28 : Évolution du tonnage de poisson frais produit et échangé dans la région de Dakar de 1973 à 1991

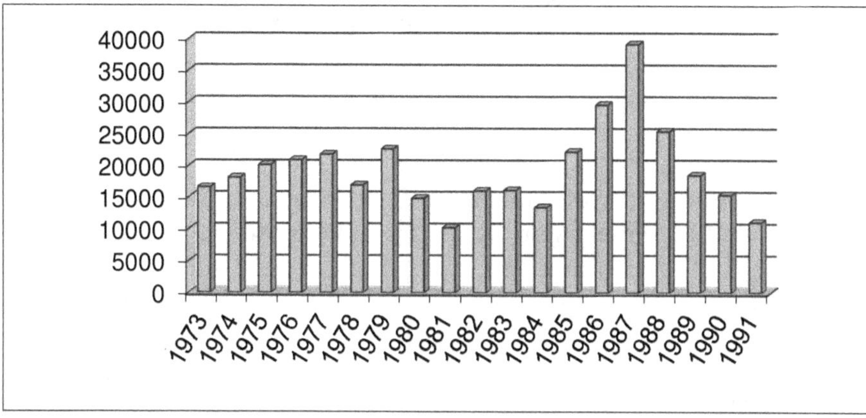

Sources : d'après les Archives du Sénégal et la direction de l'Océanographie et des pêches maritimes, *Résultats généraux de la pêche maritime* de 1973 à 1991.

La majorité des vendeurs de poisson frais que nous avons rencontrés à Dakar se ravitaillaient dans la région du Cap-Vert. Adama Sall, détaillant de poisson frais au marché Kermel depuis 1991, a démarré dans la vente avec un capital de 10 000 francs CFA. Il achetait quotidiennement 1000 à 1200 francs CFA de produit auprès des mareyeurs de Hann ou Soumbedioune. Il se rendait ensuite au marché en taxi, ce qui lui coûtait 1500 à 3000 francs CFA avec ses paniers[473]. Fatou Samb, 50 ans, est issue d'une famille de commerçants de M'bour. Elle s'approvisionnait sur la plage de Soumbedioune en 1981 et écoulait son poisson noble, essentiellement du mérou, au marché HLM 5. Les pêcheurs lui vendaient 6000 à 10 000 francs CFA de poissons. Elle payait le transport du lieu de débarquement à HLM 5 800 francs CFA, dont 500 francs destinés à l'acheminement de sa marchandise[474].

La quantité de poisson frais produite et commercialisée au sein de la région du Fleuve fut plus élevée dans les années 70. Ainsi, elle atteignit 27 891 tonnes en 1975. Mais elle baissa considérablement à partir de 1977, année où elle avoisina 12 767 tonnes. Elle atteint son niveau le plus bas en 1987 avec 2163 tonnes échangées[475]. Au milieu des années 50, le faubourg

[473] Nous avons questionné ce détaillant le 15 avril 2001 au marché Kermel qui est le plus ancien de Dakar.

[474] Nous avons interrogé Mme SAMB le 21 avril 2001 au marché HLM 5.

[475] Nous rappelons que les *Résultats généraux de la pêche maritime* donnent juste des évaluations des tonnages produits et échangés et que celles-ci sont établies en fonction des

des pêcheurs saint-louisiens de *Guet N'dar* était le premier centre de débarquement du Sénégal. Mais à partir de la fin des années 50, il fut fortement concurrencé par Kayar, situé sur la Grande-Côte et par les plages de M'bour et Joal, centres les plus actifs de la Petite-Côte. De plus, les producteurs intensifièrent leurs migrations saisonnières vers ces trois lieux attractifs et n'assuraient désormais l'essentiel des débarquements saint-louisiens qu'entre avril et juin[476].

Graphique 29 : Évolution du tonnage de produits halieutiques produit et échangé dans la région du Fleuve de 1973 à 1991

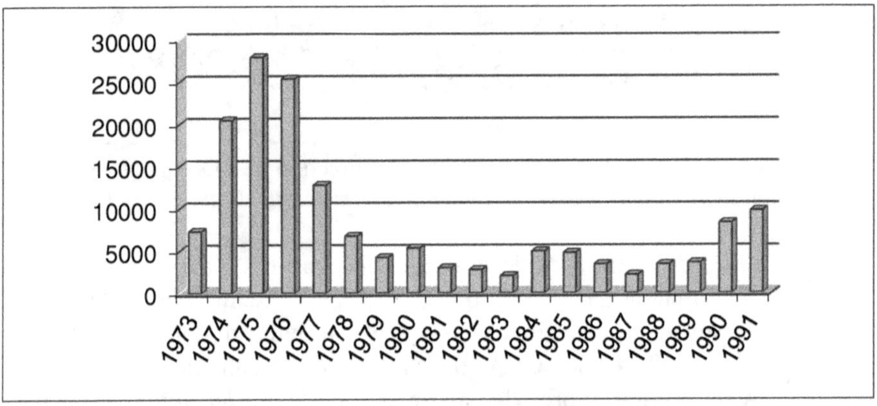

Sources : d'après les Archives du Sénégal et la direction de l'Océanographie et des pêches maritimes, *Résultats généraux de la pêche maritime* de 1973 à 1991.

Les vendeurs de poisson que nous avons interrogés à Richard-Toll en 2004 nous ont renseignée sur les routes commerciales utilisées au sein du Fleuve. Richard-Toll alimentait les villes et villages de la vallée en poisson frais. N'deye Ouleye Keba, 28 ans, est native du village de Temeye, situé à proximité de Richard-Toll. Issue d'une famille de pêcheurs, elle écoulait en 1986 son produit dans la région du Fleuve : « *Nous allions jusqu'à Fouta pour vendre le poisson frais. Il se gâtait vite. Le transport revenait entre 6000 et 7500 francs CFA*[477]. » Khady Samba, 40 ans, a commencé à vendre du poisson frais au marché de Richard-Toll en 1985. Elle pouvait acheter aux pêcheurs des lots de poisson à 500 francs CFA qu'elle écoulait par tas plus petits d'une valeur de 200 ou 250 francs CFA. Les mareyeurs qui se rendaient jusqu'au marché en camion la ravitaillaient à crédit en produit de

---

mesures effectuées dans une partie des centres de pêche. Ainsi, les tonnages de la région du Fleuve sont souvent ceux du centre de débarquement de Saint-Louis.

[476] Régine BONNARDEL, *op. cit.*, 1985, page 31.

[477] Nous l'avons interrogée dans son village de Temeye le 11 août 2004.

mer et du fleuve Sénégal. Il lui arrivait aussi de pratiquer la vente ambulante de capitaines. Son investissement quotidien avoisinait 5000 francs CFA et elle essayait tant bien que mal d'obtenir 1000 francs CFA de bénéfice[478]. Adama Sow, 68 ans, est pêcheur à Saint Louis depuis 1979. Il se souvient que la vente était plus rentable avant ; il écoulait des lots de *Wass* à 100 ou 200 francs CFA. Les mareyeurs commercialisaient son produit dans les marchés saint-louisiens et les villages environnants[479].

La région de Thiès était le principal fournisseur en poisson frais des régions de Dakar et du Fleuve. Amadou Gollocq, 27 ans, détaillant de poisson frais au marché Kermel depuis 1991, achetait sur place son produit originaire de M'bour et Saint Louis auprès d'amis mareyeurs. Il aidait ses oncles qui investissaient jusqu'à 100 000 francs CFA dans la vente de produits halieutiques, ce qui lui permettait d'obtenir un gain de 2500 francs CFA par jour en moyenne[480]. Les importations dakaroises chutèrent durant la première moitié des années 80. Elles étaient de 41 193 tonnes en 1978 (soit 92,94% des importations totales de la région) et d'environ 1918,6 tonnes en 1983, c'est-à-dire un tiers des importations de la division administrative. Le volume des importations reprit ensuite ; 89,38% du poisson transporté dans le Cap-Vert était originaire de la région de Thiès en 1990[481]. La région de Dakar se ravitaillait aussi dans les régions du Fleuve, du Sine-Saloum et de Casamance.

La région du Fleuve importait moins de poissons marins que la région de Dakar. Les tonnages importés augmentèrent dès la seconde moitié des années 80 pour compenser la chute des apports régionaux. Moustapha Gueye, 55 ans, est mareyeur à Saint Louis depuis 1977. Il vient d'une famille de cultivateurs de M'bao. Son capital de départ était d'environ 200 000 francs CFA. Il se ravitaillait sur la Petite-Côte, dans la région de Thiès : « *On achetait le panier de sardinelles à 150 ou 200 francs CFA* [...]. *Nous achetions environ une tonne de poisson* [...] *à M'bour pour la revendre dans le Fouta* [...]. *Le montant de la taxe journalière n'était pas très élevé, car à l'époque, on payait 200 francs CFA dans les endroits où l'on s'approvisionnait en poisson et on payait 200 ou 150 francs CFA dans les lieux où l'on revendait* [...]. *Il n'y avait pas beaucoup de poisson et les commerçants étaient moins nombreux* [...]. *J'allais dans le Fouta et aux environs de Matam. Et à Bakel, à Tamba*[482]. »

---

[478] Nous avons questionné Mme SAMBA au marché de Richard-Toll le 11 août 2004.
[479] Nous avons interviewé M. SOW à Saint-Louis le 13 août 2004.
[480] Nous avons rencontré M. GOLLOCQ le 17 avril 2001 au marché Kermel de Dakar.
[481] Le faible tonnage de 1983 a dû être sous-évalué.
[482] Nous l'avons interviewé le 27 juillet 2003 à Saint-Louis.

Les exportations de produits marins

Durant la première moitié des années 70, la région de Dakar exportait principalement ses débarquements vers les régions de Diourbel et Thiès. En 1974, par exemple, 47% des exportations, soit 1613 tonnes, furent dirigées vers Diourbel et 43,72% (1730 tonnes) vers Thiès. Trois ans plus tard, la région de Diourbel conservait la première place avec 55,48% (1154 tonnes) des produits halieutiques exportés, tandis que le Sénégal oriental (la région de Tamba) arrivait en seconde position avec un tiers des quantités revendues hors du Cap-Vert, ce qui équivalait à 639 tonnes. À partir des années 80, le poisson dakarois se retrouva surtout sur les marchés de la région du Fleuve dont la demande était devenue plus forte. En 1984, la région du Fleuve reçut un tiers des exportations dakaroises (555,9 tonnes), Thiès 28,09% (520,9 tonnes) et Diourbel seulement 17,38%, soit 343,9 tonnes. La région du Fleuve exporta surtout ses produits vers Dakar. Mais les quantités expédiées connurent une chute constante dans les années 70 et 80, due à la sous-activité de la région de Saint-Louis. En 1973, 14 832,64 tonnes de produits halieutiques furent exportées vers la région du Cap-Vert (67,97% des expéditions totales du Fleuve) et treize fois moins en 1978 (32,98% des exportations totales). Régine Bonnardel mentionnait une « *perte de dynamisme des activités de mareyage* » de Saint-Louis dès le milieu des années 70. Les quantités mareyées se réduisirent pendant que les courants commerciaux se modifiaient en partie. Le coût élevé du transport routier marginalisa Saint-Louis car le prix de revient de son poisson était plus élevé que le produit de Kayar et de M'bour, villes situées à proximité de Dakar, Thiès et Kaolack[483].

Babacar N'diaye, mareyeur de 50 ans, a des parents cultivateurs à Thiès et des enfants grossistes en poisson frais. Il commercialise les mérous et les *Kibar* de Saint-Louis sur les marchés dakarois depuis 1975. M. N'diaye transportait entre 4 et 5 tonnes de poissons frais par voyage : « *Avant, le poisson était abondant et bon marché. Nous utilisions des barres de glace et* [...] *des camions frigo jusqu'à Dakar. Avant, nous allions au marché Gueule-Tapée. Puis, nous sommes allés aux Parcelles assainies et enfin au Marché central au poisson. La vente était meilleure du temps de Gueule-Tapée, car il y avait peu de matériel et le poisson ne venait pas de loin. Avant, le bon poisson ne venait que de Saint-Louis.* [Le transport] *était moins cher* [...] *on payait un camion frigo à 50 000 francs CFA, maintenant, il coûte 75 000 à 80 000 francs CFA. Le gasoil est cher de nos jours* [...]. *Nous ne pesions pas la quantité de poisson achetée. Nous allions sur la*

[483] BONNARDEL, *op. cit.*, 1985, page 39. Avant le développement du transport par la route, les femmes de Guet N'dar faisaient écouler leur poisson par des correspondants basés sur les escales ferroviaires entre Saint-Louis et Kébémer.

plage presque tous les jours, dès qu'il y avait du poisson »[484]. La région de Saint Louis expédiait ses mises à terre à Thiès, dans le Sine-Saloum, à Louga et à Diourbel. En 1973, Thiès fut la seconde région sénégalaise à être ravitaillée par Saint Louis après Dakar. Elle reçut 14,92% (soit 3256 tonnes) des exportations du Fleuve, alors que la région de Diourbel en importa 13,13%, c'est-à-dire 2866 tonnes. En 1978, Diourbel arriva derrière Dakar avec un cinquième des exportations de la région de Saint Louis (724 tonnes) et Thiès en troisième position avec 18,46% (645 tonnes) des expéditions du Fleuve. Onze ans plus tard, 17,73% (soit 367,9 tonnes) du produit saint-louisien était transporté jusqu'à Louga et 11,65% (241,9 tonnes) revendu sur les marchés du Sine-Saloum.

3) Des échanges en poisson sec dominés par la région de Thiès

Les importations de poisson séché

Le tonnage de poisson sec fabriqué et commercialisé au sein de la région de Dakar était plus important que celui préparé et échangé dans la région du Fleuve. Il baissa de la fin des années 70 au milieu des années 80. Il était égal à 1729 tonnes en 1976 et à 670 tonnes en 1977. Il augmenta de 1985 à 1988 puis rechuta en 1989.

Graphique 30 : Évolution du tonnage de poisson séché produit et échangé dans la région de Dakar de 1973 à 1991

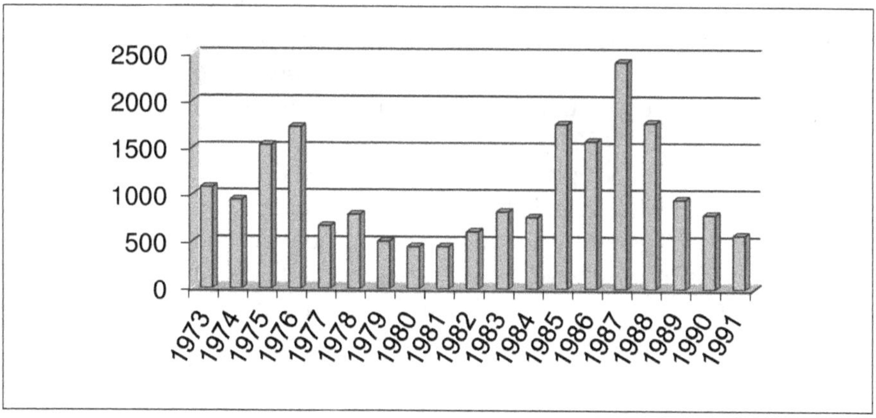

Sources : d'après les Archives du Sénégal et la direction de l'Océanographie et des pêches maritimes, *Résultats généraux de la pêche maritime* de 1973 à 1991.

[484] Nous avons questionné M. N'DIAYE le 27 juillet 2003 à Saint-Louis.

Les détaillants de poisson séché que nous avons interrogés dans la région dakaroise se ravitaillaient essentiellement au port de Dakar et au marché de Thiaroye-Gare qui jouait le rôle de marché de gros. Coumba Diouf, 45 ans, membre d'une famille de cultivateurs, est détaillante de poisson sec au marché Castor depuis 1991. Elle achetait son *Guedj* aux grossistes du port et obtenait un bénéfice quotidien de 200 ou 300 francs CFA[485]. Dianké Coly, 49 ans, commerçante diola originaire de Casamance, a débuté dans la vente en même temps que Mme DIOUF. Le *Guedj* proposé au port de Dakar coûtait à l'époque entre 800 et 950 francs CFA le kg[486]. Fatou N'diaye, 45 ans, vendeuse de produits séchés au marché N'diarème de Guediawaye, situé dans la banlieue dakaroise, depuis une vingtaine d'années, s'approvisionnait toutes les deux semaines au port de la capitale[487]. La plupart des commerçantes du marché N'diarème trouvaient leurs marchandises au sein du marché même ou à Thiaroye-Gare. Sokhna Coudoun, 40 ans, issue d'une famille de cultivateurs de Linguère, est détaillante depuis dix-sept ans. Elle débuta dans le commerce avec un capital de 10 000 francs CFA. Vendeuse de *Guedj* et de *Kéthiakh*, elle se rendait en « car-rapide », clando ou charrette jusqu'au marché de gros : « *Je me réveillais à 5 heures du matin pour aller travailler. Je restais au marché de 7 heures 30 à 13 heures. J'allais une fois par mois à Thiaroye-Gare*[488]. » Hawa Fall, 70 ans, écoule du poisson transformé à N'diarème depuis 1982 ou 1983. Ce sont d'autres vendeuses du marché qui la ravitaillent[489]. Seni Diop, 55 ans, avait une mère vendeuse de légumes et de poisson fermenté. En 1985, elle achetait un panier de poisson transformé par mois aux grossistes du marché N'diarème[490]. Néné Barry, 55 ans, transformatrice sur le site de Hann Rail depuis 1991, préparait 50 caisses de sardinelles d'une valeur de 4000 francs CFA. Elle revendait le poisson qu'elle avait braisé à Bambey. Le transport lui coûtait 1500 francs CFA aller-retour, et le Certificat d'origine et de salubrité 2000 francs CFA[491].

Le commerce interrégional de poisson transformé dans la division administrative du Fleuve était faible. Il fut en général bien inférieur à 500 tonnes entre 1973 et 1991. Ces chiffres, qui ne sont que des évaluations, doivent être pris avec réserve, mais ils ont le mérite de nous renseigner sur des tendances. Les régions de Dakar et du Fleuve s'approvisionnaient

---

485 Nous avons questionné cette détaillante le 1er mai 2001 au marché Castor de Dakar.
486 Nous l'avons rencontrée le 1er mai 2001 au marché Castor.
487 Nous l'avons interviewée le 1er mai 2000 au marché N'diarème.
488 Nous avons questionné Mme COUDOUN le 1er mai 2000 au marché N'diarème de Guediawaye.
489 Nous l'avons interrogée le 1er mai 2000 au marché N'diarème.
490 Nous avons interviewé Mme DIOP le 1er mai 2000 au marché N'diarème.
491 Nous avons rencontré Mme BARRY le 19 mai 2001 sur le site de transformation de Hann Rail, dans la proche banlieue dakaroise.

essentiellement dans la zone de Thiès en poisson séché, notamment en *Kéthiakh.* Le Cap-Vert importait des quantités supérieures à celles de la région du Fleuve. La grossiste Kardiata Diba a commencé à écouler dans la vallée du Fleuve du poisson séché fabriqué sur le site de transformation artisanale *Sine* de Saint Louis entre 1988 et 1993. Elle faisait un voyage par semaine ou toutes les quinzaines. Selon elle, le paiement de la voiture, de la marchandise et du porteur, ne lui permettait pas d'obtenir des bénéfices conséquents : « *Des fois, on ne trouve rien à acheter et on repart bredouille, en perdant les coûts de transport*[492]. » Amy Thiam Diouf, 54 ans, est préparatrice à Saint Louis depuis 1978 : « *Les clients viennent s'approvisionner ici pour ramener le produit dans d'autres marchés, Fouta, Podor, Matam, Dara* [...] *ils vont jusqu'à Bakel, Tamba, partout où ils peuvent le vendre*[493]. » Amy Collé Dieye, 45 ans, fabrique du poisson séché à Saint-Louis depuis 1988. Elle se rappelle : « *Avant, nous n'achetions pas* [le poisson frais] *par caisses. On achetait de grands lots ou des pirogues entières après marchandage, ça équivalait à plusieurs caisses* [...]. *Ils* [les grossistes] *revendaient à Louga, Fouta, Dara, Gaya, Kébemer* [...] *surtout pour le Kéthiakh, car ces deux villes sont proches de pays étrangers qui apprécient le Kéthiakh. Ils revendent à Kédougou, Bakel*[494]. »

En 1975, la région de Dakar importa 7201 tonnes de poisson séché thiéssois (78,63% des importations totales du Cap-Vert) et 7995 tonnes en 1976 (88,24% des importations). Dans les années 80, le tonnage de poissons secs importé oscilla entre 2119 (en 1985) et 4686 (en 1980), sauf en 1987, année durant laquelle il aurait dépassé 25 000 tonnes[495]. Fatou Sylla, 45 ans, a débuté dans le commerce en gros du poisson séché en 1983. Elle se rendait à Joal dans un car de 7 places ; elle payait 600 francs CFA pour son transport retour et 300 francs CFA pour celui d'un sac de *Guedj* pesant 80 à 90 kg. Mme SYLLA écoulait ensuite son produit à Thiaroye-Gare, où la taxe journalière s'élevait à 30 francs CFA pour les femmes et 75 francs CFA pour les hommes. Son collègue grossiste Wali Diouf, 40 ans, vend son *Kéthiakh* sur le marché depuis 1986. Il s'associait avec trois autres commerçants 5 fois par mois pour acheter 3 à 5 tonnes de poisson sec à M'bour ou Joal. Le kg de poisson braisé était proposé par les transformatrices à un tarif variant entre 125 et 200 francs CFA. M. DIOUF devait payer 2000 francs CFA au chauffeur aller-retour plus 750 francs CFA par sac de poisson sec. La voiture qui les transportait comptait 60 à 70 paniers. Il se souvient des aléas du

[492] Nous avons rencontré Mme DIBA sur le site de transformation saint-louisien le 27 juillet 2003.

[493] Nous l'avons questionnée le 27 juillet 2003 sur le site *Sine* de Saint-Louis.

[494] Nous avons rencontré cette transformatrice sur le site *Sine* de Saint-Louis le 27 juillet 2003.

[495] Le chiffre de 1987, fort élevé, est sûrement erroné.

commerce : « *Nous étions cultivateurs ou salariés à 75 000 ou 100 000 francs CFA par mois. Des fois la vente marchait, parfois elle ne marchait pas* […] *des personnes abandonnaient à cause de ça*[496]. »

Les quantités de poisson préparé artisanalement importées par la région du Fleuve ne dépassèrent pas 2000 tonnes par an de 1973 à 1984. Elles augmentèrent durant la deuxième moitié des années 80. En 1988, 94,10% du poisson sec importé par la région du Fleuve était originaire de Thiès.

La région de Dakar se ravitaillait en poisson séché fabriqué dans les régions du Fleuve, de Casamance et du Sine-Saloum. Il s'agissait surtout de *Guedj*. En 1975, la Casamance arriva en seconde position des fournisseurs derrière Thiès avec 13,73% des importations, suivie du Sine-Saloum (5,24%). En 1980, 7,44% du produit sec importé avait été préparé dans le Sine-Saloum. En 1985, un cinquième du poisson transformé commercialisé dans la région de Dakar avait été fabriqué en Casamance.

Graphique 31 : Évolution de la quantité de poisson sec importée par la région de Dakar de 1973 à 1991 (en tonnes)

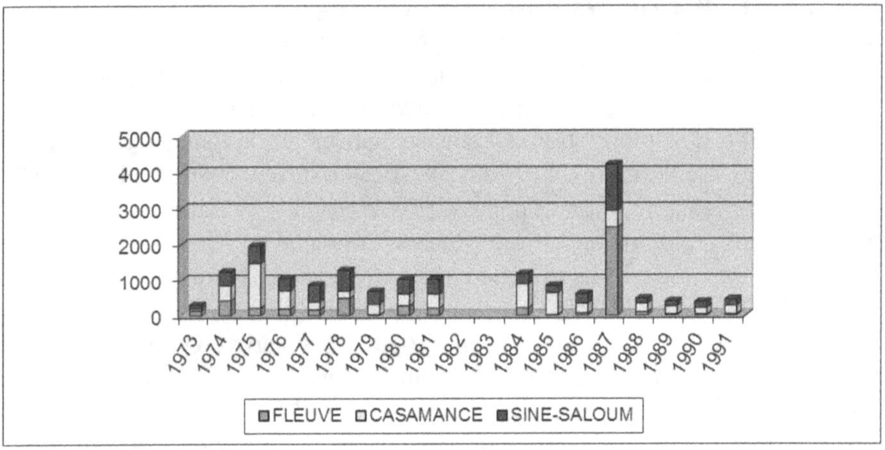

Sources : d'après les Archives du Sénégal et la direction de l'Océanographie et des pêches maritimes, *Résultats généraux de la pêche maritime* de 1973 à 1991.

Les importations de la région du Fleuve, qui venaient principalement de Dakar et du Sine-Saloum, furent faibles de 1973 à 1991.

Les exportations de poisson séché

Le tonnage de poisson sec exporté dépassa rarement 5000 tonnes par an dans les régions de Dakar et du Fleuve. Le produit dakarois était échangé

[496] Nous avons interrogé M. DIOUF le 25 avril 2001 au marché de Thiaroye-Gare.

dans les marchés des régions de Diourbel, du Sine-Saloum et du Fleuve. Ainsi, 45,27% du poisson exporté par le Cap-Vert, soit 680 tonnes, fut commercialisé dans la région de Diourbel en 1975 et 42,35% (165,1 tonnes) en 1984. En 1978, plus du quart du poisson sec exporté par la région de Dakar fut revendu dans le Sine-Saloum (500 tonnes) et en 1977 la région du Fleuve acheta la moitié du produit dakarois, soit 374 tonnes. Le poisson préparé artisanalement dans la région du Fleuve fut principalement expédié vers Diourbel dans les années 70 et vers Dakar dans les années 80. En 1975, 32,59% du poisson séché saint-louisien, c'est-à-dire 279 tonnes, fut proposé aux consommateurs de Diourbel et 25,46% (218 tonnes) aux ménages dakarois. En 1987, le Cap-Vert arriva largement en tête des régions ravitaillées par Saint-Louis avec 69,64% du produit fabriqué dans la région du Fleuve revendu sur ses étals, ce qui représentait 2480 tonnes. La région de Louga arriva loin derrière celle de Dakar avec 15,89% du produit saint-louisien commercialisé, soit 566 tonnes.

III. LES MARCHÉS DE GROS ET DE DÉTAIL

Le Marché central de Thiès et celui de la Gueule-Tapée à Dakar furent tous deux des lieux de collecte et de redistribution du poisson frais et sec dans les années 80, car ils assuraient la fonction de marché de gros. Des études décrivent en détail le poids de la Gueule-Tapée dans les circuits de commercialisation des produits halieutiques au début des années 80, tandis que le mémoire de Youssou Dit Aka N'diaye évoque l'organisation du Marché central de Thiès en 1987[497]. Le marché HLM 5, situé dans la proche banlieue dakaroise, était un marché secondaire soumis à un développement anarchique, de même que Thiaroye-Gare, marché en gros du poisson séché[498]. Mame Arame Soumaré mentionne dans les années 90 le poids économique croissant tenu par les marchés hebdomadaires de la région du Fleuve en prenant pour exemple le marché de Thillé Boubakar créé en 1979 dans le département de Podor[499]. Nous allons analyser le mode de

[497] Marie-Christine CORMIER-SALEM, *Le Marché au poisson de la Gueule-Tapée*, archives du Centre de recherche Océanographique de Dakar-Thiaroye, 1981, 90 pages et Youssou DIT AKA N'DIAYE, *Le Marché Central de Thiès, étude géographique*, mémoire de maîtrise de géographie, faculté des lettres et sciences humaines, université de Dakar, 1987, 84 pages.

[498] Abdourahmane NIANG, *Problématique de l'excroissance des marchés urbains : le cas du marché HLM 5 de Dakar*, mémoire de l'école nationale d'économie appliquée, Collège aménagement du territoire, Dakar, décembre 1991, 67 pages et Oumar DIOP, *Économie de la transformation artisanale et de la distribution des produits de pêche dans la région de Dakar*, thèse de doctorat de géographie, faculté des lettres et sciences humaines, université de Dakar, 1990, page 95.

[499] SOUMARE, *op. cit.*, 1997, page 323.

fonctionnement de ces marchés ainsi que leur rôle dans les réseaux de distribution du poisson frais et séché au Sénégal.

1) L'organisation interne des marchés

Des marchés actifs en début de journée

La commune de Dakar comptait 20 marchés quotidiens en 1970 et 26 en 1991. Le Bureau des marchés de la ville de Dakar ne détient pas de chiffres précis concernant le nombre de détaillants en poisson frais et sec exerçant leur activité sur les divers lieux de vente de la capitale. M. Djibril N'diaye, employé du bureau, nous a affirmé que le marché de Soumbédioune, par exemple, comptait 100 vendeuses de produits halieutiques frais en février 1991. Il a aussi pu nous donner quelques chiffres concernant les étals de poisson et fruits de mer situés sur 6 marchés dakarois en 1998[500]. Les vendeurs de poisson étaient plus nombreux à Kermel et à Sandaga.

Graphique 32 : Nombre d'étals réservés à la vente de poisson et de fruits de mer dans 6 marchés dakarois en 1998

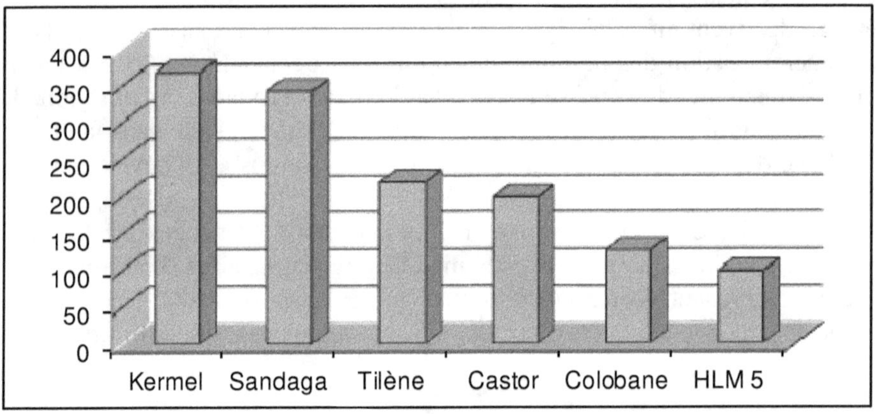

Source : d'après une enquête de Salif Diop du MCP de Dakar, Bureau des marchés, 2000.

[500] Nous avons interrogé M. N'DIAYE, fonctionnaire au Bureau des marchés de la ville de Dakar, le 31 mai 2000.

HLM 5 était un marché de quartier ouvert en 1977 et spécialisé dans la vente de produits alimentaires jusqu'en 1981. La commercialisation du poisson frais n'y tenait pas une place prédominante ; on y dénombrait 17 étals réservés aux produits marins situés au centre de la bâtisse au début des années 90[501]. Au marché de la Gueule-Tapée, créé spontanément dans les années 30 et lieu de vente en gros du poisson à partir de 1964, l'aire destinée à la vente de poisson frais occupait entre 300 et 500 m² [502]. La ville de Thiès, située à 70 km à l'est de Dakar avait vu sa population passer de 90 000 habitants en 1970 à 250 000 en 1987. Elle comptait environ 6 marchés quotidiens. Le Marché central, situé dans le centre ville, était en relation constante avec les autres lieux de vente du poisson frais et séché de Thiès[503]. Ces différents marchés, qu'ils soient de gros ou de détail, avaient des organisations similaires[504]. Le marché de la Gueule-Tapée ouvrait entre 5 et 8 heures en théorie, les transactions commerciales ayant rarement lieu après 12 heures. Le marché était surtout actif de 7 à 10 heures[505]. Le lieu de vente du quartier HLM 5, où l'on ne trouvait pas de mareyeurs, ouvrait ses portes à 7 heures du matin et les fermait à 19 heures[506]. Au Marché central de Thiès, le hangar où se déroulait la vente du poisson et les rues avoisinantes étaient très animés à partir de 9 heures du matin : « *On y trouve* [...] *des détaillantes dont la majeure partie sont des femmes écoulant leurs produits par morceaux de 100F à 250F CFA. La vente au demi-gros concerne les poissons de petit calibre (sardinelles) ; elle s'adresse à une foule de revendeuses qui achètent chacune un panier ou deux, qu'elles écouleront au détail dans un quartier du marché ou en faisant du porte à porte* [...]. *La vente au détail s'effectue sur une bâche ou une natte posée à même le sol*[507]. » Mame Arame Soumaré distinguait à la fin des années 90 dans la vallée du Fleuve les marchés permanents des marchés hebdomadaires. Les seconds avaient un rayon d'action beaucoup plus important. Les marchés permanents, lieux d'échanges effectués dans le cadre du village, se tenaient chaque jour de 9 heures du matin à 14 heures. Les marchés hebdomadaires avaient lieu chacun leur tour un jour de la semaine[508]. La commercialisation des produits halieutiques était plus importante dans la matinée, car les consommateurs sénégalais avaient l'habitude de se ravitailler quotidiennement auprès des détaillants. Les femmes achetaient les aliments

[501] NIANG, *op. cit.*, 1991, pages 12-13 et 62.
[502] CORMIER-SALEM, *op. cit.*, 1981, pages 2 à 4.
[503] DIT AKA N'DIAYE, *op. cit.*, 1987, page 1.
[504] Nous n'avons pas trouvé d'étude ne concernant que les marchés de la région du Fleuve (Saint-Louis).
[505] CORMIER-SALEM, *op. cit.*, 1981, page 14.
[506] NIANG, *op. cit.*, 1991, page 25.
[507] DIT AKA N'DIAYE, *op. cit.*, 1987, pages 41 et 43.
[508] SOUMARE, *op. cit.*, 1997, pages 323 et 324.

nécessaires à la préparation du repas de midi, en particulier le poisson ou la viande, les épices et légumes destinés aux sauces et éventuellement le produit marin séché, particulièrement apprécié comme condiment. Elles n'hésitaient pas à recourir au marchandage afin d'obtenir des prix plus intéressants.

Le personnel des marchés

Un surveillant général, qui touchait 50 000 francs CFA par mois au marché HLM 5, veillait au respect du règlement intérieur. Il devait aussi lutter contre les occupations irrégulières des espaces de vente. Les gardiens ouvraient et fermaient le marché. On en dénombrait 11 à HLM 5, dont 2 rémunérés par la municipalité. Les autres étaient payés par les commerçants qui versaient chacun entre 500 et 1500 francs CFA par mois, selon l'espace de commercialisation qu'ils occupaient. La mairie payait mensuellement 40 000 francs CFA deux employés chargés du nettoyage du marché, tandis que trois autres étaient à la charge des vendeurs. Trois collecteurs de taxes ainsi que cinq bénévoles gagnaient entre 30 000 et 50 000 francs CFA par mois au marché HLM 5 selon leur ancienneté[509]. On trouvait en plus à la Gueule-Tapée un délégué de la direction de l'Océanographie et des pêches maritimes chargé de contrôler les Certificats de salubrité[510].

[509] NIANG, *op. cit.*, 1991, pages 23-26.
[510] CORMIER-SALEM, *op. cit.*, 1981, page 14.

Carte 5 : Principaux marchés de la commune de Dakar en 1991

Sources : d'après nos enquêtes et N'diaye, *op. cit.*,1997.

Le recouvrement des taxes journalières

Chaque commerçant sur les marchés devait payer une taxe journalière, quel que soit le type et la quantité de produit vendu[511]. M. N'diaye du Bureau des marchés de Dakar nous a expliqué que les vendeurs de poisson s'acquittaient en théorie d'une taxe qui variait en fonction des dimensions de leur étal. Une commission se réunissait périodiquement pour fixer le montant des droits perçus par la municipalité. Selon M. N'diaye, la ville de Dakar

[511] DIT AKA N'DIAYE, *op. cit.*, 1987, page 49.

tenait à contrôler au mieux son système de perception : « *Nous faisons un recensement chaque 6 mois pour connaître l'évolution des montants collectés* [...]. *Nous sommes un groupe de 3 à 4 personnes. On tient compte surtout de l'assiette et des recettes. Nous ne faisons pas de distinction précise entre les produits vendus*[512]. » M. Ousseynou Faye, chef de la Division des halles et marchés nous a fait part de ses objectifs : « *Nous voulons identifier les recettes par marchés et par catégorie de produits commercialisés, car le mode de taxation n'est pas uniforme*[513]. »

Au marché de la Gueule-Tapée, les détaillants s'acquittaient d'une taxe égale à 75 francs CFA par m² occupé ou par panier, et les grossistes d'une redevance de 75 francs CFA pour chaque panier commercialisé. Les camions pouvant transporter 800 kg à 1 tonne versaient 1500 francs CFA et deux fois plus s'ils avaient une capacité de 3 à 10 tonnes. Les propriétaires des véhicules contenant plus de 10 tonnes de produit donnaient 5000 francs CFA aux collecteurs[514]. Les marchés pouvaient fournir des recettes considérables aux villes. Les sources dont nous disposons ne mentionnent pas le montant versé par les vendeurs de poisson aux perceptions municipales. L'économiste Niang donna en 1991 quelques chiffres sur les recettes fournies par les droits de place des marchés de la ville de Dakar durant les années 88, 89 et 90. La ville comptait alors une trentaine de lieux de vente.

Graphique 33 : Évolution du montant des recettes perçues sur les marchés de Dakar de 1988 à 1990 (en milliers de francs CFA constants 1988)

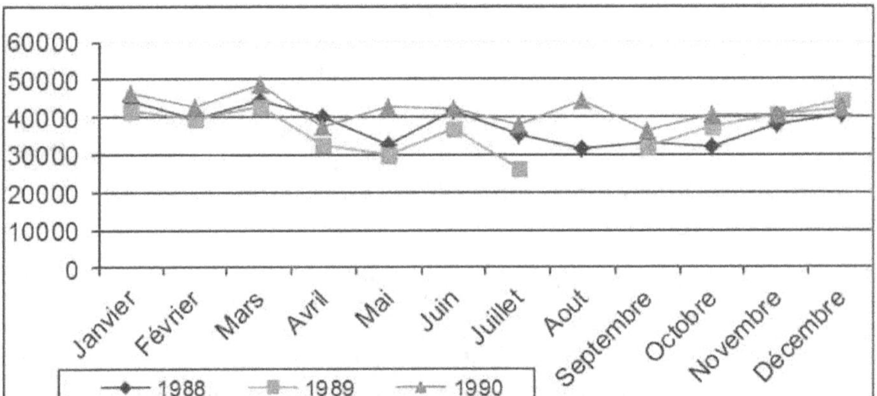

Source : nos calculs, d'après Niang, *op. cit.*, 1991, page 59.

---

[512] Nous avons interrogé M. N'DIAYE au Bureau des marchés le 31 mai 2000. Nous avons essayé d'obtenir des renseignements similaires en 2004 auprès de la mairie de Richard-Toll sans succès.

[513] Nous avons rencontré M. FAYE le 31 mai 2000 au Bureau des marchés.

[514] CORMIER-SALEM, *op. cit.*, 1981, page 14.

Les montants perçus variaient considérablement d'un mois et d'une année à l'autre, car le système de collecte n'était pas maîtrisé. En effet, les agents municipaux, en sous-effectif, ne connaissaient pas le nombre exact des commerçants soumis à la redevance sur les marchés, car certains vendeurs étaient ambulants. D'autres négociants refusaient de payer s'ils avaient connu des méventes. Les fêtes et pèlerinages, durant lesquelles les vendeurs étaient absents, ralentissaient l'activité économique des lieux de transactions[515]. Le marché HLM 5 fournissait 5,33% des recettes totales de la ville de Dakar en 1990, ce qui représentait une faible part compte tenu de l'importance des échanges commerciaux qui s'y déroulaient quotidiennement. Les charges liées à la gestion des marchés dakarois augmentèrent entre 1985 et 1988. Ainsi, elles s'élevèrent entre 1985 et 1986 à 4 300 000 francs CFA constants 1985, à 5 407 000 francs CFA 1985 entre 1986 et 1987, enfin à 5 764 410 francs CFA 1985 entre 1987 et 1988[516].

Les associations de commerçants

Les vendeurs se regroupaient en associations, politiques ou non, afin de défendre leurs intérêts. En général, le délégué du marché était choisi parmi la branche commerciale ayant le plus de poids sur le lieu de vente. Le délégué du marché de la Gueule-Tapée, aussi représentant des détaillants de poisson frais, était un vendeur de produits halieutiques, tandis que celui du marché HLM 5 commercialisait du tissu[517]. Les vendeurs du marché de gros appartenaient au Syndicat national des agriculteurs, éleveurs et pêcheurs du Sénégal (Syndicat des 3 P), tandis que leurs homologues du marché de quartier adhéraient à la section de l'Union nationale des commerçants et industriels du Sénégal (UNACOIS). Cette section avait un président aux HLM 5 qui avait plus d'influence que le délégué du marché[518]. Les commerçants étaient aussi engagés politiquement. Les mareyeurs de la Gueule-Tapée, groupe professionnel reconnu après le vote de la loi de 1973, formaient le comité d'entreprise des mareyeurs socialistes du Sénégal. Les grands commerçants du marché HLM 5 étaient affiliés à la section HLM du comité d'entreprise PS des marchés de la 3e coordination. En fait, le délégué du marché assurait simultanément la fonction de président de ce comité socialiste. Il était consulté lors d'une prise de décision concernant le marché et veillait à l'application de celle-ci. Les femmes avaient à leur tête une responsable du mouvement des femmes, adjointe au maire de Dakar. Le

---

515 NIANG, *op. cit.*, 1991, pages 59 à 61.

516 Nous avons converti les chiffres donnés par NIANG (p.62) en francs CFA constants 1985.

517 CORMIER-SALEM, *op. cit.*, 1981, page 15 et NIANG, *op. cit.*, 1991, page 14.

518 CORMIER-SALEM, *op. cit.*, 1981, page 15 et NIANG, *op. cit.*, 1991, pages 65-66.

conseil municipal tentait de tenir compte d'un électorat à la fois composé de riverains, de commerçants fixes et de vendeurs ambulants[519].

2) La fonction de distribution des marchés

Les vendeurs de poisson du marché HLM 5 se ravitaillaient essentiellement sur la plage de Hann, située à quelques km seulement. Les produits revendus au Marché central de Thiès transitaient par le marché de la Gueule-Tapée[520], qui tenait une place importante dans les circuits de distribution du poisson. Les produits revendus sur les étals de la Gueule-Tapée étaient très diversifiés. Le poisson était originaire des centres de débarquement de la Grande Côte (Saint-Louis et Kayar) et de la Petite-Côte (M'bour et Joal). Les sardinelles venaient surtout du port de Dakar. L'approvisionnement en produit marin dépendait bien sûr de la saison de pêche, du lieu de débarquement et du type d'armement utilisé par les producteurs[521]. Les mareyeurs transportaient en général leur poisson pêché la veille jusqu'au Marché central de Thiès, ce qui posait des problèmes de conservation. Ces produits avaient la même origine géographique que les poissons commercialisés à la Gueule-Tapée. Au début des années 80, une vingtaine de véhicules par jour en moyenne arrivaient au marché de la Gueule-Tapée. Ils ravitaillaient le lieu de vente en produits débarqués par la pêche artisanale ou industrielle. Les arrivages étaient assurés par des camions de mareyeurs dont la capacité variait entre 1 et 10 tonnes. Ils étaient plus élevés en mai et entre août et novembre, mois où se déroulaient les campagnes des pêcheurs de Saint-Louis sur les côtes sénégalaises. Les mareyeurs pouvaient être propriétaires de leurs camions ou les louer à des particuliers[522]. Le poisson frais livré au marché de gros était débarqué dans un rayon de 100 km par les pêches artisanale et industrielle. Environ 30 tonnes de produit marin avaient transité quotidiennement par le marché de la Gueule-Tapée entre octobre 1981 et septembre 1982. D'après Kebe : « [...] *11 800 tonnes de poissons ont été livrées à Gueule-Tapée soit 5% des débarquements annuels de la pêche artisanale et industrielle et 15% du mareyage total*[523]. » Les

[519] CORMIER-SALEM, *op. cit.*, 1981, page 15 et NIANG, *op. cit.*, 1991, pages 64-67. NIANG ne nous précise pas si les vendeurs de poisson étaient membres de ce comité politique.

[520] DIT AKA N'DIAYE, *op. cit.*, 1987, page 54.

[521] CORMIER-SALEM, *op. cit.*, 1981, page 9-11 et DIT AKA N'DIAYE, *op. cit.*, 1987, page 53.

[522] M. KEBE, *Mareyage de poisson frais au marché de gros de la Gueule-Tapée*, Centre de recherches océanographiques de Dakar-Thiaroye, Document scientifique n°85, juin 1983, page 31.

[523] KEBE, *op. cit.*, 1983, page 32.

sardiniers, cordiers et chalutiers du port de Dakar approvisionnaient le marché à 42%.

Le poisson préparé artisanalement à Saint-Louis, Bargny, M'bour, dans les îles du Saloum et en Casamance était commercialisé en gros et au détail à Thiès. La vente en gros s'effectuait dans un hangar par les *bana-bana* qui proposaient le poisson fermenté, braisé ou salé au poids. Les détaillants le revendaient ensuite par morceaux de 25 ou 50 francs CFA[524]. Le marché de la Gueule-Tapée n'était pas spécialisé dans la vente en gros du poisson séché. On y trouvait cependant tous les types de produits artisanaux[525]. Le géographe Oumar Diop soulignait en 1990 que les circuits commerciaux du poisson séché souffraient de l'absence d'un marché de gros. Thiaroye-Gare, bien que sous-équipé, assurait tant bien que mal cette fonction : « [...] *il est, en effet, reconnu comme l'un des plus grands points du Sénégal où convergent les produits transformés*[526]. » Les détaillants se ravitaillaient dans deux points de vente nommés « *bascule Kéthiakh* » et « *bascule Guedj* ». Le poisson braisé, produit dans la région dakaroise ou sur la Petite-Côte, était vendu par paniers de 80 kg. Le prix de vente du kg oscillait entre 75 et 100 francs CFA. Le fermenté séché, fabriqué à 75% en Casamance, était vendu par les grossistes à des intermédiaires qui l'écoulaient auprès des détaillantes. Ces dernières avaient aussi la possibilité de se fournir en poisson sec dans les marchés dakarois de Rufisque, Castor, Sandaga ou Tilène et de le commercialiser dans un des 25 marchés secondaires de la capitale. Les vendeurs au détail de ces marchés ne se servaient souvent pas, comme leurs collègues des marchés principaux, de tables et de cantines pour exposer leur marchandise, mais d'étals disposés à même le sol[527]. Les marchés hebdomadaires du département de Podor étaient devenus de hauts lieux d'échange de produits agricoles depuis le développement de l'agriculture irriguée suite à la construction de barrages. Mais on y trouvait aussi du poisson originaire du Fleuve ou en provenance des diverses régions du Sénégal[528]. Les pêcheurs, agriculteurs, pasteurs, négociants mauritaniens et du bassin arachidier entretenaient d'anciens liens commerciaux (troc du sorgho de la vallée contre de l'arachide et du bétail du Centre-Ouest sénégalais) sur le marché de Thillé Boubakar. Ce marché du jeudi collectait tous types de produits artisanaux, agricoles et manufacturés. Son rayonnement était en partie dû au fait que la ville de Thillé soit un centre administratif. Les marchés hebdomadaires de la vallée du Sénégal ont fortement contribué à l'essor des échanges entre cette région du pays et les

---

[524] DIT AKA N'DIAYE, *op. cit.*, 1987, pages 55-56.
[525] CORMIER-SALEM, *op. cit.*, 1981, pages 11-12.
[526] DIOP, *op. cit.*, 1990, page 95.
[527] *Id.*, pages 99-103.
[528] SOUMARE, *op. cit.*, 1997, pages 79 et 313.

autres[529]. Ils ont en quelque sorte permis d'extravertir une économie de subsistance traditionnelle.

3) La fonction de redistribution des marchés de gros

Les produits marins transitaient par les marchés de gros où les détaillants se ravitaillaient afin de commercialiser leurs marchandises dans les lieux de vente secondaires. Alors que le marché de la Gueule-Tapée approvisionnait les autres lieux de transaction dakarois et les régions de l'intérieur du pays, le Marché central de Thiès fournissait en produits halieutiques les localités rurales proches de la ville. Régine Bonnardel estimait que l'aire d'approvisionnement de la ville de Thiès variait entre 30 et 50 km. Les marchés ruraux les plus actifs étaient entre autres ceux de Mékhé et de Thilmaxa[530]. Les marchés hebdomadaires de la région du Fleuve redistribuaient les produits commerciaux écoulés sur leurs étals dans les marchés villageois permanents.

Le marché de la Gueule-Tapée avait un poids national, tandis que celui de Thiès pesait surtout sur les circuits commerciaux de la région[531]. Les détaillantes de la Gueule-Tapée s'associaient souvent afin de pouvoir acquérir un panier de poissons (d'une contenance de 40 à 50 kg) qu'elles transportaient ensuite par taxi ou « car-rapide » vers les marchés secondaires. Au marché de Ouakam, par exemple, le poisson provenait à 70% de la Gueule-Tapée et des marchés de Yoff[532]. Les produits marins représentaient un quart des quantités commercialisées sur ce marché secondaire. La Gueule-Tapée jouait aussi le rôle d'entrepôt frigorifique, bien que ses équipements soient sommaires, et de point d'information sur le cours des prix. Les mareyeurs et détaillants écoulaient volontiers leurs produits sur le marché s'ils jugeaient les prix convenables. Dans le cas contraire, les mareyeurs revendaient leur poisson dans d'autres régions qui accueillaient leurs correspondants ou aux usines. Les détaillants essayaient de se ravitailler sur les plages dakaroises. Les produits invendus étaient conservés dans des paniers garnis de glace et surveillés par un gardien pour un coût de 50 à 100 francs CFA[533].

Contrairement aux lieux d'échanges des régions de Dakar et Thiès, le troc était encore fort répandu sur les marchés permanents de la vallée du Sénégal

---

[529] *Id.*, pages 325 à 328.
[530] DIT AKA N'DIAYE, *op. cit.*, 1987, pages 55 et 58.
[531] CORMIER-SALEM, *op. cit.*, 1981, pages 12-13 et DIT AKA N'DIAYE, *op. cit.*, 1987, pages 55 et 58.
[532] Mamadou Lamarana BALDE, *L'Urbanisation des villages traditionnels du Cap-Vert : le cas de Ouakam*, mémoire de maîtrise de géographie, faculté des lettres et sciences humaines, université de Dakar, 1983, pages 65-66.
[533] CORMIER-SALEM, *op. cit.*, 1981, page 13-14.

dans les années 90. Ces marchés anciens étaient intégrés à l'économie villageoise : « *Dans ces marchés, le troc est le système d'échange le plus fréquent, et ce sont quelques mudo de céréales (paddy ou sorgho) qui sont cédés par la maîtresse de foyer* [*Jom suudu*] *en contrepartie des marchandises proposées*[534]. » Les vendeuses des villages environnants y commercialisaient entre autre du poisson frais et séché, des condiments, de la pâte d'arachide et du charbon de bois. Les femmes peulhs proposaient aux ménagères du beurre ainsi que du lait caillé. Les marchés des régions de Dakar, de Thiès et du fleuve Sénégal, qui étaient liés entre eux, assuraient les mêmes fonctions de distribution et de redistribution du poisson, mais ils utilisaient parfois des modes d'échange différents.

4) Les problèmes des marchés

Les lieux de vente rencontraient les mêmes difficultés que celles déjà évoquées dans notre première partie. Les articles de journaux sénégalais nous fournissent des renseignements intéressants sur les causes et conséquences de ces problèmes.

Le manque d'espace

Les marchés avaient tendance à s'agrandir démesurément, car certains vendeurs n'hésitaient pas à occuper les espaces proches des lieux d'échanges en y installant des étals sur le sol. Ainsi, des vendeurs avaient formé une sorte de marché parallèle à celui de HLM 5 près des maisons situées aux alentours du lieu de commercialisation. Ces étals secondaires s'étendaient sur plus de 800 mètres, ce qui créait des tensions entre vendeurs (« légaux » ou « illégaux ») et riverains qui sollicitaient l'intervention des autorités[535]. Des ménagères domiciliées dans les quartiers résidentiels détenaient des microcommerces. Le marché secondaire HLM 5 avait du mal à régler ses difficultés d'organisation spatiale[536], tout comme la Gueule-Tapée et les autres lieux de transaction dakarois[537]. Un article du journal *Le Soleil* publié en 1976 évoquait : « [...] *l'anarchie qui règne dans nos marchés qui, très souvent* [...] *débordent sur la rue* [538]. » Le marché Castors, engorgé et touché

---

[534] SOUMARE, *op. cit.*, 1997, page 323.

[535] M. LOM, « Marché HLM 5, la guerre de l'espace », *Sud Hebdo* n°154 du 25 avril 1991, page 7 et O. GUEYE, « HLM 5, la guerre des marchés », *Wal Fadjri* n°266, du 14 au 20 juin 1991.

[536] NIANG, *op. cit.*, 1991, pages 27-29.

[537] CORMIER, *op. cit.*, 1981, pages 81-82.

[538] Archives du Sénégal, dossier *Marchés*, *Le Soleil*, « Cours d'hygiène au marché Kermel », 5 février 1976.

par les embouteillages, donnait une impression de désordre[539]. Le Marché central de Thiès était difficilement accessible durant les heures de grande affluence, car les aires de circulation étaient occupées par une multitude de détaillants[540].

L'insalubrité

Le manque d'hygiène frappait tous les lieux de vente de la capitale au milieu des années 70 : « *Les marchés de Dakar deviennent de plus en plus sales* [...]. *En fait, de Kermel à Sandaga en passant par Thylène, le problème est le même. Celui d'une rare saleté... Elle est là, matérialisée par les entrailles de poissons jetées pêle-mêle à même le sol, sur les allées étroites* [...] *une sorte de bourbier dû à l'eau dégoulinant de la glace posée sur la viande et les poissons*[541]. » Le problème restait le même une dizaine d'années plus tard. À la Gueule-Tapée, le canal était pollué par les vendeurs et acheteurs[542], alors que le système d'évacuation des eaux usées du Marché central de Thiès était déficient[543]. Les averses qui s'abattaient sur le Sénégal durant l'hivernage aggravaient la situation. Ainsi, les eaux usées stagnaient au marché secondaire de Ouakam[544].

Les autorités essayèrent pourtant de lutter contre l'insalubrité et le manque d'équipements des marchés. Le marché Kermel fut rénové dès 1973 et le marché Castors reconstruit à la fin des années 90. L'intérieur du plus ancien lieu de vente de Dakar, qui bénéficia de l'affectation d'une équipe de maintenance, fut aménagé. La région du Cap-Vert investit 7 500 000 francs CFA pour sauver Kermel dont le toit menaçait de s'écrouler[545]. La commune de Dakar finança deux chambres froides à 3 189 000 francs CFA pour assurer la conservation du poisson et de la viande[546]. Castors fut rénové et assaini après des travaux de 6 mois qui coûtèrent 63 000 000 de francs CFA. Le marché bénéficiait entre autre d'une aire de décharge et de cantines supplémentaires construites en dur[547]. Les lieux de vente surchargés et insalubres étaient sous-équipés. Le Marché central de Thiès était dépourvu

---

539 Archives du Sénégal, dossier *Marchés*, Diatou Cissé COULOUBALY, « Marché de Castors, La bataille des cantines », *Le Soleil*, 19 avril 1989, page 2.

540 DIT AKA N'DIAYE, *op. cit.*, 1987, page 51.

541 Archives du Sénégal, dossier *Marchés*, M. M., « Des marchés qui ressemblent à des dépotoirs », *Le Soleil*, 9 juillet 1976, page 2.

542 CORMIER, *op. cit.*, 1981, pages 81-82.

543 DIT AKA N'DIAYE, *op. cit.*, 1987, pages 51-52.

544 BALDE, *op. cit.*, 1983, page 68.

545 Archives du Sénégal, dossier *Marchés*, B.A., « J'ai participé au sauvetage du vieux Kermel », *Le Soleil*, 29 juillet 1974.

546 Archives du Sénégal, dossier *Marchés*, B.A, « Le marché Kermel 60 ans après sa construction fait peau neuve », *Le Soleil*, 15 juillet 1974.

547 Archives du Sénégal, dossier *Marchés*, COULOUBALY, *op. cit.*, 1989, pages 2-3.

d'infrastructures permettant le conditionnement et la conservation des produits périssables[548]. Les mareyeurs de la Gueule-Tapée avaient besoin d'un hangar pour revendre le poisson en gros et d'un frigorifique en cours de construction en 1981. Les détaillantes de poisson transformé demandaient des étals en bois couverts[549]. L'insalubrité et le manque d'équipement des marchés renforçaient leur insécurité. Les vendeurs ou acheteurs pouvaient être victimes d'agressions ou de vols[550]. Les marchés connurent des incendies, comme HLM 5 en 1988. Une défaillance du système électrique causa la destruction de 44 cantines construites en bois[551].

Conclusion

Les pêches maritime et fluviale sénégalaises furent frappées par la crise des années 80 et les dures conséquences de la sécheresse. Le commerce du poisson resta tout de même actif et les populations de la vallée du fleuve Sénégal, qui assuraient autrefois le ravitaillement de Dakar durant l'hivernage, purent heureusement accéder aux produits halieutiques. Le secteur de la pêche attira une multitude de nouveaux vendeurs qui voyaient dans l'écoulement du poisson un moyen de subvenir aux besoins de leurs familles. L'étude de ce chapitre nous a par ailleurs montré que les petits et grands marchés, bien que sous-équipés, jouaient un rôle primordial au sein des filières commerciales du poisson frais et séché.

---

548 DIT AKA N'DIAYE, *op. cit.*, 1987, page 52.

549 CORMIER-SALEM, *op. cit.*, 1981, page 82.

550 LOM, *op. cit.*, 1991, page 7 et DIT AKA N'DIAYE, *op. cit.*, 1987, page 52.

551 Archives du Sénégal, dossier *Marchés*, A. GAYE, « Incendie du marché HLM 5, des centaines de millions en fumée », *Le Soleil*, 30 et 31 juillet 1988.

CHAPITRE IV

Les intermédiaires n'abusent pas des producteurs

Introduction

Le thème de la suprématie des intermédiaires dans le commerce du poisson frais et séché au Sénégal a largement été évoqué par nos sources écrites, alors que nos sources orales le mentionnent très peu. La plupart des auteurs reprochent aux vendeurs en gros de poisson frais et sec de profiter de la vulnérabilité des producteurs et détaillants. Nous nous sommes demandé quelles étaient les origines de ces accusations portées à l'encontre des grossistes en poisson séché et surtout des mareyeurs, mais aussi si elles étaient bien fondées[552].

I. DES CHERCHEURS MAJORITAIREMENT CONVAINCUS D'UNE SUPRÉMATIE DES INTERMÉDIAIRES

Les travaux concernant la pêche artisanale sénégalaise se sont multipliés à partir des années 80. Régine Bonnardel, qui étudia les pêcheurs de Saint-Louis et l'économie maritime de Kayar, affirma dès les années 60 que les producteurs étaient, pour plusieurs raisons, défavorisés lors des transactions

---

[552] Nous avons créé une base de données dans le but d'étudier des transactions commerciales concernant les divers acteurs du commerce maritime et fluvial sénégalais de 1945 à nos jours. Cette base, exploitée à l'aide du logiciel Stata, comporte des informations diverses telles que la date de l'échange, le lieu d'origine et de vente, le vendeur, l'acheteur ou encore le prix du produit. Nous avons codifié la source de chaque échange, qui a pu provenir d'archives, de documents imprimés et des résultats de nos enquêtes orales. Une conversion des prix de vente des produits, lorsqu'ils étaient mentionnés, en francs CFA constants 1945 nous a permis de faire une comparaison plus pertinente. Même si nos sources peuvent paraître hétérogènes, elles nous donnent l'occasion de tester une méthode originale sur ce type d'échanges et d'arriver à certaines conclusions grâce à l'utilisation d'une régression linéaire. Nous avons ainsi pu nous rendre compte des aspects positifs et des limites de l'emploi d'une telle méthode. Nous avons fait une typologie des transactions commerciales afin de cerner leurs hypothétiques ressemblances et différences. Ensuite, nous avons démontré que les grossistes et mareyeurs ne trompent pas les autres vendeurs de poissons, en utilisant les résultats fournis par Stata et en étudiant les pratiques marchandes des commerçants.

commerciales. Les chercheurs qui travaillèrent sur la pêche artisanale sénégalaise restèrent pour la plupart dans la lignée de la géographe. Ils appuyèrent leurs arguments de divers exemples pour prouver le désarroi des pêcheurs et préparateurs en produits séchés.

1) Des producteurs vulnérables

Des intermédiaires fixant les prix d'un produit périssable

L'économiste Jacques Weber, qui dirigea un groupe de recherche à l'ORSTOM, rappelait que selon les détracteurs des intermédiaires, ces derniers contrôlaient les prix au producteur, alors que les tarifs du poisson pouvaient être jusqu'à cinq fois plus élevés sur les marchés urbains[553]. Selon Régine Bonnardel, les mareyeurs qui s'approvisionnaient sur la plage de Saint Louis pouvaient acquérir la totalité des captures aux prix qui leur convenaient le mieux. Leurs homologues grossistes en poisson transformé se ravitaillaient en produits séchés avant que le poisson ne soit totalement sec afin de l'acquérir à un prix plus intéressant. Ainsi, les préparatrices obtenaient un gain inférieur à 50 francs CFA par kg pour le *Guedj* et le *Tambadiang*, alors que les revenus espérés de la vente du *Kéthiakh* étaient infimes[554]. La chercheuse dénonçait cette vulnérabilité des pêcheurs et transformateurs sénégalais : « *Le climat de liberté totale dans lequel s'est développé le secteur a entraîné en moins d'une décennie, sur tout le littoral, la mainmise des mareyeurs sur les producteurs*[555]. » Les grossistes en poisson séché, qui provenaient essentiellement de Diourbel, Louga et Dakar, s'approvisionnaient à crédit auprès de leurs artisanes attitrées, ce qui était source de conflits, car les commerçants ne s'acquittaient pas toujours de leurs dus.

Les transformatrices que nous avons questionnées à Saint Louis en 2003 nous ont confirmé cet état de fait. Amy Collé Dieye, 45 ans, vend du poisson séché depuis 1988. Elle s'est plainte de l'emprise des grossistes sur le commerce du produit transformé artisanalement et pense que les préparatrices manquent de moyens financiers pour combattre cette injustice : « *Tu sais, une femme qui travaille sans revenus pendant 5 mois est fatiguée*

553 Jacques WEBER, *Pour une approche globale des problèmes de pêche, l'exemple de la filière du poisson au Sénégal. Aspects de la recherche en socio-économie de la pêche artisanale maritime sénégalaise*, CRODT, ISRA, document scientifique n°84, 1982, pages 97-109. Ces arguments justifièrent la mise en place du Centre d'aide à la pêche artisanale sénégalaise (CAPAS). Le laboratoire de M. Weber avait pour ambition de « *considérer la pêche comme un tout dont les éléments sont interdépendants, s'interdisant de réduire le tout à l'une de ses parties ou de l'en déduire* ».

554 BONNARDEL, *op. cit.*,1985, pages 45 et 71.

555 *Id.*, page 45.

[…]. *Tu* [le grossiste] *dors sur le bien d'autrui que tu as pourtant revendu. On te dit : « Il n'est pas allé à l'usine. » Il a pesé ton poisson sec et gagné de l'argent avec, mais tu n'en vois même pas la couleur. Si on te payait régulièrement, tu pourrais faire tes comptes et savoir combien te rapporte ton produit, en retirant tes frais de tes revenus. Au contraire, tu ne sais même plus combien tu gagnes. Ils* [les grossistes] *attendent qu'on oublie une dette pour en payer une autre, et toi, tu confonds les deux. Pour pouvoir faire nos comptes, on devrait avoir un marché spécialisé… Seuls les grossistes savent à combien ils ont revendu notre produit. Pas de regroupement qui nous fasse crédit, afin que nous les remboursions après la vente. C'est toi qui te débrouilles seule avec ton travail*[556]. »

Ibrahima Hathie mentionnait le même problème dans la commercialisation du poisson frais, car les mareyeurs, qui devaient payer des dettes aux pêcheurs, prenaient des méventes comme prétexte pour renégocier le prix des produits halieutiques. Les producteurs, dépourvus de moyens de stockage, de conservation et d'écoulement du produit, devaient impérativement le céder aux acheteurs. L'économiste pensait que la concurrence sur les lieux de débarquement était en fait illusoire : « *Le rapport de force lors du marchandage est très inégal* […]. *Il est totalement défavorable au pêcheur* […]. *Des fois, des mareyeurs accumulent des passifs et s'évanouissent dans la nature*[557]. » La géographe Bineta N'diaye Diop, qui étudia les coopératives de pêche maritime en 1984, dénonçait un marché anarchique où les relations entre pêcheurs et mareyeurs se réduisaient à une pure soumission des producteurs : « *Le marché du poisson a été* […] *une belle illustration des pires défauts du capitalisme sauvage avec le règne du plus fort* […]. *L'élément fondamental reste l'insuffisance d'infrastructures pour conserver le poisson* […]. *Qui tient donc les infrastructures, tient le marché. Pour l'heure, ce sont les mareyeurs qui les tiennent. Forts de cela, ils imposent les prix qu'ils veulent aux pêcheurs* […]. *Ce système de dépendance, on le retrouve aussi entre le mareyeur et le détaillant du marché*[558]. » Fatou Sow, dans son article sur la Petite-Côte sénégalaise, évoquait un monopole commercial du mareyeur qui réussissait à spéculer malgré une forte demande en poissons : « *On est en présence d'un spéculateur qui mine et domine l'économie de la pêche artisanale*[559]. » Les mareyeurs étaient, d'après la sociologue, la cause principale des problèmes

---

[556] Nous l'avons interviewée le 27 juillet 2003 à Saint-Louis.

[557] Ibrahima HATHIE, *Le GIE de pêcheurs piroguiers comme stratégie d'adaptation à une conjoncture défavorable. Cas de Guet N'dar, Saint-Louis*, Dakar, École nationale d'économie appliquée, décembre 1991, pages 38 et 39.

[558] Bineta N'DIAYE DIOP, *op. cit.*, 1984, pages 120 et 121.

[559] Fatou SOW, *L'Économie du poisson sur la Petite-Côte (Sénégal). Le rôle des femmes*, Dakar, IFAN, Études scientifiques, mars 1986, page 16.

d'écoulement connus par les producteurs. Les pêcheurs, toujours perdants lors des échanges, se voyaient contraints de vendre le plus rapidement possible des mises à terre périssables[560]. Marie-Hélène Durand, qui étudia la transformation artisanale sur la Petite-Côte, était du même avis. Non seulement les mareyeurs exploitaient les pêcheurs, mais en plus ils concurrençaient les préparateurs qui avaient des difficultés à acquérir leur matière première : « *L'acheteur privilégié dans le cas des sennes tournantes sera toujours un mareyeur* [...] *on assiste à cette suprématie des mareyeurs qui, peu nombreux et achetant en grosse quantité, s'entendent entre eux pour fixer leur prix d'achat. Ce sont les pêcheurs qui rémunèrent les videurs de pirogues*[561]. » Ibrahima Faye affirmait que les grossistes en poisson sec se retrouvaient en situation d'oligopole sur les sites de préparation artisanale de la région dakaroise. Il suffisait qu'une transformatrice accepte un prix de vente, aussi bas soit-il, pour que ses collègues s'alignent sur celui-ci. Les productrices étaient par ailleurs trop nombreuses par rapport au nombre de *bana-bana* : « *Les femmes de pêcheurs, regroupées en coopératives, poussées par le besoin d'argent, le besoin de libérer leurs claies et la concurrence, ne sont pas en mesure de refuser l'offre d'achat*[562]. »

Les mareyeurs des autres pays africains ont aussi été décrits par les chercheurs comme des commerçants qui profitaient de la faiblesse des pêcheurs. En Tunisie, Chérif Abdallah les désignait sous le terme de « *grossistes spéculateurs* ». Dans le gouvernorat de Bizerte, situé au nord du pays maghrébin, les producteurs employaient essentiellement des barques non motorisées au début des années 90[563]. Les vendeurs en gros de produits halieutiques écoulaient environ 65% des mises à terre : « [...] *lorsqu'elle tombe entre les mains des intermédiaires, la production commercialisée n'enrichit guère ceux qui l'ont débarquée*[564]. » Les mareyeurs étaient avantagés par leur nombre peu élevé et le caractère périssable du poisson. Cette critique des intermédiaires n'est pas propre au commerce du poisson. Ainsi, l'économiste Kalle Seye faisait remarquer en 1990 que les demi-grossistes en fruits de la commune sénégalaise de Pout obtenaient des bénéfices cinq fois plus élevés que les détaillantes. Ces dernières étaient

---

[560] SOW, *op. cit.*, 1986, pages 16 et 26.

[561] Marie-Hélène DURAND, *Aspects socio-économiques de la transformation artisanale du poisson de mer au Sénégal*, Dakar, CRODT, ISRA, archive n°103, octobre 1981, page 42.

[562] Ibrahima FAYE, *Organisation des circuits de commercialisation des produits marins transformés artisanalement*, Dakar, École des Agents techniques de l'Océanographie et des pêches maritimes (EATOPM), juin 1985, pages 6 et 7.

[563] Chérif ABDALLAH, *La Pêche côtière dans le Nord de la Tunisie : ressources halieutiques et problèmes d'exploitation, l'exemple du gouvernorat de Bizerte. La pêche en Tunisie : pêche côtière et environnement*, université de Tunis I, Cahiers du CÉRÈS, 1993, pages 31 et 32.

[564] ABDALLAH, *op. cit.*, 1993, page 32.

dépendantes des intermédiaires créanciers qui leur accordaient des avances en nature. De plus, les demi-grossistes n'hésitaient pas à multiplier le prix du panier de mangues si le produit devenait rare[565].

Des producteurs inorganisés

Régine Bonnardel s'indignait du fait que les intermédiaires profitent du manque d'organisation des pêcheurs et transformateurs. L'introduction des sennes tournantes, qui avait accru les débarquements de la pêche artisanale sénégalaise, n'avait hélas pas été bénéfique aux producteurs. La chercheuse proposait la création de magasins coopératifs où les préparatrices pourraient écouler leur produit après avoir conclu des contrats d'approvisionnement avec les consommateurs[566]. Momar N'diaye, qui fit des recherches sur le rôle des femmes dans l'économie maritime de Saint Louis, reprit à la fin des années 80 la même théorie : « *L'exploitation dont fait l'objet le monde pêcheur est la conséquence de l'anarchie, du manque d'organisation et de l'empirisme dans lesquels il travaille* [567]. » L'économiste reconnaissait tout de même que les femmes arrivaient à obtenir des marges intéressantes malgré l'exploitation outrancière dont elles étaient victimes. À M'bour, ville située sur la Petite-Côte du Sénégal, Cheikhou Oumar Faye remarqua que le rapport de force entre le pêcheur et le mareyeur était toujours favorable au dernier. Selon M. Faye, l'intermédiaire, contrairement au producteur, avait recours à un *« marketing de promptitude »*, car il devait connaître l'état de l'offre du poisson sur les grandes plages sénégalaises : « *Ce marketing s'appuie sur la connaissance, au jour le jour, des marchés en amont et en aval des circuits de distribution*[568]. » Fatou Sow expliquait que les mareyeurs, mieux informés que les producteurs, étaient privilégiés par leur connaissance des marchés urbains et la détention de capitaux : « *Ils* [les mareyeurs] *tirent parti de la concurrence entre femmes au sein d'un marché rural inorganisé et rendu fragile par le caractère périssable du poisson*[569]. » Les intermédiaires bénéficiaient donc de la fragilité d'un marché où les pêcheurs, en concurrence les uns avec les autres, restaient handicapés

---

[565] Kalle SEYE, *Pour une statégie de réorganisation du petit commerce de fruits. Cas des vendeuses de fruits de la commune de Pout*, Dakar, École nationale d'économie appliquée (ENEA), décembre 1990, pages 48 et 52.

[566] BONNARDEL, *op. cit.*, 1985, pages 34, 45 et 71.

[567] Momar N'DIAYE, *Analyse de l'impact socio-économique des activités des femmes dans le secteur de la pêche maritime piroguière. L'exemple de Guet N'dar à Saint Louis*, diplôme d'Ingénieur des travaux de la planification (ITP), Dakar, ENEA, décembre 1988, pages 130-132.

[568] Cheikhou Oumar FAYE, *Analyse des aspects organisationnels de la commercialisation du poisson frais dans le sous secteur de la pêche maritime artisanale au Sénégal. Cas de la zone de M'bour*, Dakar, ENEA, 1988, pages 40 et 42.

[569] SOW, *op. cit.*, 1986, page 16.

financièrement. Les femmes vendeuses de poisson sur la Petite-Côte avaient peu à peu perdu leur monopole parental, car l'appartenance à une famille de pêcheur ne garantissait plus un approvisionnement régulier[570]. Les producteurs étaient confrontés aux mêmes difficultés dans d'autres contrées africaines. En Côte-d'Ivoire, par exemple, les femmes ghanéennes ewe et fanté étaient dépendantes des grossistes en poisson sec. Ces commerçants ivoiriens et sahéliens avaient une meilleure connaissance des réseaux de commercialisation traversant l'intérieur du pays[571]. En Casamance, dans la zone de Goudomp, la construction d'un grand marché dès 1980 amplifia le rôle des grossistes. D'après Siaka Diedhiou, les fumeurs, qui fabriquaient du *Métora*, étaient exploités par les grossistes guinéens. Ces intermédiaires revendaient le poisson sec dans les régions sénégalaises de Kolda, Vélingara, Kounkané, mais aussi à l'étranger, essentiellement en Guinée Conakry ou en Guinée-Bissau. Les artisans, bien que solidaires, manquaient cruellement d'organisation[572]. Dans le cadre de la production de *Métora*, les intermédiaires, qui gagnaient 75 700 francs CFA par mois en 1987, avaient des revenus deux fois et demi plus élevés que les transformateurs.

Une vive critique de l'intégration verticale

Les chercheurs ont tenté de démontrer l'effet néfaste de l'investissement croissant des mareyeurs et grossistes dans le secteur de la production artisanale. Les mareyeurs propriétaires de pirogues et d'engins de pêche décrits par Régine Bonnardel et Ibrahima Hathie finançaient les départs en mer[573]. Ils achetaient des moteurs et filets à tarifs préférentiels en se servant de pêcheurs membres de coopératives. Ils pouvaient accorder des avances aux pêcheurs, ce qui accentuait leur mainmise sur le marché : « [...] *des équipages tombent ainsi dans la dépendance du commerçant, pour le seul profit de ce dernier*[574]. » Mme N'diaye Diop affirmait que la complicité de certains présidents de coopératives de pêche était contraire à l'esprit de ces associations[575]. Cette situation était plus accentuée sur la Petite-Côte qu'à Saint-Louis à cause de l'esprit d'indépendance des pêcheurs. Cependant, les producteurs de Saint-Louis ne furent pas épargnés par la domination des mareyeurs, dakarois jusqu'au milieu des années 70 et saint-louisiens par la

---

570 *Id.*, pages 16 et 21.

571 Karine DELAUNAY, *Les Pêcheurs ghanéens sur le littoral ivoirien : histoire de la pêche piroguière maritime en Côte-d'Ivoire au XXème siècle*, thèse d'histoire, université Paris I Panthéon-Sorbonne, 1995, pages 174, 175 et 187.

572 Siaka DIEDHIOU, *La Pêche à Goudomp (Casamance)*, mémoire de maîtrise de géographie, université de Dakar, 1987, pages 42,48 et 49.

573 BONNARDEL, *op. cit.*, 1985, pages 86, 43-44 et HATHIE, *op. cit.*, 1991, page 39.

574 BONNARDEL, *op. cit.*, 1985, page 86.

575 N'DIAYE DIOP, *op. cit.*, 1984, page 111.

suite[576]. Fatou Sow constata au milieu des années 80 que les intermédiaires renforçaient, en adoptant ce système d'intégration verticale, leur monopole commercial sur la Petite-Côte : « *L'emprise des mareyeurs tend à être de plus en plus forte. Ils peuvent financer une campagne de pêche contre l'acquisition de la totalité des mises à terre*[577]. » Le *capitalisme intermédiaire* du mareyeur se heurtait à l'économie familiale des producteurs et vendeurs qu'il menaçait. Certains grossistes en poisson séché accordaient des avances monétaires aux transformateurs afin qu'ils puissent honorer leurs commandes[578]. Cheikhou Oumar Faye faisait remarquer que les producteurs étaient dépourvus des moyens financiers, matériels et d'information (ils méconnaissaient les marchés intérieurs) nécessaires pour concurrencer les mareyeurs[579]. Selon Hathie, la mise en place de regroupements était entravée par les pêcheurs saint-louisiens jaloux de leur indépendance[580].

Dans certains pays d'Afrique de l'Ouest, des femmes propriétaires d'engins de pêche, ont pu dominer la filière du poisson, ce qui n'est pas le cas au Sénégal. Le secteur des huîtres sénégalaises semble faire figure d'exception, même si les femmes ne détiennent pas forcément d'outils de production[581]. Dans les années 80, les huîtres crues étaient essentiellement écoulées sur les marchés de Cap Skiring ou de Ziguinchor. Les huîtres séchées étaient vendues à Dakar par les cueilleuses elles-mêmes ou une de leur représentante. L'esprit de solidarité des femmes leur avait permis de garder leur emprise sur les circuits de distribution[582]. Au Ghana, les « *fish mammies* » décrites par R. Overa en 1993 avaient pu réussir dans leur commerce grâce au système d'héritage matrilinéaire et à la détention de pirogues [583]. Les femmes ewe possédant des moyens de production en Côte-d'Ivoire bénéficiaient d'une grande assise financière[584]. Les *Nana* ewe du port de Lomé contrôlaient les réseaux commerciaux du poisson : elles

576 BONNARDEL, *op. cit.*, 1985, pages 43 et 44.
577 SOW, *op. cit.*, 1986, page 16.
578 *Id.*, pages 17 et 22.
579 FAYE, *op. cit.*, 1988, page 60.
580 HATHIE, *op. cit.*, 1991, page 40.
581 Marie-Chrisitine CORMIER-SALEM, *Contribution à l'étude géographique des espaces aquatiques : la Casamance*, thèse de géographie, université Paris X Nanterre, Paris, ORSTOM, 1989, page 353.
582 Marie-Chrisitine CORMIER-SALEM, *Une pratique revalorisée dans un système de production en crise : la cueillette des huîtres par les femmes diola de basse Casamance (Sénégal)*, François VERDEAUX, *La Pêche ; enjeux de développement et objet de recherche : 2. De quelques complications informelles pour les modèles et l'intervention*, Cahiers des sciences humaines, 1989, 25 (1-2), page 99 et CORMIER-SALEM, *op. cit.*, 1989, page 356.
583 R. OVERA est cité par Karine DELAUNAY, *op. cit.*, 1995, page 160.
584 DELAUNAY, *op. cit.*, 1995, page 169.

finançaient les départs en mer des pêcheurs ghanéens et détenaient le monopole de la vente des produits halieutiques[585].

2) Une vision de l'exploitation à nuancer

Jacques Weber adopta une position prudente en constatant l'existence d'une intégration verticale. Il affirmait qu'une étude approfondie du secteur s'imposait afin de pouvoir traiter la question de l'exploitation : « *Pêcheurs et mareyeurs entretiennent des rapports complémentaires et contradictoires, qu'il y a peut-être lieu d'assainir, mais qu'il faudrait se garder de bouleverser tant qu'on ne dispose pas des éléments d'appréciation objectifs nécessaires* [...]. *Un système qui prétendrait remplacer la commercialisation actuelle aurait à rendre les mêmes services que les mareyeurs* [...]. *La collecte de la production de la pêche artisanale, compte tenu de l'irrégularité de la pêche, de la dispersion des points de débarquement, de l'irrégularité des horaires de débarquements, suppose une très grande souplesse de fonctionnement que des modes d'organisation dits non capitalistes sont souvent mieux à même de posséder mais qui entraînent des coûts – donc des marges – élevés*[586]. »

Bourama Sonko, dans un mémoire sur la production et la vente de poissons, évoquait au début des années 80 les rapports aussi bien financiers que sociaux qui existaient entre les producteurs et les intermédiaires. Il restait tout aussi prudent que Jacques Weber, les travaux concernant la pêche artisanale sénégalaise étant rares à l'époque. Les mareyeurs assuraient des débouchés plus ou moins réguliers aux pêcheurs, bien qu'ils aient l'habitude de retarder leur approvisionnement pour faire baisser les prix : « [...] *même si le mareyeur escroque le pêcheur comme on a tendance à le croire, celui-ci rend d'énormes services aux pêcheurs*[587]. »

Christian Chaboud et Moustapha Kebe s'opposèrent à cette idée répandue d'une exploitation outrancière des producteurs sénégalais par les intermédiaires. Ils critiquèrent dans les années 80 ce point de vue adopté par leurs homologues historiens, géographes, sociologues et économistes. Selon Chaboud et Kebe, la concentration, favorisée par le fait que de nombreux mareyeurs étaient d'anciens pêcheurs, pouvait aussi être profitable aux

---

[585] *Id.*, page 159. Les célèbres *Nana benz* ont fait fortune dans le commerce du tissu.

[586] Jacques WEBER, *Socio-économie de la pêche artisanale en mer au Sénégal, hypothèses et voies de recherche. Aspects de la recherche en socio-économie de la pêche artisanale sénégalaise*, CRODT, ISRA, Document scientifique n°84, Dakar, CRODT, 1982, page 12. L'étude de M. Weber s'inscrivait dans une recherche sur les transformations économiques et sociales en milieu rural.

[587] Bourama SONKO, *De la plage au marché pour le thiof et le sompatt*, mémoire de l'École des Agents Techniques de l'Océanographie et des pêches maritimes (EATOPM), Dakar, 1981, page 19.

producteurs : « *Il faut néanmoins se garder d'émettre un jugement trop négatif sur ce système de crédit informel qui pallie en partie les carences du système de crédit officiel à la pêche*[588]. » Chaboud constata d'une part que le mareyeur n'était pas toujours propriétaire des mises à terre de ses unités de pêche et d'autre part que l'intégration verticale constituait surtout une garantie pour l'intermédiaire en cas de méventes : « *Si les débarquements sont pléthoriques, les gains du mareyage compenseront la chute du cours du poisson au débarquement. À l'inverse, si le cours du poisson sur la plage est élevé, les gains retirés du mareyage seront plus faibles, ce qui sera compensé par les revenus retirés de la propriété des engins de pêche*[589]. » D'après Kebe, les mareyeurs de la région du Sine-Saloum, bien que prioritaires pour l'achat des débarquements de leurs unités, souffraient de la vétusté de leur parc automobile, peu adapté au transport des produits halieutiques. L'entretien des camions et l'achat de glace gonflaient leurs marges brutes[590]. Christian Chaboud, dans une étude publiée à la fin des années 80, rappela que le CAPAS mis en place au Sénégal, mais aussi des projets étatiques similaires financés en Guinée, Guinée-Bissau, en Mauritanie et au Ghana, n'avaient pas donné de résultats satisfaisants[591]. D'après Chaboud, seuls les pêcheurs de Lomé étaient exploités économiquement par les marchandes togolaises. Les coûts de transaction élevés dans la filière du poisson incitaient les vendeurs à privilégier des relations stables et durables avec leurs partenaires commerciaux. L'économiste dénonçait la contradiction qui existait dans le discours des « *développeurs* » qui prônaient un interventionnisme étatique afin de lutter contre les inégalités sociales tout en exaltant la figure de l'homme d'affaires national[592]. Chaboud et Kebe insistèrent sur les coûts importants du mareyage, qui se répercutaient logiquement sur les prix des produits halieutiques et fluviaux. Les intermédiaires transportaient souvent un produit de mauvaise qualité et mal conditionné. Les charges de glaçage étaient très

---

[588] Christian CHABOUD et Moustapha KEBE, « La Commercialisation du poisson en Casamance », *L'estuaire de la Casamance, environnement, pêche, socio-économie, Actes du séminaire tenu à Ziguinchor du 19 au 24 juin 1986*, CRODT, ISRA, 1986, pages 282 et 290.

[589] Christian CHABOUD, *Le Mareyage au Sénégal*, Dakar, CRODT, 1983, pages 21 et 22.

[590] M. KEBE, *Étude des systèmes de production et de commercialisation dans le secteur des pêches au Sine-Saloum*, Dakar, CRODT, mai 1994, pages 23 et 38.

[591] Christian CHABOUD, « La recherche face aux pêches artisanales », *Socio-économie des pêches maritimes artisanales en Afrique de l'Ouest. Etat des connaissances et évolution de la recherche, Symposium ORSTOM-IFREMER, Montpellier, 3-7 juillet 1989*, CRODT-ISRA, Dakar, avril 1989, pages 43 et 44. CHABOUD évoque dans cet article le point de vue de divers auteurs ayant travaillé sur l'Afrique de l'Ouest, la Malaisie, l'Inde et la Nouvelle-Angleterre.

[592] CHABOUD, *op. cit.*, avril 1989, pages 44 et 45. Le chercheur mentionnait les travaux de LAWSON et KWEI (en 1974, 1980 et 1984) qui en étaient venus aux mêmes conclusions que lui sur la pêche ghanéenne.

élevées et ne protégeaient pas les mareyeurs des pertes[593]. Oumar Diop évoquait en 1983 les nombreux frais des mareyeurs et la pénibilité de leur activité : « *À bien des égards, on estime que le mareyeur gagne bien sa vie ; cependant son travail n'est pas de tout repos ; il est sur les routes, les points de débarquement, au marché ; il n'a guère de repos qu'en fin de matinée ou début d'après-midi* »[594]. La carte de mareyeur, renouvelable tous les quatre ans, coûtait 40 000 francs CFA en 1975 et 30 000 francs CFA en 1976. L'inscription sur le registre du commerce était à 800 francs CFA, le Certificat de salubrité à 100 francs CFA, la taxe du véhicule de 1500 francs CFA par jour pour un camion contenant moins de 3 tonnes de produit. L'intermédiaire rémunérait aussi son personnel et veillait à l'entretien de son moyen de transport, sans compter les frais d'essence[595]. De plus, les mareyeurs avaient du mal à atteindre les marchés ruraux difficiles d'accès. Ils n'avaient pas de lieux de conditionnement qui leur permettent d'entreposer un produit périssable[596].

Les mareyeurs que nous avons rencontrés ces dernières années nous ont confirmé ces difficultés. Babacar N'diaye, 50 ans, est mareyeur à Saint Louis. Il est issu d'une famille de paysans de la région de Thiès et a débuté son activité commerciale en 1975. Le vendeur nous a ainsi évoqué les problèmes d'écoulement du poisson et le manque de moyens des intermédiaires : « *Parfois tu gagnes, parfois tu perds. Parfois, tu achètes sur la plage pour une valeur de 500 ou 600 000 francs CFA. Tu te rends au marché et tu n'arrives même pas à revendre ta marchandise 400 000 francs CFA... Mon bénéfice sert à couvrir la dépense quotidienne. Je n'ai pas pu gagner beaucoup d'argent à cause des pertes* [...]. *Nous, nous n'avons ni pirogues ni camions. Parmi les mareyeurs que tu vois ici, certains possèdent un camion et d'autres le louent. En ce qui concerne les pirogues, elles appartiennent en majorité aux pêcheurs*[597]. » Les mareyeurs de Hann et du Marché central au poisson, lieux de vente situés dans la région de Dakar, avaient les mêmes soucis que leurs homologues de Saint Louis. Meissa Diouf, 48 ans, est mareyeur sur la plage de Hann depuis 1977. Il nous a expliqué que les marchandages avec les pêcheurs n'étaient pas aisés et que les vendeurs en gros rencontraient des problèmes aussi bien dans l'approvisionnement en produit que dans la revente[598]. Au

---

[593] Christian CHABOUD et Moustapha KEBE, « Les Aspects socio-économiques de la pêche artisanale maritime au Sénégal, Mutations technologiques et politiques de développement », *Communication à la conférence sur les pêches, Rimouski, 10-15 août 1986*, page 13 et CHABOUD et KEBE, *op. cit.*, juin 1986, page 287.

[594] Oumar DIOP, *Approvisionnement de Dakar en produits de mer (poisson) par sa banlieue rurale immédiate*, mémoire de maîtrise de géographie, université de Dakar, 1983, page 89.

[595] DIOP, *op. cit.*, 1983, pages 86 et 88.

[596] FAYE, *op. cit.*, 1989, page 45.

[597] Nous avons interrogé M. N'DIAYE le 27 juillet 2003 à Saint-Louis.

[598] Nous l'avons questionné sur la plage de Hann le 4 mai 2001.

Marché central au poisson, Gora N'dow, 35 ans et Saer Bamba Dieng, 49 ans, tous deux mareyeurs depuis 1988, se sont plaints du manque d'installations frigorifiques, de la pénurie en poissons frais et des crédits inaccessibles[599]. Les grossistes en poisson frais ayant opéré une concentration verticale étaient bien entendu mieux lotis. Abdou Diouf, 37 ans, originaire du village de Saly et mareyeur à Hann depuis 1991, était à ses débuts peintre dans l'atelier de son père. Il gagnait entre 15 000 et 20 000 francs CFA par jour. Il put économiser une somme de 50 000 francs CFA et s'en servit comme capital de départ. Ce mareyeur possédait une voiture qui valait entre 11 et 12 millions de francs CFA et deux pirogues. M. Diouf avait 40 employés et investissait 700 à 800 000 francs CFA par campagne de pêche de deux ou trois jours. Ses pêcheurs débarquaient des mérous qui lui rapportaient un bénéfice oscillant entre 8 et 9 millions de francs CFA. Ce mareyeur participait à une tontine dont la mise quotidienne était de 10 000 francs CFA[600].

Les producteurs que nous avons interrogés à Saint Louis ne pensent pas, dans l'ensemble, être exploités économiquement par les intermédiaires. N'diémé Lô, 40 ans, prépare du poisson sec sur le site de préparation artisanale *Sine* depuis 1983. Elle nous a confié que les préparatrices étaient proches de leurs fournisseurs et clients : « *Ces rapports sont excellents. Parfois, les pêcheurs nous vendent du poisson à crédit, et on les paie après avoir écoulé notre produit transformé. C'est la même chose avec les commerçants qui ont l'habitude de s'approvisionner chez nous. Nous leur vendons le poisson sec à crédit et ils nous remboursent après l'avoir commercialisé. Malheureusement, certains ne sont pas sérieux : ils partent sans revenir payer leurs dettes*[601].» Sokhna M'bow, 56 ans, détaillante de poisson séché au marché Tendjiguéne depuis 1988, a exprimé une certaine reconnaissance envers ces fournisseurs qui lui accordent des crédits sans intérêts : « *Il y a* [...] *des liens d'amitié et de fraternité entre nous. Parce qu'il ne pouvait en être autrement : elles (les transformatrices et grossistes) sont compréhensives envers nous en acceptant de nous donner leurs marchandises même si on n'a rien à leur donner en retour. Par exemple, on peut te prêter à crédit une valeur de 500 ou 1000 francs CFA. Nous remboursons exactement la somme prêtée*[602]. »

---

[599] Nous avons interrogé ces deux mareyeurs le 15 mai 2001 au Marché central au poisson de Dakar. Le second est le secrétaire général de la Fédération nationale des mareyeurs du Sénégal (FENAMS).

[600] Mareyeur que nous avons rencontré le 4 mai 2001 sur la plage de Hann.

[601] Nous avons questionné Mme LO le 27 juilllet 2003 sur le site de préparation *Sine* de Saint-Louis.

[602] Nous avons interviewé Mme M'BOW le 29 juillet 2003 au marché Tendjiguéne de Saint-Louis.

II. DES PRATIQUES MARCHANDES DIVERSES

Les mareyeurs, souvent accusés de s'enrichir au détriment des producteurs et des consommateurs, ne sont pas toujours ceux qui commercialisent leurs poissons au tarif le plus élevé.

En effet, les pêcheurs et détaillants peuvent écouler leurs produits plus chers que les autres commerçants. Les mareyeurs et grossistes ont des pratiques marchandes plus élaborées que les producteurs. Ils utilisent diverses tactiques pour maîtriser au mieux l'information et ainsi s'assurer un ravitaillement suffisant, alors que les pêcheurs ne connaissent souvent que les cours en vigueur sur le lieu où ils mettent à terre leurs marchandises. Les mareyeurs et grossistes en poisson séché que nous avons interrogés à Dakar, Saint-Louis et Richard-Toll sont en général plus instruits que les pêcheurs et détaillants des marchés.

1) Un poisson qui n'est pas plus cher chez les mareyeurs

Le tableau suivant a été réalisé avec le logiciel Stata à partir de notre base de données. Nous avons mis les résultats significatifs en gras[603]. Ils nous indiquent que le poisson vendu par les mareyeurs à la pièce et en francs CFA 45 est 1,167 unité de prix plus cher que les autres en moyenne, toutes choses égales par ailleurs. Cependant, les détaillants commercialisent le poisson frais 3,5 unités de prix plus cher à la pièce et en francs CFA 45, voire 2 unités de prix plus cher à la pièce (en francs CFA 45 kg pièce) que les autres vendeurs de poisson, toutes choses égales par ailleurs. Les pêcheurs ne semblent pas être défavorisés par rapport à l'ensemble des vendeurs de poisson frais et séché. Le produit vendu par les producteurs en francs CFA 45 dont le système de vente est inconnu est 2,076 unités de prix plus cher que les autres en moyenne, alors que celui écoulé à la pièce est 1,75 unité de prix plus cher. Les pêcheurs revendent leurs poissons 3 unités de prix plus cher que les autres commerçants à la pièce et en francs CFA 45 kg, toutes choses égales par ailleurs.

[603] Voir l'ensemble de nos tableaux réalisés avec le logiciel Stata et notre Analyse factorielle des correspondances (AFC) dans notre thèse de doctorat, chapitre IV. Le tableau a été ainsi codifié : « ven_autres » = autres vendeurs ; « ven_dpfrais » = détaillants de poisson frais ; « ven_dpsec » = détaillants de poisson sec ; « ven_gpsec » = grossistes en poisson sec ; « ven_mareyeur » = mareyeurs ; « ven_pecheur » = pêcheurs et « ven_transfo » = transformateurs. Les colonnes désignent les unités de vente, en francs CFA 1945 ou en francs CFA 45 au kg. « NA » signifie que le système de vente est inconnu et « pièce » qu'il s'agit d'une transaction réalisée à la pièce. Nous avons converti tous les prix de notre base de données en francs CFA 1945 afin de pouvoir établir de meilleures comparaisons.

Tableau 6 : Vendeurs de poisson frais ou sec et prix

	francs CFA 45 NA		francs CFA 45 pièce		francs CFA 45 kg NA		francs CFA 45 kg pièce		francs CFA 45 kg poids	
Prix	Coef.	T	Coef.	t	Coef.	t	Coef.	t	Coef.	t
ven_autres	0,93	6.56***	0,833	1.85*	0,767	0.81	2,143	3.30***	-0,082	-0.12
ven_dpfrais	-0,924	-0.86	**3,5**	4.47***	(dropped)		**2,000**	2.00**	-0,082	-0.17
ven_dpsec	0,637	3.80***	0,971	1.90*	0,142	0.38	1,190	1.83*	-0,082	-0.12
ven_gpsec	0,076	0.07	0,5	0.48	-0,033	-0.10	0,800	0.86	0,191	0.87
ven_mareyeur	-0,924	-1.21	**1,167**	1.95*	0,392	1.06	(dropped)		0,038	0.24
ven_pecheur	**2,076**	3.82***	**1,75**	3.38***	0,332	1.29	**3,000**	3.74***	0,856	4.54***
ven_transfo	0,084	0.68	0,465	1.08	0,149	0.64	2,382	4.22***	0,418	1.84*
Terme constant	1,924	18.47***	1,5	3.84***	1,233	7.27***	1,000	1.87*	1,082	11.56***
N	567		153		114		158		115	
Prob.>F	11,9***		4,63***		0,51		4,8***		3,41***	
R^2 ajusté	0,1188		0,1432		0		0,1269		0,1288	

Source : d'après l'exploitation de notre base de données avec le logiciel Stata.

2) Des pratiques du mareyage élaborées

Les mareyeurs sont beaucoup mieux informés que les producteurs des débarquements et des oscillations du prix du poisson frais, car ils travaillent parfois avec des représentants qu'ils envoient sur différentes zones de débarquement. Mame Gor N'doye, 44 ans, est mareyeur depuis 1989. Il réalise de nos jours des transactions commerciales au Marché central au poisson de Dakar et utilise un téléphone portable pour se renseigner sur les cours en vigueur à M'bour et Hann. Ses contacts lui permettent d'acquérir et de commercialiser son poisson là où il est le moins cher. Il achète un panier de sardinelles entre 2500 et 5000 francs CFA qu'il revend 2500 à 6000 francs CFA. Il possède des employés et loue un véhicule 125 000 francs CFA par mois. Il se plaint cependant de la grande fluctuation des prix du poisson[604]. Les grossistes investissent des sommes considérables, surtout s'ils travaillent pour le compte d'usines. Saer Bamba Dieng, 49 ans, est un des mareyeurs les plus importants du Marché central au poisson. Ce commerçant, qui vend du poisson depuis 1988, est un bon exemple des stratégies utilisées par les vendeurs de poisson frais dans leur activité. Il a débuté avec 100 000 francs CFA et écoule des produits en gros et au détail destinés aussi bien au marché intérieur qu'à l'exportation. Il entretien d'étroites relations avec ses fournisseurs et clients qu'il ravitaille à crédit. Ce mareyeur pense qu'il est nécessaire de faire preuve de diplomatie pour conserver sa clientèle. Il emploie trois personnes chargées de le tenir au courant des variations de prix sur les plages sénégalaises. Ses lieux de ravitaillement sont variés : la Mauritanie, Saint Louis et Kayar sur la Grande-Côte, M'bour sur la Petite-Côte, Soumbédioune, Ouakam et Yoff dans la région du Cap-Vert. Il investit 2 à 3 millions de francs CFA tous les deux jours pour acheter des espèces destinées aux usines et 5 à 6 millions de francs CFA pour approvisionner les régions intérieures. Les usines lui achètent le poisson au kg : le coq rouge à 5500 francs CFA, la carpe à 6500 francs CFA, le petit mérou à 10 000 francs CFA, le barracuda et le capitaine à 1500 francs CFA. Des espèces de valeurs commerciales inférieures sont aussi acquises par les exportateurs, telles que les sardinelles à 350 francs CFA le kg. Monsieur Dieng réserve les produits achetés sur les plages mauritaniennes aux marchés sénégalais. Il tire de plus gros bénéfices auprès des usines (300 000 francs CFA par jour) que lorsqu'il commercialise son produit sur les marchés du Sénégal (15 000 à 50 000 francs CFA par jour). L'importance des bénéfices peut d'ailleurs pousser les mareyeurs à travailler en collaboration avec les usines qui constituent un débouché plus sûr si le poisson est de qualité. Le commerçant a pu, avec les revenus tirés de son activité, acquérir au moins une maison, une voiture personnelle et un camion

---

[604] Nous l'avons interrogé le 14 mai 2001 au Marché central au poisson de Dakar.

isotherme[605]. Cet exemple nous montre que les mareyeurs n'hésitent pas à diversifier leurs lieux de ravitaillement et leur clientèle afin de tirer au mieux profit de leur activité.

Les grossistes en poisson séché ont l'avantage de commercialiser un produit qui s'abîme moins vite que le poisson frais. Ils peuvent donc se ravitailler moins souvent en poisson sec. Bala M'baye, 40 ans, écoule du poisson séché en gros au marché de Thiaroye-Gare depuis sept ans. Il achète du poisson braisé séché à Fass ou sur un site de Joal à un tarif variant entre 50 et 200 francs CFA le kg. Son transport lui coûte 1500 francs CFA aller-retour de Thiaroye à Fass plus 500 francs CFA par panier. M. M'baye doit aussi s'acquitter d'une taxe de 120 francs CFA par sac. Ce commerçant pense que la qualité du poisson séché varie en fonction de son origine : « *Je loue une place pour conserver mon poisson à 2500 francs CFA par mois. On met du sel. Le poisson sec de Joal ne se gâte pas avant deux ou trois mois, ce qui permet un meilleur travail. Celui de M'bour est plus compliqué à conserver*[606]. » D'après nos enquêtes menées dans la région de Dakar, les lieux de ravitaillement des grossistes en poisson séché se sont multipliés au fil des ans. Selon Wali Diouf, grossiste depuis 1986 : « *Avant, on allait seulement à M'bour et Joal. Maintenant, on se rend à Kayar, Fass, Bargny. Il y en a trop* [sous-entendu les sites de transformation artisanale][607]. » Cette diversification a pu profiter aux grossistes qui ont été plus à même de négocier les prix de vente.

Les usines paient un prix fixe au kg, ce qui pourrait permettre aux mareyeurs de se faire une marge confortable. En effet, ils se ravitaillent sans tarif minimum ou maximum sur les centres de débarquement à la pièce, au tas ou à la caisse. Tel est le cas de Khadim Toure, 33 ans, qui est issu d'une famille de pêcheurs. Sa mère mareyeuse l'a initié au commerce. Il vend du poisson depuis 1987 sur la plage de Hann et affirme qu'à ses débuts, il avait des bénéfices de 500 000 francs CFA par semaine. M. Toure est un des rares mareyeurs à nous avoir fait mention d'une somme aussi élevée. Il possédait un véhicule à la fin des années 80 qui transportait les prises débarquées par la pirogue de sa mère, située à Kafoutine. Maintenant, son bénéfice s'élève à 40 000 francs CFA par semaine, soit, d'après nos calculs, 53 208 francs CFA constants 1987. Son bénéfice a donc nettement diminué, puisqu'il a presque été divisé par dix[608].

---

[605] Saer Bamba DIENG a été interrogé par un enquêteur le 15 mai 2001 au Marché central au poisson de Dakar.
[606] Nous avons questionné Bala M'BAYE le 25 avril 2001 au marché de Thiaroye-Gare.
[607] Nous avons interrogé Wali DIOUF le 25 avril 2001 au marché de Thiaroye-Gare.
[608] Nous avons questionné Khadim TOURE le 4 mai 2001 sur la plage de Hann, dans la banlieue dakaroise.

3) Les pratiques des producteurs et détaillants

Les producteurs et détaillants essaient tout de même de trouver leurs intérêts commerciaux lors des échanges qu'ils réalisent avec leurs clients. Les pêcheurs de Saint Louis, par exemple, sont en déplacement plusieurs mois dans l'année lors de campagnes de pêche. Ils peuvent ainsi exploiter des zones plus poissonneuses et écouler leurs prises dans des centres de débarquement en effervescence. Le Saint-louisien Demba Kaïre, pêcheur retraité de 76 ans, nous a expliqué que ces mouvements de producteurs étaient anciens : « *Je suis pêcheur depuis longtemps* [...]. *On se levait à l'aube. On allait à Joal. Quand la campagne de pêche était terminée, on revenait ici.* [On restait] *entre deux mois et demi et trois mois. Mes enfants restent deux mois en campagne et parfois même plus. Nous souhaitons que nos conditions de travail s'améliorent pour que nous puissions réaliser plus de profits* »[609]. Les pêcheurs en campagne peuvent se heurter aux communautés autochtones au sein du territoire sénégalais ou sur le littoral d'Afrique de l'Ouest. Ainsi, des Guet N'dariens, Lébous, Sérères, Niominkas et Walo-walo prirent l'habitude de se rendre en Casamance dès les années 70. Mais les Diolas profitèrent du développement économique de leur région (accroissement de la pêche et du tourisme) pour s'intéresser aux ressources halieutiques. Cette revendication des Diolas de leur patrimoine se fit parfois dans la violence : en novembre et décembre 1992, deux campements de pêcheurs étrangers furent attaqués par des indépendantistes[610]. Les pêcheurs de Saint Louis et Richard-Toll vont jusqu'en Mauritanie, ce qui a pour inconvénient de créer des tensions avec les producteurs locaux. Le Sénégal et la Mauritanie avaient signé des accords de réciprocités leur permettant de pêcher dans leurs eaux respectives. Mais, depuis la fin des années 90, les pêcheurs sénégalais s'opposent aux garde-côtes et producteurs mauritaniens. Les Sénégalais pensent que les événements de 1989 ont entraîné un blocage des relations avec la Mauritanie, alors qu'elle a en fait développé l'exploitation de ressources maritimes qui ne sont pas inépuisables[611].

Les détaillants de produits transformés achètent parfois leur poisson séché au kg et le revendent par lot ou tranche. Mais cette opération peut se solder par une perte, car les vendeurs n'utilisent pas de système de conversion et ne tiennent pas de comptes. De plus, les clients pratiquent volontiers le marchandage, sans compter les relations étroites de parenté ou

[609] Nous avons interrogé Demba KAÏRE le 27 juillet 2003 à son domicile situé dans le quartier des pêcheurs de Guet N'dar à Saint-Louis.
[610] Marie-Christine CORMIER-SALEM, *Appropriation des ressources, enjeu foncier et espace halieutique sur le littoral ouest-africain. Les pêches piroguières en Afrique de l'Ouest. Pouvoirs, mobilités, marchés*, CMI-IRD-Karthala, 2000, pages 226-227.
[611] DIOP, *op. cit.*, 2006, pages 7 et 9 à 11.

de voisinage qui peuvent faire chuter le tarif initial du produit. Une détaillante de *Guedj* du marché de Richard-Toll, dont les revenus servent à nourrir ses enfants, nous a affirmé : « *Moi, je ne prépare pas, je ne fais que vendre après achat du produit. J'achète au kg à des prix variables selon le commerçant : 500, 600, 700 ou 1000 francs CFA. Nous, les détaillantes, ne vendons généralement pas par tas, mais par tranche de 25, 50 ou 100 francs CFA*[612]. » Nafissatou Lô, 55 ans, vend du poisson fermenté séché au marché N'diarème de Guediawaye. Originaire d'une famille de cultivateurs de Dagana, elle a commencé par vendre du riz dans un restaurant de Côte-d'Ivoire. Elle se ravitaille tous les dix jours auprès d'un grossiste qui va chercher sa marchandise à M'bour et Kayar. Elle investit 6500 francs CFA trois fois par mois pour son approvisionnement. Elle revend son *Guedj* par morceaux de 100 ou 125 francs CFA et obtient 500 francs CFA de bénéfice pour 800 francs CFA investis[613]. Certaines vendeuses ont l'habitude de ne pas se ravitailler au kg. Ainsi, Isseu Wade, 50 ans, qui commercialise du *Guedj* au marché Tendjiguéne de Saint Louis depuis 1996 nous a expliqué : « *J'ai toujours acheté mes produits ici même* [...]. *Nous n'achetons ni ne vendons par kg, on fais des tas...Un jour j'achète deux ou trois tas, l'autre jour rien. Nous achetons par tas de 1000, 1500 ou 800 francs CFA. En fait, on achète selon nos propres capacités financières*[614]. » Cette commerçante, qui s'approvisionne auprès de grossistes différents, nous a assuré disposer d'une clientèle fidèle.

Nous pensons que les vendeurs au détail de produits halieutiques, tout comme leurs homologues qui commercialisent du poisson séché, pourraient limiter les pertes dont ils sont les victimes en utilisant plus souvent des balances. Cependant, le système de vente utilisé, auquel les vendeurs et consommateurs sont habitués, ne peut être accusé d'occasionner à lui seul de faibles bénéfices. Les détaillants que nous avons rencontrés dans les régions de Dakar et du Fleuve employant la vente au poids ne gagnent en général pas plus d'argent que leurs collègues. N'deye Sall, 30 ans, écoule du poisson frais au marché Tendjiguéne de Saint Louis depuis 2002. Elle s'associe avec ses deux amies pour acheter quotidiennement 50 à 60 kg de produits halieutiques sur la plage à 1250 francs CFA le kg. Le poisson frais est écoulé auprès des consommateurs à 1500 francs CFA le kg : « *La plupart du temps, nous nous cotisons pour acheter, chacune donnant une certaine somme, et nous partageons alors les bénéfices. S'il y a une perte, nous partageons*

---

[612] Nous avons interrogé cette détaillante le 11 août 2004 au marché de Richard-Toll. Elle n'a pas souhaité nous donner son identité.
[613] Nous avons interviewé Mme LO le 1er mai 2000 au marché N'diarème de Guediawaye.
[614] Nous lui avons posé des questions le 29 juillet 2003 au marché Tendjiguéne de Saint-Louis.

aussi le préjudice[615]. » Mama Hawa Sarr, 42 ans, et Hawa M'baye, 45 ans, sont toutes deux détaillantes de poisson frais au marché N'diarème de Guediawaye[616]. Elles investissent des sommes considérables pour se ravitailler au Marché central au poisson situé à Pikine et essuient rarement des pertes. Mme Sarr est vendeuse depuis dix ans. Elle achète deux caisses de poisson frais par jour à 30 000 francs CFA et revend des sardinelles par lot de 3 à 100 francs CFA. Le transport en « car-rapide » lui coûte 200 francs CFA aller-retour plus 500 francs CFA par bassine de poisson frais. Elle arrive à obtenir un bénéfice quotidien de 4250 francs CFA en moyenne.

Conclusion

Les grossistes semblent être en meilleure position que les transformateurs et détaillants en poisson sec lors des transactions commerciales. Ces vendeurs en gros de poisson préparé artisanalement n'ont pas le même impératif de revente quasi immédiate que les mareyeurs dans la mesure où le produit séché se conserve plus longtemps que le poisson frais. Les mareyeurs et grossistes semblent avoir des pratiques marchandes plus élaborées qui leur permettent d'anticiper l'apparition de certaines difficultés dans leur commerce[617].

---

[615] Nous avons rencontré Mme SALL le 29 juillet 2003 au marché Tendjiguéne de Saint-Louis.

[616] Nous avons interviewé Mme SARR le 29 avril 2000 et Mme M'BAYE le 26 avril 2000 au marché N'diarème de Guediawaye.

[617] L'étude de notre base de données ne nous confirme pas l'exploitation des mareyeurs et grossistes en poisson sec mentionnée par la plupart des sources écrites que nous avons consultées. L'exploitation d'une base de données similaire à celle que nous avons créée et constituée à l'aide de relevés effectués plusieurs fois par jour, sur une ou plusieurs années, et dans divers lieux de vente du Sénégal, donnerait sûrement des résultats plus fiables.

CHAPITRE V

Le CAPAS contre les mareyeurs

Introduction

Le projet du Centre d'aide à la pêche artisanale sénégalaise (CAPAS) avait pour but d'accroître les revenus des pêcheurs et d'améliorer la distribution intérieure des produits marins tout en réduisant le rôle des intermédiaires. Malgré un appui financier canadien et une organisation assez solide, le CAPAS ne put tenir ses promesses. En effet, ses coûts de fonctionnement élevés l'empêchèrent de concurrencer efficacement les mareyeurs sur les divers lieux de débarquement de la pêche artisanale.

I. LA MISE EN PLACE DU PROJET

Le CAPAS s'appuyait sur une structure coopérative[618] et la mise en place de centres de mareyage qui furent créés au début des années 80[619]. Ce projet était en fait l'héritier du Centre d'aide à la motorisation des pirogues (CAMP) qui fut mis en œuvre grâce au soutien de l'Agence canadienne de développement international (ACDI).

---

[618] Le CAPAS n'était pas le premier projet adopté par l'État pour contrecarrer l'action des mareyeurs. En 1952, une coopérative de commercialisation nommée COOPMER, créée dans le même esprit que le centre, ne put supporter la concurrence des vendeurs en gros de poisson frais exercée sur les plages et marchés auprès des pêcheurs et détaillants. L'achat et la revente de produits halieutiques par la structure coopérative Dakar Marée, à partir de 1965, fut aussi un échec. Voir CHAUVEAU, *op. cit.*, 1984, page 313 et CHAUVEAU, *op. cit.*, 1985, page 160.

[619] Ministère délégué chargé de la mer, Agence canadienne de développement international (ACDI), *Disponibilité et besoins en glace pour la pêche artisanale au Sénégal*, Pro-Pêche, Programme d'assistance à la pêche artisanale au Sénégal, Centre de recherches océanographiques de Dakar-Thiaroye, Institut sénégalais de recherche agricole, juin 1992, page 3.

1) Un projet financé par le Canada

Le CAPAS ambitionnait de fournir un débouché plus sûr aux tonnages débarqués par la pêche artisanale, grâce à l'utilisation d'une chaîne du froid constituée par les complexes frigorifiques de Tamba (construits en 1978), Touba (édifié en 1979), Fatick, Kolda, Bambey et Louga (datant de 1980)[620]. Une convention signée le 12 juillet 1972 entre le Sénégal et le Canada, qui attribuait au pays ouest-africain 2 700 000 dollars canadiens remboursables sans intérêt en cinquante ans avec un différé de dix ans, avait permis de motoriser 3600 pirogues environ. Le succès du CAMP incita les deux États à poursuivre leurs efforts : leur comité de coordination accepta, le 6 février 1976, de faire du CAMP le CAPAS[621]. Le gouvernement du Sénégal, souhaitant favoriser le développement économique et social de la pêche artisanale, signa avec le Canada un protocole d'entente le 22 juillet 1977. L'ACDI accorda au Sénégal une subvention d'environ 4 milliards de francs CFA[622]. D'après l'arrêté n°3676 du 17 avril 1981, le CAPAS était chargé d'encadrer les coopératives de pêcheurs dans les domaines du stockage, du transport, du traitement et de la commercialisation du poisson, de former les producteurs et de leur assurer l'obtention ainsi que l'entretien de leur matériel de pêche. Ainsi, les pêcheurs devaient accéder à un crédit coopératif[623].

2) L'implantation des centres de mareyage

Trois centres de mareyage furent construits à Kayar en octobre 1981, à Joal en juin 1982 et à Rufisque en avril 1983[624]. Le siège administratif et technique du CAPAS fut implanté à Thiaroye. Son objectif était d'assister les trois centres de mareyage dans la gestion et l'entretien de leur structure. L'appareillage des centres provenait du Canada. Le CAPAS géra au début ces centres par l'intermédiaire des coopératives primaires d'avitaillement de pêcheurs. En juin 1986, l'État sénégalais rétrocéda à la Société d'exploitation des ressources animales au Sénégal (SERAS) les trois centres ainsi que les complexes frigorifiques situés à l'intérieur du pays, en échange d'un loyer annuel de 5 millions de francs CFA par centre et de 4 millions par

---

620 M. DEME, *Les Politiques d'investissement et d'intervention de l'État sénégalais dans le secteur de la pêche depuis l'Indépendance : problématique générale et actions de recherche*, Centre de recherches océanographiques de Dakar- Thiaroye, Institut sénégalais de recherche agricole, Document scientifique n°128, septembre 1991, page 15.

621 Ministère du Développement rural et de l'hydraulique, *La Pêche maritime sénégalaise*, Dakar, direction de l'Océanographie et des pêches maritimes, 1976, pages 5, 6 et 8.

622 Bernard LLERES, *op. cit.*, 1986, page 435.

623 Ismaïla BA, *Le Centre de mareyage de Rufisque*, mémoire de fin d'étude, École des agents techniques de l'Océanographie et des pêches maritimes de Dakar, juin 1984, pages 2 et 3.

624 LLERES, *op. cit.*, 1986, page 435.

entrepôt frigorifique. La SERAS, société d'économie mixte mise en place en 1962 par le gouvernement du Sénégal, œuvrait désormais dans les domaines de la commercialisation de la viande, du cuir et du poisson[625]. Le centre de Kayar débuta ses activités de vente de glace et de poisson en novembre 1981, après l'octroi d'un investissement de 162,7 millions de francs CFA. Il produisait 10 tonnes de glace en paillettes par jour au début des années 90, qui étaient revendues 800 francs CFA le bac de 40 kg à Rufisque, 900 francs à Joal et 1000 francs aux usines. Les mareyeurs avaient la possibilité de se ravitailler en glace à crédit. Le centre de Joal qui possédait, tout comme son homologue de Kayar, un camion frigorifique de 10 tonnes coûta 189 millions de francs CFA. Il fabriquait environ 10 tonnes de glace concassée par jour, commercialisée à 21,25 francs CFA le kg à Rufisque et 25 francs à Kayar. Près de 99 millions de francs CFA furent nécessaires à l'édification des bâtiments du centre de Rufisque, qui fut exploité à partir de mars 1983[626]. Il était surtout tourné vers le commerce du poisson, mais assurait tout de même une production journalière de 8 tonnes de glace en paillettes. Il ambitionnait de louer son camion et ses chambres froides aux mareyeurs qu'il approvisionnait en glace de juin à novembre. Kayar, Joal et Rufisque rémunéraient des employés chargés de la gérance, de la caisse, de la réparation du matériel (un technicien frigoriste) et du transport des marchandises (un chauffeur)[627].

II. L'ORGANISATION DES CENTRES DE MAREYAGE

Les centres de mareyage, pourtant dotés d'une organisation convenable, n'atteignirent pas les objectifs qui leur avait été assignés. Alors que l'approvisionnement de l'intérieur du Sénégal avait été désigné comme une priorité, le CAPAS servait aussi au ravitaillement des usines vouées à l'exportation.

1) Des centres théoriquement gérés par les producteurs

Des unions locales de coopératives furent chargées de la gestion des crédits alloués aux centres qui débutaient leurs activités. Ces unions étaient constituées par des groupements de pêcheurs, les caisses primaires d'avitaillement (CPA). L'union locale du Nord était formée par les CPA de Kayar, Diogo et Fass Boye. Ces coopératives désignaient les 35 délégués

---

[625] Ministère délegué chargé de la mer, ACDI, *op. cit.*, juin 1992, page 3. Les complexes frigorifiques avaient été créés avec l'aide du Japon, qui accorda au Sénégal une enveloppe financière non remboursable de 850 millions de francs CFA.

[626] Le centre de Rufisque coûta au total 185 827 140 francs CFA, avec l'achat de camions et d'équipements. Nous étudierons sa gestion plus récente dans la prochaine partie.

[627] Ministère délegué chargé de la mer, ACDI, *op. cit.*, juin 1992, pages 4 et 5.

siégeant à l'assemblée générale de l'union (20 Kayarois, 15 de Fass Boye et 10 de Diogo). L'assemblée élisait un conseil d'administration composé de 9 personnes : 1 président, 1 vice-président, 1 secrétaire général, 1 trésorier et 5 membres simples. Près de 170 pêcheurs de la CPA de Kayar, le centre de débarquement le plus actif avec 480 unités de pêche, avaient adhéré à ce système[628]. Ils devaient verser une cotisation de 1000 francs CFA afin d'obtenir une carte de membre justifiant leur acquisition d'une part sociale. Ils pouvaient ainsi prétendre à l'obtention à crédit et à un tarif avantageux de moteurs et de filets. L'union locale des coopératives de pêche de la 3e circonscription urbaine du Cap-Vert fut créée en 1982. Elle regroupait les CPA de Rufisque, Bargny, Niangal et Yenne[629]. Le centre de mareyage de Joal fut géré dès le 14 juin 1981 par l'Union des coopératives de pêche de Joal (UCPJ), réunion des CPA de Joal, Pointe Sarène et Nianing. Le conseil d'administration était constitué de 9 membres appartenant à un personnel rémunéré par le Centre de Joal[630]. L'assemblée générale de chaque union définissait la politique d'exploitation du centre de mareyage, fixait les orientations commerciales et les prix tout en choisissant ses fournisseurs. Le conseil d'administration gérait les opérations nécessaires à une bonne commercialisation du poisson. Le comité de suivi, comité exécutif de l'union locale, comprenait par exemple à Joal 4 pêcheurs coopérateurs, 2 représentants du CAPAS et 1 agent local des pêches maritimes. Sa composition était similaire dans les centres de Kayar et Rufisque. Il veillait à la bonne exécution des politiques commerciales et essayait de trouver des solutions dans le but de remédier aux problèmes rencontrés par le centre. La commission de mareyage, désignée par le comité de gestion à Kayar, mais constituée de pêcheurs volontaires à Rufisque, organisait la collecte du poisson auprès des producteurs sur la plage et orientait le centre de mareyage pour l'écoulement des produits halieutiques. Une commission des prix étudiait la formation des prix sur les plages et dans les marchés afin de proposer des tarifs adaptés aux pêcheurs et couvrant les charges du centre de mareyage. Les commissions de mareyage et des prix étaient censées travailler en étroite collaboration avec le gérant et directeur du centre, à la fois superviseur des opérations de la structure et conseiller économique du conseil d'administration. Un comptable, un caissier, un livreur et un peseur réceptionniste secondaient le gérant dans sa tâche commerciale. Le caissier, responsable de la caisse secondaire, payait les pêcheurs et autres fournisseurs

---

628 Bayaty BABOU, *Mise en place du centre de mareyage de Kayar*, École des agents techniques de l'Océanographie et des pêches maritimes, mémoire de fin d'études, Dakar, juin 1982, pages 2 et 3.

629 Ismaïla BA, *op. cit.*, juin 1984, page 4.

630 Oumar BA, *La Pêche artisanale à Joal*, mémoire de maîtrise de géographie, université de Dakar, faculté des lettres et des sciences humaines, 1985, page 49.

sur ordre du gérant ou du comptable. Il livrait par ailleurs un rapport journalier concernant ces opérations de vente. Le livreur apportait les marchandises aux clients. Un frigoriste, chargé d'entretenir l'équipement et un manœuvre s'occupant de la manutention et du nettoyage étaient des employés non permanents[631]. Des commissions supplémentaires existaient en théorie à Kayar. La commission éducation et formation devait organiser la mise en place et le suivi des formations destinées aux coopérateurs, celle de l'avitaillement s'occupait de l'approvisionnement en matériel, tandis que la commission coordination était chargée contrôler la bonne exécution des tâches[632]. En pratique, les commissions restèrent quasi inactives dans la première moitié des années 80, faute de volontaires. D'après Babou, les opérations de commercialisation étaient laissées entre les mains du gérant aidé de son livreur[633]. En 1986, le centre de Joal était géré par son directeur, Rufisque à la fois par le CAPAS et les coopératives, Kayar par l'union locale[634].

L'actuel comptable du centre de mareyage de Rufisque, M. Mamadou Thiandoum, nous a expliqué que les producteurs ont géré la structure entre 1983 et 1988 avant d'être relayés par la SERAS : « *En 1983, la gestion du centre était confiée à l'Union locale des coopératives de pêche, et les pêcheurs géraient les centres de mareyage* [...]. *En 1988, les coopératives devaient disparaître. Il y avait la création des GIE, donc il fallait penser maintenant, le temps que les pêcheurs se constituent en groupements d'intérêts économique. Pour ne pas laisser ce vide-là, l'État a retiré les centres aux pêcheurs et les a confié à la SERAS. Les gens qui n'avaient pas compris ont pensé que les pêcheurs avaient échoué dans leur mission. Cela était transitoire. La SERAS était la Société d'exploitation des ressources animales. L'ancienne SERAS s'occupait de viande, et les centres s'occupaient de poisson. L'État a pris les centres de mareyage et demandé aux pêcheurs de se constituer en GIE en attendant, de 1988 à 1994.* »

2) L'équipement des centres de mareyage

Les centres de mareyage de Kayar et Rufisque possédaient chacun une aire de réception, de pesée et de triage des produits marins, une aire permettant le lavage et le conditionnement, des bacs pour le poisson (on en dénombrait 600 à Kayar et 650 à Rufisque). Le centre de Kayar, qui

---

[631] BABOU, *op. cit.*, juin 1982, pages 10 à 14 et BA, *op. cit.*, juin 1984, pages 7 et 9.
[632] Rokhaya TRAORE, *La Commercialisation des produits de la mer dans le village de Kayar : problèmes et perspectives*, mémoire de fin d'étude, École nationale d'économie appliquée (ENEA), Dakar, décembre 1984, page 46. Cette chercheuse dénonçait à l'époque des « *abus de pouvoir du gérant* » et des « *détournements de fonds* ».
[633] BABOU, *op. cit.*, juin 1982, page 14.
[634] LLERES, *op. cit.*, 1986, page 440.

s'étendait sur 3200 m², avait trois chambres froides destinées au stockage du poisson réfrigéré de 20 tonnes chacune ainsi qu'une chambre pouvant conserver 20 tonnes de glace. Deux groupes frigorifiques d'une valeur de 144 000 francs CFA étaient présents dans chaque chambre, soit six au total. La structure commerciale située à Rufisque comportait deux chambres de stockage d'une capacité de 17 tonnes chacune et une machine de fabrique de glace fournissant quotidiennement 10 tonnes. Les centres disposaient de tables de nettoyage, celles de Kayar ayant la capacité de laver 7 tonnes de produit marin par heure. Les camions frigorifiques de Kayar, au nombre de deux, transportaient 8 tonnes de produits halieutiques chacun. Rufisque utilisait un camion isotherme ayant une charge utile de 1,95 tonne et un camion pouvant contenir 5,5 tonnes de poissons. Les centres avaient une capacité d'écoulement de 1200 tonnes par an[635]. L'équipement moins lourd était composé de bascules et de chariots de manutention. La durée de stockage des produits à Rufisque était de trois jours à 0°C environ, mais il était possible de conserver le poisson durant trois semaines à -5°C[636]. Les sites des centres de mareyage furent choisis, car les débarquements y étaient importants, les lieux accessibles, les structures coopératives présentes et le terrain adéquat. Des difficultés liées au retard du ravitaillement en matériaux furent surmontées, notamment à Kayar.

3) L'approvisionnement des centres et les réseaux desservis

Le centre de mareyage de Rufisque s'approvisionnait en poissons sur la plage de la ville, mais aussi à Hann, M'bour, Yoff, Niangal, M'bao et au port de pêche de Dakar. Il achetait près de vingt-cinq espèces, principalement des sardinelles et des chinchards, plus faciles à écouler que les espèces nobles. Les camions effectuaient deux rotations par semaine durant quatre à six jours afin de desservir Saint Louis, Podor, Matam, Bakel et Ourossogui. Le bac de chinchard était revendu entre 4000 et 5000 francs CFA, soit 128 francs CFA le kg[637]. La structure kayaroise commercialisait les espèces dont le prix au kg était supérieur à 200 francs CFA (comme le capitaine et l'espadon) à Dakar, Thiès et Kaolack. Les espèces meilleur marché (telles que la sardinelle ronde et plate) étaient revendues sur les marchés hebdomadaires. Les clients habituels pouvaient faire leurs achats à crédit. Le centre de Rufisque ravitaillait les mêmes lieux que son homologue de Kayar, mais approvisionnait aussi les usines, ce qui était contraire aux objectifs du CAPAS qui souhaitait privilégier les marchés de l'intérieur du Sénégal[638]. Le

[635] LLERES, *op. cit.*, 1986, page 436.
[636] BABOU, *op. cit.*, 1982, pages 8-9 et BA, *op. cit.*, 1984, page 10.
[637] BA, *op. cit.*, 1984, pages 10 et 15.
[638] BABOU, *op. cit.*, 1982, page 15 et TRAORE, *op. cit.*, 1984, pages 50, 53 et 57.

poisson frais conditionné par le centre de Joal avait des origines diverses au début des années 80. La plage de Joal fournit plus de la moitié du ravitaillement du centre durant sa première année de fonctionnement. Les autres lieux de débarquement fréquentés par les employés du centre de Joal furent le port de Dakar, Kayar et Hann. Les achats étaient plus élevés à Yoff et Kayar en mars, avril et mai, période durant laquelle les débarquements étaient accrus.

Les trois centres étaient en relation radiophonique afin de s'informer mutuellement de l'importance des mises à terre dans les lieux de débarquement[639]. Selon Lleres, les acheteurs employés par les centres se ravitaillaient comme des commerçants traditionnels au milieu des années 80. Il arrivait même qu'ils achètent du poisson frais auprès des mareyeurs, ce qui était contraire à l'esprit du CAPAS.[640] Il était tout à fait contradictoire que les centres de mareyage entretiennent des rapports commerciaux avec les usines, étant donné que leur vocation initiale était de remédier au problème de ravitaillement en poisson du marché intérieur. En 1984, les centres de Joal et de Kayar revendaient leurs poissons frais dans la région du Fleuve, en empruntant la route de Saint Louis à Bakel ou la piste reliant Linguère à Ourossogui. Kaolack était approvisionnée par Kayar (en tassergals), de même que Tambacounda et Vélingara (en thonines). Les bacs (constitués de 30 kg de poisson et 20 kg de glace) étaient livrés à des intermédiaires demi-grossistes qui se chargeaient de leur écoulement, jusqu'à la tournée suivante. Ainsi, des Subalbé de la vallée du Fleuve s'acquittaient de cette tâche[641].

III. UN RELATIF ÉCHEC

Le CAPAS rencontra de sérieuses difficultés pour se ravitailler auprès des pêcheurs. L'emprise des mareyeurs sur la filière commerciale des produits halieutiques conjuguée à des soucis financiers dus à ses coûts de fonctionnement élevés causa sa perte.

1) La concurrence des mareyeurs

Les mareyeurs voyaient d'un mauvais œil l'arrivée du CAPAS, qui se positionnait clairement contre leur mainmise sur la filière commerciale des produits marins. Les commerçants se livraient à une concurrence sans merci sur les plages où ils proposaient aux pêcheurs des tarifs plus élevés que les centres de mareyage. Leur supériorité sur les centres se faisait vivement ressentir lorsqu'ils étaient propriétaires des moyens de production. Les mareyeurs pouvaient aussi écouler leurs marchandises à bas prix auprès des

---

[639] LLERES, *op. cit.*, 1986, page 436.
[640] LLERES, *op. cit.*, 1986, page 438.
[641] LLERES, *op. cit.*, 1986, pages 438 et 440.

détaillants pour éviter des méventes, contrairement aux centres qui se devaient de respecter leur grille tarifaire. Les grossistes en poisson frais étaient aussi parfois plus proches des producteurs. À Kayar, par exemple, ils leur faisaient des dons monétaires en cas de cérémonies (mariages, baptêmes...)[642]. Les pêcheurs étaient censés recevoir une participation aux bénéfices des centres, qui avait été mise en place à Kayar au terme de la première année, mais qui restait théorique à Rufisque[643].

2) Des pertes considérables

L'étude des comptes d'exploitation des centres de mareyage montre clairement que leurs coûts élevés de fonctionnement excluaient toute rentabilité. L'amortissement du matériel lourd (les frigos et les machines à glace) et celui du matériel roulant (les camions) prirent une place importante. Bernard Lleres constatait au milieu des années 80 que l'aide du Canada, transmise par le siège situé à Thiaroye, permettait aux centres de continuer à fonctionner. Cet apport financier canadien représentait pour l'exercice 83-84 environ 48,72% du résultat d'exploitation de Kayar et 76,19% de celui du centre de Joal. À Rufisque, le support matériel accordé par le siège de Thiaroye était supérieur au résultat du centre.

Tableau 7 : Comptes d'exploitation des trois centres de mareyage pour l'exercice 1983-1984, en francs CFA

	Kayar	Joal	Rufisque
Résultats d'exploitation	9 335 769	4 990 777	2 752 578
Amortissement du matériel lourd sur dix ans	-3 284 100	-3 284 100	-2 880 000
Amortissement du matériel roulant sur quatre ans	-5 156 260	-6 959 425	-2 437 500
Support matériel du siège de Thiaroye	-4 549 082	-3 802 551	-2 872 326

Source : Lleres, *op. cit.*, 1986, page 442.

Les pertes enregistrées lors du bilan 1983-1984, qui s'élevaient à 18 146 210 francs CFA au total, plaçaient Joal en tête avec un déficit de 9 055 299 francs CFA (soit 50% des pertes totales des trois structures) et Rufisque, qui enregistrait un manque à gagner de 5 437 248 francs CFA, en seconde position (soit 30% du total). Le bilan négatif du centre de mareyage de Kayar, évalué à 3 653 663 francs CFA, était moins élevé. Rockaya Traoré, qui étudia en 1984 les comptes d'exploitation du centre de mareyage

642 BABOU, *op. cit.*, 1982, pages 7 et 16, TRAORE, *op. cit.*, 1984, page 53 et BA, *op. cit.*, 1985, page 49.
643 BA, *op. cit.*, 1984, page 39.

de Kayar, nous donne des chiffres différents de Bernard Lleres. En effet, elle évaluait à 6 000 000 de francs CFA les bénéfices obtenus par la structure du 1er août 1983 au 31 juillet 1984. Selon elle, le coût des amortissements était de 5 104 584 francs CFA (mais elle ne nous précise pas sur combien d'années), le support du CAPAS d'environ 10 000 000 de francs CFA, et les charges avoisinaient 83 046 548 francs CFA[644]. L'économiste donnait un résultat déficitaire de 9 104 581 francs CFA pour l'exercice 83-84, chiffre supérieur à celui de Lleres. Les deux universitaires ont sûrement employé des modes de calcul différents. Le taux de rentabilité du centre de Kayar était de 3,68%, chiffre équivalent au résultat de la deuxième année de fonctionnement, mais supérieur à celui de la première (qui était de 0,39%). Les coûts fixes avoisinaient 57 000 francs CFA par jour en moyenne. Les centres supportaient des coûts d'exploitation élevés dus à leur conception, leur mode de fonctionnement et l'obligation pour le CAPAS de fournir des produits de qualité stockés en chambres froides et transportés dans des camions isothermes. Les charges de salaire, carburant et électricité, difficiles à supporter, étaient un frein à l'obtention de profits.

L'examen des comptes d'exploitation du centre de mareyage de Rufisque en 1983 démontre que la structure réalisa de substantiels bénéfices de mai à décembre, sans compter le lourd coût des amortissements.

Graphique 34 : Évolution des produits d'exploitation du centre de mareyage de Rufisque de mai à décembre 1983, en milliers de francs CFA

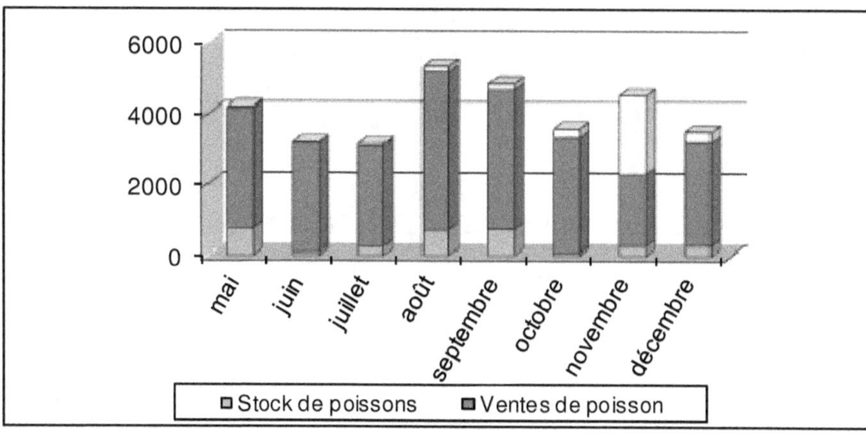

Source : d'après « *Les comptes d'exploitation généraux du centre de mareyage de Rufisque* », in *Ba*, *op. cit.*, 1984, pages 19 à 34.

644 TRAORE, *op. cit.*, 1984, page 67.

La commercialisation du poisson était la principale source de revenus, loin devant la vente de glace. Elle représenta 44,94% du montant total des produits d'exploitation en novembre (mois durant lequel la vente de glace fut accrue pour pallier le manque à gagner) et culmina à 95,85% en juin. Elle ne descendit qu'une fois en dessous de 80% en huit mois. L'achat de produit marin devait en théorie être la principale charge d'exploitation, mais le poids des autres charges était trop important. Il s'agissait principalement des frais de fonctionnement (électricité, eau, fournitures de bureau, carburant, entretien du matériel), des salaires (location de main-d'œuvre, indemnités, frais de restaurant ou d'hôtel) et de la taxation dont faisaient partie les impôts. Le ravitaillement en poisson représenta une part plus élevée des charges de mai à septembre (elle fut comprise entre 40 et 51% environ) qu'en fin d'année (elle oscilla entre 21 et 30% d'octobre à décembre). La demande en produits halieutiques, plus élevée durant l'hivernage, stimulait le commerce du centre. La quantité de poisson achetée était plus élevée en juillet, août et septembre : elle variait alors entre 30 000 et 35 000 tonnes par mois.

Graphique 35 : Évolution des charges d'exploitation du centre de mareyage de Rufisque de mai à décembre 1983, en milliers de francs CFA

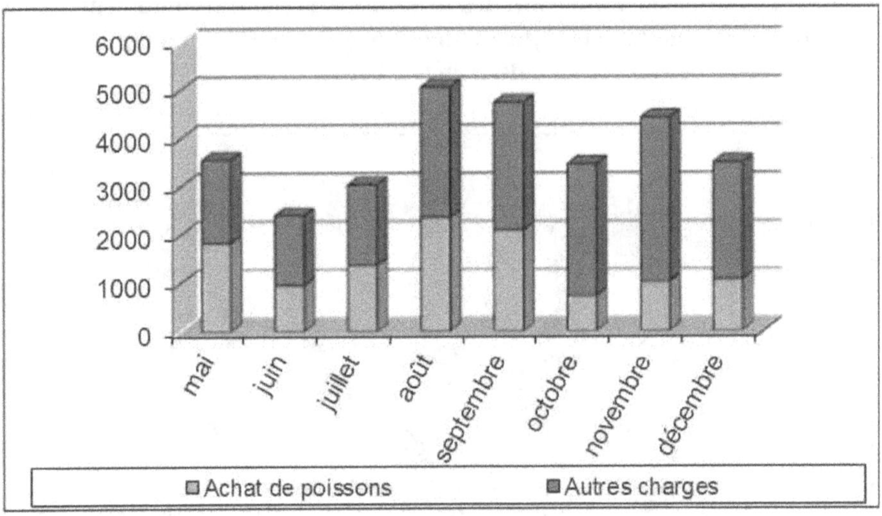

Source : d'après « *Les comptes d'exploitation généraux du centre de mareyage de Rufisque* », in *Ba, op. cit.*, 1984, pages 19 à 34.

Le centre de mareyage de Rufisque enregistra des bénéfices trop faibles pour couvrir les frais d'amortissement. Nous avons pu calculer, grâce aux chiffres fournis par Ba, le montant de l'amortissement mensuel en divisant celui de l'amortissement annuel, c'est-à-dire 21 395 260,36 divisé par 12. Il aurait fallu que les bénéfices enregistrés soient nettement supérieurs à ce chiffre (1 782 938 francs CFA environ) pour que le centre n'enregistre aucune perte. Mais il ne cessa d'obtenir des résultats déficitaires : les pertes passèrent de 1 141 223 francs CFA en mai 1983 à 1 773 364 francs CFA en décembre 1983, les difficultés d'approvisionnement en poisson frais se faisant lourdement ressentir. Le bénéfice réalisé en 1983 par le centre s'élevait à 1 506 704 francs CFA, ce qui donnait un taux de rentabilité de 0,81%. Le prix moyen d'achat au kg s'élevait à 66,72 francs CFA et celui de vente à 134,3 francs CFA, soit un bénéfice brut de 67,58 francs CFA au kg. Nous avons pu calculer le taux de rentabilité du centre de mai à décembre 1983 en nous penchant sur les comptes d'exploitation mensuels[645]: il avoisinait 1,17%.

L'insuffisante connaissance du marché intérieur aggravait les difficultés rencontrées par les camions des centres de mareyage qui empruntaient les routes commerciales. Ils connaissaient des problèmes de stationnement lors de leurs déplacements. Les frais de stockage du poisson frais supportés par la structure étaient augmentés par la lenteur du transport, car les camions vétustes tombaient fréquemment en panne[646]. Les centres de mareyage ne traitèrent que 1700 tonnes de poisson durant l'exercice 82-83 et 1670 en 83-84 (700 tonnes furent écoulées par Joal, 642 par Kayar et 328 par Rufisque). Près de 977 tonnes furent commercialisées par les trois structures d'août 1983 à avril 1984, période durant laquelle Kayar enregistra une perte de 800 000 francs CFA et Joal un déficit de 2 300 000 francs CFA. Seul le centre de mareyage de Rufisque obtint des bénéfices s'élevant à 1 400 000 francs CFA[647] .

Un an après sa mise en activité, le CAPAS ne traitait que 1% des mises à terre de la pêche artisanale sénégalaise. Au bout de trois ans de fonctionnement, les centres absorbaient environ 10% des débarquements effectués sur les plages du pays[648]. Dans ce contexte difficile, les autres centres de mareyage prévus à l'origine ne furent pas construits[649]. Traoré et Ba pensaient que les pêcheurs se désintéressaient du CAPAS et ne se

---

[645] D'après BA, *op. cit.*, 1984, page 19 à 33.

[646] TRAORE, *op. cit.*, 1984, page 67, 68, 72 et BABOU, *op. cit.*, 1982, page 19.

[647] LLERES, *op. cit.*, 1986, pages 441 et 442. Le chercheur en géographie affirmait à l'époque : « *Ces quantités témoignent d'une sous-utilisation chronique des installations.* »

[648] Christian CHABOUD et Moustapha KEBE, « Les relations entre producteurs et commerçants ou les mareyeurs sont-ils des exploiteurs? Le cas du Sénégal », *La Recherche face à la pêche artisanale, ORSTOM-IFREMER, Montpellier, 3-7 juillet 1989*, Paris, ORSTOM, 1991, tome II, page 600 et LECARME, *op. cit.*, 1993, page 199.

[649] Huit centres de mareyage devaient être initialement bâtis lors de l'obtention du financement canadien.

sentaient pas concernés par la structure. Les coopératives ne leur servaient qu'à se ravitailler en matériel de production[650]. Les producteurs ne participaient pas à la gestion du centre de mareyage, qui était laissée au personnel. D'après nous, certains pêcheurs étaient tout à fait conscients des objectifs du CAPAS, mais leur intérêt était tout simplement de vendre leurs prises au plus offrant. Les chercheurs ont souligné la contradiction qui résidait dans le projet CAPAS, car il était difficile d'augmenter les revenus des producteurs tout en garantissant des tarifs moins élevés aux consommateurs. Malgré leurs lourdes charges de fonctionnement, les centres ne pouvaient se permettre d'augmenter leurs prix de revente. Ils garantissaient cependant un produit de meilleure qualité que celui commercialisé par les mareyeurs, mais cet argument n'avait qu'un faible impact sur le consommateur.

Conclusion

Le CAPAS avait pour ambition de modifier le schémas de commercialisation auquel les producteurs et les vendeurs étaient habitués. Il voulait mettre en place une structure centralisée capable de remplacer une multitude de mareyeurs échappant au contrôle du pouvoir étatique. Ce fut un relatif échec, même si la présence des agents du CAPAS sur les plages permit le maintient des prix du poisson frais à un niveau convenable pour les pêcheurs.

Conclusion de la deuxième partie

Les mareyeurs et grossistes sont trop souvent tenus pour responsables des conditions de vie difficiles des producteurs. Ce ne sont pas des capitalistes ou des seigneurs qui profitent d'un système féodal, comme l'ont affirmé certains. D'ailleurs, leurs pratiques marchandes, plus souples que des structures coûteuses, sont parfois plus efficaces pour ravitailler les consommateurs. Nous ne nions pas le fait que les grossistes soient mieux lotis au sein des filières commerciales, mais ils investissent des sommes élevées et prennent des risques conséquents. Cependant, le projet CAPAS était une idée originale et les centres de mareyage bien organisés. Ce projet n'aurait pas dû être abandonné mais amélioré. De nos jours, le centre de mareyage de Rufisque est le seul à être géré par un groupement de producteurs, ce que nous verrons dans notre troisième partie. Les deux autres structures du CAPAS ont été privatisées, ce qui est fort dommage, car les pêcheurs gagneraient bien entendu plus à commercialiser eux-mêmes leurs produits, s'ils en avaient les moyens.

---

[650] TRAORE, *op. cit.*, 1984, page 54.

PARTIE III

Une restructuration des réseaux marchands de 1992 à nos jours

Introduction de la troisième partie

Les années 90 et 2000 furent marquées par la construction du Marché central au poisson (MCP), lieu de vente moderne qui possédait des structures appropriées au commerce des produits halieutiques et par l'engagement croissant des ONG auprès des commerçants. La filière du poisson frais se réorganisa en conséquence, puisqu'une part non négligeable des produits halieutiques transitaient désormais par le MCP. Nous montrerons les avantages de ce lieu de vente, fort utile au commerce du poisson sénégalais. Les diverses catégories de vendeurs obtinrent des financements d'organisations gouvernementales ou non ; le secteur de la préparation artisanale en constitue un bon exemple. Les commerçants sénégalais, qui comprirent que devenir membres de mutuelles était dans leur intérêt, furent de plus en plus sensibles aux mouvements associatifs. Nous étudierons le fonctionnement de groupements qui peuvent exister à des échelles continentale, nationale et régionale. Enfin, nous verrons que la lutte contre la raréfaction de la ressource est un enjeu majeur pour les filières commerciales du poisson.

CHAPITRE VI

Le poids du Marché central au poisson de Dakar

Introduction

Le Marché central au poisson de Dakar a été à l'origine d'une restructuration des réseaux de commercialisation du poisson au Sénégal. De nos jours, le MCP remplace la Gueule-Tapée en tant que marché de gros par excellence du poisson frais de la région de Dakar. Les mareyeurs ravitaillent ce lieu d'écoulement avec des produits originaires de toutes les régions maritimes sénégalaises et parfois même de pays limitrophes. Le MCP contribue à un approvisionnement régulier des marchés de détail du Cap-Vert. Nous allons étudier son mode de fonctionnement ainsi que son impact sur les circuits commerciaux du poisson frais au Sénégal.

I. LA CRÉATION ET L'ORGANISATION D'UN MARCHÉ MODERNE

Le Marché central au Poisson fut construit au début des années 90 avec des fonds majoritairement japonais. Sa situation géographique ainsi que son organisation en faisaient un lieu attractif pour les vendeurs de produits halieutiques et les consommateurs sénégalais.

1) La création du Marché central au poisson

Le huitième plan national de développement socio-économique de la république du Sénégal (1989-1998) souhaitait moderniser les circuits de distribution du poisson et enrichir les activités des commerçants. Le gouvernement du Sénégal demanda au Japon un financement dans le but de construire un nouveau marché qui mettrait fin aux contraintes posées par le dysfonctionnement de la Gueule-Tapée. La demande en poisson frais était très élevée dans la région de Dakar. La première région du pays avait une consommation de 44 kg par personne et par an, alors que la moyenne nationale était de 28 kg. Le Japon devait attribuer des fonds non remboursables au pays ouest-africain afin d'élever les bâtiments du futur site de vente de produits halieutiques et le doter d'infrastructures convenables. Le Marché central au poisson serait situé au sud de la commune de Pikine et à l'est des abattoirs de la Société d'exploitation des ressources animales du Sénégal (la SERAS), plus précisément au Km 9,5 de la route de Rufisque. Sa position stratégique, à l'entrée de la ville de Dakar, faciliterait son ravitaillement en produits marins grâce à la proximité de la route de Rufisque et de la Nationale n°1 Dakar-Thiès. De plus, le chemin de fer Dakar-Bamako passait entre le MCP et la route de Rufisque. Le marché central fut implanté sur un site d'environ six hectares, permettant de prévoir des agrandissements en cas de besoin[651]. La création de ce marché de gros, qui rassemblerait l'offre et la demande en poisson frais, devait permettre au Sénégal d'atteindre plusieurs objectifs. D'après un rapport interne au MCP : « *Avec ses installations et équipements, il devait contribuer à améliorer le système d'approvisionnement de la ville en poisson, en garantissant la régularité et la qualité, mais aussi en offrant aux professionnels mareyeurs et acheteurs détaillants, un lieu officiel d'exercice d'un commerce judicieux dans les meilleures conditions d'hygiène et de sécurité*[652]. » Les marchés secondaires devaient être approvisionnés sans difficultés pour que le produit puisse se trouver à proximité du consommateur. Des équipements frigorifiques permettraient de conserver le poisson et de réguler sa distribution sur les marchés de la capitale. Le Sénégal et le Japon entreprirent plusieurs démarches qui aboutirent à l'inauguration du marché central par le président de la République, M. Abdou Diouf, en novembre 1992. En janvier 1988, le ministère des Ressources animales introduisit une requête auprès du gouvernement du Japon. Un mois plus tard, la commune de Dakar mena des prospections ayant pour but de trouver un site favorable à l'édification du futur marché de gros. Au mois de mai 1988, la mission envoyée au Sénégal par l'Agence internationale de coopération japonaise (JICA) approuva le projet de construction du MCP. En décembre 1989, un contrat fut signé entre la direction de l'Océanographie et des pêches maritimes (DOPM), le Ministère des Ressources Animales et le consultant japonais Matsuda Consultants Int. Co Ltd. Après le lancement d'un appel d'offre en décembre 1989 au Japon, l'entreprise Toda Corporation obtint le marché de construction du lieu de vente en mars 1990. Les travaux de la partie japonaise du lieu de vente débutèrent en avril 1990 et finirent en mars 1991. Le Sénégal édifia sa partie du marché entre les mois de février 1991 et d'octobre 1992[653]. La DOPM, dépendante du ministère de la Pêche, fut

[651] Marché central au poisson, *Présentation du Marché central au poisson*, document interne, Dakar, 2000, pages 1, 9 et Marché central au poisson, *Note sur le Marché central au poisson*, document interne, Dakar, février 2001, pages 1 et 2.

[652] *Note sur le Marché central au poisson*, *op. cit.*, 2001, page 7.

[653] *Présentation du Marché central au poisson*, *op. cit.*, 2000, page 3.

chargée de surveiller la réalisation du projet initial. Le gouvernement du Japon attribua au Sénégal une subvention de 2 410 000 000 de francs CFA. Cette somme fut destinée aux travaux de construction à 88%. Les 12% restant furent consacrés aux études réalisées sur le projet et à l'achat d'équipement et de matériel. Les participations du gouvernement du Sénégal (212 000 000 de francs CFA, soit 8% du montant) et de la communauté urbaine de Dakar, la CUD (105 000 000 de francs CFA, c'est-à-dire 4% du budget), représentèrent un faible pourcentage du prix total du projet initial, évalué à 2 727 000 000 de francs CFA. Le Sénégal prit en charge le dédommagement des habitants installés sur le site (33 millions de francs CFA) ainsi que les travaux d'eau et d'électricité. Les recettes obtenues au terme des trois premières années d'exercice permirent de financer la construction d'un poste de police, d'une mosquée et d'un restaurant. La halle de vente couverte du marché de gros s'étendait sur 4102 m² et le bâtiment administratif sur 662 m². Un parking permettait aux vendeurs de stationner et des voies intérieures de circuler à l'intérieur du lieu de vente. L'équipement frigorifique était composé d'une chambre pouvant conserver jusqu'à 26,4 tonnes de produit marin, d'un dépôt de glace ayant une capacité de 36,5 tonnes et d'une fabrique fournissant au maximum 29,4 tonnes de glace (soit 1176 barres) par jour. Les usagers du MCP avaient accès à un matériel diversifié, composé de 4400 caisses à poisson, 50 chariots, d'autres pour le transport de la glace, des balances ou encore des tables de vente. Un matériel plus spécialisé était destiné à l'atelier de maintenance (pour entretenir les installations mécaniques) et au contrôle sanitaire des produits effectué par les agents de la DOPM[654]. Les quatre activités principales du marché étaient l'échange commercial de produits marins, la vente de glace, la location de caisses à poisson ainsi que celle de la chambre froide.

Des aménagements internes supplémentaires virent le jour en 1998 et 1999, après cinq années de fonctionnement, pour que les demi-grossistes, dont les transactions étaient à l'origine de l'encombrement du marché de gros, puissent revendre leurs produits aux détaillants dans une seconde halle de vente. Il s'agissait aussi pour ce projet d'augmenter la capacité de l'équipement frigorifique et de réhabiliter le système d'évacuation des eaux. Le projet d'amélioration du MCP coûta environ 2 838 590 000 de francs CFA constants 1991, dont 96,76% financés par le gouvernement du Japon (contre 88% pour le premier projet)[655]. Le coût total du MCP, si l'on tient compte du projet initial et de celui d'amélioration avoisina 5 565 590 000 de

[654] *Note sur le Marché central au poisson*, *op. cit.*, février 2001, page 4 et *Présentation du Marché central au poisson*, *op. cit.*, 2000, page 2.
[655] *Note sur le Marché central au poisson*, *op. cit.*, février 2001, page 5. Ces chiffres sont donnés en francs 1999 dans la source, mais nous avons trouvé qu'une conversion en francs CFA constants 1991 permettrait de faire une meilleure comparaison.

francs CFA constants 1991. La nouvelle halle de vente couvrait 2630,8 m², la surface utilisable représentant 126 cantines de 8 m². Un parking en béton armé fut réservé aux camions frigorifiques, tandis qu'un autre lieu de stationnement accueillait les taxis. Une nouvelle fabrique de glace en paillettes en fournissait 20 tonnes par jour[656].

2) L'organisation du Marché central au poisson

Le décret n°90-1138 du 8 octobre 1990 confia la gestion du Marché central à la communauté urbaine de Dakar (CUD). Celle-ci regroupait les communes de Dakar, Rufisque, Bargny, Pikine et Guédiawaye. Cette autorité représentative des cinq communes de la région de Dakar s'occupait entre autres de la construction et de l'entretien des voies ainsi que de la gestion des cimetières. Le MCP fut déclaré « régie à caractère industriel et commercial » le 4 novembre 1991 par le ministère de l'Intérieur, après une délibération du comité de la CUD du 18 juin 1991. Cette régie, qui n'avait pas de personnalité juridique propre, possédait cependant des organes de gestion et était financièrement autonome. Le budget du MCP était annexé à celui de la communauté urbaine de Dakar[657]. La régie du MCP était administrée par un conseil d'exploitation placé sous l'autorité du président et du comité de la CUD. Le président de la communauté détenait le pouvoir exécutif. Le comité était chargé de délibérer sur toutes les questions relatives à l'organisation et au fonctionnement du marché. Il fixait les tarifs des droits, taxes et redevances perçus au MCP, votait son budget, contrôlait ses comptes et étudiait les mesures à prendre à la fin ou en cours d'exercice. Le conseil d'exploitation (nommé aussi comité de gestion) était composé de huit membres. Son président était celui de la CUD. Il comprenait un vice-président (membre du comité de la communauté), un représentant du ministère de la Pêche, un agent du ministère de la Tutelle des collectivités locales, une personne détachée par le ministère des Finances et un commerçant choisi par les mareyeurs. Le conseil d'exploitation avait un rôle consultatif : il pouvait faire des propositions concernant le budget du MCP ou émettre un avis sur le fonctionnement du marché de gros. Le directeur du MCP était nommé par le président de la communauté urbaine. Il préparait le budget, s'occupait des achats courants et de la gestion du personnel[658]. Le directeur était assisté par un sous-directeur qui l'aidait à superviser trois divisions. La division administrative, financière et comptable s'occupait des

---

[656] *Note sur le Marché central au poisson, op. cit.*, février 2001, page 6.

[657] *Note sur le Marché central au poisson, op. cit.*, février 2001, page 8 et *Présentation du Marché central au poisson, op. cit.*, 2000, page 14. D'après cette dernière source : « *La régie correspond à la prise en charge directe et complète d'une activité de service public par une collectivité publique.* »

[658] *Présentation du Marché central au poisson, op. cit.*, 2000, pages 18 à 21.

affaires administratives et des ressources humaines. Elle était aussi chargée de la perception des redevances et du règlement des dépenses du MCP. La division exploitation gérait la location des caisses de poisson, des aires de vente et celle du dépôt à produits marins. Elle commercialisait la glace et accueillait les usagers (clients et commerçants en produits halieutiques). Le contrôle de la production de glace, de la conservation du poisson et de la salubrité du marché était assuré par la division technique[659]. D'autres services étaient rattachés à la direction : le contrôle de gestion, le poste de sécurité, le bureau de contrôle sanitaire, le service informatique et le service du secrétariat. En février 2001, 32 personnes étaient employées par le MCP : 23 rémunérées par la CUD et 9 par la structure de vente[660].

Le bureau de contrôle sanitaire, composé d'agents techniques des pêches maritimes dirigé par un docteur vétérinaire, contrôlait la qualité et l'hygiène du poisson échangé sur le marché de gros. Les fonctionnaires étaient employés par la direction de l'Océanographie et des pêches maritimes (DOPM). Ils vérifiaient, dès l'arrivée des véhicules de commerçants, l'exactitude des Certificats de contrôle d'origine et de salubrité (COS) produits par les mareyeurs. Ensuite, ils examinaient une partie des caisses de poissons et des produits marins stockés en vrac dans les camions et donnaient ou non aux grossistes l'autorisation de débarquer leurs marchandises. Le contrôle des poissons se poursuivait au fur et à mesure des transactions de produits halieutiques dans les halles et étals de vente au détail du MCP. Les agents de la DOPM pratiquaient un examen organoleptique du poisson. L'examen d'ensemble consistait à étudier la coloration des yeux du produit marin, la rigidité de sa chair et la couleur de ses branchies. Il n'était efficace que pour le poisson frais et posait des problèmes lorsque le produit était congelé. L'examen approfondi n'était utilisé que si l'examen d'ensemble ne permettait pas d'émettre un jugement fiable sur la qualité du poisson. La coloration et l'adhérence du péritoine, celle des viscères et la colonne vertébrale étaient contrôlées par les inspecteurs. Les agents pouvaient confisquer aux vendeurs de poisson tout produit jugé impropre à la consommation ou dépourvu de Certificat et leur délivrer en échange un bulletin de saisie. En 1993, 45,953 tonnes de poisson frais furent saisies au MCP et 21,03 tonnes durant le premier semestre

[659] *Présentation du Marché central au poisson*, *op. cit.*, 2000, page 22. Abdou N'DIAYE, surveillant du MCP que nous avons interrogé le 31 mars 2000, nous a affirmé que le directeur général se nommait Salif DIOP, le directeur financier Ibrahima N'DIAYE et le directeur d'exploitation Babacar N'DIAYE. Le régisseur était M. Ngouye N'DOYE. Ces employés étaient aidés dans leurs tâches par trois secrétaires.

[660] *Note sur le Marché central au poisson*, *op. cit.*, février 2001, page 9.

1994[661]. Le chef du bureau de contrôle sanitaire réalisait des statistiques sur la quantité ainsi que sur l'origine des espèces commercialisées et étudiait les tendances des prix de gros. Le COS fournissait de précieux renseignements sur l'origine des poissons, leur nature, leur emballage et leur poids. Les caisses du MCP avaient une contenance de 20 kg et celles venant de l'extérieur 40 kg. Un panier de poisson pesait environ 30 kg. Cependant, le COS fournissait parfois des informations erronées[662].

Des agents de la police municipale de la ville de Pikine veillaient à la sécurité du lieu de vente en assistant les employés qui collectaient les taxes. Le bureau d'ordre comptait des dactylographes, des chauffeurs et des jardiniers. Le personnel permanent avait un bon niveau de formation : en 2000, 33% des employés étaient des cadres supérieurs, 10% des techniciens et 5% des bacheliers. Le MCP faisait appel à une main-d'œuvre journalière qui répondait mieux aux fluctuations de l'offre et de la demande. Ces manœuvres étaient par exemple employés dans les fabriques de glace, la chambre froide ou étaient affectés à la sécurité du marché. Ils collectaient les taxes à l'entrée du MCP auprès des véhicules de poisson, des taxis ou particuliers, mais aussi sur les deux halles de ventes réservées aux grossistes et demi-grossistes. On comptait entre 27 et 36 employés temporaires au MCP en 2000[663]. Les dépenses faites par le Marché central au poisson étaient ordonnées par le président de la communauté urbaine et effectuées par le receveur percepteur municipal de la CUD qui remplissait les fonctions d'agent comptable. En théorie, il était le seul habilité à collecter les recettes du MCP. Mais une régie de recettes fut créée par délibération du comité de la CUD le 30 octobre 1992 afin qu'un régisseur comptable s'acquitte de ces tâches et reverse le montant des droits, taxes et redevances à la caisse du receveur percepteur municipal. Une caisse d'avance de 8 000 000 de francs CFA fut mise en place le 21 juillet 1993 pour que le MCP puisse supporter les charges de fonctionnement et d'entretien des installations. La CUD pouvait faire des investissements nécessaires au bon fonctionnement du MCP en prélevant des ressources sur son budget général si la régie n'en avait pas les moyens. Les bénéfices obtenus par le marché de gros, considérés comme un fonds de réserve, devaient être versés au budget de la CUD. Le

---

661 Aly CISSE, *Le Marché central au poisson de Dakar après une année de fonctionnement*, thèse de doctorat vétérinaire, université de Dakar, faculté de médecine et de pharmacie, 1994, pages 43 à 46.

662 CISSE, *op. cit.*, 1994, pages 46 et 47.

663 *Présentation du Marché central au poisson*, *op. cit.*, 2000, pages 22-23 et *Note sur le Marché central au poisson*, *op. cit.*, février 2001, pages 10-12.

budget du marché central était voté et approuvé en même temps que celui de la communauté urbaine[664].

II. LES COURANTS COMMERCIAUX DU MARCHÉ CENTRAL

Le Marché central au poisson a un rayonnement considérable sur la région de Dakar, mais aussi sur l'ensemble du Sénégal. Il joue un rôle de distribution et de redistribution de produits halieutiques dont les origines géographiques sont diverses.

1) La provenance des produits halieutiques

Les produits halieutiques vendus au Marché central au poisson provenaient de différentes plages du Sénégal. Une grande partie du poisson débarqué était originaire de la région de Dakar, plus précisément des plages de Hann, N'gor, Yoff, Ouakam, Rufisque, Bargny et du port de la capitale. Près de 18 165,721 tonnes de produits marins furent acheminées vers le marché central en 1993 et 14 955,89 tonnes en 1995. En 1993, la majorité du poisson commercialisé au MCP avait été acquise par les mareyeurs dans les centres de débarquement de la région de Thiès (22% à Kayar et 20% à Joal)[665]. Le port de Dakar, lieu de pêche industrielle, fournit 28% des apports, la région de Saint Louis 11% et la Mauritanie 4%. La quantité de poisson échangée sur les halles de vente du MCP variait peu au cours de l'année ; elle baissait légèrement durant la saison des pluies, d'août à octobre[666]. Le MCP écoulait, à la fin des années 90, plus de 40 tonnes de produits frais et surgelés par jour. Il aurait reçu 23,7% de la production nationale de poisson frais en 2000. Les apports de la région de Dakar auraient augmenté entre 1993 et 1995, de même que ceux de Saint Louis. Au contraire, la quantité de poisson kayarois aurait été moins élevée sur le marché, la concurrence s'étant accrue avec le succès du MCP.

---

[664] *Présentation du Marché central au poisson*, *op. cit.*, 2000, pages 28-30 et *Note sur le Marché central au poisson*, *op. cit.*, février 2001, pages 13-14.

[665] D'après CISSE, *op. cit.*, 1994, page 30.

[666] *Id.*, page 29.

Graphique 36 : Origine géographique des apports du MCP en 1993 et 1995 (en tonnes)

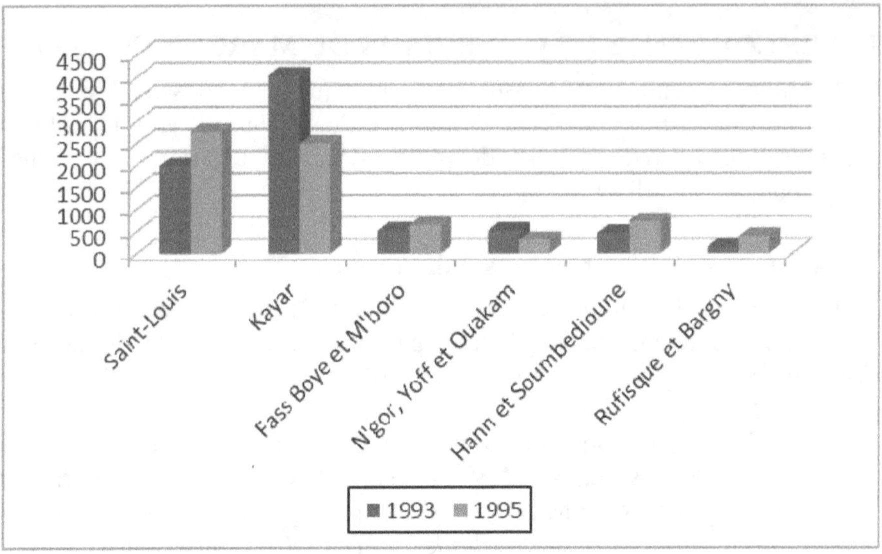

Sources : d'après la *Présentation du Marché central au poisson, op. cit.*, 2000, page 50 et *Le Marché central au poisson de Dakar après une année de fonctionnement, op. cit.*, 1994, page 30.

Entre 1995 et 1998, le principal fournisseur du MCP fut le centre de débarquement de Joal avec 23,88% du produit échangé sur le marché de gros en moyenne. Les plages de Kayar et de Saint-Louis arrivèrent respectivement en seconde et troisième position avec 15,44% et 12,58% du poisson commercialisé sur le marché central. Le port de Dakar et les usines, les plages dakaroises et la Casamance ravitaillèrent aussi le lieu de vente. En moyenne 49,97 tonnes de poisson frais furent écoulées quotidiennement au marché central entre 1995 et 1998. La tendance moyenne des apports, toutes origines confondues, fut de 10,20% durant la même période[667]. Nous ne possédons pas de statistiques concernant le ravitaillement des marchés secondaires par le Marché central au poisson.

Cependant, les vendeurs de poisson que nous avons rencontrés sur différents marchés nous ont confirmé son poids sur les réseaux commerciaux du poisson frais. On dénombrait plus de 36 espèces différentes de produits marins qui transitaient par le Marché central au poisson en 1993. La sardinelle, poisson à faible valeur commerciale particulièrement apprécié par

---

[667] *Présentation du Marché central au poisson, op. cit.*, 2000, pages 49 à 52. Les apports du MCP s'élevèrent à 14 955,89 tonnes en 1995, à 19 791,048 tonnes en 1996, à 18 886 tonnes en 1997 et à 19 325 tonnes en 1998.

la population sénégalaise, arrivait largement en tête, suivie des carpes, dorades, chinchards et mulets. D'autres espèces, telles que le capitaine, la carangue, la courbine ou encore l'ethmalose se trouvaient sur le marché de gros en grande quantité. Les poissons de la famille des *Clupeidae* étaient les plus commercialisés sur le marché de 1995 à 1998. Ils représentèrent en moyenne 52,67% des apports totaux. Environ 3,55% des débarquements furent composés de *Sparidae*, qui arrivaient loin derrière les *Clupeidae*, mais en seconde position des poissons les plus échangés. Les facteurs naturels et matériels jouaient sur l'origine des apports du marché central. Les mareyeurs préféraient se ravitailler en espèces pélagiques et semi-pélagiques, plus faciles à écouler sur le marché de gros que les espèces nobles affectionnées par les industries exportatrices. La plage de Joal, plus grand centre de débarquement des espèces à faible valeur commerciale sur la Petite-Côte, était très fréquentée par les vendeurs de poisson frais. La quantité de poisson débarquée au MCP dépendait bien sûr de l'importance des ressources halieutiques.

Carte 6 : Redistribution du poisson frais dans la région de Dakar à partir du Marché central au poisson

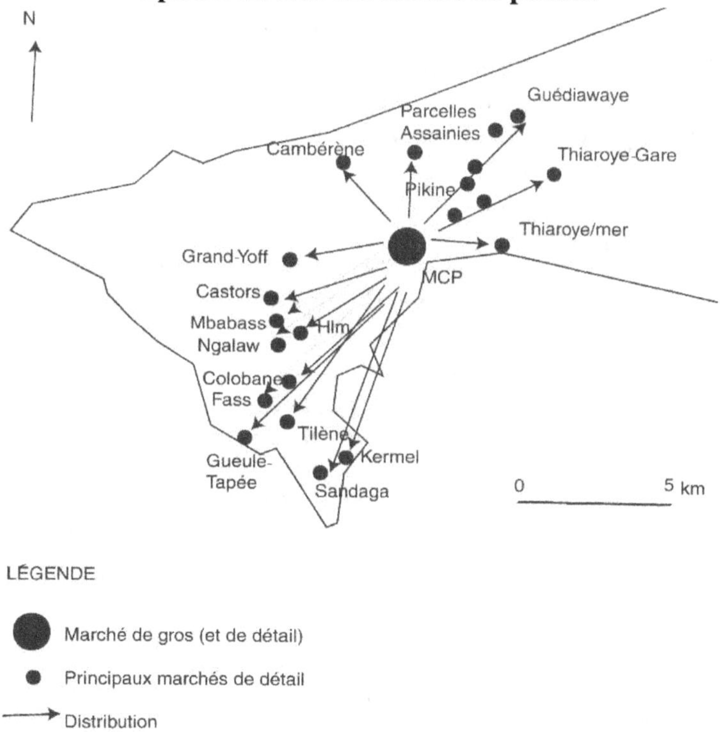

Sources : d'après nos enquêtes, du 28 au 31 mars 2000, puis du 14 au 16 mai 2001 et Cissé, *op. cit.* 1994.

2) Les circuits de distribution du poisson frais au marché central

Le MCP accueillait quotidiennement de nombreux vendeurs et consommateurs. Abdou N'diaye, surveillant du Marché central au poisson, nous a expliqué en 2000 : « *Le MCP a deux halles, une de 200 places actuellement et une de 116 places qui ouvrira le 17 avril 2000. Notre vocation est de mettre les mareyeurs dans de bonnes conditions de sécurité et d'hygiène. Les mareyeurs et grossistes sont présents de 5 heures à 9 ou 10 heures du matin. Depuis 1992, 3000 à 4000 femmes viennent s'approvisionner ici et elles sont plus nombreuses le week-end*[668]. »

Un mareyage organisé

Dans les années 90, les vendeurs utilisaient des camions isothermes, des « taxis clandos[669]. » ou plus souvent des véhicules bâchés pour transporter, parfois de nuit, leur poisson jusqu'au marché de gros. Ces modes de transport ne garantissaient pas une conservation sans difficultés du produit, car le poisson était conditionné dans des paniers, des caisses ou en vrac, ce qui rendait le glaçage peu efficace. Les camions des négociants en poisson frais se garaient sur une aire de stationnement située devant le quai de réception des marchandises. Les mareyeurs utilisaient, en 1998, 1 à 2,5 tonnes de glace pour 5 à 10 tonnes de poisson frais, c'est-à-dire entre 20 et 45% de glace par camion. Ce pourcentage était trop faible pour éviter l'altération du produit périssable, car le taux de glaçage devait être de 50% de glace pour 80% de produit dans les pays tropicaux[670]. En 1994, 47% des mareyeurs du MCP étaient propriétaires de leurs véhicules, 37% louaient leurs camions frigorifiques 14 000 francs CFA en moyenne par jour et 16% avaient recours à la location de « taxis clandos. » La vente en gros avait lieu entre 5 heures et 10 heures du matin sur les quais d'embarquement et de débarquement du poisson frais et congelé auprès des détaillants et demi-grossistes. Certains mareyeurs étaient censés proposer du poisson congelé, issu de la pêche industrielle[671]. On comptait, en 1993, 137 mareyeurs en situation régulière, c'est-à-dire détenteurs d'une carte professionnelle, tandis que 400 personnes exerçaient leur commerce de façon irrégulière en 1994. Les vendeurs en demi-gros et au détail étaient 650 en 1993 et 1 millier un an plus tard. En 2000, les mareyeurs étaient 339 inscrits sur les registres du marché, dont 150 en situation régulière. Ces derniers avaient payé une

[668] Nous avons questionné M. N'DIAYE le 31 mars 2000 au Marché central au poisson.

[669] Surnom désignant en wolof les taxis « non-professionnels ». Ils sont conduits par des particuliers et sont en général moins chers que les taxis ordinaires.

[670] Bernard THIAW, *Le Marché central au poisson de Dakar*, maîtrise de géographie, université de Dakar, faculté des lettres et sciences humaines, 1998, page 58.

[671] CISSE, *op. cit.*, 1994, page 37.

cotisation annuelle de 30 000 francs CFA à la DOPM avant d'acheter une carte bleue du marché central à 5000 francs CFA. Ils fournissaient une photocopie légalisée de leur carte de la DOPM au directeur du lieu de vente afin d'obtenir un badge leur garantissant l'accès au marché[672]. La CUD rencontra les organisations professionnelles dans le but de négocier les tarifs appliqués aux vendeurs[673]. La plus importante d'entre elles était la Fédération régionale des mareyeurs de Dakar, qui était une entité de la Fédération nationale des mareyeurs du Sénégal (FNMS). En mai 1995, 260 mareyeurs fréquentant régulièrement le MCP appartenaient à 21 groupements d'intérêt économiques (GIE)[674]. Le nombre de mareyeurs en situation régulière augmenta considérablement en un an, puisqu'il était de 400 en 2001, dont 150 à temps complet. Les femmes ne représentaient que 10% de ces vendeurs en gros[675].

Photo 2 : Halle de vente du marché central en effervescence durant la matinée

Source : nos photos, prises le 16 mai 2001.

[672] *Présentation du Marché central, op. cit.*, 2000, page 37.
[673] *Note sur le Marché central au poisson de Dakar, op. cit.*, février 2001, page 12.
[674] THIAW, *op. cit.*, 1998, page 47.
[675] *Note sur le Marché central au poisson de Dakar, op. cit.*, février 2001, page 12.

Selon l'économiste Bacar, les transactions commerciales opérées sur le marché de gros pouvaient être classées en trois catégories. Le *circuit court* concernait les mareyeurs qui écoulaient directement leur poisson frais auprès des consommateurs. Le *circuit indirect court* désignait la vente du produit par un mareyeur à un intermédiaire qui le proposait ensuite à un autre mareyeur ou un détaillant. Le *circuit indirect long* ressemblait au précédent, sauf que les intermédiaires étaient plus nombreux entre le mareyeur ou le détaillant et le consommateur. Il s'agissait du circuit le plus utilisé sur le marché[676]. Certains grossistes et mareyeurs se ravitaillaient donc dans l'enceinte du marché. Tel est le cas de El Hadji Yock, 43 ans, originaire d'une famille de cultivateurs et mareyeur depuis vingt-cinq ans. Il achète chaque jour au poids 12 kg de barracuda à un prix oscillant entre 18 000 et 20 000 francs CFA, soit 1500 à 1660 francs CFA le kg. Il revend sa marchandise en ajoutant 25 à 100 francs CFA par kg. Il nous a affirmé qu'il pouvait revendre 12 kg de poissons à 21 000 francs CFA[677]. Ses collègues Mamadou Alfa Diallo et Gora N'dow, tous deux âgés de 35 ans, écoulent le même type de produit. M. Diallo, vendeur depuis vingt ans, est un Peul de Guinée Conakry. Il obtient un bénéfice quotidien qui varie entre 3000 et 5000 francs CFA. Gora N'dow investit entre 180 et 300 000 francs CFA par jour pour acquérir 10 ou 15 barracuda qui coûtent 18 à 20 000 francs CFA la pièce. Il commercialise ses produits halieutiques à 20 ou 21 000 francs CFA l'unité[678]. Bacar avait divisé les mareyeurs du marché en trois catégories, en fonction de la quantité de poisson qu'ils revendaient (petite, moyenne ou grande)[679]. Environ 3% des grossistes commercialisaient 15 caisses par jour au MCP, soit 0,5 tonne de produit. Ils payaient la location de leur véhicule (5000 francs CFA) tout en s'acquittant des droits de stationnement (2000 francs CFA par jour) et de la taxe de location de la halle de vente (900 francs CFA par jour). L'achat de la glace et la location d'une vingtaine de caisses (d'une contenance de 30 kg de poisson) leur coûtaient 6000 francs CFA. Ces vendeurs de produits marins obtenaient un bénéfice moyen de 4475 francs CFA par jour. 42% des mareyeurs écoulaient quotidiennement 3,5 tonnes de poisson frais, soit 115 caisses de produits halieutiques. Leurs charges s'élevaient à 74 150 francs CFA, dont 50 000 francs CFA destinés à l'achat de glace (100 barres) et 14 000 francs CFA utilisés pour couvrir les frais de location du véhicule. Leur bénéfice avoisinait 66 725 francs CFA par jour. Un quart des mareyeurs revendaient 9 tonnes de poisson frais au MCP, ce qui équivalait à 300 caisses de produit. La location du camion leur coûtait 25 000 francs CFA et le ravitaillement en glace (150 barres) 75 000 francs

---

[676] BACAR, *op. cit.*, décembre 1994, pages 39 et 40.
[677] Nous avons interviewé Monsieur YOCK le 15 mai 2001 au Marché central au poisson.
[678] Nous avons rencontré M. DIALLO et M. N'DOW le 15 mai 2001 au MCP.
[679] On dénombrait 400 mareyeurs irréguliers en 1994 et 137 réguliers en 1993.

CFA. Leurs frais étaient de 112 900 francs CFA et leurs bénéfices conséquents, puisqu'ils atteignaient 254 100 francs CFA[680].

Près de 40 mareyeurs, en provenance des plages du Sénégal et de la Mauritanie, commercialisaient quotidiennement leurs produits halieutiques au marché central[681]. La vente des espèces pélagiques avait lieu sur l'aire de débarquement et celle des espèces nobles sur la halle de vente. Le poisson était commercialisé à la bascule, au panier ou à la caisse, selon la taille et le type de produit. Les espèces pélagiques (en particulier les sardinelles) étaient proposées à la caisse, alors que les démersales (comme les mérous et les brochets) étaient revendues au lot ou à la pièce. Les invendus étaient conservés dans une chambre froide, des caisses contenant de la glace ou encore des containers, au tarif de 5 francs CFA par kg[682]. Le plus souvent, ce sont des intermédiaires, appelés « protocoles », qui se chargeaient de la vente en gros et en demi-gros du poisson frais. Ils pouvaient être payés entre 3000 et 5000 francs CFA par transaction commerciale.

En 1994, les mareyeurs du MCP étaient à 80% originaires de la région de Dakar, essentiellement des communes de Dakar, Pikine, Guediawaye, Rufisque et Bargny. Leur niveau d'instruction était plus élevé en arabe (47%) qu'en français (37%). Selon Naki Eddine Bacar, les grossistes instruits en français avaient des capacités de gestion plus élevées[683]. Nous avons rencontré un échantillon de mareyeurs en situation régulière (10%) au marché central du 14 au 16 mai 2001, ce qui nous a permis d'avoir de plus amples renseignements sur leurs origines[684]. Les hommes mareyeurs au MCP sont d'âge mûr ; plus de la moitié d'entre eux ont entre 40 et 49 ans[685]. Certains mareyeurs ont une grande expérience commerciale, puisqu'ils ont débuté dans la vente au détail du poisson frais. La majorité des vendeurs (65%) écoulent des produits halieutiques depuis au moins vingt ans. Les mareyeurs du MCP sont à 71,4% wolofs, alors que près des trois quarts des vendeurs questionnés par Marie-Christine Cormier-Salem et Christian Chaboud étaient de cette ethnie. Nous constatons que les Lébous (7,14%) sont minoritaires, tout comme ils l'étaient au marché de la Gueule-Tapée (9,7%). Selon l'échantillon de Chaboud, seulement 8,11% des mareyeurs étaient Lébous. Nous pensons que ces chiffres traduisent entre autre la perte du monopole des familles de pêcheurs dans le commerce du poisson. Ainsi,

---

680 BACAR, *op. cit.*, 1994, pages 42 à 44.

681 *Présentation du Marché central*, *op. cit.*, 2000, pages 43 et 45.

682 THIAW, *op. cit.*, 1998, pages 62, 63 et 68.

683 BACAR, *op. cit.*, 1994, pages 17 à 20. Le chercheur a interrogé 10% des mareyeurs qu'il avait recensés, soit 19 personnes (15 hommes et 4 femmes).

684 Nos conclusions sont proches des affirmations de Marie-Chrisitine CORMIER-SALEM et de Christian CHABOUD qui ont réalisé des études au début des années 80.

685 Un tiers des mareyeurs avaient entre 40 et 50 ans en 1981 et leur moyenne d'âge était de 45 ans en 1983.

les grands-parents des mareyeurs étaient à 86% cultivateurs, tandis que 7% étaient pêcheurs et 7% employés. Les parents des commerçants étaient à 72% agriculteurs. Les mareyeurs du MCP n'étaient que 7% à avoir eu un père vendeur en gros de poisson frais. 14% des vendeurs avaient des parents commerçants. Les vagues de sécheresse qui ont traversé le Sénégal ont dû contraindre une partie de la population à se tourner vers le commerce des produits halieutiques. La majorité des épouses des mareyeurs (62%) écoulent du poisson frais ou transformé. Elles peuvent se ravitailler auprès de leurs maris, mais sans exclusivité, comme nous l'ont expliqué les vendeuses que nous avons interviewées ces dernières années. En effet, les époux recherchent les partenaires commerciaux les plus aptes à augmenter leurs profits.

Des protocoles ?

Ces intermédiaires étaient ravitaillés par les mareyeurs. Les sources que nous avons consultées donnent des définitions différentes de ces vendeurs. D'après Thiaw, il s'agissait en fait de mareyeurs qui préféraient s'approvisionner sur place. Les plus modestes d'entre eux ne possédaient pas de véhicule. En 1996, le montant perçu par le MCP au titre des fréquentations des mareyeurs et intermédiaires s'élevait à 333 398 francs CFA sur un total de 1 326 788 francs CFA, soit 25,12%[686]. Bacar considérait les intermédiaires comme des semi-grossistes qui revendaient leurs produits sur les marchés secondaires. Certains possédaient des moyens de transport, tandis que d'autres utilisaient des « taxis clandos[687]. » ou les transports en commun. Près de 12% des intermédiaires achetaient 20 caisses de poisson frais par jour aux mareyeurs et réussissaient à en écouler 18 en moyenne, soit 540 kg. Ils dépensaient 2400 francs CFA pour le paiement de la taxe (200 francs CFA), 2000 francs CFA pour la location des caisses (à raison de 100 francs CFA par caisse) et 200 francs CFA afin de se rendre sur le marché secondaire de leur choix. Leur bénéfice net avoisinait 21 190 francs CFA. Nous constatons que cette somme est nettement supérieure à celle gagnée par les mareyeurs vendant une petite quantité de produit (4475 francs CFA par jour)[688]. La Présentation du Marché central au poisson accusait ces vendeurs d'être responsables de la flambée des prix : « *Ces intermédiaires ont pris de plus en plus d'importance jusqu'à arriver à réguler le marché à leur profit* [...]. *Ils s'organisent selon les circonstances pour imposer leur loi. Ils sont plus de 500 dans le marché et ont pour ennemi la transparence et la clarté* [...]. *Ce sont inévitablement eux qui font et défont les prix, par*

686 THIAW, *op. cit.*, 1998, page 48.
687 BACAR, *op. cit.*, 1994, page 44.
688 *Id.*, pages 44 et 45.

des pratiques artificielles menées dans une entente parfaite[689]. » Nous retrouvons ici le thème de l'intermédiaire exploiteur. Il est vrai que leur regroupement au MCP encourage le tissage de liens qui les favorisent dans leur activité commerciale. Nous pensons comme Bacar que ces protocoles peuvent être rangés dans la catégorie des mareyeurs. Ceux que nous avons questionnés s'approvisionnent au MCP, mais peuvent aussi acquérir leurs produits sur les plages sénégalaises. En 2000, ces intermédiaires étaient 278 inscrits sur les registres du MCP dont 106 exerçant leur activité régulièrement. Ils versaient une caution avant d'obtenir un badge de commerçant et louaient 116 places sur l'aire de vente. La quasi-totalité de ces intermédiaires (90%) avaient quitté le marché de la Gueule-Tapée pour le MCP. Ce groupe de vendeurs était essentiellement constitué de chefs de famille wolofs ayant entre 30 et 44 ans[690]. Birame N'diaye, que nous avons rencontré au MCP, est âgé de 44 ans. Il écoule en gros des poissons au MCP qu'il achète souvent sur place. Il investit chaque jour 25 000 à 100 000 francs CFA et revend ses produits halieutiques par lots entre 16 000 et 20 000 francs CFA. Il réussit à écouler ainsi 10 à 20 grosses pièces en cinq jours, ce qui lui procure un bénéfice élevé allant de 4000 à 100 000 francs CFA[691].

Une vente au détail améliorée

Le nombre de détaillants du marché central augmenta rapidement entre 1993 et le premier trimestre de l'année 1994, puisqu'il passa de 650 à 1001 personnes. La disposition initialement prévue des produits sur des carreaux spécifiques aux espèces congelées, nobles et pélagiques ne fut pas respectée. Des vendeurs au détail commercialisaient du poisson frais au niveau de l'aire de stationnement, car le quai de débarquement était saturé, ce qui créait des problèmes d'hygiène. La vente des produits halieutiques à même le sol sur des caisses, disposées à l'envers et régulièrement en contact avec le bitume, favorisait la contamination du poisson. Les marchandises étaient recongelées ou plongées dans des bassines remplies d'eau et de glaçons, ce qui contribuait à les altérer[692]. Après deux années de fonctionnement, le MCP comptait 500 vendeurs détaillants de poisson frais possesseurs d'une carte de marché. Environ 150 détaillants fréquentaient le lieu de vente par jour.

---

[689] *Présentation du Marché central*, *op. cit.*, 2000, page 12.
[690] *Id.*, page 43.
[691] Nous avons questionné M. N'DIAYE le 15 mai 2001 au Marché central au poisson.
[692] CISSE, *op. cit.*, 1994, pages 38, 40 et 42.

Photo 3 : Détaillante de poisson frais sur l'aire de stationnement du MCP

Source : nos photos, prises le 31 mars 2000.

Bacar constata au milieu des années 90 que 50% des vendeurs avaient entre 30 et 40 ans et que ce groupe d'âge était constitué à 62% de femmes. La majorité des hommes détaillants étaient jeunes, puisqu'ils avaient entre 20 et 30 ans. Un quart des commerçants étaient âgés de 40 à 60 ans. Les Wolofs constituaient, comme dans le cas des mareyeurs, l'ethnie dominante. La moitié des revendeurs au détail avaient été à l'école arabe et près du quart avaient reçu un enseignement en français. Mais la proportion d'analphabètes (28%) restait importante[693]. En 2000, les détaillantes de poisson frais étaient près de 200 à fréquenter quotidiennement le Marché central au poisson. Elles faisaient une demande auprès de la direction afin d'obtenir le statut d'acheteuses agréées et un badge d'entrée[694]. Un tiers d'entre elles avaient quitté leur place au marché de la Gueule-Tapée pour un étal au MCP. Ces femmes relativement jeunes (60% d'entre elles avaient entre 25 et 44 ans) étaient pour la plupart wolofs (45%) et lébous (30%). L'analphabétisme, qui touchait deux tiers des vendeuses, était néfaste pour la rentabilité de leur

[693] BACAR, *op. cit.*, 1994, pages 14 à 17. Le chercheur a interrogé 10% des détaillants du MCP, soit 50 vendeurs (24 hommes et 26 femmes).
[694] *Présentation du Marché central*, *op. cit.*, 2000, pages 38 et 39.

commerce[695]. On trouvait par ailleurs dans l'enceinte du marché 10 écailleurs de poisson (s'acquittant d'une taxe journalière de 500 francs CFA par jour) et 141 porteurs (possesseurs d'un badge d'une valeur de 1000 francs CFA par an et payant quotidiennement une redevance de 100 francs CFA). Les 37 vendeurs de petits-déjeuners possédaient une carte à 1000 francs CFA par an et réglaient 100 francs CFA par jour au percepteur pour avoir accès au marché[696].

Chaque détaillant achetait quotidiennement en moyenne 2 caisses de poisson frais, ce qui équivalait à 60 kg de produit. Ils pouvaient obtenir un bénéfice de 1880 francs CFA s'ils revendaient une caisse et demie. Leurs frais s'élevaient à 500 francs CFA : 200 francs CFA pour le transport, 200 francs CFA pour la taxe journalière et 100 francs CFA destinés à la location des deux caisses de poisson. Leur bénéfice net était donc de 1380 francs CFA. 90% des détaillants écoulaient leur poisson frais sur les marchés secondaires et 10% au MCP. Il arrivait que des femmes s'associent afin de pouvoir acquérir une ou plusieurs caisses de poisson[697]. Mané Diaw, 43 ans, est détaillante de poisson frais au marché central depuis 1991. Elle a débuté dans la vente avec un capital de 3000 francs CFA. Elle investit entre 10 000 et 20 000 francs CFA par jour pour se ravitailler en poisson vendu en gros à 1000 francs CFA la caisse. Elle écoule ses produits marins par lots de 12 poissons à 1000 francs CFA. La commerçante nous a expliqué que si elle investissait 10 000 francs CFA, elle réalisait un bénéfice compris entre 3000 et 4000 francs CFA. Ce dernier lui était précieux, car elle était le soutien de famille, son mari étant au chômage : « *Le bénéfice est meilleur qu'avant, car je peux entretenir ma maison. L'argent me sert à payer le loyer et à aider ma famille. Notre métier nous aide*[698]. » Les détaillantes du MCP sont en général mieux loties que les vendeuses des marchés secondaires du Cap-Vert. Abdou N'diaye nous affirmait en 2000 qu'elles étaient entre 165 et 200 à payer une taxe journalière de 200 francs CFA[699]. Elles se ravitaillent sur place auprès de mareyeurs et grossistes qui leur proposent des marchandises variées. Elles ne sont cependant pas épargnées par certaines difficultés. N'deye Coumba Wade, détaillante de poisson frais de 37 ans, achète régulièrement 30 à 40 000 francs CFA de rougets, brochets et pageots à la caisse et au panier. Elle les revend par lots de 1000 à 1500 francs CFA. Elle réussit à obtenir un bénéfice de 5000 francs CFA : « *Avant, c'était mieux que*

---

695 *Présentation du Marché central, op. cit.*, 2000, pages 47 et 48. Les agents du MCP ont questionné 10% des détaillantes, soit une vingtaine de femmes.

696 *Présentation du Marché central, op. cit.*, 2000, page 39.

697 BACAR, *op. cit.*, 1994, pages 45, 46 et 53.

698 Nous avons interrogé cette détaillante le 31 mars 2000 au Marché central au poisson de Dakar.

699 Nous avons questionné M. N'DIAYE le 31 mars 2000 au MCP.

maintenant. Nous sommes obligées de travailler malgré le mauvais commerce. Les prix de vente sont mauvais[700]. » Amy Faye, commerçante de 50 ans qui vend du poisson depuis vingt ans, se réveille à 6 heures du matin pour se rendre au MCP où elle commercialise du congre murène jusqu'à 13 ou 14 heures. Elle achète quotidiennement une caisse ou une caisse et demie 3500 à 10 000 francs CFA. Son produit est revendu par lots de 10 à 100 francs CFA. Elle obtient au maximum 3000 francs CFA de bénéfice : « *Parfois, c'est bien, mais maintenant les vendeurs sont trop nombreux. La vente n'est plus bonne*[701]. »

III. LE BILAN FINANCIER DU MARCHÉ CENTRAL AU POISSON

Le bilan financier du Marché central au poisson durant ses premières années de fonctionnement fut positif, notamment grâce à la vente de glace. Les frais de fonctionnement de la structure représentaient l'essentiel des dépenses du lieu d'échanges dakarois.

1) La taxation

La délibération du comité de la communauté urbaine de Dakar du 30 octobre 1992 fixa le tarif des droits, taxes, redevances ou autres produits perçus au Marché central au poisson. Le ministre de l'Intérieur approuva la mise en place de ces tarifs lors d'une réunion avec les professionnels de la pêche le 10 août 1992. Les taxes étaient collectées par tickets ou quittanciers. Les droits d'accès variaient selon la profession de l'usager, tandis que les droits de place ou d'occupation des halles de vente étaient proportionnels au nombre de m² occupés. Ils étaient recouvrés par des collecteurs qui en versaient quotidiennement le montant au régisseur de recettes. En 2000, par exemple, les mareyeurs se procuraient une carte annuelle à 5000 francs CFA qui leur permettait de fréquenter le marché de gros. Les autres intermédiaires, porteurs et écailleurs, achetaient un ticket d'accès journalier à 100 francs CFA. Les taxis (« clandos » ou non) et cars utilisés par certains commerçants payaient 100 francs CFA par jour. Les camions transportant les produits halieutiques s'acquittaient d'un droit de stationnement égal à 2000 francs CFA et d'un droit de placement sur la halle de vente de 900 francs CFA pour les poissons nobles ou pélagiques et de 400 francs CFA si le produit était congelé. La halle de vente des grossistes fut découpée en 234 places réservées aux poissons congelés (29 places de 5 m²), aux poissons nobles et crustacés (116 places de 5 m²), aux espèces

[700] Nous lui avons soumis notre questionnaire le 28 mai 2000 au Marché central au poisson.
[701] Nous avons interrogé Mme FAYE le 30 mars 2000 au MCP.

pélagiques (70 places de 12 m²) et aux produits transformés artisanalement (19 places de 7 m²). La taxation au niveau de cette halle de vente des grossistes s'effectuait donc chaque jour en fonction du type de produit commercialisé. Tout mareyeur vendant des crustacés devait payer 200 francs CFA la place, alors que les grossistes en poisson séché versaient 300 francs CFA aux collecteurs. La location des caisses de poisson avait été fixée à 50 francs CFA l'unité[702].

2) Les recettes du Marché central au poisson

D'après le bilan financier du MCP en 2001 : « *Entre 1993 et 1999, les recettes cumulées du Marché central au poisson se sont chiffrées à 1 535 466 000 francs, soit une moyenne annuelle de 219 352 000 francs avec une pointe de 247 748 000 francs obtenue en 1995. Au cours des trois premières années de fonctionnement, ces recettes ont positivement évolué d'année en d'année*[703]. » Nous nous sommes rendu compte, en convertissant les chiffres des comptes d'exploitation en francs CFA constants 1993, que les recettes du marché central avaient baissé entre 1993 et 1998.

Les recettes, égales à 200 856 250 francs CFA en 1993, avoisinaient 132 724 985 francs CFA constants 1993 en 1998 et 175 993 009,7 francs CFA constants 1993 en 2000. La vente de glace, la location de la halle de vente et les droits de stationnement perçus sur les camions de mareyeurs étaient les trois principales sources de recettes du marché de gros. La commercialisation de la glace était évaluée à 142 985 400 francs CFA en 1993 et à environ 97 141 177,23 francs CFA constants 1993 en 2000. Cette vente avait atteint son niveau le plus bas en 1997, avec un revenu de 62 498 556,75 francs CFA constants 1993. La chute des ventes de glace entraîna la diminution du montant des recettes du marché de gros. La demande en glace fut soutenue durant les trois premières années et permit aux recettes de ne pas s'effondrer suite à la dévaluation du franc CFA survenue en 1994. Plus de 70% des recettes du marché central provenaient alors de l'écoulement de la glace. À partir du second semestre 1996, la demande chuta, car les mises à terre de la pêche industrielle baissèrent, tandis que les espèces nobles, vouées à l'exportation, se raréfièrent sur les marchés. Le marché central dut faire face à la concurrence d'unités de fabrique de glace privées et de celles appartenant au Centre d'aide à la pêche artisanale sénégalaise qui proposaient leur produit sur les marchés à un prix compétitif. Le MCP connaissait de fréquentes pannes d'électricité qui entraînèrent des arrêts de production. Les groupes électrogènes ne pouvaient

---

[702] *Présentation du Marché central au poisson*, *op. cit.*, 2000, pages 33-36, CISSE, *op. cit.*, 1994, pages 59-60 et BACAR, *op. cit.*, décembre 1994, page 54.

[703] *Note sur le Marché central au poisson*, *op. cit.*, février 2001, page 15.

alors assurer que le fonctionnement des chambres de conservation. Le projet du marché central avait misé sur la vente de glace pour couvrir les frais de fonctionnement. Il devenait donc souhaitable de baisser le prix de la glace et d'acquérir un camion isotherme de livraison qui écoulerait le produit sur les lieux de débarquement du poisson frais. Pour lutter contre cette baisse des recettes provenant de la vente de glace, le MCP améliora la perception des taxes. Le succès croissant du marché central auprès des usagers fut à l'origine des progressions des recettes obtenues par la location de la halle de vente et la taxation du stationnement des camions. Les mareyeurs et demi-grossistes versèrent au MCP 12 544 100 francs CFA en 1993 pour accéder à l'espace d'échange du poisson frais et 20 464 493 francs CFA constants 1993 en 2000. Les revenus provenant du stationnement des véhicules oscillèrent entre 18 539 109 et 22 865 355 francs CFA constants 1993 de 1993 à 2000[704].

3) Les dépenses du lieu de vente

L'étude des dépenses du marché central de 1993 à 2000 nous montre que les matières et fournitures consommées représentaient la principale charge du lieu de vente. Près de 53% des charges du MCP dans les années 90 étaient constituées par ce compte, qui comprenait, entre autres, l'eau, l'électricité, le carburant, les produits d'entretien et pièces de rechange ou encore les fournitures de bureau. Ces dépenses avaient coûté 95 189 271 francs CFA en 1993 et, après une légère hausse en 1997, 91 661 553,53 francs CFA constants 1993 en 2000. Les frais de personnel arrivaient en seconde position ; il s'agissait des employés non rémunérés par la communauté urbaine de Dakar. Ces frais de personnel baissèrent de plus de 13 000 000 de francs CFA constants entre 1993 et 2000. Les autres dépenses avoisinaient 9 737 497 francs CFA en 1993 et furent quatre fois plus élevées en 2000. Elles étaient constituées des transports consommés (qui furent supprimés de 1994 à 1997 pour faire des économies), des frais d'entretien des bâtiments et du matériel, des impôts et assurances. Des investissements furent réalisés afin d'améliorer le cadre de vie du marché de gros. Ainsi, un poste de police, un lieu de prière et un restaurant furent construits. Le MCP acheta de nouveaux moyens de transport (une camionnette, un car et trois berlines)[705].

---

[704] Nos calculs, d'après la *Note sur le Marché central au poisson*, *op. cit.*, février 2001, pages 15 et 16.

[705] *Note sur le Marché central au poisson*, *op. cit.*, février 2001, pages 16-17 et *Comptes d'exploitation du Marché central,* février 2001.

Graphique 37 : Évolution de l'origine des dépenses du MCP de 1993 à 2000, en millions de francs CFA constants 1993.

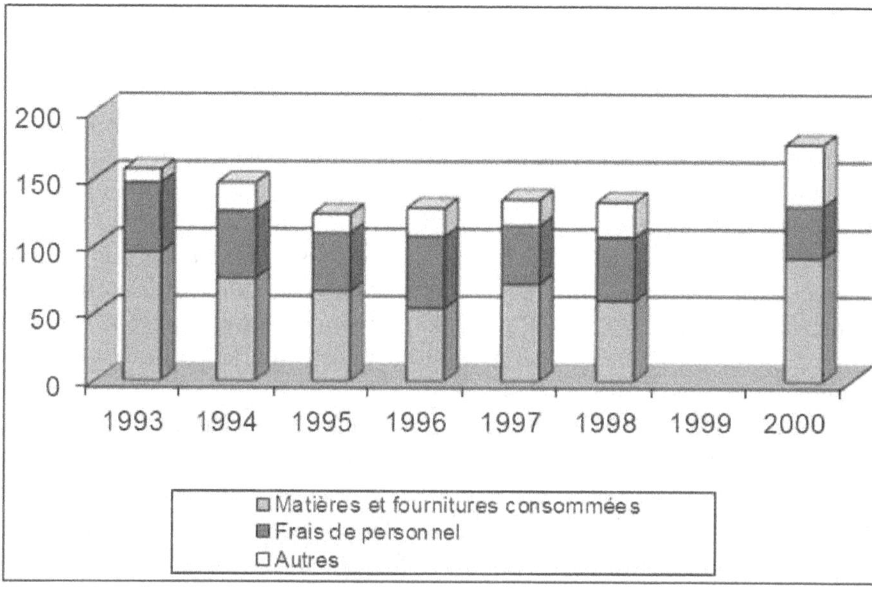

Source : nos calculs, d'après la *Note sur le Marché central au poisson, op. cit.*, février 2001, pages 17-18 et les *Comptes d'exploitation du Marché central.*

Le résultat du marché central était positif de 1993 à 1996 mais irrégulier. Il atteint un maximum de 49 997 590 francs CFA constants 1993 en 1995. Il aurait été par ailleurs égal à 0 franc CFA constant 1993 de 1997 à 2000.

Le bilan du marché central est dans l'ensemble positif. Il devait devenir, selon le discours officiel, l'unique point de vente en gros du poisson frais de la région de Dakar. En pratique, il en fut tout autrement puisque la plage de Hann, par exemple, restait un point de ravitaillement pour les mareyeurs et vendeurs au détail de poisson frais. Le MCP connut un succès incontestable : les quantités moyennes quotidiennes de poisson débarquées sur la halle de vente sont passées de 50,5 tonnes en 1993 à 62,3 tonnes en 1999. Les besoins en poisson de la ville de Dakar, satisfaits à 21,4% en 1993, l'étaient à 25,5% en 2000. Le chiffre d'affaires réalisé par les grossistes du MCP entre 5 heures et 8 heures du matin était resté stationnaire de son ouverture à l'année 2000 : il était supérieur à 4 milliards de francs CFA constants 1993. La taxation des mareyeurs était égale à 3 francs CFA pour 100 francs de chiffre d'affaires. Entre 5000 et 6000 détaillants, dont les deux tiers étaient des femmes, venaient se ravitailler au MCP chaque jour. Le marché de gros a aussi contribué à donner un « emploi » à des personnes sans activité, dans le commerce du poisson notamment[706].

Conclusion

Le MCP de Dakar est devenu le marché de référence du Sénégal. Son influence sur les réseaux de commercialisation des produits halieutiques frais est considérable. Ce lieu de vente s'est remarquablement substitué au marché de la Gueule-Tapée grâce à ses infrastructures plus modernes. L'adoption du Marché central au poisson de Dakar par les vendeurs de poisson sénégalais montre que les agents de la filière, parfois désignés comme réfractaires à tout changement, savent s'imprégner d'innovations qui améliorent leur commerce. Le succès du MCP de Dakar conduisit le Sénégal et le Japon à envisager une nouvelle coopération. Elle concernait la construction d'un Marché central au poisson à Kaolack. Ce marché, qui est situé dans le Saloum au cœur d'une région qui compte plus d'un million d'habitants, a coûté 4 milliards de francs CFA. Il a été inauguré le 30 octobre 2003. La commune de Kaolack joue actuellement un rôle de taille dans les circuits commerciaux du poisson au Sénégal, car elle redistribue des produits halieutiques en Casamance, à l'est du Sénégal et en Gambie. Le marché central de Kaolack connaît hélas les mêmes problèmes d'insécurité que de nombreux lieux de vente sénégalais. D'ailleurs, ses usagers ont refusé de payer les taxes municipales pendant l'été 2011.

---

[706] *Note sur le Marché central au poisson*, *op. cit.*, février 2001, pages 21 et 22.

CHAPITRE VII

Un vif intérêt pour la transformation artisanale

Introduction

Le secteur de la transformation artisanale reçut des aides considérables de divers organismes. Ces projets avaient notamment pour but de perfectionner les techniques de préparation et d'augmenter la qualité des produits séchés. Les structures intervenantes souhaitaient améliorer les conditions de travail et le niveau de vie des préparateurs. La fabrication artisanale du poisson sec, qui concerne de nombreux vendeurs spécialisés, sénégalais ou non, se heurte à de grosses difficultés qui sont d'ailleurs parfois analogues à celles rencontrées dans le commerce du poisson frais.

I. UNE PRODUCTION ET UNE COMMERCIALISATION ACTIVES

La préparation artisanale du poisson frais est un secteur qui intéresse de nombreux Sénégalais situés en majorité sur la côte. Des commerçants africains fabriquent par ailleurs des produits séchés destinés à l'exportation. Nous allons tenter d'évaluer les revenus procurés par cette activité.

1) Une multitude de vendeurs

Leur nombre

L'évaluation du nombre de transformateurs sénégalais n'était pas aisée à faire : en 1992, les femmes transformatrices de poisson séché auraient été 6000 dans le pays, alors que 9000 vendeurs auraient commercialisé du produit sec[707]. Les femmes préparatrices étaient plus nombreuses dans la région de Thiès, première fabricatrice de poisson séché. Les études dont

[707] Oumoukhaïry N'DIAYE, *Le Rôle des femmes dans les communautés de pêche : cas de M'bour, Sénégal*, rapport d'étude, programme de Développement intégré des pêches artisanales en Afrique de l'Ouest (DIPA), M'bour, septembre 1995, page 3.

nous disposons sur la transformation artisanale évoquent essentiellement Thiès et plus précisément les sites de Kayar, M'bour et Joal. Dans la région de Thiès, qui fournit en 1994 environ 75% du produit sec sénégalais, 95% des transformateurs étaient des femmes. Le site de Kayar était plus actif durant la période de campagne, de novembre à mai. Des Dakarois, Saint-louisiens, ruraux ainsi que des préparatrices occasionnelles se joignaient aux commerçants permanents[708]. Dans cette ville s'étendant sur 1600 hectares et comptant 10 558 habitants durant la haute saison de pêche, on dénombrait 300 transformatrices et 200 manœuvres[709]. Plus de 60% de la population active exerçait une activité liée à la pêche qui fournissait près de 80% des revenus des ménages[710]. Sur le site de Joal en 1993, 789 personnes fabriquaient du poisson séché, dont 78,47% de femmes[711]. À M'bour, commune de 76 751 habitants en 1988, 600 transformateurs, dont 585 femmes (97,5%), appuyés par 173 manœuvres, fabriquaient du poisson sec à l'aide de 900 claies de séchage[712].

Leurs caractéristiques

La transformation artisanale occupait en général des femmes qui étaient secondées dans les tâches les plus pénibles par des manœuvres. Les préparatrices étaient dans l'ensemble des femmes expérimentées d'âge mûr. En 2000 à Kayar, 42,5% des transformatrices avaient entre 41 et 50 ans. Presque les trois quarts de ces femmes essentiellement wolofs et pulars travaillaient dans ce secteur depuis plus de dix ans[713]. En 1991, les artisanes occasionnelles, qui avaient la trentaine, pratiquaient une activité agricole durant l'hivernage. Les migrantes, âgées de 30 à 55 ans, accompagnaient leurs maris en campagne de pêche[714]. Sur le site de M'bour, l'âge moyen des commerçantes, dont la plupart pratiquaient le séchage du poisson depuis

---

708 Khadidiatou CISSE, *Femme et crédit dans la transformation des produits halieutiques, le cas des femmes de Kayar*, mémoire de l'ENEA, Dakar, décembre 1994, pages 13 et 72.

709 Aliou DIOP, *Transformation artisanale des produits halieutiques sur la Grande-Côte du Sénégal. L'exemple du village de Kayar*, mémoire de DEA de géographie, université de Dakar, 2000, pages 5, 8 et 14. Le chercheur a questionné un échantillon de 120 personnes travaillant sur le site de préparation artisanale.

710 DIOP, *op. cit.*, 2000, page 15.

711 Seynabou SY, *Rôle des femmes dans la communauté de pêche de Joal*, Développement intégré des pêches artisanales en Afrique de l'Ouest (DIPA), Organisation des Nations unies pour l'alimentation et l'agriculture (FAO), Dakar, septembre 1995, page 4.

712 N'DIAYE, *op. cit.*, 1995, pages 9 et 11.

713 DIOP, 2000, *op. cit.*, page 26.

714 Louise PERREAULT, *Intégration des améliorations techniques dans le secteur de la transformation artisanale des produits marins au Sénégal*, Agence canadienne de développement international (ACDI), Pro-pêche, ministère délégué chargé de la mer, juillet 1991, pages 10 et 11.

vingt-cinq ans, était de 45 ans. 57% d'entre elles étaient wolofs ou lébous[715]. Les hommes transformateurs (Guinéens, Maliens et Burkinabés) avaient un niveau d'étude plus élevé que les femmes : titulaires de maîtrises, ils commercialisaient eux-mêmes leur production sur les marchés[716]. Les manœuvres, paysans venus de tout le pays, profitaient de la saison sèche pour proposer leurs services sur les sites de production. Ces jeunes adultes se chargeaient entre autre du portage de l'eau de mer jusqu'au site de préparation artisanale. À Kayar, 47,5% de ces hommes peu expérimentés avaient un âge compris entre 20 et 30 ans. Ils étaient rarement analphabètes, contrairement aux préparatrices ; seuls 17,5% de ces aides n'avaient pas été scolarisés. La moitié des manœuvres kayarois venaient du centre et du Nord du pays (des villes de Louga et Tivaouane par exemple) ou encore des régions de Kolda et de Ziguinchor[717]. À Joal, ils étaient rémunérés 500 francs CFA par jour ou payés à la tâche[718]. Sur la plage kayaroise, les aides temporaires touchaient 25 à 50 francs CFA par bassine d'eau de mer portée, selon la distance à parcourir du rivage à la claie de la préparatrice[719]. Quelques femmes travaillaient en tant que manœuvres sur les sites de fabrication. On dénombrait 65 décortiqueuses à M'bour. Oumoukhaïry N'diaye décrit ainsi leur travail au milieu des années 90 : « [...] *elles sont employées par les transformatrices. Leur tâche consiste à enlever la peau écailleuse du poisson braisé. Le produit est mis dans une bassine de 40 kg*[720]. » Une vingtaine de pileuses émiettaient le sel destiné à recouvrir le poisson braisé séché[721]. N'deye Sene, 60 ans, transformatrice de Saint-Louis, nous a évoqué les différentes tâches accomplies par les manœuvres du site de fabrication du poisson séché : « [...] *on leur donne 500 francs CFA quand ils travaillent par deux ou par trois. Ils écaillent le poisson, le coupent et le lavent. Ils le rangent et vident l'eau sale. Ils la remplacent par de l'eau propre et nettoient la place, ils la balaient. Ils font tout*[722]. » L'artisane saint-louisienne Astou Sow, 56 ans, nous a expliqué : « *On nous porte la caisse pour 150 à 200 francs CFA* [...]. *Parfois 5 à 10 caisses par jour*[723]. » Les préparateurs de Hann Rail, près de Dakar, exercent quant à eux leur activité sur un terrain vague qui borde la voie ferrée. Mamadou Faye, 37

[715] Justine Claire Annick LAISON, *Les Femmes dans le secteur de la transformation artisanale des produits halieutiques dans le département de M'bour*, maîtrise de géographie, université de Dakar, décembre 1993, page 63.
[716] LAISON, *op. cit.*, 1993, page 63.
[717] DIOP, *op. cit.*, 2000, pages 28 et 29.
[718] SY, *op. cit.*, 1995, page 28.
[719] PERREAULT, *op. cit.*, 1991, page 23.
[720] N'DIAYE, *op. cit.*, 1995, page 12.
[721] *Id.*, page 12.
[722] Nous avons interviewé cette préparatrice le 27 juillet 2003 à son domicile de Saint-Louis.
[723] Nous l'avons rencontrée le 27 juillet 2003 sur le lieu de fabrication *Sine* de Saint-Louis.

ans, et son épouse N'deye Khady Ningue, 23 ans, y fabriquent du *Kéthiakh* depuis 1997. D'après M. Faye : « [...] *actuellement, je suis seul avec ma femme. Il nous arrive de prendre un journalier de temps en temps, lorsqu'on a plus de travail. Cela dépend de la caisse de poisson frais. On paie entre 200 et 250 francs CFA la caisse* [...] *pour qu'on la décortique*[724]. » Les transformatrices se ravitaillaient en poisson sur la plage faisant face au site des artisans dès que les pirogues revenaient de mer. Les quantités qu'elles achetaient variaient en fonction des espèces, de leurs moyens financiers et du cours du poisson, dépendant de la demande. À M'bour, elles arrivaient sur le site dès 5 heures du matin pour commencer à fabriquer du poisson séché avec un produit frais qu'elles avaient acquis par paniers de 70 kg. Les porteurs jouaient le rôle d'intermédiaires pour se ravitailler auprès des pêcheurs. En cas de pénurie en matière première, les artisanes s'approvisionnaient en produit originaire des plages de Joal, Fass Boye ou Kayar. Elles avaient aussi à leur disposition des déchets de filets de pêche ainsi que les méventes des usines. Les femmes, qui déjeunaient aux alentours de 15 heures, traitaient leur poisson jusqu'au coucher du soleil[725]. Amy Colé Dieye, 45 ans, fabrique du poisson séché à Saint Louis depuis 1978 : « *Avant, nous n'achetions pas par caisses. On achetait de grands lots ou des pirogues entières après marchandage. Cela équivalait à plusieurs caisses. Maintenant, les pêcheurs n'acceptent plus de vendre par pirogues, ils vendent par caisses. Le prix de la caisse varie d'un jour à l'autre ; 1500, 1000 ou même 4000 francs CFA. On a même vendu des caisses à 10 000 francs CFA*[726]. » Les commerçants de Hann Rail achetaient leurs sardinelles par caisses. Bissine Diouf, 50 ans, Khocaya Sagna, 41 ans et Awa N'dow se ravitaillaient dans les années 90 auprès des pêcheurs et mareyeurs de la plage de Hann[727]. Selon Awa N'dow, la caisse de sardinelles coûtait environ 1500 francs CFA en 1994 et vaut 2500 francs CFA de nos jours. Elle transforme en poisson séché deux ou trois caisses par semaine. La plage de Hann est un lieu prioritaire de ravitaillement de la région de Dakar. Les préparatrices de Thiaroye-sur-mer, par exemple, s'approvisionnent aussi bien sur leur plage qu'à Hann ou au Marché central au poisson de Dakar[728].

Justine Laison constata, lors de ces enquêtes réalisées sur la Petite-Côte en 1993, que certaines transformatrices intervenaient dans le domaine de la pêche afin de garantir leur ravitaillement.[729]. Ce phénomène marginal, qui

[724] Nous avons posé des questions à ce couple d'artisans le 19 mai 2001 sur le site de Hann Rail.
[725] N'DIAYE, *op. cit.*, 1995, page 11.
[726] Nous l'avons questionnée le 27 juillet 2003 sur le site de préparation *Sine* de Saint-Louis.
[727] Nous avons interrogé ces transformatrices le 19 mai 2001 sur le site de Hann Rail.
[728] Nous avons rencontré les artisanes de Thiaroye-sur-Mer le 28 juin 2000.
[729] LAISON, *op. cit.*, 1993, pages 61 et 76.

attira à l'époque l'attention de la géographe, semble être plus présent dans la région de Thiès. Oumoukhaïry N'diaye affirmait en 1995 que, sur le site de M'bour, deux transformatrices seulement possédaient des embarcations, moteurs et engins de pêche[730]. Nous n'avons d'ailleurs rencontré quasi aucun préparateur détenteur de moyens de pêche durant notre travail de terrain mené dans les régions de Dakar et de Saint Louis entre 2000 et 2005.

2) Un commerce lucratif ?

Le mode de vente utilisé par les préparateurs

Les produits fabriqués artisanalement au Sénégal pouvaient être commercialisés sur les sites de production, les petits marchés urbains, les marchés hebdomadaires en milieu rural ou dans les marchés d'éclatement, comme celui de Thiaroye-Gare situé dans la banlieue de Dakar[731]. Au milieu des années 90 sur le site de transformation artisanale kayarois, les préparatrices écoulaient leur production auprès des grossistes au poids, par paniers de 30 kg ou sacs de 100 kg. Les systèmes de vente du poisson séché à l'unité (entre 2 et 15 francs CFA) et au tas étaient aussi utilisés[732]. Sur la plage et au marché de M'bour, le *Kéthiakh*, commercialisé au poids, valait entre 40 et 150 francs CFA le kg. Les grossistes, qui s'informaient sur la production de poisson sec auprès des manœuvres, achetaient le *Guedj* à la pièce ou par tas comptant 2 à 10 poissons séchés. Les préparatrices proposaient le *Tambadiang* par sac de 30 kg. Le *Yeet* (cymbium) et le *Touffa* (murex) étaient vendus par lots de 15 à 20 kg. Les commissionnaires du marché, qui faisaient figure d'intermédiaires entre les artisanes et les *bana-bana*, touchaient 50 francs CFA par panier stocké ou pesé[733]. La plupart des grossistes louaient leurs véhicules et conditionnaient leurs marchandises dans des *dambas*, paniers en fibre de rônier ou des cartons[734]. Les rares préparatrices de la Petite-Côte qui revendaient elles-mêmes leur production sur les marchés dakarois utilisaient les transports en commun avec leurs paniers et sacs en jute[735]. En 2000, le prix du produit sec kayarois à l'unité oscillait entre 15 et 25 francs CFA, alors que la bassine était proposée à 2000 francs CFA. Le coût d'un kg de poisson transformé allait de 100 à 500 francs CFA. Selon Diop : « *Le produit transformé après séchage est disposé en tas*

[730] N'DIAYE, *op. cit.*, 1995, page 8.
[731] UNIFEM, *Transformation et commercialisation des produits halieutiques au Sénégal*, Bureau régional pour l'Afrique francophone et le Maghreb, Bureau études, conseils, assistance, Dakar, septembre 1997, pages 25 et 26.
[732] CISSE, *op. cit.*, 1994, page 75.
[733] N'DIAYE, *op. cit.*, 1995, pages 11 et 13.
[734] LAISON, *op. cit.*, 1993, page 57.
[735] SY, *op. cit.*, 1995, page 12.

sur les claies ou mis dans des paniers sous les claies en attendant le client [736]. » N'goné Diop, 45 ans, confirme l'utilisation des claies, qu'elle nomme « table », pour entreposer le produit et décrit ainsi son système de vente à Saint Louis : « *Nous faisons sécher le Kéthiakh sur les tables, les grossistes viennent s'approvisionner et l'achètent 3000 francs CFA, ou bien 3500 francs CFA. Ils l'amènent et le pèsent, 200 francs CFA le kg, kg 100 francs, kg 75 francs CFA. Si ce qu'ils nous paient leur convient et qu'ils tirent des bénéfices de leur vente, ils le donnent à leur famille* [...]. *Nous amenons notre Guedj au marché et le vendeur peut nous l'acheter et le revendre au détail* [...]. *Quand je l'ai braisé* [le poisson], *je l'épluche correctement, puis je l'étends pour le faire sécher. Ensuite, je vais le vendre au marché ou je le donne à cette enfant. Elle le revend à 200 francs CFA le kg. Après la vente, elle revient sur le site et nous partageons les revenus en deux*[737]. » N'diémé Lô, artisane saint-louisienne de 40 ans, nous a évoqué les routes commerciales utilisées par sa clientèle : « *On s'approvisionne toujours au même endroit, c'est-à-dire sur la plage. Nous revendons le Guedj et le Kéthiakh aux bana-bana qui viennent de Louga, de M'pal, de Dahra, de Dao*[738]. » De nos jours, le salé séché produit à Saint-Louis est revendu sur le lieu de préparation à des grossistes ghanéens. Les transformateurs du site de Hann Rail, dans la proche banlieue dakaroise, sont nombreux à revendre leur poisson séché au marché Castor ou à l'intérieur du Sénégal. M. et Mme Faye écoulent parfois leur poisson braisé et séché à l'intérieur du pays quand les cours des produits halieutiques sont trop faibles à Dakar : « *En ce moment, nous vendons le Kéthiakh à 250, 200, 225 francs CFA le kg. Le prix varie souvent* [...]. *Je le revends dans les villages de l'intérieur comme Bambey Sérère* [...]. *Si vraiment il y a pénurie à Dakar, on vend au marché Castor* [...] *on prend le taxi. Pour deux dembas, on paie jusqu'à Castor pour le transport entre 1750 et 2500 francs CFA. C'est dur*[739]. »

Les revenus des artisans

Les chercheurs ayant étudié la transformation artisanale dans les années 90 ont tenté d'évaluer prudemment les revenus des vendeurs. Comme nous l'avons déjà souligné, les sommes trouvées ne peuvent être données qu'à titre indicatif, et ceci pour plusieurs raisons. À Kayar, les vendeuses étaient rarement spécialisées dans la production d'un seul type de poisson séché (sauf pour le *Kéthiakh*) et n'avaient pas de comptabilité écrite. De plus, leur

[736] DIOP, *op. cit.*, 2000, page 44.
[737] Nous avons interviewé N'goné DIOP le 28 juillet 2003 sur le lieu de fabrication artisanale *Sine* de Saint-Louis.
[738] Nous l'avons questionnée le 27 juillet 2003 sur le site de préparation *Sine* de Saint-Louis.
[739] Nous avons interrogé ce couple d'artisans le 19 mai 2001 sur le site de Hann Rail.

activité était fortement ralentie par l'hivernage et les absences dues aux fêtes[740]. Ces revenus variaient en fonction des achats, des ventes et de la durée de stockage des produits[741]. Cissé évaluait les revenus annuels des transformateurs de *Kéthiakh* et *Guedj* kayarois à 1 626 135 francs CFA, alors que Sy donnait les chiffres de 1 241 451 francs CFA pour la fabrication du braisé séché et 2 783 435 francs CFA pour celle du fermenté séché. La transformation du *Guedj* était plus rentable que celle du *Kéthiakh*[742]. Sur le site de M'bour, 95% des femmes avaient un revenu annuel compris entre 500 000 et 1 500 000 francs CFA. La majorité des artisanes (65%) gagnaient plus de 1 000 000 de francs CFA au cours d'une année[743]. Justine Claire Laison se livrait en 1993 à une approximation des revenus par jour de travail. Ainsi, une vendeuse de *Kéthiakh* gagnait quotidiennement 652 francs CFA et une préparatrice de *Guedj* plus du double, c'est-à-dire 1585 francs CFA[744].

L'utilisation des revenus des artisanes est similaire à celle que nous avons décrite dans notre première partie. L'essentiel de leurs ressources étaient destinées à couvrir les besoins familiaux[745], leurs époux étant souvent dépourvus de moyens financiers suffisants. Amy Collé Dieye, 45 ans, est préparatrice à Saint Louis : « *Il faut que tu travailles pour ramener de l'argent aux cérémonies. Tu gagnes juste de quoi manger. Tu vois, les hommes ont fini leur journée et les femmes continuent la transformation sur le site. Les femmes se débrouillent pour acheter du riz. Si une de tes amies organise une cérémonie et que tu dois lui donner de l'argent, tu ne peux même pas lui donner ce que tu devrais lui donner. Tu lui donnes juste un tout petit peu. La vente à Saint Louis n'est pas du tout bonne. C'est juste notre métier, et nous ne pouvons pas le laisser pour faire autre chose*[746]. » Les femmes de M'bour utilisaient l'argent des tontines pour améliorer leur équipement et s'assurer un fonds de roulement[747]. Les transformatrices avaient pu accroître leur niveau de vie, ce qui se traduisait notamment par une amélioration de la qualité des repas, l'acquisition de terrains ou encore la réfection de mosquées et d'écoles[748].

---

740 SY, *op. cit.*, 1995, page 16.
741 LAISON, *op. cit.*, 1993, page 70.
742 SY, *op. cit.*, 1995, page 16 et CISSE, *op. cit.*, 1994, pages 81-83. SY nous donne une évaluation des « *revenus bruts annuels* » pour 500 paniers de produits fabriqués.
743 N'DIAYE, *op. cit.*, 1995, pages 20 à 22.
744 LAISON, *op. cit.*, 1993, page 70.
745 CISSE, *op. cit.*, 1994, pages 86 à 89.
746 Nous l'avons interviewée le 27 juillet 2003 sur le site *Sine* de Saint-Louis.
747 N'DIAYE, *op. cit.*, 1995, pages 20 à 22.
748 LAISON, *op. cit.*, 1993, pages 75 à 77.

Une pérennité du mode d'échange des grossistes et détaillants

Les systèmes de vente utilisés lors des transactions commerciales opérées sur les plages et marchés du Sénégal n'ont pas connu de changement majeur. Les commerçants que nous avons interrogés dans la région de Dakar se ravitaillent essentiellement sur la Grande et la Petite-Côte et parfois en Casamance. Mame Bassine Diome, 49 ans, est détaillante de poisson séché au marché Castor depuis 1999. Elle achète son poisson sec sur les sites de transformation de Kayar, M'bour ou Joal. Elle part en voyage trois fois par mois. Le *Kéthiakh* coûte 150 francs CFA le kg en période d'abondance du poisson frais et 250 francs CFA le kg si la matière première se fait rare. La détaillante propose son braisé séché au marché Castor à 300 ou 350 francs CFA le kg. Elle paie 500 à 1000 francs CFA par panier lors du transport et 200 francs CFA pour la délivrance du Certificat de contrôle d'origine et de salubrité (COS). La taxe journalière au marché Castor (*duty*) s'élève à 100 francs CFA pour les femmes et 150 francs CFA pour les hommes. Même si son bénéfice quotidien se situe le plus souvent entre 500 et 2000 francs CFA, elle n'est pas à l'abri de pertes éventuelles[749]. Nous avons constaté, lors de notre travail de terrain, que les sommes destinées à l'approvisionnement des commerçantes en dehors du Cap-Vert étaient assez conséquentes, d'autant plus qu'elles avaient la possibilité d'obtenir des crédits auprès des artisanes. Maguette N'diaye, 49 ans, vendeuse de poisson séché depuis 1998, utilise une à deux fois par mois entre 75 000 et 80 000 francs CFA pour son approvisionnement sur la plage de Joal. Son capital de départ s'élevait à 90 000 francs CFA empruntés à sa famille. Elle prend le *N'diaga N'diaye* jusqu'à Joal où elle arrive vers 21 heures : « *J'achète le Guedj Beurre 1300 francs CFA le kg et je le revends 1400 ou 1500 francs CFA le kg, le Cong 750 francs CFA le kg et je le revends par morceaux de 25 et 50 francs CFA. J'achète le Kéthiakh à 175 ou 200 francs CFA le kg et je le commercialise entre 200 et 225 francs CFA le kg. J'achète le Yeet 800 ou 1000 francs CFA le kg et je l'écoule par morceaux de 25 et 50 francs CFA. Je gagne environ 1500 francs CFA par jour. Je ne suis pas allée à Joal depuis quatre mois. La vente n'est pas bonne. La vente est difficile et peu rentable. De plus, nous avons besoin de financements, d'aides de la part de l'État*[750]. » Une fois arrivée à N'diarème, Mme N'diaye doit s'acquitter d'une taxe de 150 francs CFA et payer le gardien du lieu de vente 25 ou 50 francs CFA. Elle loue sa table sur le marché 1500 francs CFA par mois. Le *Guedj* de Casamance est très apprécié sur le marché sénégalais pour sa qualité. Fatou Sene, 23 ans, exerce son activité au marché de Thiaroye-Gare depuis 1998. Sa mère,

[749] Nous avons interrogé Mme DIOME le 1er mai 2001 au marché Castor.

[750] Nous avons questionné cette détaillante le 2 mai 2000 au marché N'diarème de Guediawaye.

ancienne vendeuse de *Guedj*, lui a appris le métier. En avril 2001, elle utilisait le *Joola* : « *Le bateau vient le lundi et le vendredi. Je voyage de mardi à vendredi. Le fauteuil sur le bateau me coûte 15 000 francs CFA aller-retour. J'achète deux à trois paniers de Guedj et je paie 3000 francs CFA pour le transport de chacun d'entre eux. J'achète le Beurre à 1300 francs CFA le kg et le Cong à 700 francs CFA le kg. Je les revends au marché à 1700 francs CFA le kg et 1000 francs CFA le kg. Mon bénéfice me sert à couvrir la dépense quotidienne, à acheter des bijoux et des vêtements*[751]. »

Le port de la capitale constitue un lieu de ravitaillement important pour les détaillants de la région dakaroise. Les grossistes en poisson séché du port de Dakar Sophie Diouf, 28 ans, et Salimata Diole, 44 ans, se ravitaillent toutes deux en Casamance. Mme Diouf, vendeuse diola de *Guedj* Cong depuis 1996, se rend une fois par mois en Casamance. Elle y achète cinq paniers de 120 kg de produit sec à 48 000 francs CFA l'unité, soit 400 francs CFA le kg. Elle paie son transport 3000 francs CFA aller-retour et 2500 francs CFA par panier (1000 francs CFA sur le bateau et 1500 francs CFA sur la pirogue ayant quitté Carabane). Elle propose son poisson séché aux détaillantes à 550 francs ou 600 francs CFA le kg, ce qui lui permet d'obtenir un bénéfice de 18 000 à 24 000 francs CFA par panier. Il lui faut entre trois et cinq jours pour écouler un panier de 120 kg. Il lui arrive de rester un jour entier au port de Dakar sans avoir de clients[752]. Salimata Diole, vendeuse Toucouleur originaire d'une famille de pêcheurs du fleuve Sénégal, investit entre 150 et 300 000 francs CFA par mois dans son approvisionnement à Ziguinchor. Le billet de bateau en première classe jusqu'au port de Ziguinchor lui coûte 13 000 francs CFA. Lorsque les ventes sont bonnes, elle peut écouler jusqu'à 15 000 francs CFA de produit séché par jour[753]. Ces exemples nous montrent l'évolution du prix du poisson séché aux différents stades de la filière commerciale : comme nous l'avons vu plus haut, Mme Diouf ajoute au moins 200 francs CFA à son prix d'achat pour obtenir son prix de vente au kg. Certaines transformatrices vont vendre directement leur production sur les marchés. Amy N'gom, 45 ans, prépare du *Kéthiakh* sur le site de Hann Rail depuis 1999. Elle achète chaque semaine deux caisses d'environ 40 kg de sardinelles sur la plage de Hann à 3000 francs CFA l'unité. Elle obtient après la préparation 10 à 13 kg de braisé séché par caisse. Mme N'gom revend sur les marchés de Hann et

[751] Nous lui avons posé des questions le 25 avril 2001 au marché de Thiaroye-Gare.
[752] Nous avons rencontré Mme DIOUF le 23 juin 2000 au port de Dakar.
[753] Nous avons questionné Mme DIOLE le 23 juin 2000 au port de Dakar.

Castor le kg de *Kéthiakh* à 300 francs CFA. Son bénéfice quotidien n'excède guère 1500 francs CFA[754].

Photo 4 : Des manœuvres eviscèrent des sardinelles pour faire du poisson sec à Thiaroye-sur-Mer

Source : nos photos, prises le 28 juin 2000.

Photo 5 : Une détaillante de *Guedj*, de *Kéthiakh* et d'huile de palme au marché N'diarème

Source : nos photos, prises du 29 avril au 3 mai 2000

---

[754] Nous l'avons rencontrée le 19 mai 2001 sur le site de transformation artisanale de Hann Rail.

Les détaillantes de poisson séché ont souvent la possibilité de trouver leurs marchandises sur leur lieu de vente, ce qui serait, d'après elles, un avantage. Cependant, nous pourrions nous demander si le ravitaillement sur place ne coûte finalement pas plus cher[755]. Bineta Dieng, 35 ans, s'approvisionne à crédit au sein du marché N'diarème. Elle obtient ainsi tous les dix ou quinze jours 4 kg de *Guedj* (valant 1000 francs CFA le kg) et 2 kg de *Yeet* (négociés par la vendeuse à 650 francs CFA le kg). Mme Dieng rembourse ses créanciers après l'écoulement de son stock de poisson séché, vendu par morceaux de 15 ou 25 francs CFA. Son bénéfice quotidien est d'au moins 500 francs CFA[756].

II. LES DIFFICULTÉS DE LA PRÉPARATION DU POISSON SÉCHÉ

Les transformateurs que nous avons questionnés nous ont tous évoqué les difficultés qu'ils rencontrent dans leur commerce. Ces problèmes sont similaires à ceux mentionnés par les chercheurs des années 90 et 2000 ayant étudié les lieux de préparation de Kayar, M'bour et Joal. Les vendeurs de poisson frais doivent faire face aux mêmes déboires dans leur activité, mais ceux-ci sont aggravés par le caractère périssable de la denrée qu'ils commercialisent. Les problèmes mentionnés par les préparateurs peuvent être regroupés en trois ordres : l'approvisionnement en matière première fraîche, les obstacles à une bonne fabrication du produit sec sur les sites artisanaux et l'écoulement du poisson séché.

1) L'approvisionnement en matière première

Les artisans que nous avons rencontrés à Thiaroye-sur-mer, Saint-Louis, Richard-Toll et Hann Rail entre 2000 et 2004 se sont tous plaints du manque de moyens financiers qui freine le développement de leur activité. Selon Mme Fall de Saint-Louis, âgée de 34 ans : « *Nous n'avons vu personne qui puisse nous donner de l'argent. Nous travaillons dur et nous nous accrochons* [...]. *Nous n'avons vu personne qui nous donne du travail ou assez de fonds pour faire des achats fréquents ou transformer plus de produits* [...]. *Parfois, il y a assez de poisson pour que tout le monde puisse travailler et d'autres fois, nous manquons de produit. Tu peux rester assise comme ça du matin au soir, pendant trois ou quatre mois. Tu te lèves tôt le matin, tu te laves, et tu viens t'asseoir ici pour discuter* [...]. *Durant la saison des pluies, nous restons là, les bras croisés. Nous avons besoin d'aide*

[755] Nous ne disposons pas d'éléments suffisants pour répondre à cette question, d'autant plus que les prix du produit sont très variables.

[756] Nous avons questionné cette détaillante le 2 mai 2000 au marché N'diarème de Guediawaye.

pour développer notre travail et notre approvisionnement[757]. » Sa collègue Astou Sow, 56 ans, a ajouté : « *Nous n'avons pas de moyens ici. Nous n'avons pas de quoi acheter du poisson. Tu n'as ni pirogue, ni pêcheur qui travaille pour toi, tu n'as rien*[758]. » Les mareyeurs qui détiennent des capitaux plus élevés sont de sérieux concurrents lors du ravitaillement en poisson frais, comme nous l'a souligné Amy Collé Dieye, 45 ans, de Saint-Louis : « *Il* [le prix de la caisse de sardinelles] *n'est pas fixe et dépend de l'importance des débarquements. Parfois, tu ne peux même pas en acquérir et les camions des mareyeurs l'amènent. D'autres fois, il est tellement bas que le prix du poisson sec baisse et tu revends à perte*[759]. »

Les mareyeurs sont pourtant aussi confrontés à une pénurie de produits halieutiques. El Hadji Yock, 43 ans, vendeur de poisson depuis vingt-cinq ans, est mareyeur au Marché central au poisson. Il a déploré le manque de produit et nous a affirmé que la mer n'était plus aussi poissonneuse qu'en 1976[760]. Son collègue Saer Bamba Dieng, 49 ans, a critiqué « l*a grande ruée dans le mareyage et la pénurie de poisson qui rend son prix exorbitant*[761]. » Alioune Sy, 47 ans, et Meïssa Diouf, 48 ans, tous deux mareyeurs sur la plage de Hann, pensent que la discussion des prix avec les pêcheurs, loin d'être aisée, nuit au bon approvisionnement des commerçants[762]. Les vendeurs en gros de poisson frais se plaignent du manque de moyens de conservation. Gora N'dow, mareyeur depuis 13 ans revend des produits halieutiques au MCP. Selon lui, la cherté du poisson repousse la clientèle. Il trouve que le prix de la glace nécessaire au conditionnement des espèces est trop élevé ; il est à 700 francs CFA la caisse alors qu'il en faut deux pour 90 kg de poisson frais[763].

Les détaillants rencontrent bien entendu les mêmes difficultés. Fatou Youme, 50 ans, vend des carpes blanches, des dorades ou des sardinelles au marché HLM 5 de la banlieue dakaroise. Elle se ravitaille au MCP, et son bénéfice ne dépasse que très rarement 1000 francs CFA par jour, sans compter les pertes. Elle se lève à l'aube dans le froid, alors qu'elle ne possède pas de voiture, ce qui la fatigue. Elle est obligée de conserver sa

[757] Nous avons questionné Mme FALL le 28 juillet 2003 sur le site *Sine* de Saint-Louis. Les vendeuses nous ont prise pour un agent envoyé par l'État français ou sénégalais afin de recueillir leurs doléances.

[758] Nous avons rencontré Astou SOW pour la seconde fois le 28 juillet 2003 sur le site *Sine* de Saint-Louis. Elle est intervenue spontanément lors de notre conversation avec Mme FALL.

[759] Nous avons interviewé Mme DIEYE le 27 juillet 2003 sur le site *Sine* de Saint-Louis.

[760] Nous avons interrogé M. YOCK le 15 mai 2001 au Marché central au poisson.

[761] M. DIENG a été rencontré par un enquêteur le 15 mai 2001 au Marché central au poisson.

[762] Nous avons rencontré M. SY le 3 mai 2001 et M. DIOUF le 4 mai 2001 sur la plage de Hann.

[763] Nous avons soumis notre questionnaire à M. N'DOW le 15 mai 2001 au Marché central au poisson.

marchandise chez elle, dans un congélateur[764]. Saliou Marone, 50 ans, est détaillant de poisson frais au marché Sandaga depuis 1976. Il nous a expliqué : « *On n'a pas de fête et on est toujours dans le travail. C'est dur. On se lève la nuit et on rentre chez nous la nuit. On travail dés 4 heures, 5 heures du matin jusqu'à 20 heures, 21 heures*[765]. »

Astou Fall, 46 ans, préparatrice de poisson séché à Richard-Toll, revendique un accès au crédit plus facile afin de devenir propriétaire de moyens de pêche : « *Je réaffirme surtout notre besoin d'aide et de soutien extérieur* [...]. *Toute aide est la bienvenue, comme des crédits, que nous aurions à rembourser, qui nous permettent d'acheter des filets et même des pirogues*[766]. »

2) Une difficile préparation sur les sites artisanaux

Dans certains cas, les artisans réclament depuis plusieurs années un aménagement de leurs lieux de vente. N'deye Sene, 72 ans, nous a évoqué des soucis de sécurité et le manque d'outils de travail sur le site *Sine* de Saint-Louis[767]. Les commerçants de Hann Rail, dans la région de Dakar, préconisent aussi une rénovation de leur terrain. Ainsi, Mamadou Faye, 37 ans, nous a expliqué : « *C'est dur. On aimerait avoir un site spécial pour travailler dans de meilleures conditions de sécurité. Même s'ils nous font payer un loyer, nous sommes prêts à l'accepter. On aurait aimé être moins fatigués pour transformer notre poisson*[768]. » A Saint-Louis, le stockage des produits sur le site n'est pas aisé par manque de lieu d'entreposage. D'après N'diémé Lô, 40 ans : « *Nous le faisons nous-mêmes* [le stockage], *en couvrant les produits avec des bâches. Nous n'avons pas d'entrepôts ou autres. Nous n'avons pas de lieu de stockage propre. Après avoir préparé ton poisson, tu le mets dans des paniers ou dans d'autres récipients, tu mets du sel pour le conserver, et puis tu couvres et tu laisses tout comme ça. Quelle que soit la valeur du produit, tu ne peux que procéder ainsi pour le conserver. La journée, tu peux garder ton produit, mais la nuit, il échappe totalement à ton contrôle.* » La transformatrice Khady Sarr, 42 ans, a renchéri en mentionnant l'exiguïté du site : « *Tu achètes toi-même ta bâche, et les autres matériaux nécessaires à la préparation. Nous n'avons pas d'endroits bien délimités et appropriés pour bien conserver nos produits*

[764] Nous avons interviewé Mme YOUME le 21 avril 2001 au marché HLM 5.
[765] Nous avons rencontré M. MARONE le 5 avril 2001 au marché Sandaga.
[766] Nous avons questionné Mme FALL dans le village de Thiago, situé près de Richard-Toll au bord du fleuve Sénégal, le 10 août 2004.
[767] Nous avons rencontré Mme SENE le 27 juillet 2003 à son domicile, situé dans le quartier de Guet N'dar.
[768] Nous avons questionné cet artisan le 19 mai 2001 sur le site de Hann Rail.

[…]. *Les lieux de séchage sont étroits. La mer nous a pris beaucoup d'espace*[769]. »

Amy Collé Dieye, 45 ans, nous a affirmé que les difficultés des préparatrices saint-louisiennes nuisaient à la qualité du produit fini : « *Nous n'avons pas de produit qui nous permette de conserver le poisson sec deux ou trois mois. Quand tu travailles aujourd'hui, demain, après-demain, ton produit s'abîme rapidement. Et nous perdons notre argent. On devrait pouvoir faire du poisson sec de bonne qualité et l'emballer afin de mieux le conserver, au moins un an. Nous n'avons pas de matériel efficace et notre sel n'est pas de bonne qualité. Il est mouillé et il abîme le poisson qui ne sèche pas correctement. Au lieu d'être blanc, le poisson est noir. Les bacs de fermentation sont trop étroits pour les quantités que nous préparons. Nous aimerions avoir plus de bacs, des tables de séchage plus vastes et un site couvert en cas de pluie. S'il pleut, tu dois te procurer des bâches à 500 francs CFA, 1000 francs CFA, alors qu'elles ne sont pas de bonne qualité ; elles se déchirent avec le vent. La pluie abîme le poisson. Nous avons besoin de seaux, de couteaux, de cuillères, de paniers pour garder le jus de poisson* […]. *Nous avons besoin de contenants, de balances, de bancs pour nous asseoir, de sacs pour nos vêtements*[770]. » Le sous-équipement est criant à Saint-Louis. Certaines transformatrices utilisent de veilles bassines, car les bacs en ciment vétustes dont dispose le site délabré sont trop peu nombreux. Le matériel de transformation artisanale est encore moins élaboré sur les rives du fleuve Sénégal. Les claies de fortune sont confectionnées avec des filets et des branches en bois, comme nous pouvons le voir sur les photos suivantes.

---

[769] Nous avons soumis notre questionnaire à Mme LO et à Mme SARR le 27 juillet 2003 à Saint-Louis.

[770] Nous l'avons interrogée le 27 juillet 2003 sur le site *Sine* de Saint-Louis. L'artisane a employé le terme de « sacs » pour probablement désigner des combinaisons.

Photo 6 : Une transformatrice contrôle le séchage du poisson sur les claies délabrées du site *Sine* de Saint-Louis

Source : nos photos, prises le 13 août 2004.

Photo 7 : Une préparatrice de Saint-Louis remue des sardinelles destinées à la fabrication du *Kéthiakh*. Elles baignent dans une saumure usagée

Source : nos photos, prises le 13 août 2004.

Photo 8 : *Guedj* séché sur des claies dans le village de Gadalkhout, au bord du fleuve Sénégal

Source : nos photos, prises le 9 août 2004.

Les détaillants de poisson frais sur les marchés ne sont pas épargnés par le manque d'aménagements appropriés. Au marché de Richard-Toll, les vendeuses souffrent des inondations, mais aussi du défaut d'infrastructures de conservation et de transport. Fatou Bana Sarr, doyenne des vendeuses du marché de Richard-Toll, écoule du poisson depuis 1974. Elle s'est érigée en porte-parole des commerçantes lors de notre visite sur le marché : « *Nous habitons Diaksao, et le pont de la localité n'est plus praticable. Nous sommes obligées de faire de grands détours pour nos allées et venues avec des tarifs de transport très élevés. Nous payons le transport en charrette 500 francs CFA, alors que notre commerce quotidien peut ne pas nous rapporter 500 francs CFA. Nos principales doléances sont la réfection du marché et la reconstruction du pont*[771]. » Le produit acquis par les commerçantes lors de leur approvisionnement est jeté en vrac dans des sacs ou des bassines qui contiennent peu de glace. Les vendeuses au détail utilisent de vieilles haches, des récipients et d'épaisses planches en bois destinées à écailler le produit. Elles se servent de bols usagés pour transporter des sardinelles qu'elles écoulent en les disposant par tas sur des sacs de jute posés à même le sol.

[771] Nous avons soumis notre questionnaire à Mme SARR le 11 août 2004 au marché de Richard-Toll.

Photo 9 : Les détaillantes de poisson frais du marché de Richard-Toll se ravitaillent auprès des mareyeurs

Source : nos photos, prises le 11 août 2004.

Photo 10 : Un mareyeur commercialise du poisson frais au marché Rouma de Richard-Toll. Le lieu de vente qui dispose d'un équipement sommaire n'est pas construit en dur

Source : nos photos, prises le 12 août 2004.

Khady Dieye, 53 ans, et N'diemé Lô, 40 ans, pensaient, comme d'autres artisanes saint-louisiennes, que les coûts de préparation du produit séché étaient trop élevés. D'après Mme Dieye : « [...] *le transport est très rude. Lorsque tu veux transporter du poisson frais d'un endroit à un autre, si tu achètes dix caisses de poisson, tu dois payer 100 francs CFA par caisse pour le transport ou 150 francs CFA. Quand tu arrives sur le lieu de transformation, tu dois acheter du sel et du bois de chauffage, avant de commencer la préparation... Si tu achètes pour une valeur de 10 000 francs CFA de poisson sur la plage, tes frais s'élèvent à 4000 francs CFA ou plus.* » Mais selon N'diémé Lô, le coût de la fabrication du poisson sec était plus important : « *Si tu achètes pour 10 000 francs CFA* (de poisson frais), *avant d'avoir terminé la transformation, tu auras dépensé 15 000 francs CFA. Tu dois acheter du bois, du sel, de l'eau. Tu dois payer celui qui porte la marchandise. Tu vas payer autant que la valeur de la marchandise avant de finir la préparation*[772]. »

Les déboires des vendeurs de poisson frais et séché ressemblent aux difficultés rencontrées par leurs homologues des autres pays africains, mais sont aussi analogues aux problèmes subis par les commerçants qui écoulent des denrées alimentaires. Ainsi, dans la ville de N'djaména située au Tchad, le marché central possède des tables en ciment, mais leur nombre reste insuffisant. Les vendeuses de poisson originaire du lac Tchad disposent le plus souvent leur produit à même le sol sur des sacs en plastique. Les détaillantes luttent tant bien que mal contre la perte de leur produit en louant un réfrigérateur 150 francs CFA la nuit pour conserver 38 kg de poisson frais. Les mareyeurs sont confrontés à l'inondation des routes lors de la saison des pluies[773]. Les vendeuses de fruits de la commune sénégalaise de Pout ont des soucis d'approvisionnement auprès des grossistes et supportent des frais élevés de conditionnement et d'emballage. Les lieux de stockage font cruellement défaut, alors que les fruits se détériorent en moins de trois jours. De plus, les détaillantes se font de plus en plus nombreuses, ce qui accroît, comme dans le commerce du poisson, la concurrence entre vendeuses[774].

3) L'écoulement du poisson séché artisanalement.

Les commerçants, même après s'être ravitaillés et avoir fabriqué leurs produits dans des conditions qui sont loin de leur être favorables, écoulent

[772] Nous avons questionné Mme LO et Mme DIEYE le 27 juillet 2003 à Saint-Louis.
[773] Ami KONE, *Le Commerce du poisson par les femmes à N'djaména : impact économique et social sur les ménages. Le cas des clientes VITA*, Dakar, ENEA, décembre 1995, pages 48-50.
[774] SEYE, *op. cit.*, 1990, pages 52 et 53.

tant bien que mal leurs marchandises. Les préparatrices du site de Saint-Louis se plaignent du manque de débouchés d'un produit séché uniquement revendu à *Sine*. Ainsi, N'deye Sene nous a expliqué : « *La vente est plus difficile maintenant, car nous n'avons pas de bons marchés et la concurrence est plus rude. Si on nous aidait à exporter nos produits, ce serait plus bénéfique pour nous. Nous sommes obligées de vendre sur place à une clientèle qui nous impose parfois ses prix et ses conditions* [...]. *Notre premier besoin, c'est d'avoir un bon marché pour vendre notre poisson. Tant qu'on n'en aura pas, ce sont les grossistes qui imposeront leurs prix, et nous resterons dépendantes d'eux. Si on avait un marché bien équipé, on pourrait s'en sortir. Si on ne vend pas aux grossistes, une partie du poisson sec pourrit et on la jette. C'est très pénible, car les moyens sont inexistants. On se fatigue beaucoup pour obtenir le minimum* »[775]. » Sa collègue Amy Collé Dieye, 45 ans, a partagé son avis : « *Parfois, tu achètes très cher* [la matière première] *et tu as du mal à t'en sortir, car tu as des problèmes pour revendre le poisson séché* [...]. *Trois caisses pleines* [de poisson frais] *équivalent à deux tables de séchage, qui peuvent valoir 4000, 3500, 3000, 2500 francs CFA. Parfois même 500 francs CFA, mais ça ne sert à rien, car tu travailles jusqu'à avoir mal partout. Tu n'arrives pas à le revendre, et une partie s'abîme entre tes mains. C'est pour ça que la vente est meilleure quand il est cher*[776]. » Amy N'gom, 45 ans, et Wowo Sy, 49 ans, artisanes à Hann Rail, ont trouvé que la clientèle se faisait rare sur le site et dans les marchés dakarois. D'après la seconde préparatrice : « *Parfois, la vente n'est pas bonne et on rentre chez soi fatiguée, parce qu'on veut donner à notre famille, mais on a rien à lui donner*[777]. »

[775] Nous avons rencontré Mme SENE le 27 juillet 2003 à son domicile, situé dans le quartier de Guet N'dar.

[776] Nous avons questionné cette artisane le 27 juillet 2003 sur le site artisanal *Sine* de Saint-Louis.

[777] Nous les avons interviewées le 19 mai 2001 sur le site de Hann Rail.

Photo 11 : Une transformatrice du site *Sine* de Saint-Louis écoule son poisson braisé séché en gros conditionné dans des paniers en feuilles de rônier

Source : nos photos, prises le 13 août 2004.

L'insuffisance des débouchés commerciaux du poisson frais a été mentionnée par les mareyeurs et détaillants que nous avons pu rencontrer ces dernières années. Ils nous ont tous souligné le fait que les vendeurs se sont multipliés au fil du temps, ce qui a fortement développé la concurrence entre commerçants. Seynabou Gueye, 39 ans, vendeuse au MCP, écoule des produits halieutiques au détail depuis quinze ans. Elle regrette les bienfaits du commerce de ses débuts : « *Avant, c'était mieux. Le bénéfice quotidien était de 4000 francs CFA. Maintenant, il n'y a plus d'argent. On est obligés de rester longtemps au marché. Les hommes n'ont plus rien, et il y a plus de vendeurs que d'acheteurs*[778]. » Le bénéfice de Mme Gueye en 1985 équivalait à environ 6461 francs CFA par jour en 2000, ce qui représentait une somme conséquente. Nous avons d'ailleurs interrogé peu de détaillantes qui gagnent autant. Amadou Gollocq, 27 ans, et Adama Sall, 25 ans sont de jeunes détaillants du marché Kermel qui sont dans la vente depuis dix ans. M. Gollocq revend des badèches et des mérous au kg. Il trouve que la clientèle se fait rare d'où l'apparition d'une certaine rivalité entre

[778] Nous avons questionné Mme GUEYE le 28 mai 2000 au Marché central au poisson.

commerçants[779]. Adama Sall nous a parlé des soucis occasionnés par les méventes. En effet, les détaillants peinent à rembourser les mareyeurs qui les approvisionnent à crédit[780]. N'diaye affirmait que des techniciennes des pêches devaient encadrer les préparatrices tout en se chargeant de leur formation en gestion des achats, transformation et vente du produit fini[781]. Les transformateurs que nous avons questionnés au Sénégal ne nous ont pas parlé de soucis de formation. Ils pensent en général que les obstacles qu'ils rencontrent dans leur activité sont essentiellement dus à un manque de moyens financiers. Les chercheurs des années 90 ont proposé diverses solutions aux problèmes rencontrés par les artisans. Diop conseillait que les sites soient organisés en trois zones : une dite « souillée », réservée à l'écaillage et l'éviscération des produits frais, une « propre » où devait avoir lieu le séchage du poisson, enfin un lieu de commercialisation dédié au pesage et à l'emballage des marchandises. De plus, le braisage s'effectuerait sur des aires cimentées[782]. La transformation artisanale devait, selon certains auteurs, s'intégrer à l'agriculture et à l'élevage. Les rebus du *Kéthiakh* pouvaient servir d'engrais naturels, par exemple pour le maraîchage. La farine de poisson pour l'alimentation des volailles était fabriquée à l'aide de produits halieutiques séchés et broyés[783]. D'après Biagui, la baisse des débarquements devait être compensée par une fabrication artisanale de meilleure qualité, donc plus onéreuse. Les sites seraient rendus plus propres par l'évacuation des eaux usées[784].

III. DES PROJETS D'AIDE MENÉS PAR DES STRUCTURES ÉTATIQUES OU NON GOUVERNEMENTALES

L'intervention de ces structures se fit essentiellement sur la partie amont de la filière du poisson transformé afin d'augmenter le poids des producteurs sur celle-ci. De plus, l'aménagement des aires de préparation et l'amélioration des techniques de fabrication étaient nécessaires pour garantir au consommateur un produit de qualité. Les sources dont nous disposons évoquent Kayar et M'bour ainsi que Thiaroye dans la région de Dakar.

[779] Nous avons rencontré M. GOLLOCQ le 17 avril 2001 au marché Kermel de Dakar.
[780] Nous avons rencontré M. SALL le 15 avril 2001 au marché Kermel de Dakar.
[781] N'DIAYE, *op. cit.*, 1995, pages 30 et 31.
[782] DIOP, *op. cit.*, 2000, page 59.
[783] LAISON, *op. cit.*, 1993, page 88.
[784] Isidore BIAGUI, *Amélioration de la qualité des produits de la pêche artisanale*, ministère de la Pêche et des transports maritimes, M'bour, janvier 1994, pages 1, 2 et 4.

1) Les structures intervenantes

Le gouvernement du Sénégal

L'État sénégalais intervint auprès des transformatrices par l'intermédiaire du Service des pêches maritimes qui employait des agents œuvrant pour l'hygiène et la salubrité des sites. Les fonctionnaires travaillaient en partenariat avec l'Institut de technologie alimentaire (ITA). Cet organisme étatique réalisait des analyses bactériologiques des produits fabriqués artisanalement[785]. L'administration locale des pêches, qui encadrait les producteurs et vendeurs de poisson, gérait les conflits entre les commerçants tout en collectant des informations sur leurs activités, leurs moyens, leurs effectifs, les mises à terre, le poisson séché et sa distribution. À M'bour, Le Service du développement communautaire, dépendant du ministère de la Femme, de l'enfant et de la famille encadrait 9 groupements d'intérêt économiques (GIE)[786]. Il avait pour mission de les aider sur les plans organisationnels et financiers tout en les formant[787]. Une partie des sommes perçues par le gouvernement lors des accords de pêche était réservée au développement du secteur des produits halieutiques. Ainsi, Alassane Dialy N'diaye, ministre de la Pêche et des transports maritimes de l'époque, offrit à quatre associations d'artisanes de Pikine, Thiaroye et M'bao 20 tables de parage et 90 claies de séchage lors d'une cérémonie : « *Si nous voulons que les gens travaillent dans de bonnes conditions d'hygiène, il faut des infrastructures et des équipements adaptés* [...].*Un milliard* [de francs CFA] *tiré des accords de pêche sera consacré au financement des activités de la pêche*[788]. » Ce don s'effectua dans le cadre du programme de la Caisse d'encouragement à la pêche et à ses industries annexes (CEPIA). Le nouveau gouvernement élu en 2000, surnommé celui de l'alternance, accorda une place importante à la formation des producteurs. Le ministère de la Pêche fut à l'origine de deux importants programmes d'alphabétisation fonctionnelle et de formation technique concernant 850 préparatrices ainsi que 710 pêcheurs. Ces programmes, dotés d'un budget de 50 millions de francs CFA, devaient toucher 30 sites comptant 52 classes. Une cérémonie de lancement eut lieu le 24 juin 2001 au Centre d'assistance et d'expérimentation de la pêche artisanale (CAEP) de Thiaroye-sur-Mer[789].

---

[785] DIOP, *op. cit.*, 2000, pages 48 et 49.

[786] Nous étudierons plus en détail le mode de fonctionnement des GIE dans notre prochain chapitre.

[787] N'DIAYE, *op. cit.*, 1995, page 15.

[788] Adama MBODJ, « Transformation des produits halieutiques. Des équipements pour des groupements de femmes », *Le Soleil*, Vendredi 15 juin 1999.

[789] Amadou TALLA, « Alphabétisation dans le milieu de la pêche. Pour renforcer les capacités managériales des acteurs », *L'info*, jeudi 26 juin 2001.

L'alphabétisation des artisans devait avoir lieu en six mois durant lesquels ils apprendraient à lire, écrire et calculer. Des séminaires de huit jours permettraient aux commerçants de s'initier aux techniques de pêche et de sécurité en mer.

Les autres organismes

Ces structures apportèrent un appui matériel et une expertise technique précieuse. L'exemple de l'implication de ces organismes à Kayar nous montre leur dynamisme. La FAO et l'UNIFEM[790], intervinrent à Kayar pour le compte des Nations Unies. En 2000, la FAO permit aux transformatrices de suivre une formation sur la qualité des produits et des cours d'alphabétisation. Les producteurs obtinrent 217 claies de séchage et 217 nouveaux bacs de ciment. Un projet portant sur l'introduction de nouvelles méthodes de transformation artisanale, telle que celle du nuoc-mâm, fut adopté. L'UNIFEM détacha une monitrice qui collaborait sur le lieu de fabrication avec les fonctionnaires du Service des pêches. La structure finança aussi le Projet d'appui technique et technologique des groupements féminins ruraux (PATTGFR), créé dans la ville de Thiès, qui octroya un prêt de 100 000 francs CFA chacune à 75 préparatrices kayaroises. Il permit aux producteurs d'acquérir 6 fours de braisage du *Kéthiakh* et un moulin destiné à moudre le sel[791]. Ce projet d'appui voulait : « *soutenir techniquement et financièrement toute la chaîne de transformation et de commercialisation des produits de la mer et des fruits et légumes*[792]. » L'UNIFEM et le ministère de la Famille intervenaient dans le suivi, l'évaluation et la planification des activités des femmes du site de Kayar. Ils y augmentèrent la capacité de stockage et l'efficacité des équipements de fabrication artisanaux tout en formant les transformatrices à de nouvelles techniques, mais aussi à la gestion de leur activité possible grâce à l'octroi de crédits[793]. Le PNUD[794] tenta de veiller sur l'hygiène et la salubrité de l'environnement des commerçantes[795]. Au milieu des années 90, le même organisme participa avec les Pays-Bas, le Bureau international du travail et le gouvernement sénégalais au Projet économique des groupements féminins (PEGF). Des

---

[790] Organisation des Nations unies pour l'alimentation et l'agriculture et Fonds de développement des Nations unies pour la femme.

[791] DIOP, *op. cit.*, 2000, page 49.

[792] Fonds de développement des Nations unies pour la femme (UNIFEM), *Pari sur le savoir-faire des femmes rurales. Expérience du Projet d'appui technique et technologique des groupements féminins ruraux au Sénégal*, Dakar, 1999, page 8.

[793] UNIFEM, *op. cit.*, 1999, pages 13 et 17. Nous étudierons plus précisément l'accès des groupements de vendeuses au crédit dans le chapitre suivant.

[794] Programme des Nations unies pour le développement.

[795] DIOP, *op. cit.*, 2000, pages 49 et 50.

caisses d'épargne et de crédit revolving furent mises en place afin de financer jusqu'à 75% du coût global des projets soumis. Les bénéficiaires devaient fournir un apport de 25% et accepter de rembourser la somme prêtée avec un taux d'intérêt de 5% par an. Malheureusement, les crédits alloués furent insuffisants ; ils ne profitèrent qu'à un quart des groupements féminins. Le Centre de recherche pour le développement de nouvelles technologies (CREDETIP) lança dès 1991 un programme d'appui aux groupements féminins initié par la Caisse nationale de Crédit agricole du Sénégal. Le premier financement fut obtenu auprès d'un organisme italien. Près de 17 mutuelles d'épargne et de crédit furent constituées[796]. Enfin, la Fédération nationale des GIE de pêche (FENAGIE) octroya à un GIE de 112 femmes kayaroises un prêt annuel d'environ 3 000 000 de francs CFA. Cette fédération, que nous étudierons plus en détails dans le dernier chapitre, avait en outre un rôle d'intermédiaire entre les pêcheurs et les pouvoirs publics[797].

Les sources de presse évoquent l'organisation de foires et congrès regroupant les préparatrices sénégalaises avec leurs homologues provenant de divers pays d'Afrique de l'Ouest. Une rencontre panafricaine des femmes exerçant une activité dans le domaine de la pêche artisanale eut lieu à Dakar du 30 mai au 1er juin 2001. Elle fut suivie d'une foire sous-régionale du poisson séché les 2 et 3 juin qui eut pour thème les contraintes du développement du marché du poisson transformé en Afrique de l'Ouest[798]. Le directeur de l'ONG sénégalaise CREDETIP, coordinateur de l'antenne Afrique du Collectif international d'appui à la pêche artisanale (ICSF), dirigea l'organisation de cet événement. La France, l'Inde et la Belgique de même que la FAO furent conviées à cette manifestation. Les participants exposèrent des produits séchés et dévoilèrent le bienfait de nouvelles technologies. Un séminaire international sur les pratiques et méthodes de vulgarisation dans le domaine de la transformation artisanale du poisson, tenu à Ziguinchor en février 1991 sous l'égide du ministre des Ressources animales, M'baye Diouf, rassembla une quinzaine de vulgarisateurs de pays ouest-africains[799]. Le représentant de la Commission européenne de même que certains observateurs du CRODT ou encore du Programme de

---

[796] CISSE, *op. cit.*, 1994, page 17.

[797] DIOP, *op. cit.*, 2000, page 50.

[798] Papa Boubacar SAMB, « Pêche artisanale. Une foire régionale à Dakar en juin », *Le Soleil*, mercredi 30 mai 2001. Des artisanes du Sénégal, de la Gambie, de la Guinée Conakry, du Ghana, du Mali, du Togo, du Bénin, du Nigéria, du Burkina Faso, du Mozambique et de la Mauritanie y participèrent. Le marché de Diaobé, au Sénégal, était l'un des marchés sous régionaux du poisson séché en Afrique de l'Ouest.

[799] Moussa SADIO, « Ziguinchor. Transformation artisanale du poisson. Neuf pays harmonisent leurs systèmes », *Le Soleil*, 27 février 1991. Ces participants venaient du Sénégal, du Mali, du Bénin, de la Côte-d'Ivoire, du Togo, du Burkina Faso, de la Guinée Conakry, de la Guinée-Bissau et du Cap-Vert.

modernisation technologique et économique de la pêche artisanale maritime (PAMEZ) ne manquèrent pas l'occasion de s'y rendre. Le PAMEZ, dirigé par M. El Hadj Cissé, œuvrait en faveur de l'amélioration des conditions de travail et de vie des transformatrices.

2) L'action menée par le programme Pro-Pêche

L'Agence canadienne de développement international (ACDI) finançait un vaste Programme d'assistance à la pêche artisanale (Pro-Pêche) en collaboration avec le fonds de contrepartie canado-sénégalais. Pro-Pêche comptait lutter contre la pauvreté en faisant participer les femmes au développement. Ses objectifs étaient de moderniser les techniques de pêche artisanale et de transformation tout en facilitant l'accès des vendeurs au crédit[800]. Les sites de Kayar et de Thiaroye bénéficièrent de l'aide de Pro-Pêche afin d'améliorer les conditions de travail sur les lieux de préparation et de tester de nouvelles techniques de fabrication du poisson séché.

De meilleures conditions de travail

Les commerçants furent encouragés par le projet à maintenir leur lieu de travail propre, condition sine qua non de la production d'un poisson séché de meilleure qualité. Ainsi, un concours « *set setal*[801] » fut organisé sur la plage de Thiaroye-sur-Mer de janvier à mars 1992. Le lieu de vente possédait désormais des poubelles. Une cérémonie de remise des prix récompensa les gagnants en présence de représentants du projet et de l'administration sénégalaise. Mais l'enfouissement des déchets de poisson, préconisé par Pro-Pêche, fut vite abandonné par les préparateurs qui le trouvaient trop onéreux (il leur coûtait 1000 francs CFA par trou creusé)[802]. En 1991, les microréalisations financées par le programme s'élevèrent à 3 512 888 francs CFA, dont 20% provenant de la caisse du GIE de Thiaroye. L'eau courante fut branchée sur le site, et une fontaine d'eau avec trois robinets et des sanitaires construits. La fontaine d'eau, qui devait inciter les transformatrices à utiliser l'eau douce plutôt que l'eau de mer pour laver et faire fermenter le poisson, ne connut pas le succès escompté : elle était employée par 15% des transformatrices seulement. Cette eau, jugée trop chère, ne pouvait rivaliser avec une eau de mer gratuite[803].

---

800 CISSE, *op. cit.*, 1994, pages 17-18 et DIOP, *op. cit.*, 2000, page 50.
801 Mot wolof signifiant « rendre propre ».
802 Sophie KA, *Bilan des résultats obtenus à Thiaroye de mars 1990 à mars 1992*, ACDI, Pro-Pêche, ministère délégué chargé de la mer, avril 1992, page 13.
803 KA, *op. cit.*, 1992, page 15 et Sophie KA, *Expérimentation sur les améliorations techniques dans la transformation artisanale du poisson au Sénégal*, ACDI, Pro-Pêche, ministère délégué chargé de la mer, novembre 1991, page 1.

Des claies de séchage améliorées ainsi que de nouveaux bacs de fermentation furent expérimentés, aussi bien à Kayar qu'à Thiaroye. Louise Perreault définissait ainsi les problèmes du séchage traditionnel des produits halieutiques : « *Cette méthode est efficace, mais elle expose le poisson à la poussière, aux nombreux insectes et aux autres petits animaux qui rôdent sur l'aire de transformation*[804]. » La claie de séchage traditionnelle de 6 m², fabriquée avec du bois de rônier ou de récupération, était recouverte de bois tressé, de paille ou de filet de pêche. Elle coûtait entre 3750 et 5000 francs CFA, sa durée de vie étant évaluée à un an à Kayar et à deux sur le lieu de travail de Thiaroye. Son nettoyage était malaisé et le séchage retardé par une faible circulation de l'air. Les claies améliorées en bois samba, données par la DOPM, avaient une surface de séchage de 2,91 m². De petites lattes de bois de 4 à 5 cm de large étaient disposées parallèlement sur leur dessus. Elles duraient quatre ans pour un investissement de 16 000 francs CFA, mais étaient trop petites selon les transformatrices[805]. Une expérimentation à Thiaroye de claies en bois avec le dessus en lattes de krinting à 22 916 francs CFA fut un échec, car le bambou favorisait la contamination du produit séché[806]. Par contre, l'essai de claies en bois rouge, recouvertes de lattes parallèles dans le sens de la largeur s'avéra concluant à Thiaroye et Kayar[807].

Les bacs de fermentation utilisés par les préparatrices kayaroises étaient le plus souvent ronds en ciment et coûtaient entre 3000 et 12 500 francs CFA. Certains, de forme carrée, étaient réalisés en fibre de verre. Les commerçantes souhaitaient obtenir des bacs en plastique pouvant contenir 10 paniers de 25 kg de poisson frais et munis de couvercles[808]. Les abris de travail étaient fabriqués avec des morceaux de carton ou du bois mort[809]. Deux abris de travail améliorés, qui coûtaient chacun environ 51 000 francs CFA, furent expérimentés par Pro-Pêche de juin à octobre 1991 sur le site de Thiaroye. Le premier, bâti en ciment et en béton, faisait 1,5 mètre de largeur et de longueur pour une hauteur de 65 cm. Une table, recouverte de deux planches en bois avec un trou au milieu (pour évacuer les résidus de poisson) se trouvait sous cet abri. Le second avait les rebords et les pieds en bois, tandis que sa toiture était en krinting. Sa largeur avoisinait 1,7 mètre, sa

---

804 PERREAULT, *op. cit.*, juillet 1991, page 35.

805 KA, *op. cit.*, 1991, page 5 et PERREAULT, *op. cit.*, 1991, page 17.

806 KA, *op. cit.*, 1991, page 5 et 8. Les lattes de krinting sont faites avec des écorces de bambou coupées en lanières et tréssées. L'expérimentation porta sur des claies de 2,5 mètres de longueur et 1,10 mètres de largeur. Les claies ne furent pas efficaces, même lorsqu'un filet de pêche était placé au dessus, car on ne pouvait y sécher le petit poisson.

807 KA, *op. cit.*, 1991, page 32 et PERREAULT, *op. cit.*, 1991, page 33. Ces tables de séchage faisaient 2 mètres sur 4.

808 PERREAULT, *op. cit.*, 1991, pages 20 et 26.

809 KA, *op. cit.*, 1991, page 8.

longueur 2,5 mètres et sa hauteur 2 mètres. Ces deux abris de préparation, adaptés aux travaux des commerçantes, furent appréciés pour leur solidité[810].

De nouvelles techniques de transformation artisanale

Au début des années 90, le *Kéthiakh* kayarois était braisé sur le sol après avoir été recouvert de mil, de paille ou de feuilles de rônier. Sur la Petite-Côte, l'emploi de fours parpaing avait permis d'accroître la production : le poisson était étendu sur une grille où il flambait pendant deux à trois heures et recouvert ensuite d'une bâche en plastique. Tout comme lors de la préparation traditionnelle, des feuilles de rônier ou de *kinkéliba*[811] servaient de combustible. Louise Perreault préconisait l'emploi de fours chorkor sur la Grande-Côte[812]. L'UNIFEM testa à Kayar des fours pilotes qui permirent de diviser le temps de fumage par deux et de fournir un produit moins périssable, puisqu'il pouvait être consommé jusqu'à sept mois après sa fabrication. De plus, les fours rendaient l'activité de transformation moins dangereuse tout en économisant l'énergie. Le poisson, devenu plus cher car de meilleure qualité, était surtout revendu plus facilement[813]. Dans le domaine du séchage, l'utilisation de tentes solaires à Kayar fut malheureusement un échec, car elles étaient trop onéreuses et étroites. Elles ressemblaient à de petites serres en plastique[814]. Sur le plan de la fermentation des produits halieutiques, il fut avéré, après des essais menés à Thiaroye, que l'association de l'eau douce avec un meilleur sel permettait l'obtention d'un *Guedj* de qualité supérieure. Mais cette modification dans la préparation avait, selon les transformatrices, un coût trop élevé. De plus, le consommateur préférait un poisson peu salé et peu séché[815].

Conclusion

Le secteur de la transformation artisanale des produits halieutiques a bénéficié de nombreuses interventions ces trente dernières années. Les préparateurs accueillent favorablement les aides financières qui leur sont allouées, mais restent réticents à l'emploi de nouvelles techniques qui peuvent parfois augmenter les coûts de production ou changer le goût du produit fini, si important aux yeux des consommateurs.

---

[810] *Id.*,pages 11 et 30.

[811] Ces feuilles, qui proviennent d'un abrisseau de 4 ou 5 mètres, sont utilisées pour préparer des tisanes.

[812] PERREAULT, *op. cit.*, 1991, pages 37 et 38. Elle donne une définition des fours chorkors : « [...] *fours fermés en briques, en ciment ou en argile sur lesquels on fait alterner des claies de fumage pour assurer une qualité de fumage uniforme aux petits pélagiques correctement rangés.* »

[813] UNIFEM, *op. cit.*, 1999, pages 20 et 22.

[814] PERREAULT, *op. cit.*, 1991, pages 35 et 36.

[815] KA, *op. cit.*, 1991, pages 11, 15,18, 33 et 39. Ces essais furent menés en séparant les aires de traitement et de séchage, ce qui était plus hygiénique.

CHAPITRE VIII

Une montée en puissance des associations de vendeurs de poisson

Introduction

Les associations de producteurs et commerçants ont connu un vif essor depuis les années 90. De nos jours, les anciens et nouveaux types de groupements coexistent, mais les seconds n'ont pas pris le dessus sur les premiers. Nous allons étudier l'organisation et les buts de certaines associations de vendeurs dont le pouvoir se développe au Sénégal. Nous souhaitons exposer la nature des aides qu'elles apportent aux divers agents des filières commerciales des produits halieutiques et séchés. Nous allons nous interroger sur l'impact de ces interventions sur les circuits commerciaux du poisson, mais aussi sur les limites des projets menés par ces organismes. Nous verrons que les vendeurs de poisson, qui restent majoritairement fidèles à leurs techniques productives et commerciales, ne sont pas insensibles au problème de la raréfaction de la ressource. Ce dernier constitue d'ailleurs un enjeu de lutte majeur pour le mouvement associatif.

I. LE DÉVELOPPEMENT DES GROUPEMENTS DE COMMERCANTS

Les diverses associations de vendeurs sont de natures différentes au Sénégal. Les groupements d'intérêt économique (GIE) et les mutuelles d'épargne et de crédit ont pour avantage d'avoir rendu plus accesible l'obtention de financements. Ces groupements intéressent tous les agents des filières commerciales du poisson.

1) La multiplication des GIE et de l'accès au crédit

Une croissance des GIE

Les GIE, groupements d'intérêt économique, se sont développés au Sénégal dès leur mise en place au milieu des années 80[816]. N'diaye nous définissait ainsi le rôle des associations formelles en 1995 : « *Il s'agit de GIE qui constituent la dernière forme d'organisation sociale et légale qui s'est substituée au mouvement coopératif dans le secteur de la pêche depuis 1986* [...]. *L'Etat a assigné à ces organisations des objectifs tels que le développement de l'initiative privée, la responsabilisation de ses membres, l'accès au crédit et la promotion de l'emploi non salarial*[817]. » Les vendeurs de produits halieutiques, présents au différents niveaux de la filière commerciale du poisson frais et séché, comprirent les avantages que pouvaient leur procurer ces associations. Les GIE servaient essentiellement à obtenir des crédits permettant aux commerçants de s'équiper et d'améliorer leur fonds de roulement. À Kayar, au début des années 90, toutes les transformatrices faisaient partie du GIE, ce qui leur donnait un statut légal, sauf les artisanes saint-louisiennes accompagnant leurs époux venus participer aux campagnes de pêche[818]. En mars 1997, le GIE kayarois Mantoulaye Guène obtint le prix du président de la République pour la promotion de la femme, qui le distinguait parmi 5000 groupements du pays. Ce prix était attribué à des femmes rurales qui avaient obtenu des résultats probants dans la gestion de leurs associations[819]. Les GIE de la Petite-Côte étaient aussi très actifs. À Joal, on dénombrait 12 GIE regroupant 165 femmes en 1991, 25 GIE comptant 286 adhérentes en 1993 et 36 GIE deux ans plus tard. Sur le site de M'bour, les artisans, mareyeurs et intermédiaires appartenaient à des GIE qui comptaient une quinzaine de membres en moyenne. Sur les 28 GIE de M'bour, 24 intervenaient dans le domaine de la transformation artisanale et regroupaient 311 adhérents. Les GIE de mareyeurs étaient au nombre de 3 pour seulement 8 membres et on ne dénombrait qu'un seul GIE d'intermédiaires. N'diaye faisait remarquer à l'époque que 3 GIE supplémentaires, dédiés à la préparation artisanale, avaient pour originalité de rassembler des hommes et des femmes[820]. Dans la région dakaroise, Yoff avait trois GIE de pêcheurs, dont deux comptant respectivement 137 et 112 adhérents, et un 7 producteurs. Le dirigeant du plus important groupement, Issa Dial, cumulait les fonctions de président des

[816] Jean-Luc N'DIAYE, *op. cit.*, 1997, page 348. Ils ont été créés par la loi n°84-37 du 11 mai 1984.
[817] N'DIAYE, *op. cit.*, 1995, page 14.
[818] PERREAULT, *op. cit.*, 1991, page 11.
[819] UNIFEM, *op. cit.*, 1999, page 35.
[820] N'DIAYE, *op. cit.*, 1995, page 14.

pêcheurs de Yoff, de président de la Fédération des GIE de pêche du département de Dakar et de secrétaire général de l'Union nationale des coopératives de pêche. La présidente des transformatrices avait une grande influence sur les commerçantes en produits halieutiques séchés du site de Yoff[821]. Les 82 GIE de Hann étaient quant à eux regroupés en deux entités : le groupement des jeunes pêcheurs qui réunissait la plupart des GIE d'hommes et l'association des femmes de pêcheurs qui rassemblait la majeure partie des GIE de femmes[822]. Dans le domaine fluvial, un GIE des pêcheurs de la Taouey existait déjà, alors qu'un groupement de mareyeurs fut créé à Richard-Toll en 1999. Le GIE Mareyeurs Deggo du Walo regroupait 268 membres domiciliés à Rosso Sénégal, Gaé II, Diacksao et Gadalkhout. Le commerce actif du poisson dans cette zone favorisa la mise en place de l'association[823].

Sur certains marchés de la capitale, des GIE ainsi que des mutuelles d'épargne et de crédit avaient été mises en place par l'Union nationale des commerçants et industriels du Sénégal (UNACOIS). Cette organisation syndicale, qui avait pour fonction la défense des intérêts de ses membres et le développement socio-économique du pays, se définissait comme apolitique. Bien entendu, tous les vendeurs des marchés, quel que soit le type de produit commercialisé, pouvaient appartenir à l'UNACOIS. Le bureau de la section de Thiaroye-Gare comptait un président, un secrétaire général, un trésorier général et leurs adjoints, ainsi qu'un secrétariat à l'organisation chargé des relations extérieures[824].

Une convention signée entre le gouvernement et le directeur général de la Caisse nationale de Crédit agricole du Sénégal (CNCAS) le 6 juin 2000 permit aux commerçants en produits halieutiques de bénéficier de crédits avantageux. Les pêcheurs devaient donner un apport représentant 10% de la somme empruntée, alors que les transformatrices et vendeuses de poisson n'étaient pas obligées d'en fournir un. Une épargne équivalant à 5% du prêt consenti était placée sur un compte livret pendant la durée du crédit[825]. Les

---

[821] CAMARA, *op. cit.*, 1991, pages 4 et 5.

[822] Direction de l'Océanographie et des pêches maritimes, *Rapport sur l'étude du débarcadère de Hann, Dakar, par la Méthode accélérée de recherche participative*, Dakar, ENEA, septembre 1995, page 24.

[823] Direction des Eaux, forêts et chasses, *Rapport annuel 1999*, ministère de l'Environnement et de la protection de la nature, inspection régionale de Saint-Louis, 2000, page 78. À l'époque, les vendeurs de poisson devaient 500 millions de francs CFA à la Caisse nationale de Crédit agricol du Sénégal (CNCAS).

[824] Ousmane KANE, *La Problématique de la croissance des marchés urbains. Cas du marché de Thiaroye-Gare*, mémoire de maîtrise de géographie, université de Dakar, 1998, pages 47 et 48.

[825] I. N'DIAYE, « Pêche artisanale, les acteurs accèdent au crédit », *Le Soleil*, vendredi 7 juin 2000.

producteurs et vendeurs en produits marins connaissaient de sérieuses difficultés pour rembourser leurs dettes. Ainsi, les adhérents au réseau du Partenariat pour la mobilisation de l'épargne et du crédit au Sénégal (PAMECAS) peinaient à régler leurs échéances, en partie à cause du manque de produit, problème que nous évoquerons en détail plus loin. Le réseau comptait 28 caisses de mutuelles et d'épargne dont 16 liées aux vendeurs de poisson. Plus du tiers de leurs membres exerçaient une activité de production ou de revente des produits marins. L'UM PAMECAS se devait de mettre en place une politique de crédit spécifique au monde de la pêche qui ne serait pas identique à celle des agriculteurs et autres commerçants appartenant au réseau[826].

Le GIE des artisanes de *Sine*, à Guet N'dar (Saint-Louis)

Nous avons rencontré des membres du GIE des transformatrices de Guet N'dar lors de notre visite à Saint-Louis en 2003. Yaram Fall est secrétaire du groupement d'intérêt économique *Diambaru Sine* depuis 1997[827]. Cette association, qui existait depuis les années 70, avait obtenu le statut de GIE en mars 1995. Elle comptait une quarantaine de membres à ses débuts et en regroupait environ 300 en 2003. Chaque adhérente devait s'acquitter d'une cotisation de 1500 francs CFA, renouvelable tous les deux ans. Cette carte de membre comportait une photo d'identité de la transformatrice adhérente et les registres du groupement deux. Le conseil d'administration du GIE *Diambaru Sine*, réélu tous les cinq ans, était composé de 12 personnes : une présidente et une trésorière secondée de leurs adjointes, deux commissaires aux comptes, un commissaire chargé de l'organisation, un s'occupant du nettoiement et de la surveillance du matériel et deux animatrices relais. Selon Yaram Fall : « *Le groupement vise d'abord à regrouper ses membres au sein d'une unité, pour pouvoir négocier ses droits et avoir une force. Ensuite, pour pouvoir financer ses membres, octroyer des crédits à ses membres, assurer la formation. A l'avenir, nous comptons ouvrir une unité de transformation qui regroupe tous les secteurs de la transformation dans la région de Saint-Louis et ensuite nous comptons commercialiser nous-mêmes nos propres produits, parce qu'il y a des intermédiaires* [...]. *Il y a des produits qui sont uniquement réservés à l'exportation, comme par exemple le salé-séché*[828]. » Le GIE est membre de la Fédération de groupement de promotion féminine et de la Fédération nationale des GIE de

---

826 Adama MBODJ, « Crédit mutuel, Les pêcheurs peinent à rembourser leurs emprunts », *Le Soleil*, vendredi 19 octobre 2001.

827 Nous avons interrogé Mme FALL le 29 juillet 2003 à son domicile de Guet N'dar. Cette entrevue fait partie des rares interviews que nous avons pu mener en français entre 2000 et 2005. Le terme wolof *« Diambaru Sine »* signifie *« les (femmes) courageuses de Sine. »*

828 Nous avons rencontré Mme FALL le 29 juillet 2003 à son domicile de Guet N'dar

pêche (FENAGIE) depuis sa création. N'deye Sene, présidente du GIE, nous a expliqué que les adhérentes vendaient parfois leur poisson séché en commun. Elle s'est montrée reconnaissante envers le gouvernement qui appuie la structure des préparatrices, car elles ont peu de moyens[829].

Diambaru Sine avait été classé 10e en 2002 lors de la remise du Prix du président de la République pour la promotion économique de la femme et avait reçu 1 million de francs CFA, un ordinateur et du matériel de nettoiement. Le GIE bénéficiait surtout de dons d'équipements : « *Nous avons reçu des subventions venant du programme élargi de lutte contre la pauvreté, comme par exemple du matériel, des claies de séchage, des bacs de salage* [...]. *L'ambassade des États-Unis* [nous a donné] *des claies de séchage, des gants* [...] *et nous venons tout juste de recevoir de la FENAGIE pêche 20 claies de séchage et de l'ADC, Agence de Développement Communal, 13 claies, 5 bacs de salage, des sceaux, des bassines, 18 bancs, des éponges*[830]. » La secrétaire du GIE nous a affirmé que les artisanes avaient besoin de formation et de financement afin d'accroître le volume et la qualité de leur production.

Nous n'avons pu recueillir que peu d'informations sur le GIE des mareyeurs de Saint-Louis auprès des grossistes en poisson frais. Babacar N'diaye, 50 ans, est le trésorier général de la Fédération des mareyeurs de Saint-Louis, qui fait partie de la fédération nationale, dont le siège se trouve à Dakar. Le conseil d'administration, composé de 7 ou 8 personnes, est élu pour quatre ans renouvelables. Il nous a dit que le groupement comptait au moins 300 mareyeurs saint-louisiens. D'après lui, la fédération, bien qu'ancienne, n'exerce pas encore d'action très importante pour les mareyeurs, surtout concernant l'accès au crédit : « *L'État nous encourage à faire partie de mutuelles. Le problème est que les banques demandent des garanties que nous n'avons pas, afin de nous octroyer des prêts. Nous avons besoin d'aide. Les banques demandent des sommes trop élevées comme garantie. Même si tu possèdes un camion, les banques ne vont pas l'accepter comme garantie*[831]. » Moussa Gueye, 55 ans, est membre du GIE des mareyeurs de Saint-Louis : « *Elle* [la carte] *n'est pas chère, nous l'achetons 1000 francs CFA* [...] *pour une année. Toute personne qui a des problèmes dans son travail peut voir cette difficulté réglée par le GIE*[832]. »

---

[829] Nous l'avons interrogée le 27 juillet 2003 dans sa maison de Guet N'dar.

[830] Nous avons questionné Yaram FALL le 29 juillet 2003 à son domicile de Guet N'dar.

[831] Nous avons questionné M. N'DIAYE sur le quai de pêche de Saint-Louis le 27 juillet 2003.

[832] Nous avons interviewé M. GUEYE dans une rue située à proximité du quai de pêche de Saint-Louis, le 27 juillet 2003. Les mareyeurs se rassemblent à cet endroit pour pratiquer des jeux de société et discuter, lorsque les prises sont peu importantes.

2) La survivance des associations traditionnelles

Les tontines et *daïra*s restent encore aujourd'hui les principales associations à but social, religieux et d'épargne utilisées par les vendeurs de produits halieutiques et fluviaux. Leur mode d'organisation est identique dans les marchés et plages que nous avons visités. Les tontines sont particulièrement affectionnées par les vendeuses de poisson frais et séché. Les adhérentes à un GIE font souvent partie de la tontine de l'association, comme nous l'a appris N'deye Sene, présidente du GIE des transformatrices de Saint-Louis *Diambaru Sine* : « *Nous cotisons 500 francs CFA par jour pendant quinze jours et nous versons le capital économisé à plusieurs femmes, désignées par tirage au sort* [...] *75 000 francs CFA par personne* [...]. *Tu en disposes comme tu veux. Tu peux par exemple améliorer ton habitat ou réinvestir ton argent dans le commerce*[833]. »

Les *daïras*

Madame Sene appartenait par ailleurs à 17 *daïras*, des groupements aussi bien de confrérie *tidiane* que *khadije*. À chaque pèlerinage, dont la date était fixée par le marabout, chaque membre de l'association religieuse versait 5000 francs CFA minimum. Les vendeuses de poisson ayant peu de moyens cotisaient en général 100 francs CFA par semaine, jusqu'à l'arrivée du pèlerinage. Ainsi, Wowo Sy, 49 ans, préparatrice à Hann Rail, donnait 100 francs CFA chaque lundi à son *daïra* tidiane[834]. Mame Hawa Sarr, 42 ans, commerçante au marché N'diarème de Guediawaye, appartenait au *daïra* Mame Diara qui comptait 100 personnes cotisant chacune 150 francs CFA par semaine afin de financer un départ annuel à Porokhane[835]. La périodicité des cotisations était parfois mensuelle. Par exemple, Mame Bassine Diome, 49 ans, revendeuse de *Kéthiakh* au marché Castor, donnait 500 francs CFA par mois à son *daïra*, lors de l'organisation de chants religieux[836].

Le pèlerinage avait une valeur très importante pour les commerçantes. Awa Diop, 52 ans, détaillante de poisson sec au marché Tendjiguéne de Saint-Louis, payait le billet Saint-Louis-Tivaouane 2500 francs CFA aller-retour[837]. Khady Dieye, préparatrice saint-louisienne de 53 ans, passait deux ou trois nuits à Touba lors du pèlerinage. Elle dépensait 6000 francs CFA tout compris[838]. Les vendeuses font aussi des dons en nature aux marabouts, comme nous l'a expliqué Amy Collé Dieye, 45 ans, artisane à Saint-Louis :

---

[833] Nous l'avons interrogée le 27 juillet 2003 dans sa maison de Guet N'dar.
[834] Nous avons questionné Mme SY le 19 mai 2001 sur le site de Hann Rail.
[835] Nous l'avons rencontrée le 29 avril 2000 au marché N'diarème de Guediawaye.
[836] Nous avons interviewé Mme DIOME le 1er mai 2001 au marché Castor.
[837] Nous lui avons soumis notre questionnaire le 29 juillet 2003 à Saint-Louis.
[838] Nous avons interviewé Mme DIEYE le 27 juillet 2003 sur le site *Sine* de Saint-Louis.

« *Chaque fois, des camions quittent le site pour aller à Touba ravitailler le Marabout. Des camions vont ramener du Guedj à Tivaouane, durant le Gamou. À Nimzatt aussi, nous y ajoutons de l'argent* [...]. *Si nous organisons des chants religieux, nous passons la nuit. Nous allons deux jours à Tivaouane, deux jours à Touba, trois ou quatre jours à Nimzatt*[839]. »

Certains mareyeurs versaient les mêmes montants que les vendeuses de poisson séché en gros et au détail à leurs associations religieuses. Gora N'dow, 35 ans et Mame Gor N'doye, 44 ans, mareyeurs au marché central, versaient 100 francs CFA tous les week-ends dans la caisse de leurs *daïras* respectifs[840]. D'autres grossistes en poisson frais faisaient logiquement des dons plus élevés. Abdou Diouf, 31 ans, mareyeur à Hann, appartenait à un *daïra* mouride dont la cotisation s'élevait à 200 francs CFA par jour[841]. Galla Kandje, mareyeur saint-louisien de 38 ans, adhérait à un *daïra* de grossistes qui n'imposait pas de cotisation précise : « [...] *nous allons à Touba, durant chaque magal, en pèlerinage* [...] *il n'y a pas de prix fixe. Chacun donne ce qu'il peut. Certains donnent des 5 000 francs, des 10 000 francs, des 25 000 francs CFA. Nous les récoltons pour aller voir le marabout* [...] *nous aidons les gens. Si tu avais des problèmes aujourd'hui et que tu allais voir les membres du daïra, ils pourraient te donner une partie de la caisse commune, pour que tu puisses les régler*[842]. »

Les tontines

La tontine reste, selon les commerçants, le mode d'épargne le plus sûr. Oulimata Dieng, transformatrice saint-louisienne de 39 ans, nous a affirmé : « *Tu donnes 200 francs CFA par jour, 500 ou 1000 francs CFA. Si quelqu'un a une cérémonie, comme le baptême de ton enfant ou de ton frère, les membres de la tontine viennent t'aider durant les festivités* [...]. *Tu peux trouver 125, plus de 100 ou plus de 150 personnes*[843]. » Astou Fall, 46 ans, préparatrice du village de Thiago, près de Richard-Toll, nous a confirmé que les tontines étaient très employées par les vendeuses de la ville située en bordure du fleuve Sénégal : *« Nous avons des daïras et des tontines. Pour ces dernières, nous cotisons individuellement 250 francs ou 500 francs CFA quotidiennement. Tous les cinq jours, on verse le cumul des cotisations à quelqu'un*[844]. » Nous avons constaté que la majeure partie des détaillantes en

[839] Nous les avons toutes deux interrogées le 27 juillet 2003 sur le site *Sine* de Saint-Louis.
[840] Nous avons questionné M. N'DOYE le 14 mai 2001 et Monsieur N'DOW le 15 mai 2001 au Marché central au poisson.
[841] Nous l'avons rencontré sur la plage de Hann le 4 mai 2001.
[842] Nous l'avons interrogé sur le quai de pêche de Saint-Louis le 27 juillet 2003.
[843] Nous l'avons interviewée le 27 juillet 2003 sur le site *Sine* de Saint-Louis.
[844] Nous avons questionné Madame FALL le 10 août 2004 dans le village de Thiago, près de Richard-Toll.

produits halieutiques du marché *Tendjiguéne* de Saint-Louis, n'appartenaient pas à des tontines. Astou Diallo, 35 ans, nous a expliqué : « *Les vendeuses d'ici ont une priorité beaucoup plus importante que celle de participer à une tontine ; chacune de nous pense chaque jour à acheter de quoi faire bouillir la marmite pour sa famille*[845]. » Nous n'avons pas été témoin de ce phénomène durant nos enquêtes réalisées dans la région de Dakar. N'deye Coumba Wade, 37 ans, était responsable d'une tontine de détaillantes de poisson frais au Marché central au poisson. Elle regroupait 100 personnes qui cotisaient 1000 francs CFA chaque mercredi, jour où l'une des participantes se voyait remettre la somme de 100 000 francs CFA[846]. Il était assez rare que les détaillantes, aussi bien de produits frais que préparés artisanalement, cotisent des sommes aussi importantes. Quelques détaillantes de produits fabriqués artisanalement au marché Castor touchaient une somme épargnée grâce à leur tontine tous les cinq jours. Ainsi, Fatou Cissé, 25 ans, était l'une des 30 commerçantes versant quotidiennement 250 francs CFA à la caisse de la tontine, pour une épargne de 37 500 francs CFA. Coumba Diouf, 45 ans, qui faisait partie d'une tontine de 10 membres seulement, mettait 500 francs CFA par jour de côté. Elle économisait donc 25 000 francs CFA tous les cinquante jours[847]. Au marché N'diarème de Guediawaye, certaines vendeuses au détail avaient un système d'épargne original : elles confiaient quotidiennement une somme précise à un « vieil homme ». Ainsi, Fatou Ndongue, 48 ans, lui verse 1000 francs CFA par jour. Elle le rémunérait 100 francs CFA pour 5000 francs CFA épargnés, c'est-à-dire tous les cinq jours environ[848]. Hawa Ndongo, 48 ans, donnait au « vieil homme » 1500 francs CFA par jour. Ainsi, elle parvient à épargner 45 000 francs CFA par mois[849].

Les rares mareyeurs membres d'une tontine que nous avons rencontrés consacraient des sommes assez conséquentes à ce système d'épargne. Abdou Diouf, 31 ans, mareyeur sur la plage de Hann, gagnait entre 20 000 et 40 000 francs CFA par jour. Il versait quotidiennement 10 000 francs CFA à son association de 10 grossistes en produits halieutiques. Chaque mois, 3 mareyeurs recevaient chacun 1 000 000 de francs CFA[850]. Cet exemple nous montre que les grossistes en poisson frais peuvent très bien gagner leur vie. Alioune Sy, lui aussi mareyeur sur le lieu de débarquement de Hann, donnait

[845] Nous l'avons rencontrée à Saint-Louis le 29 juillet 2003. La constatation que nous faisons ici n'est bien entendu valable que pour le groupe de détaillantes que nous avons interviewées.
[846] Nous avons interviewé Mme WADE le 28 mai 2000 au marché central de Pikine.
[847] Nous avons questionné Mme CISSE et Mme DIOUF le 1er mai 2001 au marché Castor de Dakar.
[848] Nous l'avons rencontrée le 2 mai 2000 au marché N'diarème de Guediawaye.
[849] Nous l'avons rencontrée le 1er mai 2000 au marché N'diarème de Guediawaye.
[850] Nous avons interviewé M. DIOUF le 4 mai 2001 sur la plage de Hann. Il n'a pas souhaité nous donner de plus amples renseignements sur l'utilisation de ses revenus.

2000 francs CFA par jour au président de son groupement, tout comme 39 de ses collègues. Tous les dix jours, 2 d'entre eux se voyaient remettre 400 000 francs CFA[851]. Il pouvait arriver que les mareyeurs ne puissent pas consacrer aux tontines des sommes trop élevées. Gora N'dow, 35 ans, grossiste en produits halieutiques au marché central, économisait 500 francs CFA par jour avec 9 autres membres. Un mareyeur touchait 25 000 francs CFA tous les cinq jours. Les tontines des mareyeurs se distinguaient de celles des détaillantes par le nombre plus restreint de participants et l'importance des sommes versées.

3) Les mutuelles d'épargne et de crédit « non professionnelles »

Les vendeurs de poisson frais et séché sénégalais ont la possibilité d'adhérer à des mutuelles qui ne sont pas uniquement réservées aux opérateurs économiques exerçant leurs activités dans les domaines maritime et fluvial. Ces mutuelles sont présentes à divers échelons : africain, national ou encore régional. Nous étudierons successivement les exemples du RASEF, de l'UNACOIS et de l'UM PAMECAS, régis par la loi n°95 03 du 5/01/1995 portant réglementation des institutions mutualistes ou coopératives d'épargne et de crédit. Cette loi plaçait les caisses populaires d'épargne et de crédit du Sénégal sous la tutelle du ministère de l'Économie, des finances et du plan. Le ministère avait pour fonction de veiller à l'équilibre financier des caisses en utilisant la cellule d'Assistance technique aux caisses populaires d'Épargne et de Crédit (AT/CPEP). Il les contrôlait et pouvait prendre des sanctions visant à les redresser. Le ministère travaillait en collaboration avec la BCEAO (Banque centrale des états d'Afrique de l'Ouest)[852].

Le Réseau africain pour le soutien à l'entreprenariat féminin (RASEF/ Sénégal)

Cette association regroupe des femmes chefs d'entreprises ou des groupements d'opératrices économiques intervenant dans le commerce, l'industrie, l'agriculture, l'artisanat ou les services. Membre de l'organisation africaine RASEF International, elle vise à promouvoir l'entreprenariat féminin au Sénégal en favorisant l'accès au financement, à la formation (alphabétisation, gestion…) et à l'information. Elle joue aussi auprès des femmes un rôle d'assistance et de conseil tout en aspirant à la mise en place d'une protection sociale. Le RASEF souhaite devenir un lien entre ses

[851] Nous lui avons soumis notre questionnaire le 3 mai 2001 sur la plage de Hann.
[852] Tafsir A. M'BAYE, « Dossier », *UM-PAMECAS INFO*, Bulletin trimestriel d'information de l'Union des mutuelles du partenariat pour la mobilisation de l'épargne et du crédit, n°3, juillet 1999, pages 7 à 9.

adhérentes et les divers organismes étatiques et internationaux afin de développer les flux commerciaux inter-africains : « *Nous entendons en effet* [...] *promouvoir les produits sénégalais pour inciter à leur consommation et leur trouver des débouchés* [...] *travailler à résoudre les problèmes liés à la production, la conservation, la transformation et la commercialisation des produits agricoles, forestiers, horticoles, floricoles et halieutiques*[853]. » Madame Meïmouna Fofana, une des secrétaires du RASEF, nous a affirmé que l'association, créée en janvier 1995, comptait environ 700 membres en mai 2000, dont au moins un tiers de vendeuses de poisson. Cette structure, indépendante des groupements politiques et religieux, est dirigée par une présidente désignée par l'assemblée générale pour une durée de six ans renouvelable une fois[854]. Le RASEF est aussi constitué d'un bureau national, d'un comité exécutif, d'un secrétariat général et d'un exécutif ainsi que de commissions techniques[855]. Les femmes désirant obtenir un crédit (et s'étant acquittées d'une cotisation annuelle de 25 000 francs CFA et d'un droit d'adhésion de 4000 francs CFA), doivent être inscrites au réseau depuis six mois[856]. Selon Mme Fofana, les futurs membres, qui étaient parrainés, devaient surtout apporter la preuve d'une bonne moralité. Chaque nouvelle adhérente qui ouvre un compte d'épargne est inscrite dans un registre et reçoit une carte de membre ou un livret. Mme Adja Dior Diop, présidente de l'association en 2000, était secondée par une vice-présidente, une secrétaire générale et une trésorière. Un comptable était chargé de la réalisation des états financiers, des budgets et des rapports annuels. Mme Diop exerçait son autorité sous contrôle du conseil d'administration dont elle présidait les réunions. Les personnes inscrites au RASEF ont la possibilité de contester le refus d'un crédit par le comité chargé des avances monétaires. Dans ce cas, le secrétaire de la mutuelle d'épargne et de crédit du RASEF les convoque avec le président du comité devant le conseil d'administration qui donne une décision finale[857].

L'Union des mutuelles du partenariat pour la mobilisation de l'épargne et du crédit (UM-PAMECAS)

L'UM-PAMECAS est un réseau de 27 caisses situées dans les départements de Dakar, Pikine, Guédiaway et Rufisque-Bargny de la région de Dakar. Il comptait 38 000 membres (physiques et moraux) en septembre 1999. Cette institution financière coopérative est financée par l'Agence

[853] Brochure du RASEF, 2000, pages 2 et 3.
[854] Nous avons interrogé Mme FOFANA le 30 mai 2000 au siège du RASEF/Sénégal, situé dans la zone industrielle Domaine Sodépi à Dakar.
[855] Brochure du RASEF, 2000, page 4.
[856] *Règlement intérieur de la mutuelle d'épargne et de crédit du RASEF,* Dakar, 1996, page 1.
[857] *Règlement intérieur, op. cit.*, 1996, pages 7 à 9.

canadienne de développement international (ACDI) à travers le Développement international Desjardin. Contrairement au RASEF, l'Union n'est pas ouverte exclusivement aux femmes, mais à toutes les catégories de la population qui travaillent dans la région dakaroise. En 2000, il suffisait pour s'inscrire de verser des droits d'adhésions de 1000 francs CFA et d'acquérir une part sociale à 4000 francs CFA. L'UM-PAMECAS est un réseau à deux niveaux : local et régional. On trouve dans chacun d'entre eux une assemblée générale qui élit un conseil d'administration, un comité de crédit et un conseil de surveillance. Une direction gère l'Union à l'aide de services techniques (inspection, formation, communication, marketing, etc)[858]. Madame Sylvie Gauvin, gestionnaire financière et conseillère technique canadienne de l'Union en 1999, résumait ainsi le but de ses mutuelles :

« *L'objectif du projet est que la population sénégalaise et les petits opérateurs économiques puissent avoir accès à des services d'intermédiation financière à des coûts réduits* [...]. *L'étape d'émergence des caisses est maintenant terminée et le réseau prend le virage vers l'autonomie financière* [...]. *Plusieurs personnes sont laissées pour compte par les systèmes bancaires traditionnels*[859]. » Les dirigeants et gestionnaires de l'Union bénéficiaient de formations visant à les familiariser avec l'administration, le contrôle et la gestion de leurs caisses. L'UM-PAMECAS désirait par ailleurs étendre ses services à d'autres régions sénégalaises[860]. L'Union comptait 60,3% de femmes membres en juin 1999 qui avaient obtenu 72,34% des crédits. L'épargne atteignait 1 587 329 953 francs CFA, soit une moyenne de 48 740 francs CFA par membre. Le volume de crédit était de 881 128 953 francs CFA, ce qui représentait une moyenne de 272 205 francs CFA par adhérent. L'Union connaissait des taux de croissance importants : le nombre de membres avait augmenté de 16,05%, l'épargne de 23,91% et le crédit de 10,84% entre mars et juin 1999[861]. L'UM-PAMECAS créa des caisses dans les villages de pêcheurs, comme celui de Yenne Dialao. Elle souhaitait développer ses activités dans les domaines de la pêche, de l'agriculture, du tourisme et de l'artisanat grâce au soutien financier belge qui lui accorda une ligne de crédit de 200 millions de francs CFA[862]. L'Union s'associa avec des réseaux d'épargne et de crédit du Burkina Faso, du Mali, du Togo et du Bénin afin de créer un laboratoire de

---

[858] Brochure de L'UM-PAMECAS, 2000, pages 1 à 6. Nous nous sommes rendus au siège de l'Union situé aux Parcelles Assainies (dans la région dakaroise) en mai 2000. Nous y avons recueilli de la documentation sans pouvoir interroger des dirigeants. Nous ne connaissons donc pas le nombre de vendeurs de poisson qui en font partie.

[859] *UM-PAMECAS INFO*, « Rencontre avec Mme Sylvie GAUVIN », *op. cit.*, juillet 1999, page 4.

[860] Mamadou DIA, *UM-PAMECAS INFO*, *op. cit.*, juillet 1999, page 5.

[861] *UM-PAMECAS INFO*, « Portrait du réseau, tableau de bord », *op. cit.*, juillet 1999, page 6.

[862] *UM-PAMECAS INFO*, « Actualités », *op. cit.*, juillet 1999, page 11.

recherche appliquée. Ce dernier devait permettre de rendre les services financiers offerts plus performants[863]. L'UM-PAMECAS avait ouvert une section au Marché central au poisson. M. Mamadou N'diaye, employé de la caisse du MCP, évaluait le nombre de commerçants inscrits à près de 400. La caisse regroupait environ 140 femmes et 222 hommes vendeurs de poisson. M. N'diaye nous a affirmé en juin 2000 que 16 groupes de femmes et 24 groupes mixtes avait adhéré à l'Union depuis son ouverture. Les frais de chaque nouveau membre s'élevaient à 12 000 francs CFA : 5000 francs CFA permettant l'acquisition d'une part sociale, 2000 francs CFA de droits d'adhésion et 5000 francs CFA versés comme épargne minimum. Selon M. N'diaye : « *La différence par rapport aux autres caisses est que la nôtre est naissante. Elle n'a pas encore une grande assise financière. Le plafond du crédit consenti est de 350 000 francs CFA. Nous proposons aux vendeurs de produits halieutiques une épargne courante ou bloquée*[864]. » Les opérations faites par chaque membre (retraits, dépôts, solde restant à l'adhérent) figuraient sur les registres de la caisse du MCP. Il recevait un reçu numéroté lors de chaque opération.

Les mutuelles de l'Union nationale des commerçants et industriels du Sénégal (UNACOIS)

Les mutuelles UNACOIS comptaient 24 caisses au Sénégal en 2000, dont celles de Yoff, Sandaga et N'diarème. Cette dernière, située au marché Ndiarème de Guediawaye, avait été créée le 28 août 1999. Elle commença à offrir ses services le 28 octobre de la même année. Mme Fatou Gueye était présidente de la section de Guediawaye et Monsieur Pape Samb dirigeait le conseil d'administration[865]. On dénombrait dans chaque organe de la caisse 6 hommes et 6 femmes. Le conseil d'administration, le comité de crédit et celui chargé de la surveillance des activités de la structure comptaient chacun 12 membres élus par les adhérents. Les vendeuses de poisson du marché étaient une centaine à être inscrites sur les listes de la caisse. Il s'agissait essentiellement de détaillantes en poisson frais. M. Samb nous a expliqué qu'il fallait au moins verser 14 000 francs CFA pour ouvrir un compte de prévoyance : la part sociale coûtait 10 000 francs CFA, les frais d'inscription 1500 francs CFA et le montant minimum d'épargne avoisinait 2500 francs CFA. L'obtention d'un compte bloqué coûtait le même montant : 10 000 francs CFA en actions auxquels il fallait ajouté 4000 francs

---

863 Alioune N'DOUR, « Un centre d'innovation financière : une première en Afrique », *UM-PAMECAS INFO*, *op. cit.*, juillet 1999, page 10.

864 Nous avons interrogé Mamadou N'DIAYE au Marché central au poisson le 27 juin 2000. L'UM PAMECAS du MCP ne fonctionnait alors que depuis 6 mois.

865 Nous avons rencontré M. Pape SAMB au marché Ndiarème de Guediawaye en mai 2000.

CFA d'épargne minimum. Le premier type de comptes permettait aux vendeuses d'effectuer des dépôts et retraits, tandis que le second était destiné à faire des économies. D'après Pape Samb : « *Le taux d'intérêt du crédit est de 2,25%. Il est remboursable tous les 25 du mois sur six mois. Son montant est de 1 ou 2 millions de francs CFA maximum par personne et par groupement.* »

Grâce à ces mutuelles, les vendeurs de poisson peuvent accéder, sans devoir payer des frais d'inscription exorbitants, à des services d'épargne et de crédit. Cependant, la majorité des vendeurs que nous avons interrogés ces dernières années restent attachés aux anciens modes de thésaurisation. Les tontines restent dominantes. Elles permettent, contrairement aux mutuelles, à la vendeuse désignée ou tirée au sort, de disposer immédiatement d'une somme plus ou moins importante d'argent, sans avoir à en faire la demande à un comité de crédit. De plus, les tontines ont un rôle social, notamment d'entraide que ne joue pas forcément la mutuelle. Les mutuelles sénégalaises ont compris que les vendeurs de poisson représentaient un marché potentiel à conquérir. Elles rivalisent d'ailleurs entre elles pour attirer la clientèle[866].

II. LE COLLECTIF NATIONAL DES PÊCHEURS, LA FENAGIE ET LE CONIPAS

1) Le Collectif national des pêcheurs du Sénégal

Le CNPS, créé en 1987, a été reconnu officiellement en 1990. Le CNPS a pour but de défendre les droits des producteurs et d'améliorer leur niveau de vie tout en leur garantissant plus de sécurité en mer. Ce collectif est dirigé par un président, un secrétaire général et un trésorier qui sont secondés dans leurs tâches par des adjoints. Une quinzaine de commissions interviennent chacune dans un domaine précis. Des comités locaux, situés dans les grands sites de débarquement de la pêche artisanale, aident les producteurs à régler leurs difficultés quotidiennes. Les femmes jouent un rôle non négligeable dans cette organisation, puisqu'elles disposent d'un bureau qui lutte contre

[866] Mamadou DIA, un des gérants de l'UM-PAMECAS, s'exprimait ainsi dans un article : « *L'environnement concurrentiel nous pousse aussi à apporter des innovations si nous voulons atteindre et rester au sommet de la pyramide.* [...] *dans un tel système, le membre est roi. Il faudra alors répondre à ses exigences ou disparaître. En effet, s'il n'est pas satisfait des services de la mutuelle, si nous ne répondons pas positivement à ses attentes, il va rebrousser chemin. Aussi nous nous devons toujours de fournir un service de qualité, à moindre coût et dans un délais raisonnable.* » *UM-PAMECAS INFO*, *op. cit.*, juillet 1999, page 5.

leurs problèmes[867]. Le CNPS aspire à accroître la productivité des pêcheurs et à développer leurs liens avec d'autres producteurs à travers le monde, par l'intermédiaire de jumelages. Il a noué des relations avec les Français, aussi bien bretons que normands, et les Canadiens. Il entretient des liens étroits avec les pêcheurs togolais, ghanéens, malgaches et indiens. Un système d'épargne a été mis en place afin de permettre aux vendeuses de poisson frais et aux transformatrices d'accroître leurs revenus. Les femmes du CNPS appartiennent à des groupements chacun composés d'une présidente, d'une secrétaire, d'une trésorière et d'un comité de crédit. Les commerçantes cotisent entre 500 et 2000 francs CFA par mois afin d'épargner des sommes conséquentes[868]. Les 6 comités locaux les plus importants du CNPS se trouvent près des plages de Saint-Louis, Fass Boye, Kayar, Hann, M'bour et Joal. Ils comptent des pêcheurs actifs ou non membres de l'organisation. Ces comités sont consultés par l'Administration en ce qui concerne les décisions à prendre dans le secteur de la pêche artisanale. Le Comité local des pêches (CLP) de Hann comporte deux bureaux ; un réservé aux hommes et l'autre aux femmes. Ils regroupent chacun un président, un vice-président et un trésorier. L'organisation non gouvernementale CREDETIP a aidé les femmes du CLP de Hann à obtenir des crédits et les producteurs à construire une maison des pêcheurs à proximité de la plage. Elle accueille les réunions nationales du CNPS ainsi que ses ateliers de formation. Les membres du CLP de Hann font aussi partie du bureau du conseil d'administration du quai de pêche[869].

Le collectif d'appui au CNPS avait pour objectif d'accroître l'efficacité du CNPS. L'essentiel de son action sur les filières commerciales concernait la mise en place de plans d'aide aux vendeuses de poisson frais et séché. D'après l'association, l'internationalisation du secteur de la pêche maritime a encouragé le collectif à s'ouvrir aux autres artisans pêcheurs des pays en voie de développement qui se heurtent à de sérieuses difficultés. Le collectif Pêche et développement a donc été créé en 1996[870]. Il s'intéresse particulièrement aux agents féminins des filières du poisson. Il aspire à leur garantir un meilleur accès au financement. L'association a par exemple organisé une mission du 4 au 18 novembre 2005 à Soumbédioune auprès de mutuelles qui fonctionnent depuis les années 90. Le Crédit mutuel du Sénégal a octroyé à une vingtaine de commerçantes des prêts de 100 000

[867] CNPS, *État de la pêche maritime au Sénégal en général et à Hann en particulier*, document interne, 2001, pages 4 et 5. Il nous a été fourni par le pêcheur Aladji NIANG, secrétaire général du Comité local des pêcheurs de Hann, le 10 avril 2001.

[868] CNPS, *op. cit.*, 2001, page 6.

[869] CNPS, *op. cit.*, 2001, pages 8 et 9.

[870] Pêche et Développement – Objectifs de l'association, « Présentation », http://www.peche-dev.org/pages/presentation.html, page 1 (consultée le 28/05/2007).

francs CFA remboursables en un an. Le collectif a joué un rôle majeur puisqu'il s'est porté garant, même si les vendeuses se sont cautionnées mutuellement. Une multiplication de ce type d'expérience, qui a été un succès, permettrait aux banques et aux vendeurs de produits halieutiques de surmonter leurs réticences vis-à-vis d'éventuelles collaborations. Les banques craignent une non-solvabilité des commerçants alors que ces derniers sont plus habitués aux modes d'épargne traditionnels, comme nous l'avons expliqué auparavant[871].

2) La Fédération nationale des GIE de pêche du Sénégal

Le développement de la FENAGIE

La FENAGIE Pêche, qui regroupe actuellement près d'un millier de GIE, a été créée le 6 août 1990 à Joal par des micro mareyeuses, transformatrices et pêcheurs sénégalais. M. Amadou Wade, coordinateur de la Cellule appui technique de la FENAGIE, nous a donné de précieux renseignements sur l'organisation et l'action menée par la structure. D'après lui, les coopératives qui réunissaient les différentes catégories de vendeurs en produits halieutiques dans les années 80 furent un échec. En effet, elles n'atteignirent pas leur objectif, c'est-à-dire faciliter aux producteurs l'accès au crédit tout en les équipant correctement en matériel de pêche. Un dispositif juridique permit aux professionnels de la pêche en mer de mener leur activité dans un cadre plus formel. La Caisse nationale de Crédit agricole du Sénégal, le CNCAS, garantit aux membres de la FENAGIE des crédits afin de s'équiper. Selon M. Wade : « *17 000 membres ont une carte FENAGIE dont 65 à 70% de femmes. Ces femmes sont transformatrices à 80%. Les 20% revendent du poisson frais sur la plage ou dans les marchés périphériques. La FENAGIE est présente dans 53 localités de pêche*[872]. » Les GIE de pêche constituent la base de la fédération. Ils sont regroupés par unions locales qui forment à leur tour des fédérations départementales, puis régionales. Le bureau exécutif de la FENAGIE est élu par le comité directeur, parmi les représentants des unions locales, dans le cadre d'une assemblée générale qui se réunit tous les trois ou quatre ans. Ces représentants peuvent occuper tous les postes. Les membres du conseil d'administration se retrouvent tous les quatre ou cinq mois. Le bureau exécutif met en œuvre les orientations du conseil d'administration et dirige des commissions spécialisées (comme celles dédiées à la commercialisation du poisson ou encore à l'environnement). La

[871] René QUINIOU, *De la tontine à la banque*, Pêche et Développement – Actualités, http://www.peche-dev.org/pages/txt_actualites.php, page 5 (consultée le 28/05/2007).
[872] Nous avons questionné M. WADE dans son bureau de l'Union locale de Hann le 3 juin 2005.

FENAGIE a fonctionné durant ses cinq premières années d'existence grâce à la collecte de cotisations, de droits d'adhésion et à la vente de cartes. Dès 1995, la FENAGIE a commencé à mener des programmes réalisés avec l'appui de partenaires (tels que l'association pour une dynamique de progrès économique et social qui est une ONG sénégalaise), de bailleurs de fonds ou des pouvoirs publics. La fédération a mis en place un système de crédit alternatif pour les femmes ainsi que des programmes de formation (par exemple sur la sécurité en mer) et des séminaires. M. Wade nous a expliqué : « *Les crédits sont négociés auprès de partenaires à un taux de 5 ou 6% par an. Ils sont alloués aux unions locales qui les répartissent aux GIE de femmes. Les montants sont de 20 000 francs CFA pour certaines femmes. D'autres ont des besoins plus importants, comme 500 000 francs CFA, par exemple. En général, les crédits varient entre 15 000 et 150 000 francs CFA* [...]. *Aujourd'hui, on a offert un crédit cumulé d'a peu près 1 millions de francs CFA. Le microcrédit est remboursé entre 6 et 12 mois. Le GIE rembourse les crédits et on augmente au fur et à mesure le volume de financement* [...]. *Toutes les femmes qui ont eu un crédit, au moment de le rembourser, épargnent tous les mois. Le GIE en fait* [de ces sommes] *un fonds de financement interne*[873]. » Certains GIE adhérents à la FENAGIE peuvent être financièrement autonomes grâce à ce système d'épargne. La fédération cautionne des membres n'ayant pas les ressources nécessaires à la constitution d'un apport. Cependant, le crédit peut être verrouillé si son bénéficiaire s'avère insolvable.

Les femmes de la fédération sont, depuis octobre 2003, regroupées au sein de l'Union nationale des opérateurs de la FENAGIE pêche (UNOFP). La fédération comptait 60% de femmes en 2004. Plus de 12 000 femmes avaient pu bénéficier des 500 millions de francs CFA provenant du Programme alternatif de crédit, qui avait pu fonctionner grâce à l'ADPES et au FCSS, entre 1995 et 2002[874]. La fédération essayait de développer son action dans le domaine de la commercialisation des produits halieutiques. L'union locale de Kaolack, adhérente depuis 2000 à la FENAGIE, regroupait 300 vendeurs en 2003 dont 243 femmes. L'acquisition d'un camion frigorifique d'une valeur de 5 000 000 de francs CFA permit aux commerçantes de s'approvisionner en poisson sur les plages de la Petite-Côte tout en y revendant des crevettes. Les trois programmes de financement successifs dont avait bénéficié l'union locale de Kaolack, qui s'élevaient à 28 000 000 de francs CFA, furent l'occasion pour les négociantes

---

[873] Nous avons interrogé M. WADE le 3 juin 2005 à Hann.

[874] « Union nationale des opératrices de la FENAGIE Pêche », *Le Pêcheur, Mool-Mi*, Bulletin trimestriel de liaison de la FENAGIE-Pêche, N°6, avril 2004, page 16 et Khady CISSE DIAGANA, « Mise sur pied d'une cellule féminine. A la FENAGIE, les femmes sont à l'avant-garde du développement », *Le Pêcheur, Mool-Mi*, *op. cit.*, décembre 2002, page 15.

d'économiser 3 000 000 de francs CFA, somme qui constitua un bon apport. Cette union locale aspirait, tout comme les autres structures de base du territoire, à trouver des marchés d'écoulement performants[875]. La NOVIB, l'ONG hollandaise, principale partenaire de la FENAGIE, finança la première phase triennale du Projet d'appui au secteur de la pêche et de renforcement institutionnel entre 1999 et 2002. Ce projet, d'un coût de 275 millions de francs CFA, était destiné à améliorer les revenus des pêcheurs, augmenter le pouvoir de leur organisation et soutenir la mise en place d'un début de « labellisation » des produits maritimes[876]. Elle débloqua en 2002 une enveloppe financière de 354 millions de francs CFA, dont 80% financés par les Pays-Bas. Le projet d'appui au secteur de la pêche visait à promouvoir l'exploitation rationnelle des ressources halieutiques[877].

La fédération a pour objectif de faciliter aux producteurs l'acquisition de matériel de pêche. Elle gère des boutiques proposant des filets, tenues de mer, gilets de sauvetage ou encore des pièces de rechange de moteurs hors-bord à des tarifs préférentiels. Selon M. Wade, les pêcheurs rencontrent des difficultés pour acheter des moteurs : « *Les GIE ont des crédits de moteurs inadaptés. Le pêcheur fait une requête auprès du GIE qui fait une requête au niveau de la banque agricole qui met six à sept mois pour étudier son dossier. Le moteur 40 chevaux coûte 1 800 000 francs CFA. L'apport est de 20% plus les frais de dossier. Le taux d'intérêt est de 7,5%. Les impayés sont nombreux, car le moment où les crédits sont alloués par la banque agricole coïncide avec la saison morte, les pêcheurs n'ont pas de revenus. La FENAGIE a débuté un programme lui permettant d'acheter des moteurs et de les revendre moins chers, à des conditions plus souples. Une dizaines de mutuelles ont été enclenchées, 4 ou 5 ont commencé à donner des moteurs aux pêcheurs.* » Les moteurs Yamaha sont particulièrement prisés par les pêcheurs car ils sont mécaniques, donc plus faciles à manipuler et à réparer en cas de panne que les moteurs européens perfectionnés. Le Coordinateur de la Cellule appui technique, M. Amadou Wade, nous a rappelé que, même si la FENAGIE était la plus grande organisation de professionnels exerçant une activité dans le domaine de la pêche artisanale en Afrique de l'Ouest, elle n'était pas encore financièrement autonome et dépendait de ses bailleurs de fonds. La fédération est en contact avec des présidents d'associations africaines (plus précisément de Mauritanie, Guinée, Sierra Leone...) désirant collaborer avec la FENAGIE afin de se développer.

---

[875] « L'union locale de Kaolack », *Le Pêcheur, Mool-Mi*, *op. cit.* septembre 2003.

[876] Amadou Yacine N'DIAYE, « Programme FENAGIE-NOVIB, Fin de la première phase triennale (1999-2002) », *Le Pêcheur, Mool-Mi*, *op. cit.*, décembre 2002, page 21.

[877] Amadou WADE, « Programme FENAGIE Pêche/ NOVIB, Les hollandais financent une seconde phase triennale (2002-2005) », *Le Pêcheur, Mool-Mi*, Bulletin trimestriel de liaison de la FENAGIE Pêche, n°4, avril 2003, page 26.

L'exploitation du centre de mareyage de Rufisque par la FENAGIE

Le centre de mareyage de Rufisque fut le troisième construit dans le cadre du Centre d'assistance à la pêche artisanale du Sénégal (CAPAS). La FENAGIE gère la structure commerciale depuis 2001. M. Mamadou Thiandoum, comptable du centre, nous a expliqué : « *C'est à partir de 2001 que la FENAGIE a acheté le centre de mareyage de Rufisque, Kayar a été acheté par un Libanais et Joal par un homme d'affaires canadien*[878]. » Le centre emploie un comptable qui gère la structure commerciale et supervise ses activités, sous l'autorité d'un directeur. Deux responsables sont chargés de la vente de la glace et de l'entreposage des produits. Un frigoriste surveille les installations et effectue des réparations en cas de panne. Les livreurs s'occupent du chargement des camions, réalisé en fonction du lieu à approvisionner. Ils écoulent le poisson frais sur les marchés. Le chauffeur, qui doit connaître les circuits de distribution, a pour tâche d'entretenir son camion. La structure emploie aussi une secrétaire, un gardien, un caissier et des manœuvres. Le personnel se réunit une fois par mois pour faire le point sur le fonctionnement du centre[879].

La commercialisation du poisson frais par le centre

Le centre se situe sur un terrain de 4400 m² à côté de la plage et à 300 mètres du marché au poisson[880]. La FENAGIE affiche les mêmes objectifs que le CAPAS dans les années 80, c'est-à-dire la garantie aux pêcheurs d'un revenu constant et l'assurance aux consommateurs d'un produit de qualité à un prix abordable. Selon M. Thiandoum, le social prime sur l'économique, surtout avec l'appui des partenaires belges et hollandais de la FENAGIE. De plus, le centre de mareyage de Rufisque ravitaille les pirogues glacières des producteurs et approvisionne en poisson frais les sites de préparation artisanale, dont le produit séché est essentiellement destiné au marché intérieur. Près de 187 femmes de Rufisque et Bargny ont débuté dans la

---

[878] Nous avons questionné M. THIANDOUM dans son bureau du centre de mareyage de Rufisque le 27 mai 2005.

[879] FENAGIE Pêche, *Centre de mareyage de Rufisque*, document interne, 2001, pages 6 à 8. M. THIANDOUM nous a donné un exemplaire de ce document, ainsi qu'une copie des états financiers du centre en 2004, le 27 mai 2005.

[880] FENAGIE Pêche, *op. cit.*, 2001, pages 1 et 2. Le centre possède trois bureaux, une salle de réunion, une réserve d'eau potable de 60 m², deux fabriques de glace alimentaire en plaque (fournissant 5 tonnes par jour chacune), deux chambres de stockage de 0°C (d'une capacité de 10 tonnes chacune), une chambre de stockage de 40°C pouvant congeler 40 tonnes de produit, une salle des machines, une aire couverte pour la maintenance, le lavage et le triage du poisson, un poste de garde, un poste de transformation électrique de 100 KVA et un « télécentre » (sorte de cabine téléphonique) à usage commercial.

vente du poisson frais grâce au centre. Leur produit, acheté en début ou en fin de journée, est conservé dans les chambres froides du centre jusqu'au lendemain matin. Il est écoulé au marché de Rufisque ou dans les villages environnants[881]. Selon un document interne de la FENAGIE : « *Les activités principales du centre sont les suivante : achat et commercialisation du poisson, entreposage de produits frais* [...] *production et vente de glace alimentaire, location de camions frigorifiques, de bacs*[882]. » Le centre fonctionne mieux entre avril et novembre, car le produit frais est abondant. Il stocke en moyenne 188,51 tonnes de poisson par mois et 66,15 tonnes de viande. Il vend par ailleurs plus de 200 bacs de glace par jour[883]. Le poisson commercialisé par la structure de la FENAGIE est la sardinelle ronde et plate, plus accessible aux populations de l'intérieur du pays (principalement localisées à Tambacounda, Matam et Bakel). Le centre de Rufisque se ravitaille sur la plage en priorité lors des périodes de surproduction afin de stabiliser les prix. En effet, il concurrence les mareyeurs auprès des pêcheurs et évite que les grossistes ne proposent des prix d'achat trop faibles.

M. Thiandoum nous a décrit l'approvisionnement du centre : « *On prend de la glace et on va au niveau de la plage et en achetant* [par bac], *on fait le conditionnement en même temps* [...]. *Le moins cher, c'est* [...] *à partir du mois de mars jusqu'au mois de juin, il y a beaucoup de poisson. En moyenne, le bac de poisson tu peux l'acheter entre 700 et 2500 francs CFA* [...]. *De juillet jusqu'au mois de novembre, l'éventail se situe entre 3000 et 6000 francs CFA le bac de 45 kg. Souvent, les mareyeurs nous prennent pour leurs concurrents. Eux, leur objectif, c'était d'être libres avec les pêcheurs et d'imposer leurs prix. Ils sont solidaires entre eux, ils se concertent* [sur les prix]. *Une fois que les mareyeurs voient les gens du centre de mareyage, là, automatiquement, ils se sentent obligés d'augmenter leurs prix pour avoir du poisson*[884]. » Les achats du centre se font par bac, mais les produits sont conditionnés dans des paniers, pour des raisons de commodité. En effet, les bacs vides, dont le coût varie entre 6000 et 12 000 francs CFA, sont souvent perdus durant les opérations de vente à l'intérieur du Sénégal. Il est donc plus rentable pour le centre d'utiliser des paniers, qui contiennent eux aussi 45 kg de poisson, mais qui ne coûtent qu'entre 150 et 200 francs CFA l'unité.

[881] FENAGIE Pêche, *op. cit*, 2001, page 2.
[882] *Id.*, page 3.
[883] *Id.*, page 6.
[884] Nous l'avons interrogé le 27 mai 2005.

Photo 12 : Le centre de mareyage se ravitaille auprès des pirogues de Rufisque

Source : nos photos, prises le 27 mai 2005.

Photo 13 : Des employés approvisionnent le centre en sardinelles conditionnées dans des caisses glacées

Source : nos photos, prises le 27 mai 2005.

La structure possède plusieurs camions frigorifiques : un grand camion AD Berliet d'une capacité de 10 tonnes, deux camions Nissan pouvant contenir 5 tonnes de poisson chacun et un petit camion *JK* où 2,5 tonnes de produits frais sont conditionnées. Le grand camion fait quatre voyages par mois, c'est-à-dire un par semaine, alors que les plus petits véhicules effectuent mensuellement 5 trajets aller-retour. Le camion de 10 tonnes transporte en général 182 bacs de 45 kg chacun, conditionnées avec 8 tonnes de glace. Les deux camions Nissan contiennent 100 bacs par déplacement chacun et le petit camion environ 80. En moyenne, le centre achète 462 bacs de sardinelles par semaine, ce qui équivaut à 20,8 tonnes de produit halieutiques. Les camions reviennent de l'intérieur du pays avec des marchandises ou des denrées qui leur permettent d'amortir le coût du voyage. Ainsi, 10 tonnes de mangues ou de bananes sont ramenées de Tambacounda. Le transport de ces denrées permet au centre de gagner entre 200 et 850 000 francs CFA par voyage.

Le centre de mareyage de Rufisque travaille avec des correspondants qui se situent dans les villes de l'intérieur du pays, comme nous l'a expliqué M. Thiandoum : « *Avec le téléphone, c'est facile de communiquer avec eux. Les moyens de communication ne posent plus de problèmes. À tout moment, ils peuvent nous communiquer les prix de vente pratiqués au niveau des marchés. Et, à ce moment-là, tu peux voir à quel prix tu peux acheter au niveau des plages* [...]. *Ils nous disent que dans tel secteur, il n'y a pas de poisson. Automatiquement, on charge les camions pour ravitailler tel secteur. S'il faut faire très doucement et ne pas dépasser certains prix à l'achat, ils nous avertissent* [...] *pour pouvoir s'en sortir au niveau de l'opération. La commission touchée par bac, c'est 250 francs CFA par bac vendu*[885]. »

[885] Nous l'avons interviewé dans son bureau du centre de mareyage de Rufisque le 27 mai 2005.

Photo 14 : Un chauffeur s'apprête à charger du poisson frais dans un des camions du centre de mareyage de Rufisque

Source : nos photos, prises le 27 mai 2005.

Un bilan positif en 2001

Le centre de mareyage connaît des difficultés pour fournir des quantités de glace suffisantes aux pêcheurs, mareyeurs et femmes revendeuses de poisson frais. Sa production avoisinait 9 tonnes par jour en 2001, au lieu des 10 tonnes initialement prévues. Environ un tiers de la production était destinée aux pêcheurs. Certains producteurs restent, malgré la présence du centre, dépendants des usines qui leur font des avances en argent (pour couvrir les frais d'équipement et de nourriture) et en nature (surtout de la glace). Les pêcheurs, redevables aux structures exportatrices, doivent leur revendre leurs prises[886]. Le graphique suivant nous renseigne sur le bilan financier du centre durant les mois de janvier à mai des années 1999, 2000 et 2001. Les premiers mois de gestion de la FENAGIE furent meilleurs que ceux de la DOPM, grâce au développement de la commercialisation du poisson frais. Le centre recherchait de nouvelles zones de ravitaillement, locales ou non. Ainsi, les marchés des régions de Louga et de Diourbel furent prospectés afin de trouver de nouveaux débouchés commerciaux[887].

---

[886] FENAGIE Pêche, *op. cit*, 2001, page 4.
[887] *Id.*, page 8.

Les autres recettes comprennent, entre autres, celles réalisées grâce au transport de marchandises.

Graphique 38 : Situation financière du centre de Rufisque de janvier à mai 1999, 2000 et 2001, en milliers de francs CFA constants 1999

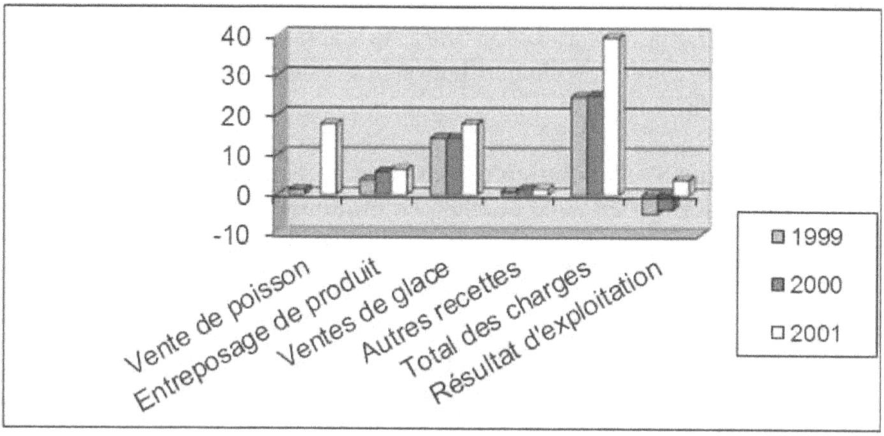

Source : nos calculs, d'après le *Centre de mareyage de Rufisque*, document de la FENAGIE, 2001, page 5.

Des bilans négatifs en 2003 et 2004

L'étude des comptes d'exploitation du centre de mareyage de 2003 et 2004 montre que les résultats réalisés par la structure furent négatifs. Ses actifs immobilisés s'élevaient à 193 133 720 francs CFA en 2004 et étaient essentiellement composés d'immobilisations corporelles (192 893 720 francs CFA). Les immobilisations corporelles comprenaient les bâtiments (56%), le matériel (37%), mais aussi les installations et agencements (7%). Les immobilisations financières, peu élevées, avoisinaient 240 000 francs CFA[888]. L'entreprise ne possédait pas d'actifs circulants (stocks de marchandises, avances versées aux fournisseurs, créances de clients...)[889]. À la clôture de l'exercice 2004, le centre avait 93 483 953 francs CFA de dettes, somme élevée à cause d'une avance faite par la caisse de la FENAGIE qui représentait 93% du montant total dû par la structure. Ses autres dettes (fiscales et de sécurité sociale) avoisinaient 28 593 968 francs

---

888 FENAGIE Pêche, Centre de mareyage de Rufisque, *Centre de mareyage Keury Souf Rufisque. Etats financiers, du 01/01/04 au 31/12/04*, Rufisque, avril 2005, page 37. Une copie de ce document nous a été remise par M. THIANDOUM, comptable du centre, le 27 mai 2005. Les bâtiments valaient 108 857 800 francs CFA, les installations et agencements 13 419 000 francs CFA et le matériel 70 616 920 francs CFA.

889 *Centre de mareyage de Rufisque*, *op. cit.*, 2005, pages 8 et 9.

CFA en 2003, soit 7% des emprunts totaux du centre de mareyage[890]. Nous pouvons comparer les produits et les charges de la structure commercialisant du poisson frais durant les années 2003 et 2004. Les charges d'exploitation ont nettement évolué entre ces deux périodes. Les achats comprenaient surtout les factures d'eau, d'électricité ainsi que les approvisionnements en matériaux et fournitures. Les services extérieurs désignaient, entre autres, les frais d'entretien du matériel, les frais de téléphone et les dépenses de restauration. Les salaires et charges patronales constituaient la majeure partie des charges de personnel.

Graphique 39 : Évolution des charges du centre de mareyage de Rufisque en 2003 et 2004, en millions de francs CFA

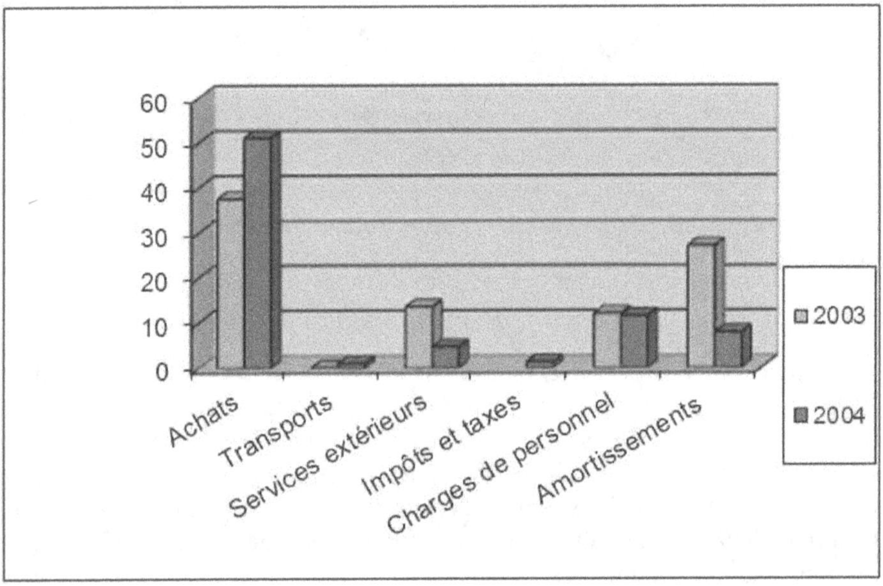

Source : d'après les *États financiers, du 01/01/04 au 31/12/04*, avril 2005, pages 12 et 14.

Ces charges baissèrent en un an : elles atteignaient 90 465 384 francs CFA en 2003 et 77 675 370 francs CFA en 2004. La même année, le centre régla un impôt sur le résultat de 500 000 francs CFA[891]. Seule la valeur des achats ainsi que celle des transports augmenta. La structure faisait des efforts pour économiser des fonds, afin de réduire son déficit. Les produits, exclusivement d'exploitation, étaient réalisés grâce aux ventes de poisson

[890] *Id.*, page 43.
[891] *Id.*, pages 12 et 14.

frais et de glace. Ils étaient sensiblement identiques en 2003 (42 104 750 francs CFA) et en 2004 (43 141 479 francs CFA)[892].

Graphique 40 : Charges, produits et résultats du centre de mareyage de Rufisque en 2003 et 2004, en millions de francs CFA

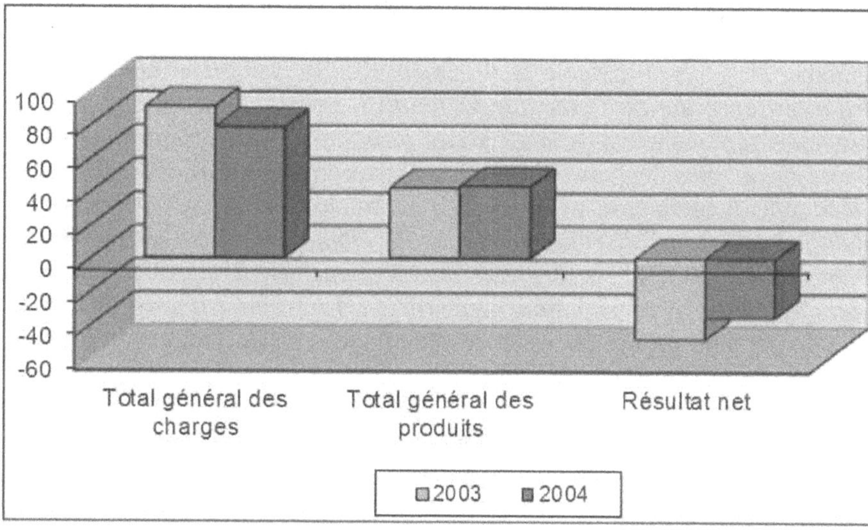

Source : d'après les *États financiers, du 01/01/04 au 31/12/04*, avril 2005, pages 13 et 14.

Le résultat net d'exploitation fut négatif en 2003 et en 2004, mais il passa tout de même de -47 860 634 francs CFA à -35 033 891 francs CFA. On remarque que les charges de la structure baissèrent légèrement, tandis que les produits augmentèrent. Cependant, l'entreprise devait poursuivre ses efforts afin de couvrir ses dettes financières, puisque l'obtention de bénéfices ne semblait pas être une priorité pour le centre qui était voué aux pêcheurs et aux consommateurs.

Le Conseil national interprofessionnel de la pêche artisanale au Sénégal (CONIPAS)

Le CONIPAS, qui a été mis en place le 21 août 2003 à Saly Portudal, en partenariat avec les organisations professionnelles de la pêche artisanale sénégalaise, constitue, d'après la FENAGIE, un instrument de défense des intérêts du secteur : « [...] *la Fédération nationale des GIE de pêche (FENAGIE), le Collectif national des pêcheurs du Sénégal (CNPS), la*

[892] *Id.*, pages 13 et 15.

Fédération nationale des mareyeurs du Sénégal (FENAMS), l'Union nationale des GIE de mareyeurs du Sénégal (UNAGIEMS) et la Fédération nationale des femmes transformatrices (FENATRAMS) lui ont assigné comme tâche essentielle de propulser la pêche artisanale au devant de toutes les activités économiques[893]. » Ce conseil devait œuvrer pour valoriser la ressource halieutique, sécuriser les producteurs en mer, former les vendeurs de poisson et financer leurs activités. Sa création fut appuyée par l'Agence nationale de conseil agricole et rurale (ANCAR), par l'intermédiaire de sa direction régionale de Dakar. Le CONIPAS aspirait à mettre sur pied des structures régionales, mais aussi à être reconnu sur le plan juridique[894]. M. Dao Gueye, président du CNPS, fut élu dirigeant du CONIPAS lors de l'assemblée générale de l'été 2003. Il affirmait alors : « *Nos objectifs sont multiples et visent essentiellement le développement du secteur tant en amont qu'en aval. C'est dire que le développement intégral de la filière pêche est notre préoccupation majeure*[895]. » L'un des défis du CONIPAS était de parvenir à faire coexister les intérêts des producteurs avec ceux des mareyeurs, souvent contradictoires. Le CONIPAS, aidé par la Coopération française, participa en mars 2004 à un atelier de planification du groupement et à un séminaire sur la problématique du financement de la pêche artisanale un mois plus tard. Le conseil comptait aller à la rencontre des pêcheurs sénégalais afin de les intéresser à la préservation des fonds marins. Le CONIPAS souhaitait vivement proposer aux commerçants en produits halieutiques des entrepôts frigorifiques fonctionnels ainsi qu'un parc automobile en bon état. Les mareyeurs réclamaient par ailleurs des caisses isothermes, des bascules, des palettes et des transpalettes. Des formations allaient être dispensées à la base, notamment sur « *l'hygiène et la qualité des produits halieutiques* et *le fonctionnement des filières*[896] ». Le CONIPAS installait régulièrement des bureaux régionaux. Ainsi, le gouverneur de la région de Ziguinchor inaugura une structure le 15 mai 2006. Dirigée par

[893] Samba GUEYE, « Le CONIPAS, un nouvel instrument qui propulse le secteur », *Le Pêcheur, Mool-Mi, op. cit*, septembre 2003, page 3.

[894] Abdoulaye SAMBA, « Les OP de la pêche artisanale se regroupent en interprofession, le CONIPAS sur les fonds baptismaux », *Le Pêcheur, Mool-Mi, op. cit.*, septembre 2003, page 26.

[895] Abdoulaye SAMBA, « Entretien avec Dao GUEYE, Président du CONIPAS », *Le Pêcheur, Mool-Mi, op. cit.*, septembre 2003, page 24.

[896] Cécile BROUTIN, *Note interprofessions Sénégal*, http://www.redev.info, février 2005, pages 6 et 7. Les autres thèmes développés lors des formations seraient les suivants : « Gestion des ressources humaines », « La pêche artisanale : évolution, situation actuelle et principaux défis », « Les réformes économiques et institutionnelles de la pêche artisanale », « Le renforcement du partenariat : filière pêche et partenariat », « Les méthodes et outils de planification stratégique », « La négociation des politiques publiques » et « Le renforcement des capacités des OP de la filière pêche ».

Mamadou Sonko, elle avait divers problèmes à résoudre, tels que le prix élevé du poisson en Casamance ou la révision des licences de pêche[897].

III. UNE RAREFACTION DE LA RESSOURCE NUISIBLE AU COMMERCE DU POISSON

Le problème de la conservation des ressources maritimes et fluviales est un enjeu majeur au Sénégal. Selon les vendeurs de poisson frais et séché, la quantité de produits halieutiques s'amenuise à cause des navires industriels étrangers qui pêchent dans les eaux sénégalaises. Les eaux fluviales ont quant à elles été touchées par des années de sécheresse. Ces facteurs inquiétants ont des conséquences néfastes sur la commercialisation du poisson de mer et de fleuve.

1) Une exploitation problématique du poisson de mer

L'évolution de la production et des échanges en poisson

La production de poisson frais et séché

Les mises à terre de la pêche artisanale ont baissé au milieu des années 90, pour augmenter à partir de 1996. Elles s'élevaient à 285 778 tonnes en 1992, les sardinelles et ethmaloses représentant la majorité du tonnage produit. Une baisse de production régionale se répercutait bien entendu sur les quantités totales débarquées. Ainsi, en 1993, la région de Dakar produit 42% de poisson en moins par rapport à 1992[898]. En 1995, la région de Thiès connut un report de l'effort de production vers la capture de poulpes[899]. Les mises à terre progressèrent les années suivantes, parallèlement au nombre de pirogues et de pêcheurs en activité. En 2001 et 2002, la chute des tonnages produits fut due à une baisse de la capture des petits pélagiques, essentiellement des sardinelles[900].

---

[897] Seydou Prosper SADIO, *Ziguinchor-Gestion des ressources halieutiques : le CONIPAS installe ses unités*, http://www.lesoleil.sn, mercredi 17 mai 2006.
[898] Ministère de la Pêche et des transports maritimes, *Résultats généraux de la pêche maritime 1993*, page 3.
[899] *Id.*, page 3.
[900] *Id.*, page 3.

Graphique 41 : Évolution de l'indice de production du poisson frais au Sénégal de 1992 à 2009

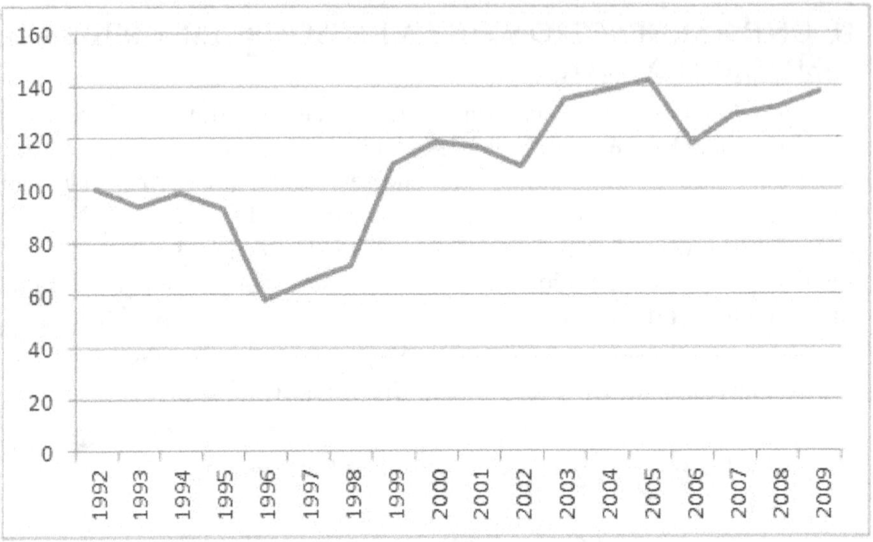

Sources : nos calculs, d'après les *Résultats généraux de la pêche maritime* de 1992 à 2005 et d'après l'Agence nationale de la statistique et de la démographie, *Situation Économique et sociale du Sénégal*, éditions 2006 à 2010. Base 100=1992.

La rareté de la ressource, entraînée par une surexploitation des fonds marins, fut à l'origine de la chute de la production, qui passa d'environ 406 200 tonnes en 2005 à 336 000 en 2006. La hausse du prix du carburant (de 391 francs CFA le litre en 2005 à 452 en 2006) amplifia ce phénomène[901]. La valeur marchande du poisson débarqué était considérable, elle s'élevait par exemple à 77,5 milliards de francs CFA en 2005. De 2005 à 2009, la région de Thiès fournit l'essentiel des mises à terre (entre 61 et 65%), suivi de Saint-Louis, Dakar et Ziguinchor. Pour lutter contre cette pénurie de produits halieutiques, l'État sénégalais créa durant les années suivantes une Direction de la pêche continentale et de l'aquaculture (DPCA) ainsi qu'une Agence pour la promotion de l'aquaculture (APA). Il mit en place une Lettre de politique sectorielle des pêches et de l'aquaculture (LPSPA 2008-2010) dont les objectifs étaient, entre autre, la gestion durable et la restauration des

[901] Ministère de l'Économie et des finances, Agence nationale de la statistique et de la démographie, *Situation économique et sociale du Sénégal, édition 2006*, pages 134 à 137.

ressources ainsi qu'un meilleur accès aux moyens financiers pour les professionnels de la pêche[902].

La production de poisson séché augmenta globalement entre 1992 et 1997, année où elle avoisina 35 000 tonnes. La fabrication de produits secs, dépendante des mises à terre, connut des chutes en 1993, 1998 et 2002. Le *Kéthiakh* restait le produit dominant et représentait au moins 50% des quantités de poissons transformés de 1992 à 2002 et plus des deux tiers entre 2005 et 2009.

Graphique 42 : Évolution de l'indice de production du poisson séché fabriqué au Sénégal de 1992 à 2009

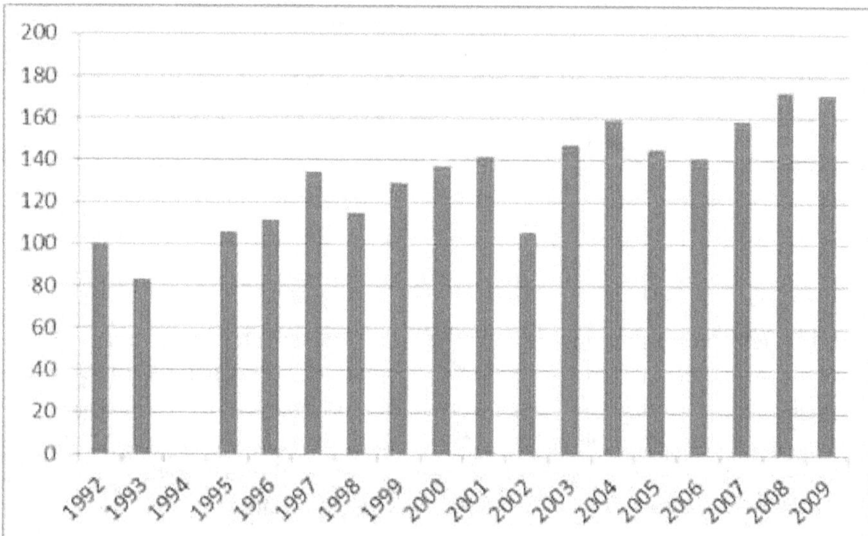

Source : nos calculs, d'après les *Résultats généraux de la pêche maritime* de 1992 à 2005 et d'après l'Agence nationale de la statistique et de la démographie, *Situation Économique et sociale du Sénégal*, éditions 2006 à 2010. Base 100=1992.

Les producteurs et leurs pirogues

Selon les rapports de la direction de l'Océanographie et des pêches maritimes, le Sénégal comptait 7616 pirogues de mer et 3091 embarcations fluviales entre 1997 et 2001. Les engins maritimes représentaient donc 71,13% du parc piroguier. Le nombre de pirogues (environ 10 000) évolua peu entre 1992 et 2002 par rapport à celui des pêcheurs. En effet, le nombre

[902] *Id.*, *édition 2008*, pages 129 à 136.

de pêcheurs serait passé de 49 138 en 1993 à 52 498 en 1994. Il aurait même atteint 57 067 en 1996, avant de chuter en 1998.

Graphique 43 : Évolution de l'indice du nombre de pêcheurs au Sénégal de 1992 à 2002

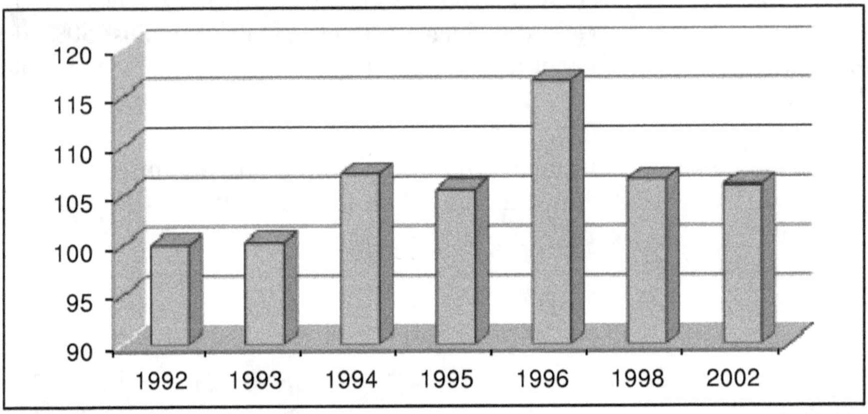

Source : nos calculs, d'après les *Résultats généraux de la pêche maritime* de 1992 à 2002. Base 100=1992.

La valeur commerciale des produits

La valeur commerciale du poisson frais baissa en 1993, année durant laquelle elle atteint 24 675 852 000 francs CFA constants 1992. Les débarquements connurent une chute de 6,59% entre 1992 et 1993, notamment à cause d'une raréfaction de 42% de la ressource dakaroise. De plus, les prix des espèces n'augmentèrent pas à l'intérieur du pays[903]. La valeur des prises de la pêche artisanale connut globalement une hausse entre 1994 et 1998. Elle augmenta par exemple de 23% entre 1995 et 1996. Une légère baisse de son montant en 1996 fut due à la prédominance des petits pélagiques côtiers dans les captures[904]. La valeur commerciale des produits halieutiques dépassa 30 000 000 000 de francs CFA constants 1992 en 1998, malgré une chute des mises à terre par rapport à 1997. Cette dernière fut compensée par l'augmentation du prix des produits marins[905]. La même explication est valable pour les années suivantes.

---

[903] Direction de l'Océanographie et des pêches maritimes, *Résultats Généraux de la pêche maritime 1993,* Dakar, 1994, page 1.
[904] *Id., 1996,* Dakar, 1997, page 1.
[905] *Id.*, 1999, page 1.

Graphique 44 : Évolution de la valeur commerciale du poisson frais et sec produit au Sénégal de 1992 à 2005, en milliards de francs CFA constants 1992

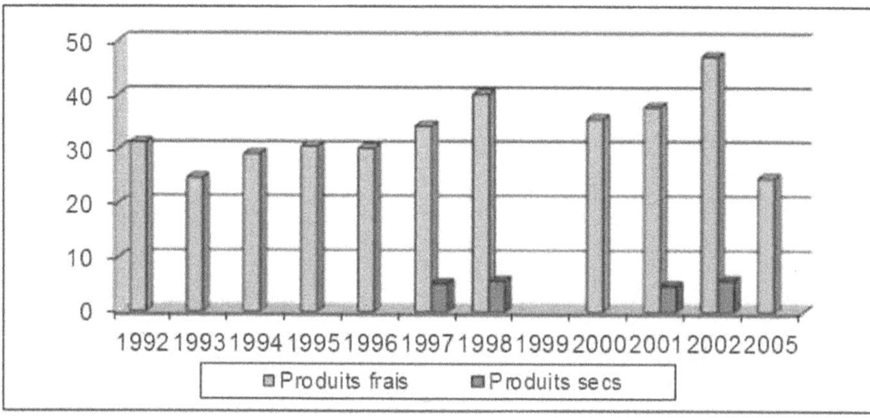

Source : nos calculs, d'après les *Résultats généraux de la pêche maritime* de 1992 à 2005.

Nous avons peu de renseignements sur la valeur des produits séchés sénégalais entre 1992 et 2005. Cette somme, très inférieure à celle des produits halieutiques frais, atteint par exemple 5 819 976 080 francs CFA constants 1992 en 2002, soit 12,34% de la valeur commerciale du poisson frais.

Les échanges de poisson frais et séché produits par les régions de Dakar et de Saint-Louis

Le poisson frais

Nous avons montré précédemment que les régions de Dakar et de Saint-Louis ne tenaient pas la même place au sein des circuits de distribution du poisson au Sénégal. Le volume des échanges en produits halieutiques est évidemment plus important dans la région dakaroise qui possède un marché étendu. L'étude des chiffres fournis par la direction de l'Océanographie et des pêches maritimes pour l'année 2002 nous permet d'affirmer que la région de Dakar importa presque 10 fois plus de poisson frais (79 439,39 tonnes) qu'elle n'en exporta (7536,7 tonnes). Au contraire, la région de Saint-Louis exporta 20 078,43 tonnes de poisson frais, alors qu'elle n'en importa que 3186,72 tonnes.

En 2002, la région de Dakar exportait surtout du poisson frais vers les régions de Kaolack (30,9%), Diourbel (23%) et Thiès (19,5%). Les principaux partenaires commerciaux de Saint-Louis étaient aussi les régions de Diourbel (42,10%) et de Thiès (18,22%). La division administrative de Louga arrivait en troisième position (22%). Les régions de Dakar et de Saint-Louis importaient essentiellement du poisson thiéssois. Les produits halieutiques mis à terre dans cette région représentaient en 2002 près de 81% de l'approvisionnement dakarois et la quasi-totalité du ravitaillement saint-louisien, sans compter les produits issus du commerce interrégional. Un dixième des importations de la région de Dakar avaient pour origine Saint-Louis.

Carte 7 : Poisson frais importé et exporté par la région de Saint-Louis en 2002

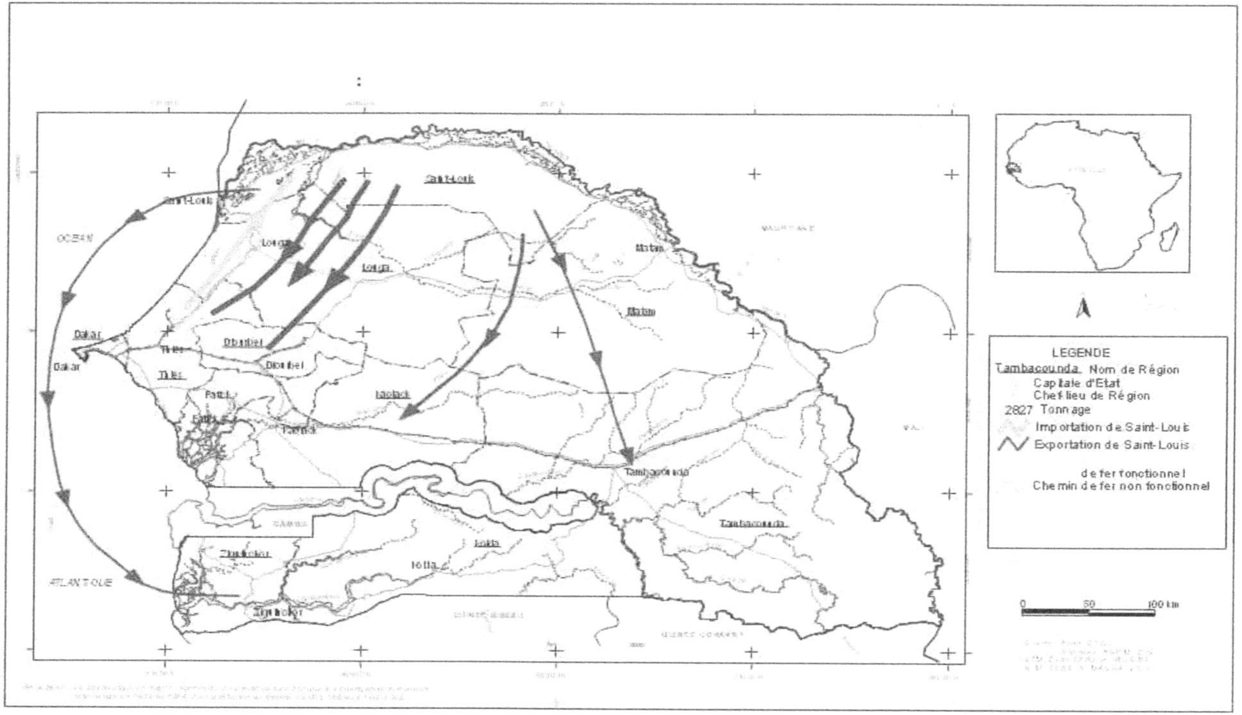

Source : d'après les *Résultats généraux de la pêche maritime* sénégalaise de 2002.

Le poisson séché

Entre 1992 et 2002, les régions de Dakar et de Saint-Louis ont surtout exporté du poisson séché dans les régions de Thiès, Diourbel, Kaolack et Louga. En 1993, par exemple, le marché saint-louisien représenta près de 50% des exportations dakaroises, soit 246,77 tonnes, ce qui nous semble atypique par rapport aux données que nous avons relevées. Il pourrait s'agir d'une surévaluation des volumes échangés. Environ 53,49% du produit saint-louisien (sur un total de 450,95 tonnes) fut revendu à Thiès et Diourbel en 1993. La quasi-totalité du poisson importé par Dakar (78,17% sur 4120,64 tonnes) et Saint-Louis (98,93% sur 1440 tonnes) était originaire de la région de Thiès. Comme nous l'avons déjà constaté dans notre deuxième partie, Thiès, qui produit des quantités considérables de poisson frais et séché, fait figure de partenaire commercial privilégié des régions de Dakar et de Saint-Louis.

Carte 8 : Poisson sec importé et exporté par les régions de Dakar et de Saint-Louis en 1993

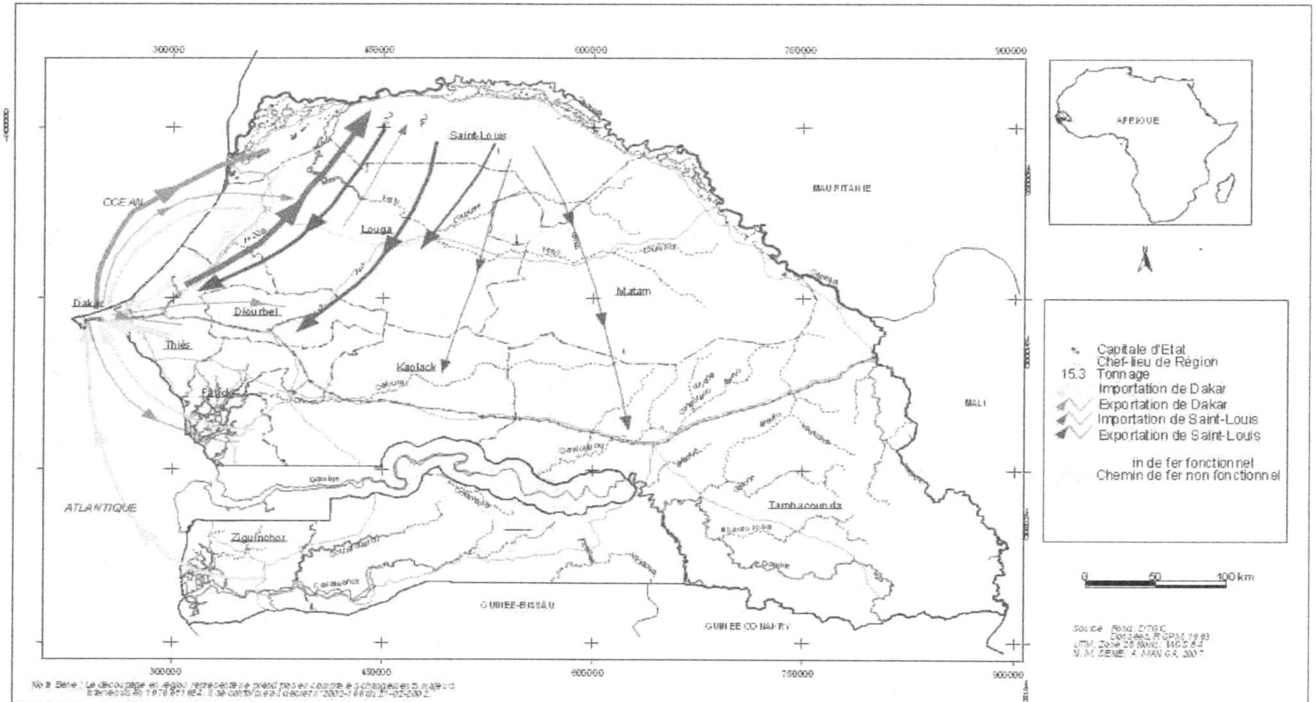

Source : d'après les *Résultats généraux de la pêche maritime* sénégalaise de 1993.

Une lutte contre la raréfaction de la ressource au Sénégal

Le CRODT estime que les stocks démersaux côtiers (crustacés et céphalopodes) de la Zone économique exclusive sénégalaise sont en état de surexploitation, malgré un potentiel annuel de capture avoisinant 130 000 tonnes. Les ressources pélagiques côtières, essentiellement composées de sardinelles, sont trop exploitées sur la Petite-Côte et la région sénégalo-mauritanienne[906]. Cette raréfaction inquiète diverses organisations, aussi bien nationales qu'internationales[907].

La NOVIB

Le principal partenaire de la FENAGIE anima des séminaires dans le cadre de son programme de promotion de la pêche durable. Une rencontre sur le thème de la protection de la ressource et de la restauration des habitats marins eut lieu les 3 et 4 septembre 2003 à Dakar. D'après les conclusions de cet atelier, la pression de pêche devait être diminuée et l'accès à la ressource réglementé pour permettre un repos biologique des espèces ainsi que la pose de récifs artificiels[908]. Entre 2002 et 2005, la NOVIB finança des campagnes de sensibilisation sur la Petite-Côte, Ouakam et Hann auprès des différents acteurs de la pêche artisanale. Ces derniers étaient contraints de se rendre de plus en plus loin en mer pour trouver du poisson, ce qui augmentait les coûts de production[909]. Un séminaire expliquant les mérites des Aires marines protégées (AMP) se déroula les 9 et 10 décembre 2003 à Nianing[910].

L'intérêt du WWF

Le fonds mondial pour la nature milite en faveur de l'instauration d'AMP en Afrique de l'Ouest. Il aspire à protéger la biodiversité, lutter contre la surexploitation et la pollution des eaux maritimes, mais aussi à œuvrer en faveur de la durabilité de l'utilisation des ressources halieutiques. Le WWF fut à l'origine du programme *Western africa marine éco région* (WAMER), concernant 6 pays (le Sénégal, la Mauritanie, la Gambie, la Guinée-Bissau,

---

906 CNPS, *op. cit.*, 2001, page 14.

907 Nous ne donnons ici que quelques exemples d'interventions.

908 Amadou WADE, « Repos biologiques et récifs artificiels pour la protection de la ressource halieutique », *Le Pêcheur, Mool-Mi*, *op. cit.*, septembre 2003, page 12. Le repos biologique est réalisé grâce à « *la fermeture permanente annuelle ou saisonnière de certaines zones de reproduction ou de nourriceries à toute activité de pêche* ».

909 Amadou WADE, « Des actions pour promouvoir la pêche durable », *Le Pêcheur, Mool-Mi*, *op. cit.*, avril 2003, pages 22 et 23.

910 Alassane SECK, « Atelier de Nianing. Les AMP au service de la pêche artisanale », *Le Pêcheur, Mool-Mi, op. cit.*, avril 2004, page 6.

la Guinée et le Cap-Vert), soit 3500 km de côtes. Il visait à appuyer la création et la gestion d'Aires marines et côtières protégées[911].

Le gouvernement créa tout d'abord l'Aire marine protégée de Bomboung, s'étendant sur 7000 hectares dans la communauté rurale de Toubacouta, puis 4 nouvelles AMP sous l'impulsion du WWF en 2003 à Saint-Louis, Kayar, Joal Fadiouth et Abéné[912]. Il participa durant la même année avec des ONG et organisations professionnelles à un atelier sur l'importance de la coopération scientifique entre gouvernements africains pour protéger les espèces marines[913]. Le Fonds mondial pour la nature lança en juin 2003 le Programme régional de conservation de la zone côtière et marine en Afrique de l'Ouest (PRCM), qui devait durer jusqu'en 2008. Il concernait le Sénégal, mais aussi la Mauritanie, la Guinée-Bissau et la Guinée Conakry. Le WWF mit en place, en partenariat avec le ministère de la Pêche et l'Océanium (une association de protection de l'environnement située à l'école de plongée sous-marine de Dakar) une campagne intitulée *Legui Doyna*, ce qui signifiait « *Maintenant, ça suffi!* » Il fallait que les producteurs, aussi bien artisanaux qu'industriels, cessent de pêcher les alevins et juvéniles avec leurs engins. Des spots de sensibilisation radiotélévisés furent diffusés et des affiches, autocollants et t-shirts distribués aux pêcheurs. Le WWF réclamait la révision de certaines tailles minimales de mailles de filets, des sanctions en cas d'infractions au code de la pêche et la régulation de l'effort de production[914].

L'engagement de la FENAGIE et du CNPS

La FENAGIE mit en œuvre, avec l'aide d'une structure suisse, un projet de protection et de gestion de la ressource halieutique basé sur l'immatriculation du parc piroguier. La phase pilote, financée par la Direction du développement et de la coopération suisse, se déroula dans les localités de Hann, Rufisque et Kayar. Les données étaient ainsi plus facilement collectées. Par ailleurs, le Fonds pour l'environnement mondial s'inquiétait de la dégradation des ressources halieutiques. Il dirigeait depuis 2004 un programme destiné à lutter contre une paupérisation dans le secteur

---

[911] Lyne LAROCHETTE, « Le Programme WAMER du WWF », *Le Pêcheur, Mool-Mi, op. cit.*, décembre 2002, page 24.

[912] « Le Sénégal crée 4 nouvelles AMP », *Le Pêcheur, Mool-Mi, op. cit.*, septembre 2003, page 14 et Ibrahima DIAME, « L'Aire Marine Protégée du Bomboung. Une première au Sénégal », *Le Pêcheur, Mool-Mi, op. cit.*, avril 2003, page 22. Un comité de gestion fut composé par les représentants des 14 villages limitrophes de l'AMP.

[913] Alassane SECK, « La coopération scientifique comme support de développement de la pêche dans la sous-région », *Le Pêcheur, Mool-Mi, op. cit.*, septembre 2003, page 20.

[914] « Legui Doyna, Stoppons la pêche aux alevins et aux juvéniles au Sénégal », *Le Pêcheur, Mool-Mi, op. cit.*, septembre 2003, pages 21 et 22.

de la pêche dont dépendent plus de 500 000 Sénégalais[915]. Le CNPS n'est, bien entendu, pas insensible au problème de la gestion de la ressource. Il organisa, les 29 et 30 mai 1995 un séminaire sur la problématique d'une pêche responsable à Joal. Il fallait interdire, selon le CNPS, la pêche à la dynamite et les rejets du poisson en mer, respecter la réglementation fixant une taille minimale pour les mailles des filets et préserver la zone exclusive de 6 miles réservée à la pêche artisanale. Le collectif collaborait aussi avec les chercheurs du CRODT[916].

Des accords de pêche menaçant le marché intérieur

Le premier accord de pêche entre l'Europe et le Sénégal fut adopté par règlement du conseil de la CEE le 27 juin 1980 et publié au Journal officiel L226 du 29 août. Le Sénégal avait la possibilité, en échange du partage de ses eaux, d'exporter ses produits à des tarifs préférentiels et de ravitailler en poisson ses industries. La France lui accorda entre autre un crédit de 1 810 000 000 de francs CFA ainsi que 256 000 000 de francs CFA pour construire 9 cordiers[917]. La quasi-totalité des commerçants que nous avons rencontrés dénoncent l'exportation massive des produits halieutiques, qui freine le développement de leur activité. Les poissons de meilleure qualité sont exportés, car les vendeurs ne peuvent pas concurrencer les usines, qui ont d'ailleurs recours aux services de mareyeurs pour s'approvisionner sur les lieux de débarquement. Moustapha Deme et Karim Dahou évoquaient en 2002 les effets néfastes des accords de pêche sur la sécurité alimentaire et la gestion de la ressource sénégalaise. Ils expliquaient qu'ils étaient basés sur l'idée que les pays en développement disposaient de grosses ressources, sans pouvoir les exploiter, alors que les pays développés manquaient de produits halieutiques. Ces accords ne furent pas conclus après une évaluation fiable des ressources disponibles. Cependant, les deux économistes ne les jugeaient pas comme seuls responsables de la cherté du poisson sur les marchés sénégalais, car ces accords faisaient partie d'une politique étatique qui visait à favoriser l'exportation de produits halieutiques[918]. Ainsi, la péréquation de

[915] « Le démarrage effectif du GIRMAC est pour bientôt », *Le Pêcheur, Mool-Mi, op. cit.*, avril 2004, page 14.

[916] CNPS, *op. cit.*, 2001, pages 15 et 16.

[917] N'DIAYE DIOP, *op. cit.*, 1984, page 41. Le Sénégal signa en 1977 des accords avec l'Italie, l'Espagne et la Côte-d'Ivoire (contre le libre accès des Sénégalais au marché ivoirien), puis en 1982 avec la Pologne.

[918] Moustapha DEME et Karim DAHOU, « Accords de pêche UE-Sénégal et commerce international », *Forum sur le commerce des Produits agricoles, Pays ACP, juin 2002*, http://forum1.inter-reseaux.org/imprimer.php3?id_article=224, pages 1 à 4 (consultées le 28/05/07). L'État a notamment mis en place des statuts de points et d'entreprises franches, mais aussi signé la convention de Lomé qui permet aux produits halieutiques sénégalais d'arriver sur le marché européen en payant des droits de douane réduits jusqu'à 25%.

50% sur le carburant pirogue et une importation d'engins de pêche et de moteurs détaxés a été bénéfique aux industries tournées vers l'exportation ravitaillées à 60% par la pêche artisanale et non à la population locale. Le CNPS trouvait que les États signataires devaient faire plus d'efforts pour préserver le poisson et aider le secteur de la pêche artisanale[919].

Les accords récents signés entre l'Union européenne et le Sénégal ont heureusement été marqués par une préoccupation de pêche durable. Franz Fischler, commissaire chargé de l'agriculture, du développement durable et de la pêche, soulignait, lors du renouvellement du protocole sur la pêche couvrant la période du 1er juillet 2002 au 30 juin 2006 : « *Les possibilités de pêche des navires communautaires ont été réduites sur les stocks sensibles et des mesures techniques, dont un repos biologique de deux mois, ont été convenues de manière à mieux protéger les stocks halieutiques et limiter le risque de concurrence de la flotte artisanale. La compensation financière est passée de 12 à 16 millions d'euros par an, dont 18%, soit 3 millions d'euros, seront consacrés à des mesures en partenariat visant à soutenir la conservation des stocks halieutiques et à renforcer le secteur sénégalais de la pêche*[920]. » Cet accord diminuait les possibilités de pêche des navires européens sauf pour les thoniers et les palangriers de surface. Les bateaux européens ne pouvaient plus pêcher d'espèces pélagiques pour éviter de concurrencer sévèrement la pêche artisanale. De plus, les bateaux industriels s'engagèrent à employer au minimum 50% de marins sénégalais dans leur équipage. L'État sénégalais souhaite, en partenariat avec l'Union européenne, développer la recherche afin de mieux gérer les réserves halieutiques. De plus, il compte améliorer les conditions de travail des pêcheurs en les formant et en leur garantissant plus de sécurité en mer[921].

---

919 CNPS, *op. cit.*, 2001, page 5. L'examen de l'évolution de la contrepartie financière versée par l'Union européenne au Sénégal en millions de francs CFA constants 1979 nous montre que ce dédommagement a été plus élevé dans les années 80 que dans les années 90. La dévaluation du franc CFA en 1994 a probablement joué un rôle sur la baisse de cette contrepartie monétaire. Les actions ciblées, destinées au secteur de la pêche artisanale, occupent une place plus importante depuis la fin des années 90. Le montant versé par l'UE s'élevait, par exemple, à 132 740 000 000 de francs CFA constants 1979 pour la période du 1/07/2002 au 30/06/2006 (nos calculs, d'après « La politique commune de la pêche, récapitulatif des protocoles de l'accord de pêche CE/Sénégal », http://europa.eu/fisheries/cfp/external_relations/bilateral_agreements/senegal_fr.htm>, page 2, consultée le 28/05/2007).

920 « La commission accueille favorablement le renouvellement du protocole sur la pêche entre l'Union européenne et le Sénégal », 26 juin 2002, Coin Presse, Commission européenne, http:/ec.europa.eu/fisheries/press, page 1 (consultée le 14/09/2006). Les bateaux communautaires pêchant dans les eaux sénégalaises étaient français, espagnols, portugais et grecs.

921 « La commission accueille favorablement le renouvellement du protocole sur la pêche entre l'Union européenne et le Sénégal », *op. cit.*, 2002, pages 1 et 2.

2) Une baisse continue des prises de la pêche fluviale

Les rapports que nous avons consultés ont mentionné une chute des prises de la pêche fluviale qui est à relativiser. En effet, le manque de moyens des agents étatique s'est traduit par un relâchement dans l'élaboration de statistiques. Nous ne possédons en fait pas d'évaluations fiables sur les quantités de poisson produites dans la région de Saint-Louis entre 1996 et 1998. Selon les rapports du service des Eaux et Forêts, cette région aurait fourni 30 309,6 tonnes en 1995 et seulement 64,659 tonnes un an plus tard. En 1999, le chiffre de 17,395 tonnes est avancé par le même service. Cette structure étatique rappelait d'ailleurs que ces chiffres devaient être pris avec précaution[922]. Il est cependant vrai que le produit de fleuve s'est fait de plus en plus rare au cours du temps. La région, qui connut des années de sécheresse, se tourna, d'après le service des Eaux et Forêts, de plus en plus vers les travaux agricoles[923]. La faiblesse des crues fut à l'origine de la régression des zones d'inondations du fleuve Sénégal et du lac de Guiers. La pêche sur ce lac était d'ailleurs limitée à 15 kg par pêcheurs et par jour depuis 1976. Les mares temporaires s'asséchèrent, alors que les pêcheurs avaient l'habitude d'y trouver du poisson à la fin de la saison des pluies[924].

Nous disposons de peu de données concernant le commerce du poisson fluvial dans la région du fleuve Sénégal durant les années 90 et 2000. Les vendeurs que nous avons questionnés au marché de Richard-Toll en 2004 nous ont évoqué une nette raréfaction de la ressource fluviale, ce qui a contraint les vendeurs de poisson à se tourner vers l'écoulement de produits halieutiques. Astou Gueye Samb, 36 ans, originaire d'une famille de pêcheurs fluviaux du village de Gaya, est détaillante de poisson frais depuis 1990 : « *Avant, nous vendions du poisson fluvial. Mais maintenant ce type de poisson est devenu rare ; nous vendons aujourd'hui du poisson marin, qui est plus accessible côté prix*[925]. Le commerce au détail du poisson s'est dégradé à Richard-Toll à cause du manque de produit fluvial et halieutique. Il semblerait aussi que les circuits commerciaux qui alimentaient le marché ouest-sénégalais, que nous évoquions dans notre première partie, sont devenus moins actifs.

L'exploitation du fleuve Sénégal ne cessa de baisser, entraînant une paupérisation des familles de pêcheurs. Les producteurs, incapables de renouveler leurs outils de travail, préférèrent se déplacer vers des zones plus

---

922 Ministère de l'Environnement, direction des Eaux, forêts, chasses et de la conservation des sols, *Rapport annuel 1998*, page 146.

923 *Id.*, *Rapport annuel 1994*, page 149.

924 Ministère de l'Environnement et de la protection de la nature, direction des Eaux, forêts, chasses, inspection régionale de Saint-Louis, *Rapport annuel 1994*, pages 82 et 84.

925 Nous avons questionné Mme SAMB le 11 août 2004 au marché de Richard-Toll.

poissonneuses. Les coopératives, victimes de l'exode des pêcheurs, perdirent de leur pouvoir. La population devait désormais faire face à une augmentation du prix du poisson d'eau douce[926]. La chute des potentialités de pêche créa des conflits entre producteurs et la multiplication des barrages une compétition dans l'accès des ressources en eau[927]. L'État devait créer de nouveaux emplois pour augmenter le pouvoir d'achat de la population afin de freiner la fuite des producteurs[928]. Les coopératives de pêche pouvaient constituer un outil efficace pour redynamiser le secteur de la pêche continentale[929]. La consommation de la région de Saint-Louis en poisson atteignait tout de même 20 à 25 kg par an et par habitant, dont 10% de produits fluviaux[930]. Par ailleurs, les quantités produites ne pouvaient croître, car la pêche était restée à un stade artisanal[931]. Ainsi, les pirogues étaient peu motorisées. Balla Sarr, pêcheur du village de Temeye, situé au bord du lac de Guiers, s'est plaint de la pénurie en moyens d'équipement et de conservation des producteurs : « *Les algues nous empêchent de pêcher avec nos filets. Le poisson s'échappe à travers les herbes et les algues* [...]. *Nous avons des problèmes de conservation du poisson débarqué, le poisson s'abîme. Nous n'avons pas de congélateurs, nous n'avons rien. Il y a beaucoup de gâchis. Nous faisons du Guedj et du Kéthiakh. C'est une perte, car ce que nous aurions pu vendre frais 30 ou 35 000 francs CFA, nous le vendons 3500 francs CFA.* [...] *nous n'avons pas de moteurs, de filets* [...]. *Même si nous n'avions qu'une pirogue à moteur, ça serait bien*[932] ». Un journaliste du *Soleil* évoquait déjà en 2001 l'envahissement des plans d'eau par la végétation aquatique et citait en exemple le lac de Guiers et le Djoudj. De plus, le commerce du poisson de fleuve était compliqué par le mauvais état des routes[933]. Les producteurs pêchant dans les autres fleuves sénégalais n'étaient pas épargnés par les difficultés. Ainsi, dans les régions de Ziguinchor et de Kolda, ils manquaient aussi d'encadrement, de moyens de production et de ressources financières[934].

---

926 Ministère de l'Environnement et de la protection de la nature, service des Eaux, forêts et chasses, *Rapport annuel 1993*, page 201. Le conflit entre les pêcheurs sénégalais et mauritaniens, qui avait débuté en 1967, entraîna aussi une fluctuation de la production.
927 *Rapport annuel 1998*, *op. cit.*, page 142.
928 *Rapport annuel 1994*, *op. cit.*, page 143.
929 Ministère de l'Environnement et de la protection de la nature, direction des Eaux, forêts, chasses, inspection régionale de Saint-Louis, *Rapport annuel 1999*, page 76.
930 *Rapport annuel 1998*, *op. cit.*, page 142.
931 Ministère de l'Environnement et de la protection de la nature, direction des Eaux, forêts, chasses et de la conservation des sols, *Rapport annuel 1995*, page 203.
932 Nous avons questionné M. SARR dans le village de Temeye, au bord du lac de Guiers, le 11 août 2004.
933 Mbagnick DIAGNE, « Saint-Louis : pêche continentale. Oumar Sarr équipe les pêcheurs de la vallée », *Le Soleil*, mercredi 28 mars 2001.
934 *Rapport annuel 1994*, *op. cit.*, page 144.

La pêche continentale sénégalaise aurait fourni 40 000 tonnes de produits en 1997, alors que la production ouest-africaine avoisinait 700 000 tonnes (soit 10% des mises à terre mondiales)[935]. Les pêcheurs de la région de Saint-Louis utilisaient des techniques de pêche rudimentaires. Ils étaient peu à posséder des moteurs et employaient des vieux filets. En 1999, on comptait 1931 pirogues dans la région de Saint-Louis, dont 1446 dans le département de Matam, 217 dans celui de Podor et 268 dans la division administrative de Dagana. Matam était le seul département possédant des pirogues motorisées, qui étaient au nombre de 4[936]. Dans la région de Kolda (où se trouvaient Goudomp et Sédhiou), les pêcheurs possédaient 439 pirogues à voile et 22 à moteurs[937]. Les pêcheurs de la région de Saint-Louis étaient 5232 dans 172 villages et campements en 1998. Un an plus tard, on dénombrait 5287 producteurs répartis dans 182 lieux d'habitation. Quand au nombre d'engins de pêche détenus par les vendeurs, ils étaient passés durant la même période de 20 335 à 20 712 unités[938]. En 2001, dans l'ensemble du Sénégal, les pirogues fluviales étaient 8000 dont 25% utilisées dans la région de Saint-Louis. Entre 10 et 13 000 producteurs exploitaient les divers fleuves du pays.

Photo 15 : Les pêcheurs du village de Gadalkhout, situé au bord du fleuve Sénégal, sont confrontés à une raréfaction de la ressource

Source : nos photos, prises le 9 août 2004.

[935] DIAGNE, *op. cit.*, *Le Soleil*, mercredi 28 mars 2001.

[936] Inspection régionale de Saint-Louis, *Rapport annuel 1999*, *op. cit.*, page 76.

[937] Ministère de l'Environnement, direction des Eaux, forêts, chasses et de la conservation des sols, *Rapport annuel 1998*, page 146.

[938] *Rapport annuel 1998*, *op. cit.*, page 146 et inspection régionale de Saint-Louis, *Rapport annuel 1999*, pages 76 et 77.

Le nouveau gouvernement sénégalais mis en place en 2000 ambitionnait d'intervenir dans le domaine de la pêche continentale afin de contribuer à la sécurité alimentaire. Il reconnaissait que la situation de cette activité était devenue alarmante. Le ministre de la Pêche de l'époque, Oumar Sarr, participa à une journée organisée par le Cercle d'études et de réflexion du Oualo (CERO) consacrée à la résolution des problèmes rencontrés dans le secteur. Les centres de formation des pêcheurs de M'bane et de Goudomp devaient être réhabilités[939]. Le centre de pêche de Guidick, qui était autrefois actif, ne jouait quasi plus aucun rôle. Guidick était mal desservi et dépourvu d'équipement adéquat à son bon fonctionnement : « *Dans ce village existe un centre de pêche créé en 1959. Il dispose d'un bureau, d'un magasin, d'une cuisine et d'un logement* [...] *la mission normale est de former les pêcheurs en matière de pêche, sur l'usage des engins...Il souffre d'un manque criard de personnel pour mener à bien ses activités*[940]. »

Le ministère de la Pêche débloqua des fonds afin de remettre du matériel de pêche (filets, cordes...) à certains producteurs de Dagana, Podor et Matam. Les buts poursuivis à terme étaient, d'une part, de remplacer les pirogues vétustes par des embarcations motorisées et, d'autre part, de mettre en place des lignes de crédits dédiées aux commerçants[941]. Près de 250 000 000 de francs CFA, provenant des caisses étatiques serviraient au développement de la pêche continentale. Il faudrait réhabiliter le centre de Guidick, proposer des crédits à des conditions plus souples et accroître l'aquaculture[942]. L'épuisement de la ressource fluviale inquiétait aussi Wetlands International, la principale organisation mondiale militant en faveur de la conservation des zones humides. Elle organisa notamment un atelier de quatre jours à Dakar en octobre 1999 qui accueillit une trentaine de représentants des pays d'Afrique de l'Ouest[943].

Conclusion

Les groupements de vendeurs de poisson, dont l'efficacité est croissante, ont parfois des intérêts contraires. Ainsi, la FENAGIE, qui désire accroître le rôle des producteurs sur les filières commerciales, n'a pas tout à fait les mêmes buts que les intermédiaires. Les nouvelles associations donnent plus

---

[939] Adama MBODJ, « Pêche continentale, un plan de relance pour 2001 », *Le Soleil*, lundi 4 septembre 2000.

[940] Oumar NGATTY BA, « Louga. Le centre de pêche de Guidick en déliquescence », *Le Soleil*, samedi 7 et dimanche 8 avril 2001.

[941] DIAGNE, *op. cit.*, *Le Soleil*, mercredi 28 mars 2001.

[942] « Pêche continentale. 250 millions pour la relance », *Le Soleil*, mardi 3, mercredi 4 et jeudi 5 avril 2001.

[943] M.K., « Zones humides. Réflexion pour une meilleure gestion des poissons d'eau douce », *Le Soleil*, mardi 19 octobre 1999.

d'espoir aux commerçants qui voient en elles un moyen d'asseoir leur assise financière. L'action de ces structures intervenantes, qui est plus ou moins efficace, doit être intensifiée.

Conclusion de la troisième partie

Le Marché central au poisson, qui est un lieu de vente aux structures performantes, reste cependant une exception par rapport aux autres marchés du Sénégal. Ces derniers continuent à souffrir d'insalubrité, tout comme les sites de transformation artisanale. Même si le mouvement associatif est en pleine expansion, les vendeurs de poisson sénégalais restent encore attachés aux groupements traditionnels. Ils affirment en effet manquer de moyens financiers suffisants pour constituer les apports parfois nécessaires à l'obtention de crédits. Il reste encore des efforts à faire afin de réduire les problèmes rencontrés sur les filières commerciales des produits halieutiques et fluviaux, d'autant plus qu'il pèse sur elles une sérieuse menace due à la raréfaction de la ressource.

Conclusion générale

Nous souhaitions savoir si les intermédiaires s'enrichissaient au détriment des producteurs sur les filières commerciales du poisson frais et séché au Sénégal. La pêche artisanale a connu, dès les années 50, des mutations qui, combinées à des facteurs externes, ont eu pour conséquence l'instauration d'un contrôle de la filière par les mareyeurs et grossistes en poisson sec. Cependant, il ne nous est pas possible de comparer cette domination à une relation servile liant les mareyeurs aux producteurs. L'exploitation de notre base de données nous a permis de démontrer que les prix du poisson frais n'étaient pas plus élevés chez les mareyeurs, malgré les lourdes charges qu'ils supportent. Notre démarche comporte certes des limites, mais elle prouve qu'un secteur comme la vente du poisson peut être étudié en utilisant des bases sur les échanges commerciaux[944].

Nous nous sommes aussi interrogée sur les ambitions de l'État colonial et sénégalais, ainsi que sur l'efficacité de leurs interventions. Notre travail prouve qu'ils ne sont pas totalement parvenus à leur fin, c'est-à-dire contrôler les filières commerciales. En effet, l'État indépendant a été confronté au problème de l'effectivité de son arsenal juridique. Cependant, ses actions ont encouragé les créations de coopératives et, mieux encore, de groupements d'intérêts économiques. Les vendeurs de poisson et les structures étatiques ont reçu un précieux soutien d'organisations, gouvernementales ou non, ces dernières années. Ces aides, qui ont notamment visé la transformation artisanale des produits halieutiques, doivent s'intensifier. L'État aurait tout intérêt à renforcer ses moyens de contrôle tout en développant ses partenariats. Cependant, il serait difficile pour le gouvernement sénégalais d'encadrer strictement le secteur de la commercialisation du poisson, car il concerne de nombreux vendeurs non déclarés qui parviennent tant bien que mal à ravitailler le marché intérieur. Il faudrait que la grande majorité des commerçants en produits halieutiques et

---

[944] Les résultats que nous avons obtenus seraient plus fiables si nous avions pu suivre un échantillon plus ou moins représentatif de commerçants en divers lieux du Sénégal pendant une ou plusieurs années. Nous pensons par ailleurs avoir employé une méthode qui peut être adaptée à l'examen de transactions commerciales concernant d'autres types de produits.

fluviaux adhèrent à des groupements dont le suivi serait régulièrement assuré par des fonctionnaires pour que l'État puisse atteindre ses objectifs.

La commercialisation du poisson au Sénégal rencontre d'énormes difficultés. Les vendeurs que nous avons interrogés depuis 2000 se plaignent tous de leurs conditions de travail. Les centres de débarquement manquent de structures permettant la conservation des produits maritimes et leur entreposage. Ils souffrent de l'insalubrité provoquée par les détritus de poisson qui s'entassent sur certaines plages. L'évacuation des eaux usées n'est pas correctement assurée. Par ailleurs, la construction de chambres froides et de fabriques de glaces dans chaque centre est un idéal difficilement réalisable. Les vendeurs doivent être responsabilisés et un système de nettoyage périodique instauré.

Certains marchés n'ont pas le minimum pour assurer l'écoulement du poisson et le marché central demeure une exception. Les commerçants réclament des constructions en dur et des tables pour ne pas écouler leur produit par terre comme au marché de Richard-Toll. Des places fixes et nominatives devraient être instaurées. Mais la vente réalisée sur des étals dressés spontanément et le commerce ambulant constitueraient des freins à cette mise en place. D'après nous, les montants des taxes perçues sur les marchés sont raisonnables. Cependant, le système de collecte doit être amélioré afin que l'augmentation des recettes serve à moderniser les lieux de vente. Les sites de transformation artisanale doivent être plus spacieux et équipés d'aires de stockages sécurisées. Chaque phase de préparation du poisson (le traitement du poisson frais, le saumurage et le séchage) doit être réalisée sur une aire spécifique. Ainsi, le produit fini, hors de contact avec les déchets, serait de meilleure qualité.

Les vendeurs de poisson gagneraient à recevoir une formation plus poussée. Mais cet aspect n'est pas considéré comme une priorité par les commerçants interviewés. Pourtant, il est nécessaire qu'ils apprennent à tenir des comptes afin de réduire leurs pertes. Les femmes, en particulier, doivent être alphabétisées et prendre des cours rudimentaires de comptabilité pour utiliser sans difficulté des balances. Ces formations pourraient être données par des agents du Service des pêches qui connaissent bien les vendeurs de leurs localités.

Le crédit a récemment été développé par les divers organismes qui ont œuvré en faveur des commerçants en produits halieutiques. Les sources de financement doivent être multipliées pour accroître le nombre de bénéficiaires. Nous sommes optimiste sur ce point, car les GIE compteront sûrement de plus en plus de membres durant les prochaines années. Les vendeurs ont compris que ces groupements leur permettaient d'accroître leurs capacités financières tout en les défendant.

La FENAGIE entreprend une action considérable dans le cadre de son exploitation du centre de mareyage de Rufisque, un vestige du CAPAS. Les pêcheurs devraient disposer de plusieurs centres similaires. Malheureusement, ce type de structure, contrairement aux mareyeurs, a du mal à s'adapter aux changements du marché. Il faudrait trouver des solutions pour réduire ses coûts d'entretien et renoncer à l'obtention de bénéfices.

Tout projet visant la commercialisation des produits maritimes et fluviaux au Sénégal doit tenir compte des répercussions qu'il pourrait avoir sur les divers segments des filières. Les commerçants doivent toujours être associés aux décisions les concernant pour que celles-ci aboutissent au mieux. Les vendeurs de poisson déplorent leur sous-représentation au niveau national et mondial. D'ailleurs, ils devraient être consultés lors des signatures des accords de pêche.

Notre étude historique, focalisée sur les circuits de commercialisation intérieurs, pourrait être complétée par des travaux sur les circuits extérieurs. Il serait intéressant d'étudier les effets de la concurrence du marché extérieur sur le commerce intérieur et la consommation de poisson, voire sur la santé des populations. Nous pourrions d'ailleurs faire une comparaison avec d'autres pays africains.

Sources et bibliographie indicatives

SOURCES D'ARCHIVES

Archives du gouvernement général de l'AOF

Série G, Politique et administration générale
Série R, Affaires agricoles-Eaux et Forêts, élevage, pêche
Sous-série 4R, Pêche
Série Q, Affaires économiques
Sous-série 1Q, Généralités

Archives du Sénégal

Rapports de la direction de l'Océanographie et des pêches maritimes, dossiers 2G, de 1962 à 1970.

Rapports de la direction des Eaux, forêts et chasses, dossiers 2G, de 1960 à 1962 et de 1964 à 1977

Journal *Paris-Dakar* de janvier à avril 1953.

Dossier *Marché* des Archives du Sénégal : articles des journaux *Le Soleil*, *L'Info*, *Sud Hebdo* et *Wal Fadjri*.

Archives de la Mairie de Dakar

Registres 1^{E5} à 1^{E44}, Délibérations du Conseil municipal, de 1947 à 1981.

Archives de la Direction de la prévision et des statistiques

Documents sur le prix du poisson à Dakar de 1967 à 2000.

SOURCES IMPRIMÉES

CADENAT, J.M., *La Pêche sur les côtes de la presqu'île du Cap-Vert*, Dakar, études sénégalaises n°1, IFAN, 1949.

CHABOUD, Christian, *Le Mareyage au Sénégal*, Dakar, Centre de recherches océanographiques de Dakar-Thiaroye (CRODT), 1983, 112 pages.

CISSE, Aly, *Le Marché central au poisson de Dakar après une année de fonctionnement*, thèse de doctorat vétérinaire, université de Dakar, faculté de médecine et de pharmacie, 1994, 74 pages.

DAUMAS, J.C., *Bilan des études socio-économiques dans la vallée du Sénégal*, Mission d'aménagement du fleuve Sénégal, division socio-économique, 1961, 69 pages.

DIOP, Oumar, *Économie de la transformation artisanale et de la distribution des produits de pêche dans la région de Dakar*, thèse de doctorat de géographie, faculté des lettres et sciences humaines, université de Dakar, 1990, 261 pages.

LAKROUM, Monique, *Chemins de fer et réseaux d'affaires en Afrique occidentale : le Dakar-Niger, 1883-1960*, thèse de doctorat d'État, université Paris VII, 1987, 840 pages.

LE COUR GRANDMAISON, Colette, *Femmes dakaroises*, annales de l'université d'Abidjan, série F, tome 4, 1972, 277 pages.

LECARME, Mireille, *Marchandes à Dakar : négoce, négociation sociale et rapports sociaux de sexe en milieu urbain précaire*, thèse en anthropologie urbaine, EHESS, Paris, 1993, 754 pages.

LLERES, Bernard, *La Pêche piroguière maritime au Sénégal, son évolution, son introduction dans l'économie de marché*, thèse de doctorat de géographie, université de Bordeaux III, 1986, 637 pages.

M'BAYE, Adama, *Analyse sociologique de la différenciation technique dans la pêche artisanale maritime sénégalaise et implications pour la gestion des ressources halieutiques*, thèse de sociologie, université de Dakar, 2002, 304 pages.

Mission d'aménagement du fleuve Sénégal, Division socio-économique, *Les Hommes du Fouta-Toro*, chapitres I à V, Dakar, juin 1960.

MOLL, Maryse, *Filière céréalière et politique commerciale au Sénégal*, thèse d'économie, université Paris X Nanterre, 2000, 696 pages.

N'DIAYE DIOP, Bineta, *La Pêche artisanale maritime et le mouvement coopératif au Sénégal. Étude géographique*, thèse de géographie, université Paris VII, 1984, 201 pages.

N'DIAYE, B. ; DIOUF, O. ; SECK, M.; SAGNA, A.; SENE, T., *Répertoire synonymique des principales espèces de poissons débarquées par la pêche artisanale sénégalaise*, CRODT, ISRA, archives n°108, février 1982, 14 pages.

SENE, N'deye Maty, *La Commercialisation des produits halieutiques et fluviaux frais et séchés au Sénégal de 1945 à 2005*, thèse d'histoire économique, université de Reims, 2008, 534 pages.

SENE, N'deye Maty, *Les Vendeurs de poisson de la région de Dakar de 1945 à nos jours*, mémoire de DEA d'histoire, université Paris I Panthéon-Sorbonne, 2001, 128 pages + annexes.

SENE, N'deye Maty, *Les Vendeuses de poisson de la région de Dakar de 1945 à nos jours*, mémoire de maîtrise d'histoire, université Paris I Panthéon-Sorbonne, 2000, 104 pages + annexes.

SOW, Fatou, *L'Économie du poisson sur la Petite-Côte (Sénégal). Le rôle des femmes*, Dakar, Études scientifiques, IFAN, mars 1986, 29 pages.

VAN DER VAEREN AGUESSY, Dominique, *La Femme africaine et les marchés dakarois*, Dakar, Institut de sciences économiques appliquées, 1963, 131 pages.

WEBER, Jacques, *Pour une approche globale des problèmes de pêche, l'exemple de la filière du poisson au Sénégal. Aspects de la recherche en socio-économie de la pêche artisanale maritime sénégalaise*, CRODT, ISRA, document scientifique n°84, 1982, pages 97-109.

WEBER, Jacques, *Socio-économie de la pêche artisanale en mer du Sénégal : hypothèses et voies de recherche. Aspects de la recherche en socio-économie de la pêche artisanale maritime sénégalaise*, CRODT, ISRA, document scientifique n°84, 1982, pages 3-23.

Rapports administratifs sur les pêches maritime et fluviale

Rapports de la direction de l'Océanographie et des pêches maritimes de 1974 à 2002.

Rapports de la direction des Eaux, forêts et chasses de 1977 à 1998.

Inspection régionale des Eaux et Forêts de Saint-Louis, rapports de 1987 à 1991 et de 1999.

Documents internes de structures et d'associations

Marché central au poisson, *Présentation du Marché central au poisson*, Dakar, 2000.

Marché central au poisson, *Note sur le Marché central au poisson*, Dakar, Février 2001, 22 pages.

Marché central au poisson, *Comptes d'exploitation du marché central de 1993 à 1998*, Comptes n°61 à 66.

FENAGIE Pêche, *Centre de mareyage Keury Souf Rufisque, États financiers, du 01/01/04 au 31/12/04*, Rufisque, avril 2005, page 37.

CNPS, *État de la pêche maritime au Sénégal en général et à Hann en particulier*, document interne, 2001, pages 4 et 5.

SOURCES ORALES

N'deye Maty Sene a interrogé plus de 275 vendeurs de poisson et fonctionnaires dans les régions de Dakar et de Saint-Louis entre 2000 et 2005.

BIBLIOGRAPHIE

ALMEIDA-TOPOR, Hélène (d'), *Histoire économique du Dahomey (Bénin), 1890-1920*, Paris, L'Harmattan, collection « Racines du présent », volume 1, 1995, 490 pages.

ALMEIDA-TOPOR, Hélène (d'), *Histoire économique du Dahomey (Bénin), 1890-1920*, Paris, L'Harmattan, collection « Racines du présent », volume 2, 1995, 419 pages.

ALMEIDA-TOPOR, Hélène (d'), *L'Afrique au XXe siècle*, Paris, Armand Colin, collection « U », 2010, 393 pages.

ALMEIDA-TOPOR, Hélène (d'), LAKROUM, Monique, *L'Europe et L'Afrique. Un siècle d'échanges économiques*, Paris, Armand Colin, 1994, 235 pages.

BALANDIER et MERCIER, *Particularismes et évolution. Les pêcheurs lébou du Sénégal*, Dakar, Centre IFAN, 1952, 213 pages.

BONNARDEL, Régine, *Vie de relation au Sénégal, la circulation des biens*, Dakar, IFAN, 1978, 927 pages.

BONNARDEL, Régine, *Vitalité de la petite pêche tropicale, pêcheurs de Saint-Louis du Sénégal, Mémoires et documents de géographie*, éditions du CNRS, 1985, 104 pages.

CHABOUD Christian ; KEBE, Moustapha, « Les relations entre producteurs et commerçants ou les mareyeurs sont-ils des exploiteurs? Le cas du Sénégal », *La Recherche face à la pêche artisanale, ORSTOM-IFREMER, Montpellier, 3-7 juillet 1989*, Paris, ORSTOM, 1991, tome II, pages 593-602.

CHAUVEAU, Jean-Pierre, « Histoire de la pêche maritime et politiques de développement de la pêche au Sénégal », *Actes du colloque national, le littoral, milieux et sociétés, anthropologie maritime*, Société d'ethnologie française, 1985, pages 301-318.

COQUERY-VIDROVITCH, Catherine ; MONIOT, H., *L'Afrique noire de 1800 à nos jours*, Paris, PUF, 1984, 480 pages.

GRUVEL, Alain, *Les Pêcheries des côtes du Sénégal et des rivières du Sud*, Paris, Augustin Challamel, 1908, 245 pages.

LALOE, Francis ; SAMBA, Alassane, *La Pêche artisanale au Sénégal : ressources et stratégies de pêche*, ORSTOM, études et thèses, Paris, 1990, 395 pages.

LE COUR GRANDMAISON, Colette, *Femmes dakaroises, rôles traditionnels féminins et urbanisation*, annales de l'université d'Abidjan, série F, ethnosociologie, 1972, 252 pages.

LECARME-FRASSY, M. ; *Marchandes dakaroises entre maison et marché. Approche anthropologique*, Paris, L'Harmattan, collection « Études africaines », 2000, 267 pages.

MOITY-MAIZY, Pascale ; NDOYE, F. ; BROUTIN, C. ; *De la pirogue au plat. Le poisson fumé sur la Petite-Côte sénégalaise*, ENDA-GRAF, CNEARC, GRET, CIRAD, programme ALISA, 2002, 80 pages.
TAL, Tamari, *Les Castes de l'Afrique occidentale. Artisans et musiciens endogames*, Société d'ethnologie, Nanterre, 1997, 463 pages.

Index

Table des graphiques

Table des tableaux

Table des cartes

Table des photos

Table des matières

Sénégal
aux éditions L'Harmattan

CRISE DES VALEURS ET DES INSTITUTIONS SOUS WADE – Aux origines de l'incompétence politique
Mendy Toumany
En 2000, après la victoire de l'opposition sur le parti au pouvoir, le parti socialiste, qui gouvernait le pays depuis quarante ans, le Sénégal fut qualifié de vitrine de la démocratie en Afrique de l'Ouest. Mais pendant douze ans, sous le régime d'Abdoulaye Wade, cette démocratie-là fut décevante. Dans sa critique, l'auteur soutient que, pour gagner le pari de l'émergence économique et démocratique du Sénégal, le nouveau pouvoir de Macky Sall se doit de restaurer la morale publique dans l'espace politique et républicain.
(29.50 euros, 300 p.) *ISBN : 978-2-296-96786-1*

DE LA CITHARE AU PORTABLE
Évolution d'un village ouest-africain au XXè siècle
Gessain Monique
Depuis le début du vingtième siècle, l'Afrique subsaharienne a connu d'immenses transformations qui n'ont pas épargné les zones rurales les plus isolées. Cet ouvrage décrit et analyse ces transformations à travers le cas d'Etyolo, village du pays bassari sénégalais situé près de la frontière avec la Guinée.
(Coll. Minorités et Sociétés, 17.50 euros, 176 p.) *ISBN : 978-2-296-99195-8*

VALEURS DE PAIX
Mboup Assane
Valeurs de paix est un petit livre aux grandes idées, un traité personnel sur le concept de «paix» comme une valeur universelle. La réflexion poétique de l'auteur est inspirée par la combinaison d'une compréhension sociologique, philosophique et spirituelle de la vie des êtres humains, mais aussi des relations qu'ils entretiennent entre eux. Il appelle à une analyse profonde et pousse la réflexion autour des conduites liées aux croyances et valeurs africaines mais universellement partagées.
(Coll. Harmattan Sénégal, 13.50 euros, 122 p.) *ISBN : 978-2-296-54918-0*

MAMOUDOU TOURÉ. UN AFRICAIN AU COEUR DE L'ÉCONOMIE MONDIALE
Kane Mamoudou Ibra, Kasse El Hadj - Préface de son excellence Alassane Dramane Ouattara
Pleinement impliqué dans l'histoire de l'économie mondiale depuis les années cinquante du siècle dernier, Mamoudou Touré a accepté de livrer une partie de son parcours. Maître d'internat, fonctionnaire de la communauté économique européenne, ambassadeur, directeur de l'IDEP, directeur du département Afrique du FMI, ministre... Touré a une trajectoire peu commune.
(Coll. Harmattan Sénégal, 22.00 euros, 222 p.) *ISBN : 978-2-296-99415-7*

MÉMOIRES SYNCHRONES DU FLEUVE DE MON DESTIN
Niang Mamadou - Préface du professeur Babacar Kanté
«C'est une «tranche de vie» que l'auteur retrace, entre mémoires et essai. Son oeuvre en fait la synthèse, en abordant d'abord l'environnement culturel de son éducation à l'exercice du métier d'instituteur, ensuite en retraçant le déroulement de sa carrière militaire et enfin ses fonctions administratives et politiques. Tous ces développements sont accompagnés de notes de bas de page et d'annexes qui ajoutent à la densité historique.
(Coll. Harmattan Sénégal, série Mémoires et biographies, 37.00 euros, 362 p.) ISBN : 978-2-296-99389-1

CHRONIQUES POLITIQUES SÉNÉGALAISES
Il était une fois... Abdoulaye Wade
Thiam Mamadou - Préface de Malang Mané - Postface de Barka Bô
Ces *Chroniques* constituent, pour bien des Sénégalais, de véritables repères pour une compréhension des enjeux politiques, communicationnels et sociaux du Sénégal. À travers plusieurs textes écrits et publiés sous la présidence d'Abdoulaye Wade, l'auteur dessine les contours d'une gestion pas souvent heureuse, prodigue de recommandations, et laisse entrevoir la fin imminente du régime libéral.
(Coll. Sociétés africaines et diaspora, 12.50 euros, 120 p.) *ISBN : 978-2-296-54913-5*

SÉNÉGAL (LE) : DES IDÉES POUR UNE NOUVELLE DONNE
Sarr Pierre
Après les années «Wade» et une période préélectorale mouvementée, le peuple sénégalais a su préserver ses acquis démocratiques et choisir résolument la voix du changement. Comment faire en sorte de ne pas commettre les mêmes erreurs du passé ? Que faire pour mettre définitivement le Sénégal sur «les rails» ? Comment redonner confiance en la politique ?
(Coll. Points de vue, 12.50 euros, 106 p.) *ISBN : 978-2-296-99396-9*

SÉNÉGAL
Histoire d'une démocratie confisquée
Souané Lamine - Préface du Pr Ismaila Madior Fall
De Senghor à Abdoulaye Wade, en passant par Abdou Diouf, la démocratie sénégalaise tant vantée et médiatisée apparaît de plus en plus comme un jeu de dupes, de folklore politique, loin des préoccupations majeures des Sénégalais qui vivent dans une précarité généralisée. L'élection n'est pas la démocratie, c'est juste un mécanisme démocratique. Voici une réflexion sérieuse et rigoureuse sur la démocratie sénégalaise.
(Coll. Etudes africaines, 14.50 euros, 142 p.) *ISBN : 978-2-296-54916-6*

MÉMOIRES POUR L'ESPOIR
Diarisso Sogué
L'auteur emprunte une démarche de type autobiographique, tout en exposant les voies qui doivent mener vers le développement du Sénégal et de l'Afrique. Il montre, en se fondant sur l'histoire, que les Sénégalais et leurs frères africains doivent puiser dans leur propre substrat culturel pour prendre d'assaut les citadelles du développement. Dans ce cadre, il s'intéresse à Cheikh Amadou Bamba, figure emblématique du Sénégal.
(21.00 euros, 218 p.) *ISBN : 978-2-296-99516-1*

QUÊTE DE SENS ET REPRÉSENTATIONS DU FUTUR EN SÉNÉGAMBIE DU XVe AU MILIEU DU XIXe SIÈCLE
Cours Nouveau, Revue africaine trimestrielle de stratégie et de prospective - 7, 8
Le développement de l'Afrique est avant tout une question de Temps ; de rapport au temps, qui s'est détérioré, et d'Espace ; de représentation de l'espace, qui s'est altéré ! Cela aura fait basculer l'Ouest africain dans l'univers du pilotage à vue, et de ses expressions, l'irrationalité et le mysticisme, le recours à la magie et au merveilleux. Pour s'en sortir, il va falloir réarticuler Temps, Espaces et Société, c'est le B-A BA de la prospective du *Cours nouveau.*
(27.00 euros, 260 p.) *ISBN : 978-2-296-96413-6*

NOBLESSE (LA) SPIRITUELLE DE L'ÂME
Les gens de l'Amour
Mbow Serigne Babacar
La plénitude spirituelle, la rencontre entre le Créateur et la créature, ne peuvent être atteints sans la clé du Tawhîd (unité du souverain mystère de Dieu). Les Gens de l'Amour, prophètes ou saints, en connaissent le secret et invitent le lecteur à gravir avec eux «l'escalier divin aux marches infinies» par la voie de l'Amour qui, dans son sens ésotérique, est une épée tranchante qui coupe les cordes de la servitude et libère l'esprit des ténèbres de l'impiété et de l'insouciance.
(Coll. Harmattan Sénégal, 11.50 euros, 82 p.) *ISBN : 978-2-296-54917-3*

FAIM (LA) PAR LE MARCHÉ
Aspects sénégalais de la mondialisation
Sous la direction de Patrick Pillon
L'ouvrage analyse les effets sociaux de la mise en concurrence généralisée des petits producteurs et des forces de travail, avec parmi les conséquences humainement les plus irrémédiables, les carences alimentaires qui résultent de dispositions imposées depuis les seuls centres mondiaux de pouvoir. Cas exemplaire, le Sénégal permet de mettre en lumière l'impact de ce qu'on a appelé la seconde mondialisation sur la production agricole et la pêche.
(Coll. Questions contemporaines, 37.00 euros, 364 p.) *ISBN : 978-2-296-56985-0*

SONATEL ET LE PACTE LIBÉRAL DU SÉNÉGAL
Ndiaye El Hadji Mounirou
Ce livre revient sur les termes de la privatisation réussie de Sonatel. Il analyse avec la hauteur de l'universitaire la surtaxe sur les appels entrants imposée par l'Etat dans ce qui est actuellement appelé «affaire Global voice». Cette surtaxe est en contradiction avec le modèle d'économie de marché adopté et elle va décourager l'investissement et saper la compétitivité de cette entreprise, citée parmi les plus performantes en Afrique subsaharienne.
(Coll. Harmattan Sénégal, série Zoom sur, 11.00 euros, 104 p.) *ISBN : 978-2-296-54897-8*

QUEL SÉNÉGAL POUR DEMAIN ?
Une vision chrétienne et citoyenne
Ndok Ndiaye Théodore
Préface de l'Abbé Alphonse Seck - Postface de Moustapha Niasse
Respecter et promouvoir le bien commun, voilà le socle sur lequel M. Théodore Ndiaye propose que soit édifiée la croisade concertée, l'oeuvre partagée, la pensée qui rive et conforte l'homme dans sa foi religieuse, pour faire de notre pays, le Sénégal, un Etat organisé et juste. La renaissance de l'Afrique et de l'homme noir est abordée dans une vision où se marient l'oecuménisme religieux, le patriotisme majeur, les vertus d'honnêteté, d'altruisme, dans un «rendez-vous du donner et du recevoir» cher au poète Léopold Sédar Senghor (Moustapha Niasse).
(21.00 euros, 214 p.) *ISBN : 978-2-296-54904-3*

L'HARMATTAN, ITALIA
Via Degli Artisti 15 ; 10124 Torino

L'HARMATTAN HONGRIE
Könyvesbolt ; Kossuth L. u. 14-16
1053 Budapest

ESPACE L'HARMATTAN KINSHASA
Faculté des Sciences sociales,
politiques et administratives
BP243, KIN XI
Université de Kinshasa

L'HARMATTAN CONGO
67, av. E. P. Lumumba
Bât. – Congo Pharmacie (Bib. Nat.)
BP2874 Brazzaville
harmattan.congo@yahoo.fr

L'HARMATTAN GUINÉE
Almamya Rue KA 028, en face du restaurant Le Cèdre
OKB agency BP 3470 Conakry
(00224) 60 20 85 08
harmattanguinee@yahoo.fr

L'HARMATTAN CAMEROUN
BP 11486
Face à la SNI, immeuble Don Bosco
Yaoundé
(00237) 99 76 61 66
harmattancam@yahoo.fr

L'HARMATTAN CÔTE D'IVOIRE
Résidence Karl / cité des arts
Abidjan-Cocody 03 BP 1588 Abidjan 03
(00225) 05 77 87 31
etien_nda@yahoo.fr

L'HARMATTAN MAURITANIE
Espace El Kettab du livre francophone
N° 472 avenue du Palais des Congrès
BP 316 Nouakchott
(00222) 63 25 980

L'HARMATTAN SÉNÉGAL
« Villa Rose », rue de Diourbel X G, Point E
BP 45034 Dakar FANN
(00221) 33 825 98 58 / 77 242 25 08
senharmattan@gmail.com

L'HARMATTAN TOGO
1771, Bd du 13 janvier
BP 414 Lomé
Tél : 00 228 2201792
gerry@taama.net

Achevé d'imprimer par Corlet Numérique - 14110 Condé-sur-Noireau
N° d'Imprimeur : 90627 - Dépôt légal : septembre 2012 - *Imprimé en France*

www.ingramcontent.com/pod-product-compliance
Lightning Source LLC
LaVergne TN
LVHW011439061026
849535LV00004BA/866
* 9 7 8 2 3 3 6 0 0 0 7 8 7 *